TELEPATIA

EXPERIÊNCIAS - TEORIAS - EFEITOS

S.G. SOAL
F. BATEMAN

Tradução de
Leonidas Gontijo de Carvalho

São Paulo | 2018

IBRASA
LIVROS QUE CONSTROEM

Título Original: Modem Experiments in Telepathy

Direitos desta edição reservados à
IBRASA
Instituição Brasileira de Difusão Cultural Ltda.
Rua Ouvidor Peleja, 610
Tel/Fax: (0xx11) 3791.9696
e-mail: ibrasa@ibrasa.com.br
home page: www.ibrasa.com.br

Código para obter um livro igual: XII-4

Tradução: Frederico Branco
Capa: Armenio Almeida (MK Design)
Editoração Eletrônica: Armenio Almeida (MK Design)
Publicado em 2018

S651t SOAL, S. G; BATEMAN, F.

Telepatia: experiências modernas. / Samuel George Soal; F. Bateman, tradução de Leônidas Gontijo de Carvalho. – São Paulo : IBRASA, 2018.

476 p.

ISBN: 978-85-348-0368-7

Telepatia. 2. Pensamento. 3. Psicologia. II. Título.

CDU: 159.961

Maria José O. Souza CRB 8/5641

Índice para catálogo sistemático:
Telepatia: 159.961
Leitura do Pensamento: 159.961
Percepção do oculto: 133.3

IMPRESSO NO BRASIL - PRINTED IN BRAZIL

Para nossas esposas

Sumário

Prefácio 9

I. Histórico – Casos Espontâneos – As Primeiras Experiências 13

II. Primeiras Experiências Estatísticas (1916-1934) 20

III. Primeiros Trabalhos na Universidade de Duke 40

IV. Reações dos Psicólogos 54

V. Séries Confirmadoras e Estudos de Grupos 75

VI. As Primeiras Experiências com Predição 96

VII. Experiências de Adivinhação de Cartões 1934-1939 por S. G. Soal 122

VIII Descobrem-se Basil Shackleton e a sra. Stewart 149

IX. Novas Experiências com Basil Shackleton 162

X. Principais Resultados com Shackleton 182

XI. Descobertas Secundárias nas Experiências com Shackleton 213

XII. Os Novos Trabalhos com Glória Stewart 238

XIII. As Experiências de "Agente Separado" 260

XIV. Agentes em Oposição e em Conjunto 269

XV. Experiências para Demonstrar Telepatia Pura 291

XVI. Experiências a Longa Distância 313

XVII. Experiências Variadas com a sra. Stewart 344

XVIII. Apreciação Geral dos Dados 360

XIX. Efeitos de Posição com a sra. Stewart 373

XX. A Ciência e Pesquisas Relativas a Percepção Extrassensorial 393

Apêndice A: Termos Não-Matemáticos e Abreviações 417

Apêndice B: Termos Matemáticos e Explicações 428

Apêndice C...440

Apêndice D: Sequências de Êxitos e Grupos
para 37.100 Tentativas com a Sra. Stewart 441

Apêndice E: Referente a Listas de Alvos..444

Apêndice F: Confirmação Parcial de Certos Efeitos
das Experiências com Shackleton...449

Apêndice G: As Experiências de Kahn e Neisser.............................452

Apêndice H: Mais uma Análise dos Efeitos de Declínio
nos Dados de Stewart...458

Apêndice J: Método de Avaliação de W. L. Stevens..........................461

Referências...463

Ilustrações

FOTOGRAFIAS

Basil Shackleton ... *Frontispício*

1. O pesquisador mostra o número 4 ao acaso, na abertura do biombo ... 168-169
2. O agente ergue e olha o quarto cartão na caixa ... 168-169
3. O pesquisador observa a sra. Stewart registrar as adivinhações ... 168-169
4. O pesquisador registra o código na folha de marcações ... 168-169

DIAGRAMAS NO TEXTO

Planta dos Aposentos nas Experiências de Shackleton ... 166

Modelo da Folha de Marcações ... 171

Planta dos Aposentos nas Experiências com a sra. Stewart ... 241

Prefácio

Tentamos dar, neste livro, uma descrição bastante detalhada da melhor espécie de experiências de percepção extrassensorial realizadas nos últimos trinta e cinco anos. As experiências dos próprios autores com a sra. Gloria Stewart e as de S. G. S. e da sra. K. M. Goldney com Basil Shackleton receberam ênfase especial por diversas razões. Em primeiro lugar, o relatório Soal-Goldney sobre as experiências com Shackleton que apareceu nas atas da Sociedade de Pesquisas Psíquicas (dezembro de 1943) não se encontra com facilidade, e nos últimos anos foram feitos muitos pedidos para que publicássemos essas experiências. Foi tão somente o fator financeiro que impediu a Sociedade de fazer novas edições do relatório originário. Além disso, este livro contém a primeira descrição completa do trabalho com a sra. Stewart que até então apareceu. Este livro constituirá, portanto, a única fonte de informações autorizadas para os que desejam estudar, em todos os seus detalhes, os poderes paranormais desta extraordinária colaboradora.

Em livro destinado não somente ao leitor culto, mas também ao estudante de ciências, consideramos essencial fornecer todos os dados exatos por meio dos quais foram calculados os resultados das inúmeras experiências. Hoje em dia, a maioria, sejam cientistas ou não, adquire algumas noções de probabilidades, talvez em debates sobre apostas de futebol ou de corridas de cavalos. A frase irritante "as probabilidades contra a chance são tais e tais" poderá cansar o leitor; é uma abreviação para "as probabilidades contra o desvio, na marcação desta experiência, do valor esperado ser devido a chance, são tais e tais". Empregamos sempre o termo "probabilidades" porque seu significado será mais rapidamente entendido pelo leitor não matemático.

As experiências neste livro tratam principalmente da adivinhação de imagens em cartões ou de desenhos. Uma das perguntas mais frequentes a um dos autores é a seguinte: "O senhor diz que Schackleton ou a sra. Stewart podem adivinhar qual dos cinco símbolos está sendo olhado ou imaginado por outra pessoa. Eu ficaria mais impressionado se eles pudessem ler algo que escrevi em meu caderno de notas. Por que somente os cartões?" Pensamos que a resposta está em as pessoas, como Shackleton, raras como parecem ser, apresentarem afinal de contas somente uma forma muito rudimentar de telepatia ou percepção extrassensorial. São incapazes de dizer em que você está pensando, mas podem isolar um objeto entre certo número de outros. Conseguem fazê-lo em média talvez duas ou três vezes em vinte e cinco tentativas. Pode-se argumentar que certos médiuns, como a sra. Piper ou a sra. Blanche Cooper, mostraram possuir complicado conhecimento da vida de seus consultantes que elas não poderiam ter obtido por meios normais. Isso é verdade, mas raramente demonstraram esse conhecimento por meio de pedidos ou em resposta a perguntas feitas pelo consultante; isso chegou-lhes espontaneamente. Tais médiuns quase sempre falham quando lhes pedem para adivinhar símbolos em cartões, desenhos ou para fazer simples experiências de telepatia. Apesar de sua maior capacidade intrínseca paranormal, geralmente não têm inclinação para o trabalho experimental de gênero estatístico, e, atualmente, essa é a única espécie de trabalho capaz de influenciar os cientistas ortodoxos.

Este livro trata unicamente de percepção extrassensorial, sem dar atenção as experiências aparentemente felizes de psicocinese feitas no outro lado do Atlântico. Os autores não tiveram experiências práticas nesse campo e, além disso, como tantos outros neste pais, acham que as provas obtidas por meio de dados de jogar ainda não foram suficientemente confirmadas ou devidamente interpretadas.

O trabalho experimental de telepatia surgiu de um vasto campo de acontecimentos espontâneos paranormais contados através dos séculos. Exceto alguns casos extraordinários, como os de D. D. Home, Eusapia Palladino ou de São José de Copertino, a prova da chamada telecinese e de outros fenômenos "físicos" não tem essa base animadora, e a maioria dos registros dos médiuns são denegridos pela fraude.

Os autores são profundamente gratos ao dr. G. D. Wassermann, da Universidade de Durham, que facultou seus conhecimentos detalhados de muitos ramos da ciência e sua crítica viva e perspicaz em quase todos os capítulos deste livro.

Expressamos nossa gratidão ao dr. Donald West, membro encarregado de investigações sobre experiências da Sociedade de Pesquisas Psíquicas, por seu interesse pelo livro e por permitir que se descrevesse parte do recente trabalho feito por ele e pelo dr. G. W. Fisk.

Agradecemos ao dr. Rhine e a seus assistentes da Universidade de Duke por permitir o debate sobre suas inúmeras experiências, ao professor

Gardner Murphy, a dra. Gertrude Schmeider e a outros cujos trabalhos citamos largamente.

Desejamos agradecer a certos membros do corpo docente do Queen Mary College, muito especialmente ao dr. C. L. Brendel, sr. L. A. Rozelaar e dr. H. S. Allen, pela valiosa assistência no desenvolvimento de experiências com a sra. Stewart. A sra. K. M. Goldney, M. B. E., é naturalmente muito conhecida dado seu grande papel nas experiências de Shackleton.

Não podemos esquecer de prestar tributo a sra. Stewart e ao sr. Shackleton, ambos dotados de grande sensibilidade, cuja continua cooperação permitiu que se escrevesse este livro, e a memória de outra, talvez mais bem-dotada ainda, a sra. Blanche Cooper que, infelizmente, já não vive.

Finalmente queremos expressar nossa grande apreciação pelo perito e excelente trabalho datilográfico de um membro da organização de H. W. Walden & Co.

15 de junho de 1953

S.G.S.
F. B.

Nota sobre Referências

As referências no fim deste livro acham-se agrupadas sob os capítulos I-XX, e os itens para cada um estão numerados em série a partir de um.

Uma referência no texto – digamos – do capítulo XV, que se encontrará no mesmo capítulo, na lista de referência, é indicada assim: Mc-*Mahan,* ([8]) significando que este é o item n.º 8 no capítulo XV.

Mas uma referência a – digamos – *Elkisch,* no texto do capítulo XV que se encontrará, digamos, no capítulo V, da lista, é dada por meio de uma nota ao pé da página, por exemplo: *Elkisch* V, 8.

CAPÍTULO I

Histórico – Casos Espontâneos – As Primeiras Experiências

Os casos de transmissão de pensamento aparente, de antevisão de acontecimentos futuros, em sonhos, e o conhecimento do que está acontecendo a amigos ou parentes ausentes, sem o uso de meios normais de comunicação, têm sido narrados tanto nos tempos antigos como no moderno, entre povos primitivos e civilizados. A literatura clássica e a hebraica contêm muitos relatos dessa natureza. José, sonhando as margens do Nilo, previu o advento dos sete anos de fartura e dos sete anos de carestia. Santo Agostinho relata que um de seus discípulos pediu ao adivinho cartaginense Albicério que dissesse em que ele, discípulo, estava pensando. Albicério respondeu corretamente que o discípulo estava pensando numa frase de Virgilio e, em verdade, recitou-a, embora fosse um homem de pouca instrução. Se essa história for verdadeira, Albicério estava um passo a frente de nossos adeptos modernos que são capazes de dizer-nos unicamente qual de cinco símbolos o experimentador está olhando.

Há ainda o caso de Sosipatra, ([1]) lente universitária, que interrompeu uma palestra de filosofia que estava fazendo para descrever, com detalhes, um acidente que, nessa ocasião, acontecia a seu conterrâneo Filometor quando passeava em sua carruagem muitas milhas distantes. Ela viu a carruagem tombar, as pernas do passageiro em perigo de serem esmagadas, quando era retirado de dentro, a salvo, pelos criados, apenas com alguns ferimentos nos cotovelos e nas mãos. A descrição parece ter coincidido com os fatos reais, tendo Sosipatra ganho a reputação de ser dotada de presciência.

Se é impossível verificar a exatidão dessas histórias antigas, está longe de ser fácil descobrir a verdade no que se refere aos inúmeros casos modernos de que elas são os protótipos. Recentemente um jornal de Londres(*) convidou os leitores a enviarem suas histórias com referência ao "sexto sentido", oferecendo o prêmio de um guinéu para cada história publicada. Cartas contendo relatos de experiências estranhas ou de sonhos proféticos apareceram dia após dia durante várias semanas. Muitos desses relatos eram, por si próprios, de extraordinário interesse, e a coleção completa de várias centenas deles deveria sugerir que as experiências psíquicas são relativamente comuns em nosso século XX. No entanto, imaginamos qual a proporção dessas histórias seria invenção pura e em quantos casos uma experiência real do narrador foi exagerada ou adulterada, talvez além do admissível. Tais casos naturalmente constituem pouco mais do que material de *prima facie* a ser investigado por um competente pesquisador psíquico. Pondo de parte a possibilidade de invenção deliberada ou de brincadeira, existem as falsificações mais sutis que surgem das distorções da memória a que todos nós estamos sujeitos em maior ou menor grau.

Por exemplo, um homem sonha que vê um gato sendo atropelado por um automóvel. No dia seguinte presencia o atropelamento de um gato malhado por carro azul. Provavelmente não tomou nota, por escrito, do sonho logo ao acordar, mas contou-o a esposa durante o café. Quando vê o acidente real, está pronto a acreditar que o gato do sonho era malhado e que o carro do sonho era azul. Mais estranho ainda, quando relata o acidente a esposa, ao voltar para casa, ela poderá acreditar que ele falou em um gato malhado e em um carro azul ao contar o sonho na hora do café. A moral naturalmente está no fato de que, quando se tem um sonho muito vivido que parece ter relação com o futuro, deveríamos anotar os detalhes precisamente como são lembrados imediatamente depois de acordarmos e enviar as anotações para a Sociedade de Pesquisas Psíquicas.

Algumas profecias de desastres, feitas em sonho ou dadas através de médiuns, podem tornar-se realidade por não deixarem em paz o espirito da vítima. Em tais casos, uma explicação paranormal é frequentemente supérflua. George Barrow, em seu livro *The Bible in Spain* (A Bíblia na Espanha), relata como numa manhã da viagem de ida um marinheiro contou-lhe um sonho que tivera durante a noite. O marinheiro vira a si mesmo caindo do mastro. Um pouco mais tarde, naquele dia, ordenaram--lhe que subisse no mastro, foi atingido por uma vela solta na tempestade e atirado ao mar; desapareceu antes que um bote pudesse alcançá-lo.

(*) *Cf The Star*, em várias datas, em junho e julho de 1951.

O hábito de Barrow de dar certo colorido a suas narrativas é bem conhecido, mas mesmo que admitamos a veracidade neste caso, não é certo se o pobre marinheiro poderia ter escapado ao desastre se sua mente não estivesse perturbada pela apreensão e preocupação induzidas pelo sonho.

Mas se considerarmos unicamente os casos em que o relato é rigorosamente exato, ainda permanece a dúvida se a extensão que as ligações observadas entre o sonho e sua realização e se os depoimentos do observador e os acontecimentos reais, a que esses depoimentos parecem referirem-se, não poderiam ser o resultado de cega e vazia justaposição de circunstâncias a que chamamos chance. Num mundo em que miríades de acontecimentos, desde os mais simples aos mais complexos, são infinitamente embaralhados, não seria de esperar, em certas ocasiões, que surgissem circunstâncias que mostrassem enganosa aparência de estarem casualmente relacionadas? É certo que na vida comum encontramos coincidências curiosas que nossa razão indica só poderem ser o resultado de acidente. O sobrenome de um dos autores deste livro é incomum; quando ele alugou um apartamento perto de Wandsworth Common, não conhecia os nomes dos outros moradores. Julguem então seu assombro quando descobriu que os vizinhos do andar de baixo tinham o mesmo nome embora soletrado de maneira um pouco diferente. Ao consultar as listas telefônicas e as estatísticas de casas e apartamentos de Londres, pudemos, sem muitas dificuldades, fazer uma estimativa aproximada da probabilidade de existir uma moradia que contivesse duas pessoas não aparentadas com os nomes de Soal, Soul ou Sole.

Se tentássemos empregar a estatística num caso como o de Sosipatra, estaríamos nos defrontando com uma tarefa impossível, pois precisaríamos de dados numéricos impossíveis de obter mesmo que tivéssemos sido seus contemporâneos. Deveríamos obrigatoriamente indagar quantas pessoas havia na Grécia, que, como Sosipatra, estavam adivinhando as andanças de parentes distantes e quantas vezes essas pessoas se enganavam. Poderíamos, sem dúvida, fazer uma estimativa da porcentagem dos acidentes dos passageiros de carruagens, mas se chegássemos a conclusão de que o cocheiro de Filometor era um indivíduo descuidado, que deixava a carruagem virar em média uma vez cada quinze dias, nossas estimativas cuidadosamente compiladas não teriam valor, e nossas probabilidades precisariam ser revistas.

Analisemos agora um caso moderno extraído de *Phantasms of Living* (Fantasmas dos Vivos), ([2]) o famoso clássico de Gumey, Myers e Podmore.

Uma menina de cerca de dez anos caminhava por uma vereda, no campo, lendo um livro de geometria. Subitamente a vereda pareceu sumir, e ela viu a mãe deitada no chão de um aposento da casa, do qual pouco se utilizavam, aparentemente morta; o aposento era conhecido como a sala "branca". Perto dela, no chão, havia um lenço de renda. A menina ficou tão perturbada por essa visão que, em vez de ir diretamente para casa, correu a casa do médico e convenceu-o a acompanhá-la. Encontraram a mulher no chão da sala "branca" sofrendo de um sério ataque cardíaco. A seu lado estava o lenço de renda. O médico chegou a tempo de salvar-lhe a vida. Esse é um caso interessante. Não seria uma história que uma criança de dez anos inventaria numa crise. Além disso, ficou comprovado que ela foi procurar o médico antes de ir para casa. Muito possivelmente, no entanto, a história foi "ajudada" pelo acréscimo de detalhes depois do acontecimento. A menção do lenço de renda pode ter sido um característico que se adicionou para que a história ficasse mais impressionante, ou pode mesmo ter sido uma distorção de memória. O fato fundamenta] é que a menina agiu em consequência de sua visão e foi diretamente ao médico.

Não faz muito tempo, um facultativo, no *The New York Times Magazine*, ([3]) tentou desacreditar o caso sugerindo que a mãe da criança podia ter sido uma histérica que frequentemente imaginava estar tendo ataques cardíacos e que, portanto, nada havia de extraordinário no fato de a menina inventar ter tido uma visão da mãe sofrendo tal crise. A sugestão não parece muito plausível. Se a mulher sofresse de tais ataques, genuínos ou imaginários, o médico teria certamente mencionado o fato aos cientistas que investigaram o caso. Além do mais, durante sua vida, a moça frequentemente citou o incidente como sendo o único em sua experiência, o que ela dificilmente faria se a visão tivesse sido mero exercício da imaginação e não uma vivida alucinação.

Seria naturalmente impraticável formar estimativas justas da probabilidade de que tal série de coincidências fora resultado de chance; existem, no caso, muitas probabilidades subsidiárias cujos valores empíricos estão além de nosso alcance.

O facultativo ou fisiologista poderia rejeitar o caso por duas razões. Primeiro, indicaria que não temos dados precisos sobre a probabilidade de que tudo não passara de mera coincidência. Nossa intuição, baseada na experiência de todos os dias, asseguramos de que seria absurdo supor que tal concatenação de circunstâncias poderia ser obra de acidente, mas o cientista não se satisfaria com a validade de mera intuição. Segundo ele poderia insistir em que, tendo a criança, em uma oportunidade, mostrado ter consciência de maneira misteriosa do que sucedia longe das vistas e dos ouvidos, ela deveria ser capaz de repetir o feito outras vezes. Deveria ser capaz, por exemplo, de dizer o que o cientista estava fazendo numa ocasião especificada. Na realidade, tais exigências poderiam ser muito pouco razoáveis visto que a premência de uma crise de vida ou morte poderia ter sido um fator vital na passagem da barreira que tais mensagens de fora normalmente encontram antes de emergir na consciência. De fato, o cientista colocaria a capacidade de receber uma impressão telepática no mesmo nível de se fazer uma soma ou de escrever um ditado ou de se jogar tênis. Tais comparações talvez não sejam aplicáveis. Existem também muitas experiências psicológicas que não se podem repetir com exatidão.

Precisamos lembrar-nos de que o biologista ou psicólogo comum não tem um desejo ardente de provar a percepção extrassensorial. Sem dúvida, ele preferiria vê-la desacreditada porque lança confusão em seu ramo. Tenta mostrar que o cérebro não passa de uma máquina eletrônica tremendamente complicada, governada pelas leis da física, e que os processos mentais estão isomorficamente ligados as engrenagens da máquina.

Ora, os fenômenos de telepatia e clarividência indicam fortemente que existem aspectos do comportamento mental que não estão completamente sujeitos as leis da física de nossos dias. Esses fenômenos parecem incompatíveis com a série fundamental de suposições em que os fisiologistas e psicólogos trabalham.

Desde a fundação, no ano de 1882, a Sociedade de Pesquisas Psíquicas investigou centenas de casos espontâneos, alguns tão bons ou melhores do que esse que acabamos de analisar, e outros de menor interesse. Desnecessário dizer que tais investigações constituem tarefa altamente especializada; requerem discernimento ao trato com as testemunhas, conhecimento das perguntas certas a serem feitas, habilidade nas perguntas, etc. Muitas das pessoas que se dedicaram com afinco a esse trabalho nos primeiros anos da existência da Sociedade eram de alta posição acadêmica, tais como Frederick W. H. Myers, sra. Henry Sidgwick, Sir William Barrett, srta. Alice Johnson, Edmund Gurney e Frank Podmore. Esses devotados pesquisadores chegaram a fazer longas viagens para entrevistar testemunhas e, no necrológio de Edmund Gurney, Myers declara: "Quase todas as testemunhas de importância em *Phantasms of the Living* [2] (e muitas outras cujos nomes não aparecem neste livro) foram visitadas por um de nós antes de o livro ser publicado."

Podemos aceitar, com certas reservas, o grosso dos casos publicados em *Phantasms of the Living* e constantes das atas e revista da Sociedade como sendo precisos. O papel desempenhado pelo acaso na produção de ligações verídicas é estritamente indeterminado, embora pareça inconcebível a luz da experiência de todos os dias que os casos mais detalhados possam ser classificados como simples coincidência. Além disso, é preciso notar que as experiências paranormais recolhidas dos mais variados períodos históricos e regiões do mundo mostram uma harmonia quanto ao tipo. Tyrrell assinalou que mesmo os casos mais diversos possuem certos fatores em comum.

A história de Sosipatra, por exemplo, poderia ser confundida com uma das publicadas em *Phantasms of the Living* ([2]) se fossem emprestados nomes ingleses.

Embora tenhamos colecionado casos espontâneos nos últimos sessenta anos, parece que aprendemos muito pouco quanto a sua verdadeira natureza ou aos obscuros processos mentais que os produzem. Conquanto, em geral, eles se encaixem em certos tipos, cada novo caso apresenta uma característica própria. Não sabemos quais são os aspectos importantes de um caso e quais os triviais para se compreender o mecanismo interior. Obviamente não podemos mudar as condições físicas e psicológicas uma por uma e ver o que acontece; somos obrigados a aceitar o que a natureza oferece. Em verdade, os casos espontâneos de telepatia contêm elementos diversos em demasia; são complexos e vão além de nosso entendimento, e quase sempre precisamos concentrar-nos em algum tipo mais simples de acontecimento paranormal. Isso não significa que devemos parar a investigação de casos de aparições, de alucinações telepáticas, de sonhos proféticos e de manifestações mediúnicas, porque podem fornecer valiosas sugestões e indícios para os trabalhos experimentais. Ainda há campo para enorme quantidade do que poderia ser chamado de trabalho de "História Natural" em pesquisas psíquicas. Aparecendo oportunidade, há espaço para estudos quase experimentais de médiuns do calibre da sra. Leonard ou da sra. Piper. Achamos que agora podemos dizer que a ênfase mudou definitivamente, de fenômenos complexos, como a observação do transe mediúnico e de casos espontâneos, para experiências simples na adivinhação de cartões, cartas de baralho ou figuras. As experiências de telepatia naturalmente não são novas. Em 1883, o sr. Malcolm Guthrie, [4,8] assistido pelo dr. (mais tarde *Sir)* Oliver Lodge, [8] fazia experiências de transmissão de pensamento usando como percipientes duas jovens de uma loja de tapeçaria de Liverpool. No dia 6 de novembro de 1884, por exemplo, o pesquisador sentou-se atrás de um biombo e olhou para um pedaço de papel prateado, recortado na forma de um bule de chá. A jovem, atuando como percipiente e sentada na outra extremidade da sala, com a cadeira de costas para o biombo, respondeu: "É prata brilhante, algo como uma chaleira? (. . .) Um bule de chá? "As moças foram também coroadas de êxito no registrar o sabor, as cores e no reproduzir os diagramas. Alguns dos desenhos feitos nessas e em outras experiências semelhantes, do mesmo período, mostram notável semelhança com os originais, e ainda hoje os relatos publicados nos primeiros volumes das Atas da Sociedade constituem fascinante material de leitura. A maior desvantagem dessas primeiras experiências com objetos de desenhos estava em ser difícil destacar figuras precisas para evitar que as semelhanças notadas fossem devidas ao acaso. Naquela época, os métodos de estatística estavam na infância e havia poucos compêndios que tratassem da matéria, até mesmo elementarmente.

Entre 1881-1882, sir William Barrett e outros levaram a efeito experiências de transmissão de pensamento com as jovens filhas do sr. Creery,[7] um pastor inglês, usando cartas de baralho. Embora não se empregassem sistematicamente fórmulas estatísticas, ficou bem claro que os resultados foram além do que se poderia esperar do acaso. Mais tarde, infelizmente, duas das moças foram apanhadas em embuste pelo professor e a sra. Sidgwick. Descobriu-se que uma das irmãs passava informações a outra por meio de um código que consistia em movimentos de cabeça, tossezinhas, etc. Naturalmente essa descoberta lança graves dúvidas sobre a validade da primeira série de experiências.

CAPÍTULO II

Primeiras Experiências Estatísticas (1916 – 1934)

As primeiras experiências controladas que permitiram pesquisas estatísticas de certo vulto foram feitas durante a Primeira Guerra Mundial pelo dr. John E. Coo ver, ([1]) um psicólogo céptico, na Universidade de Stanford, Califórnia.

Cooper investigou uma variedade de supostas forças "supernormais" e publicou suas descobertas em 1917, num grosso volume ([1]) que era, em parte, uma dissertação sobre a teoria de probabilidades elementares. Foi – acreditamos – o primeiro homem a testar pela teoria da probabilidade se uma pessoa pode ser obrigada a virar a cabeça por outra pessoa que lhe olhasse firmemente para a nuca; chegou a uma conclusão negativa. Seu trabalho que nos chama a atenção é constituído pelas 10.000 adivinhações de figuras em cartas de baralho feitas por cerca de 100 estudantes, numa experiência de telepatia.

Telepatia e Clarividência

Neste ponto é aconselhável fazer distinção entre uma experiência de telepatia e uma experiência de clarividência.

F. W. H. Myers, famoso erudito clássico e inspetor de escolas, foi que, em 1882, cunhou a palavra telepatia. Definiu-a para significar a transferência aparente de ideias, sensações, imagens e sentimentos, de uma mente para outra sem a ajuda dos cinco sentidos. Existem certas objeções a tal definição. A palavra transferência, por exemplo, sugere uma mudança de espaço tal como a de ovos de uma caixa para outra não justificada pelos fatos observados. Ainda há o emprego da palavra "mente" que não possui uma significação muito clara. Hoje em dia sabemos que o homem tem muito mais de cinco sentidos; tem, por exemplo, órgãos receptores para a apreciação do calor e do frio, etc.

Mas nesse ponto seriam precisas emendas insignificantes para modernizar a definição de Myers.

A dificuldade real para formular uma definição de telepatia surge do fato de que, durante os últimos vinte anos, se colheram inúmeras provas que parece estabelecerem a realidade de outra faculdade extrassensorial que teve a infelicidade de ser chamada clarividência. Experimentalmente tem sido sobremodo difícil estabelecer uma discriminação entre telepatia e clarividência.

Primeiro daremos uma definição experimental de clarividência: se uma pessoa A experimenta um padrão mental, no presente, que corresponda completamente ou em parte aos aspectos senso- riais passados, presentes ou futuros de um objeto físico ou acontecimento, de tal maneira que a correspondência observada não possa ser explicada por percepção sensória ou inferência baseada em percepção dos sentidos ou por coincidência fortuita, dizemos que houve clarividência, contanto que o objeto físico ou acontecimento jamais seja percebido normalmente por pessoa alguma.

À primeira vista poderia parecer que a adição da última frase tornaria impossível a verificação de qualquer suposto caso de clarividência, e isso geralmente é verdade exceto em casos experimentais em que for empregada uma técnica muito especial que descreveremos no capítulo XV.

Nossa definição de *telepatia é* a seguinte:

Se o padrão mental de A, no presente, total ou parcialmente, corresponde ao padrão mental passado, presente ou futuro de *B (*que pode estar morto ou vivo) e se essa correspondência não pode ser explicada por percepção sensória ou inferência baseada em percepção sensória fortuita, dizemos que houve telepatia, contanto que a possibilidade de clarividência tenha sido eliminada.

Aqui, outra vez, na grande maioria de casos espontâneos e em muitos casos experimentais de percepção extrassensorial é impossível dizer se houve telepatia ou clarividência.

Consideremos uns exemplos:

(a) Se a pessoa A abre um maço novo de cartas de baralho num quarto escuro, coloca-as num embaralhador mecânico e escolhe depois várias cartas com as mãos enluvadas, e uma segunda pessoa *B,* no escuro, adivinha certo número razoável de cartas corretamente, estamos justificados em dizer que ocorreu clarividência? A resposta, de acordo com nossa definição, é francamente negativa, pois quem verificar as adivinhações de *B* com a ordem das cartas estará vendo as cartas normalmente, e a clarividência alegada não pode ser distinguida de telepatia de um conhecimento prévio existente entre *B* e a pessoa que fez a verificação.

(b) Se a pessoa A pensar nos nomes de várias cartas de baralho sem ter as cartas ou representações físicas das mesmas, em sua frente, e uma segunda pessoa *B*, em uma sala distante, escrever suas adivinhações e, depois de ter feito isto, A escrever os nomes das cartas, em que pensou, numa ordem definida, e se se constatar então que *B* adivinhou corretamente certo número de cartas para tomar a coincidência muito improvável, poderemos dizer que *ocorreu telepatia*? A resposta é "não" porque pode ter havido clarividência ***precógnita*** da parte de *B* quanto as futuras anotações que seriam feitas por A.

(c) Suponhamos que em (*b*) as outras condições, permanecendo as mesmas, A em tempo algum anote as cartas em que pensou, mas verifique as anotações que *B* fez de memória. Neste caso fica eliminada a clarividência e podemos dizer que houve telepatia.

(d) Em muitas experiências uma pessoa (o agente) olha para uma carta que outra pessoa (o percipiente) em outra sala tenta adivinhar. Nesse caso, é impossível discriminar entre telepatia e clarividência. Tais experiências são conhecidas como experiências "em geral" ou percepção extrassensorial "indiferenciada".

Métodos de Apreciação

Suponhamos que um pesquisador embaralhe cuidadosamente um baralho de 52 cartas, corte-o e olhe para a carta de cima. Ao fazer isso, essa pessoa aperta um botão elétrico que dá um sinal para que outra, em sala distante, escreva qual foi o naipe. Tendo olhado para a carta, o pesquisador a devolve ao baralho que, em seguida, é embaralhado de novo. O pesquisador corta o baralho novamente e retira nova carta. Suponhamos que dessa maneira sejam feitas 1.200 adivinhações. Ficará evidente com o Apêndice B, a página 422, que a probabilidade p do naipe ser adivinhado corretamente em cada tentativa é dada por $p = 1/4$.

O número esperado de adivinhações em 1.200 tentativas, se nada além do acaso está ocorrendo, é, portanto, de 1.200 X 1/4, isto é, 300. Isso não quer dizer que o adivinhador acertará exatamente em 300 tentativas. Se fizesse um grande número de séries de 1.200 tentativas, teria acertado algumas vezes mais, outras menos de 300 tentativas. Mas se continuasse indefinidamente, a média de totais variados chegaria bem perto das 300. A isto chamaríamos sua "contagem ou marcação média". A diferença entre a contagem real e a contagem média é conhecida como "desvio". Portanto, se a contagem real na experiência é 345, o desvio é + 45, e se acerta, digamos, somente 255 tentativas, o desvio é – 45. Se houver unicamente adivinhações ao acaso grandes desvios de 300 serão pouco frequentes, e quanto maior o desvio tanto menos frequentemente ele ocorrerá. Para descobrir a probabilidade de certo desvio ser devido somente ao acaso, comparemo-lo a um número teórico conhecido como "desvio-padrão". Encontra-se esse número da seguinte maneira: Se *p* é a probabilidade de adivinhação exata em cada tentativa, e IV o número total de tentativas (ou adivinhações), o desvio-padrão é conhecido como sendo Np (1 – p)]. Assim, em nosso caso, *N* = 1.200, *p* – 1/4, o desvio-padrão é √ (1.200 X 1/4 X 3/4), isto é, 15.

Queremos saber qual a comparação de nosso desvio com o desvio-padrão. Formamos, portanto, o quociente desvio real/desvio-padrão, e isso se chama proporção crítica (para simplificar, PC).

Por conseguinte, quanto maior for nosso desvio tanto maior será PC. Nas experiências com cartas frequentemente estamos tão interessados nos desvios negativos quanto nos positivos. Consequentemente, preocupamo-nos somente com a magnitude numérica de um PC e não com o fato de ser positivo ou negativo.

Com os grandes valores de N, a distribuição binômica aproxima-se (exceto nos extremos) da distribuição "normal", e podemos verificar nas tabelas de probabilidades normais a probabilidade de que uma adivinhação ao acaso dará um PC igual ao PC obtido em nossa experiência ou maior ainda. Portanto, um PC de 2 implica que nosso desvio real é tão grande que seria de esperar que um desvio positivo ou negativo de igual ou maior grandeza ocorresse somente uma vez em cerca de 22 séries semelhantes de adivinhações se estivesse atuando unicamente o acaso.

Exprimimos isso rapidamente dizendo que PC = ± 2 implica uma probabilidade P = 1/22, isto é, 0.045. Semelhantemente, PC = ± 3 corresponde aP = 1/370, isso significa que um desvio positivo ou negativo numericamente igual a nosso desvio observado ou que a ele exceda poderia ocorrer unicamente por acaso, em média uma vez em 370 experiências com o mesmo número de adivinhações.

A maioria dos psicólogos consideram que um efeito é suficientemente pronunciado para merecer considerações sérias se, numa experiência, eles obtêm um desvio positivo ou negativo igual ou que exceda 2.8 de desvios-padrões, e a chance de ocorrer tal desvio da expectativa média (positiva ou negativa) é dada por $P = 0.005$, isto é, uma probabilidade de 200 tentativas desfavoráveis contra uma favorável. Em todo este livro aceitaremos este nível como indicio de que esteja atuando algum fator sem que seja o acaso, embora a maioria das experiências tenha dado desvios muito maiores.

Alguns pesquisadores em biologia têm considerado as probabilidades de 20 para 1 contra um resultado como devido ao acaso; embora longe de serem concludentes, são suficientemente interessantes para requerer a repetição de uma experiência a fim de ver se se poderá obter novamente um resultado semelhante. Não importa se pararmos em 20 para 1,50 para 1 ou 100 para 1, contanto que tenhamos em mente que tais proporções não constituem prova concludente da existência de um fator de chance extra, mas simplesmente uma indicação de que a experiência é digna de ser repetida, talvez várias vezes ou em escala maior.

As probabilidades que se podem considerar como prova concludente numa experiência paranormal dependem de circunstâncias. Se desconfiamos, por exemplo, que o plano da experiência e falho, ou que existe revelação de informações através de canais de comunicação sensorial normal ou que nossas fórmulas estatísticas são inaplicáveis ao caso em consideração, então, em verdade, probabilidades de chance, mesmo de 1 em 1.000.000, não teriam valor. Ou mesmo se o efeito que estamos investigando é inerentemente muito improvável, certamente não ficaríamos satisfeitos com probabilidades de 1 em 1.000. Telepatia, clarividência e presciência são naturalmente improváveis do ponto de vista da doutrina cientifica ortodoxa, mas a telepatia, pelo menos, está se tornando muito menos improvável enquanto aumenta o número de experiências bem-sucedidas (bastante considerável), contanto que as experiências sejam bem controladas. Mas numa experiência de presciência poderíamos razoavelmente exigir uma média mais rigorosa do que numa prova de telepatia comum.

Com o propósito de ajudar os leitores que desejem fazer experiências com adivinhação de cartas de baralho, preparamos, no apêndice C, os valores das probabilidades de um resultado devido ao acaso que correspondem a várias proporções críticas (PC). Usando essa tabela o leitor deve lembrar-se cuidadosamente de que *n* dá para qualquer PC as probabilidades contra um desvio *positivo* ou *negativo* semelhante ou que exceda ao desvio observado, serem o resultado de simples acaso. Assim, em nosso exemplo com N = 1.200, *p* – 1/4, suponhamos que a pessoa que adivinha o naipe das cartas de baralho deu 345 respostas certas em vez das 300 que deveríamos esperar por coincidência. Seu desvio é de +45 e seu PC, de 45/15, isto é, +3. Concluímos pelo Quadro 11 que as probabilidades contra sua contagem ficam fora do limite de 300 – 3 X 15 e de 300 -f 3 X 15, isto é, fora dos limites 255 e 345 são de quase 369 para 1.

Se estivéssemos interessados unicamente nos desvios positivos, isto é, em contagens acima da média, o valor de P deveria ser cortado ao meio. Assim, as probabilidades contra a contagem que excede de 345 seriam de 2 X 370 – 1 para um, isto é, 739 para um.

Constitui, no entanto, um fato que muitos adivinhadores algumas vezes conseguem contagens que ficam, durante algum tempo, persistentemente abaixo da média, e tais desvios negativos constituem outras tantas provas de percepção extrassensorial (PES) quanto aos desvios positivos correspondentes. Poderia ser, por exemplo, que o adivinhador possuísse alguma motivação subconsciente que o obrigasse a suprimir a imagem correta da carta e permitisse tomar-se consciente uma imagem incorreta. Se uma pessoa erra as cartas com maior frequência do que deveria segundo a teoria do acaso, isso sugere seguramente que, em certo nível de percepção, ela *sabe* qual a carta certa, embora, por alguma razão perversa, a imagem da carta nunca apareça na consciência normal, sendo substituída pela imagem da carta errada. Notar-se-ão muitos exemplos semelhantes quando discutirmos as experiências de Shackleton e Stewart.

É por esta razão que os pesquisadores frequentemente têm interesse tanto nos desvios positivos como nos negativos, que o valor de n representa as probabilidades contra a ocorrência de um desvio positivo *ou* negativo de dada magnitude.

Os Resultados de Coover ([1])

Numa experiência de telepatia é indispensável a presença de duas pessoas: o "transmissor" ou "agente" que olha para as cartas uma a uma, e o "recebedor" ou "percipiente" que registra suas adivinhações. O agente e as cartas geralmente ficam numa sala e o percipiente em outra. O propósito disso é (I) assegurar que é absolutamente impossível ao adivinhador ver as cartas e (II) prevenir o recebimento intencional ou inocente de qualquer sinal do agente ou de outra pessoa que lhe permitisse identificar as cartas por meios normais.

Coover ([1]) utilizou-se ao todo de 105 adivinhadores e 97 agentes. Ele ficava sentado numa sala com o agente enquanto o estudante, que estava sendo submetido a experiência, ficava numa sala vizinha. Cada estudante que agia como adivinhador fazia cerca de cem adivinhações; obtiveram-se ao todo 10.000 adivinhações. Tendo embaralhado e cortado o baralho de 40 cartas Coover jogava um dado para resolver pelos pares ou impares se o agente deveria olhar para a face da carta tirada. Depois virava a carta e o agente concentrava-se nela ou simplesmente a punha de lado sem olhar para a face, de conformidade com os números pares ou impares que o dado marcara. Depois de ter exposto ou separado a carta, sem a olhar, Coover batia na mesa com um lápis para avisar o adivinhador, na sala pegada, que podia tomar nota de sua adivinhação. Depois de recolocar a carta no baralho, Coover embaralhava e cortava de novo o maço e jogava o dado.

Das 10.000 adivinhações registradas pelos 105 estudantes somente 5.135 corresponderam a tentativas em que o agente havia olhado para as cartas, enquanto o restante correspondeu a tentativas em que os estudantes não haviam olhado para as cartas, mas cuja ordem fora preservada. O adivinhador não sabia se o agente olhara ou não a carta. Hoje em dia pensaríamos em tentativas em que ninguém via as cartas até a hora da verificação como sendo testes de *clarividência,* mas Coover simplesmente queria que servissem de controle empírico das tentativas nas quais o agente se concentrava nas cartas.

Coover declarou que nem as 5.000 tentativas telepáticas nem a série de controle mostraram desvios significativos, quando considerados separadamente, da média de expectativa de acaso. Concluiu que não havia evidência de telepatia, e esse achado foi acolhido com geral satisfação pelos psicólogos americanos que eram hostis ao paranormal.

Mais tarde, no entanto, foi apontado pelo professor Cyril Burt e dr. K. H. Thouless ([2]) que, no grande total de 10.000 adivinhações, não menos de 294 estavam corretas comparadas com a expectativa de 250.

Coover usara baralhos dos quais foram retiradas doze cartas com figuras, de sorte que cada maço continha 40 cartas, isto é, as de 1 a 10 dos quatro naipes.

O leitor poderá verificar que $N = 10.000$, $p_{,} = 1/40$, o desvio-padrão é de 15.61 e a proporção critica 44/15.61, isto é, 2.8, que, de acordo com as tabelas de probabilidade normal, dá a probabilidade, contra o resultado ser devido ao acaso, de 200 para 1. Sabe-se, no entanto, que a distribuição normal é uma boa aproximação da distribuição binômica somente quando $(q-p)\,D^3/6d^4$ é pequena, quando D é o desvio observado na contagem média, *d* o desvio-padrão, e $q = 1 - p$.

Em nosso exemplo $D = 44$, $d = 15.61$ e devido ao pequeno valor de $p - 1/40$ a expressão acima é igual a 0.227 que não é pequena. Segue-se então que as probabilidades acima de 200 para 1 são levemente exageradas e que 160 para 1 seria uma aproximação mais real das verdadeiras probabilidades.

Seria uma possibilidade, é claro, que houvera *clarividência* durante a série de controle, e como os desvios nas séries de "telepatia" e de "controle" são praticamente da mesma ordem também, é possível que tenha havido clarividência durante todas as 10.000 tentativas.

Por outro lado, é possível que o método de Coover foi ineficiente por tentar obter uma série que foi mais ou menos oriunda do acaso devido ao embaralhamento de um único baralho. O baralho tende a fender-se em certos lugares mais do que em outros, e se isso acontecesse a uma carta popular como o ás de espadas, essa carta poderia aparecer mais frequentemente que as outras e seria também adivinhada mais facilmente. Isso tenderia a aumentar o número de respostas corretas.

Tanto quanto sabemos, porém, ninguém produziu nenhuma evidência, com base na lista originária das cartas e adivinhações de Coover, que fatores dessa qualidade estivessem presentes. É difícil acreditar que ele não tivesse dado atenção ao significativo excesso de adivinhações exatas nas 10.000 tentativas e, se ele sabia disso, por que não continuou com as experiências ou tentou descobrir o que provocava o desvio anormal?

Coover declarou, no começo das pesquisas, que nada menos de probabilidades de 50.000 para 1 contra a operação do acaso o convenceriam da realidade da telepatia. Se ele tivesse continuado a marcar positivamente na mesma proporção por mais 18.000 tentativas, teria ultrapassado a chance imposta a si mesmo. As 10.000 tentativas de Coover com cartas de baralho constituem somente uma pequena fração das experiências bem-sucedidas feitas desde aquele tempo, e, mesmo que elas tivessem dado um resultado completamente negativo, tudo o que teriam demonstrado é que, trabalhando com cerca de cem adivinhadores ao acaso, não se pode ter certeza de se ter descoberto um bom percipiente telepático. S. G. S. fez treze vezes mais tentativas do que Coover antes de encontrar dois bons percipientes. Discorremos mais sobre as experiências sem importância de Coover porque ainda hoje são citadas por psicólogos que desconhecem a enorme literatura sobre adivinhação de cartas, em que se refuta a telepatia. Assim, escrevendo no número de outono (1950) de *Modem Quarterhj,* John McLeish, (3) que é professor na Universidade de Leeds, declara: "Coover, pesquisador da Universidade de Stanford, chegou a uma conclusão negativa depois de longas pesquisas sob condições de laboratório (1917) e até sua morte resistiu a todas as tentativas que se fizeram para adulterar seus resultados." Ele, porém, omite cuidadosamente toda menção das probabilidades de 160 para 1 contra a hipótese de que os resultados de Coover foram devidos ao acaso. Se houve "adulteração", foi ela feita por Coover, que ocultou o fato, e não por aqueles que a apontaram.

Outro psicólogo, professor Chester E. Kellogg,(4) escrevendo em *The Scientific Monthly* (outubro de 1937), elogia o trabalho de Coover, considerando-o "um exemplo notável de pesquisas meticulosas e completas e de tratamento exato no tocante aos dados numéricos". Mas um homem que ignora probabilidades de 160 para 1 dificilmente pode ser considerado "meticuloso" ou "completo". E o método de Coover de obter uma sequência de cartas ao acaso, embaralhando e cortando um único baralho, dificilmente seria aprovado hoje em dia.

O professor L. T. Troland, (5) da Universidade de Harvard, provavelmente foi o primeiro homem a inventar uma máquina para testar a telepatia. O pesquisador olhava numa caixa escura e no centro de seu campo visual via um único foco de luz. Por meio de um dispositivo elétrico, fazia-se aparecer um quadrado iluminado, algumas vezes a esquerda, outras a direita do foco central, apertando-se um botão que operava de maneira desigual. O adivinhador ou percipiente tinha que dizer se o quadrado estava à direita ou a esquerda, e ele marcava a adivinhação automaticamente apertando outro botão. Admitia-se que, quando Troland apertava o botão, o quadrado poderia estar tanto a direita como a esquerda, e, portanto, a chance de o adivinhador estar certo seria de 1/2 em cada tentativa.

Por estranho que pareça, fizeram-se somente 603 tentativas e registraram-se 284 respostas exatas, comparadas com uma expectativa de 1/2 X 603, isto é, 301.5.

Isso deu um desvio negativo de 17.5, e como $p = 1/2$, $N = 603$, nossa fórmula a página 27 dá o desvio-padrão como (½ X ½ X 603), isto é 12.28. A proporção crítica é só de – 1.4, não podendo admitir-se nenhum valor ao resultado. Mas experiências ulteriores sugerem que se trabalhamos com uma chance igual (o que implica em um desvio-padrão relativamente grande, comparado com o que teríamos, seja, com 5 possibilidades), teríamos geralmente que fazer um número de tentativas muito acima de 603 para obtermos um resultado significativo. Troland, sem dúvida, tê-lo-ia feito se tivesse, digamos, alguma experiência com os cartões do dr. Rhine ou com cartas de baralho. Mais ainda, adivinhar somente com duas alternativas toma-se muito enfadonho e só isso daria para inibir a faculdade telepática. O trabalho de Troland parece ter sido feito por volta de 1917.

De muito maior importância foram as experiências feitas em Groningen, Holanda, no ano de 1920, por Heymans, Brugmans e Wynberg. ([6])

Durante as melhores dessas experiências, o adivinhador, um jovem chamado van Dam, ficara sentado sozinho numa sala, de olhos vendados, defronte a uma espécie de enorme tabuleiro de xadrez que continha 48 quadriláteros em vez dos 64 usuais, e havia 6 fileiras numeradas, na borda, de 1 a 6, e 8 colunas marcadas com letras, de A a H, de modo que qualquer dos quadriláteros ficava marcado por um número e uma letra, por exemplo, C4. Os pesquisadores ficavam numa sala em cima da que era ocupada por van Dam e observavam-no por meio de um painel de vidro grosso, no chão. Os psicólogos escolhiam um dos 48 quadrados retirando um cartão de cada um dos dois maços embaralhados, um contendo os números de 1 a 6 e o outro as letras de A a H. Em seguida concentravam-se para que van Dam apontasse para o tabuleiro e observavam-no, através do painel de vidro, a fazer sua escolha. Em 187 tentativas ele escolheu corretamente 60 vezes, ao passo que, por chance, a expectativa seria de 4 êxitos. Não há dúvida, portanto, de que ocorria algum fator sem que fosse mera sorte. Cerca de metade das 187 tentativas, no entanto, foi feita com van Dam e os psicólogos no mesmo aposento. O rapaz conseguiu êxito sob as condições mais rigorosas em que os pesquisadores ficaram na sala superior.

Como indica Whately Carington, ([15]) os pesquisadores precisavam anotar a escolha do paciente, de uma distância de vários pés e através de um grosso painel de vidro, e talvez tivessem cometido erros. Esta possível fonte de erros poderia ter sido evitada se um marcador separado ficasse sentado ao lado de van Dam. Foi uma infelicidade completa que os pesquisadores, que conheciam o quadrado escolhido, o observassem enquanto procurava assinalá-lo no tabuleiro. Muito possivelmente eles ficavam excitados quando a mão do rapaz se aproximava da região do quadrado escolhido e poderiam ter feito algum ligeiro movimento que desse ensejo a uma pista auditiva. Whately Carington não julgava fosse isso possível, mas nós não partilhamos de seu otimismo, embora ele tenha visitado o cenário de sua experiência e nós não. Está bem provado que telepatas de "vaudeville", tais como Fred Marion, ([7]) podem ser bem-sucedidos no encontro de objetos escondidos observando pequenos movimentos ou mudanças na respiração de parte da plateia quando a pessoa que procura se aproxima ou se afasta do lugar de esconderijo. Demonstrou-se que cavalos "telepatas" que batem com as patas a resposta certa de somas frequentemente obedecem a um sinal dado, talvez inconscientemente, pelo treinador, e param de bater quando chegam ao número exato.

Também não ficamos impressionados com o argumento de que van Dam agia bem melhor quando tomava uma dose de álcool ou de outro estimulante, porque o efeito da droga poderia ser o de aguçar sua sensibilidade para com pequenos sons durante algum tempo.

Gostaríamos de sugerir que o paciente pode ter sido um homem sensível do tipo de Marion, e que a telepatia não exerceu papel algum na demonstração. É justo, no entanto, ressaltar que os pesquisadores eram psicólogos altamente competentes e que, naturalmente, estariam de sobreaviso contra a possibilidade de sinais que pudessem ser ouvidos.

A srta. Ina Jephson, ([9, 10]) membro do Conselho da Sociedade de Pesquisas Psíquicas, fez um trabalho pioneiro relativamente a pesquisas sobre clarividência, distintas de telepatia. Em 1924, o dr. R. A. (agora *Sir* Ronald) Fisher, ([8]) estatístico, elaborou um sistema complicado de marcação para experiências paranormais com cartas de baralho. Se uma pessoa adivinha uma carta retirada de um maço de cartas bem embaralhadas, de entre 52 sua chance é de 1/52; e suas chances de acertar a cor e o naipe, de 1/2 e 1/4 respectivamente. Como existem 13 valores para cada naipe, sua chance é de 4/52, isto é 1/13. Mas frequentemente acontece que o adivinhador acerta em parte. Por exemplo, se a carta escolhida for o rei de copas, a resposta de rei de ouros estaria correta em tudo menos no naipe, e seria melhor do que rei de espadas que teria somente **o** valor correto. Até mesmo se fosse valete de paus teria algum valor, pois que o adivinhador reconheceu que a carta tem uma "figura" não é uma carta "comum".

O dr. Fischer ([8]) deu uma marcação numérica a cada grau de exatidão, indo da exatidão *absoluta* a nada *exato,* de acordo com as probabilidades matemáticas dos vários graus de êxito.

As instruções ([9]) foram enviadas pelo correio a umas 240 pessoas de habilidade psíquica não testada, e a cada pessoa foi pedido que fizesse 25 tentativas, mas que não fossem mais que cinco por dia. Pedia-se ao percipiente que apanhasse um baralho comum de 52 cartas, que as embaralhasse bem e retirasse uma voltada para baixo. Deveria então adivinhar que carta era, tomar nota aa adivinhação e, em seguida, de seu valor real e o naipe (por exemplo: RO (rei de ouros) ou 2E (dois de espadas). Depois de repor a carta no baralho, deveria embaralhar de novo e repetir a operação até completar as 5 tentativas. Dessa maneira a srta. Jephson reuniu 1.200 grupos de 5 tentativas.

Dessas 6.000 tentativas, não menos de 245 estavam perfeitamente certas, comparadas com uma expectativa de 6.000/52, isto é, 115. Mais ainda, 3.307 estavam certas quanto a cor comparada com uma expectativa de 3.000, e 1.837 certas quanto ao naipe contra as 1.500 preditas pela chance. Desnecessário dizer que esses resultados correspondem a uma chance que sobe a números astronômicos.

Além disso, os 1.200 grupos de 5 adivinhações, quando marcados pelo sistema Fisher, mostraram uma queda brusca na marcação da primeira adivinhação do grupo para o segundo. A marcação permaneceu então quase estacionária até a quarta tentativa do grupo e subiu na quinta ou tentativa final até quase seu primeiro valor.

Efeitos de "declínio" dessa natureza foram confirmados por grande parte das adivinhações de cartas, em anos recentes. A srta. Jephson considerava o declínio como efeito de cansaço; contudo, esse declínio está mais provavelmente ligado as mudanças de tensão psicológica.

A verdadeira fraqueza do trabalho da srta. Jephson surgiu do fato de a grande maioria de seus colaboradores ter feito as experiências em suas próprias casas, usando suas próprias cartas e sem a supervisão de um pesquisador.

É fácil imaginar as possibilidades que poderiam operar em favor de resultados brilhantes.

(1) Uma porcentagem considerável provavelmente usou um único baralho cujas costas estavam mais ou menos gastas e sujas. Através do constante manuseio das cartai. o adivinhador aprenderia a reconhecer talvez subconscientemente algumas delas por meio de pequenas marcas ou rachaduras.

(2) O manuseio descuidado poderia permitir ao adivinhador um relance da cor ou naipe de uma carta, ou o reflexo pode ter sido visto na superfície de uma mesa brilhante.

(3) Alguns dos percipientes podem ter feito vários grupos de cinco tentativas no mesmo dia e enviado a melhor coleção. Existem tantas pessoas que conhecem tão pouca coisa de trabalhos estatísticos que nada veriam de repreensivo nisso.

(4) O efeito de "declínio" observado poderia ser justificado se certos percipientes não tomaram nota de suas tentativas até que pudessem começar o grupo de cinco com uma adivinhação certa – começar bem, por assim dizer; outros talvez quisessem terminar dessa maneira.

Era, portanto, de interesse repetir a pesquisa sob condições aproximadamente a prova de erro. Esse trabalho ([11]) foi feito na primavera e verão de 1929 pela srta. Jephson, sr. Theodore Besterman e S. G.S. A novidade desse empreendimento foi que deveria não somente tornar difícil a fraude ou o erro por parte dos adivinhadores, mas também evitar que qualquer experimentador falsificasse os resultados.

Grande número de cartas embaralhadas com costas lisas foram colocadas em envelopes azuis do tamanho das cartas. Os envelopes eram de um material que não podia tomar-se transparente a luz forte, raios-X, álcool ou coisas semelhantes. Não podiam ser abertos sem deixar traços de umidade e traziam nos dois lados a marca do selo da Sociedade de Pesquisas Psíquicas. Eram fechados e enviados a 559 percipientes em grupos de cinco por semana durante cinco semanas sucessivas. Os menores detalhes da preparação e envio dos envelopes e da avaliação dos resultados foram supervisionados por um juiz, coronel Dick.

Foram registradas 9.496 adivinhações, analisadas pelo método Fisher, mas os resultados não mostraram sinais de qualquer fator além do acaso. Nem houve evidência definida de efeito de "declínio".

Parece provável que o fenomenal sucesso da experiência anterior da srta. Jephson poderia ser atribuído as fontes de erro que enumeramos acima.

Veremos mais adiante que evidências avassaladoras de faculdade de aparente clarividência foram obtidas pelo dr. Rhine e seus discípulos, mas a srta. Jephson ficará como pioneira na exploração desse território.

Experiências do dr. Estabrooks ([12])

Em 1926, o dr. G. H. Estabrooks, psicólogo da Universidade de Harvard, levou a efeito três curtas séries de experiências de telepatia com certo número de estudantes, usando um baralho comum. O próprio dr. Estabrooks serviu de agente, assistido por uma ou duas pessoas. Nas séries principais, o agente e o adivinhador ficaram num mesmo aposento, a prova de som, separados por uma divisão em que havia portas duplas, fechadas durante as experiências. Um aparelho elétrico dava sinal cada vinte segundos para o paciente tomar nota de sua adivinhação; cada carta ficava exposta aos olhos do agente durante vinte segundos. Cada vez que uma carta "vermelha" aparecia, Estabrooks acendia uma luz vermelha para aumentar o efeito. Cerca de 80 adivinhadores foram testados separadamente, e, com poucas exceções, a cada um foi permitido tentar vinte adivinhações. O dr. Estabrooks rejeitou as tentativas de indivíduos que tinham mentalidade crítica ou analítica – sendo a rejeição feita, naturalmente, antes de as adivinhações dos pacientes serem comparadas com as cartas do "alvo". Ele declarou que os melhores pacientes foram os que encaravam a experiência e o pesquisador como caceteação de que desejam livrar-se o mais depressa possível, e não aqueles que mostravam interesse pelos mínimos detalhes.

Estabrooks ([12]) analisou seus resultados unicamente pela cor e pelo naipe. De um total de 1.660 tentativas nas três séries principais, a adivinhação foi exata 938 vezes pela cor, contra uma expectativa de 830. O leitor verificará facilmente que, sendo $p = 1/2$, a proporção crítica é de 5.3 e as probabilidades correspondentes mais de oito milhões para 1 contra a chance. Acertou-se no *naipe* 473 vezes, quando a chance seria de somente 415. As probabilidades contra a chance, nisso, excederam 900 para 1.

Estabrooks notou também que a primeira metade de um grupo de 20 tentativas deu um resultado significativamente mais alto que a metade restante. Essa sorte de declínio caracteriza mande parte do trabalho posterior, inclusive o da sra. Stewart e de David Kahn.

Certa ocasião, depois de determinado número de pacientes haver terminado suas adivinhações, foram eles removidos para um aposento situado a 60 pés de distância daquele em que se encontrava o agente e testados novamente, um por um, outras 20 vezes. Das 640 tentativas anotadas, 307 estavam certas quanto a *cor* e 130 quanto ao *naipe,* contra a expectativa de 320 e 160 respectivamente. Esses dois resultados estão um tanto abaixo dos valores de chance, e as probabilidades contra o desvio negativo de 30 por naipe chega a mais de 150 para 1. Essa tendência dos pacientes, que têm uma marcação acima do nível de chance, para mudar frequentemente para uma marcação abaixo do nível tem sido constantemente notada. Nesse caso pode ter sido ocasionada pela perda de confiança dos adivinhadores, em sua capacidade de reconhecer as cartas de uma distância maior. Podem ter sentido o isolamento e a distância do agente. Comparado a trabalhos posteriores, parece improvável que a distância aumentada tenha tido influência física nos resultados, e é possível que os pacientes pudessem ter sido condicionados a trabalhar eficientemente no aposento mais afastado.

O dr. Estabrooks, no entanto, parece ter ficado desanimado, pois não prosseguiu com as experiências. Possivelmente sentiu que os críticos atribuíram as marcações altas do início a sussurros inconscientes ou a outra forma de revelação ao alcance do ouvido.

Primeiras Experiências a Distância

Os primeiros registros de tentativas para transmitir o pensamento através de distâncias consideráveis, que podemos encontrar, são as experiências de Usher e Burt, ([13, 14]) em 1907. Um agente em Bristol tentou transmitir desenhos e cartas de baralho telepaticamente a um percipiente em Londres, em horas pré-determinadas. Numa segunda série pelos mesmos autores, o agente estava em Praga e o percipiente em Londres. No que se refere aos desenhos, Usher e Burt encontraram semelhanças entre os feitos pelo agente e o percipiente; não tentaram, porém, fazer uma avaliação numérica.

Mais tarde Whately Carington ([15]) aplicou a essa série o que se conhece como método de emparelhar. Marcaram-se números de código nos desenhos e originais. Pares de originais (isto é, nos desenhos do agente), foram escolhidos ao acaso e a cada par adicionaram-se os dois desenhos do percipiente que, supunha-se, correspondiam aos originais. Os quatro desenhos eram depois submetidos a um juiz que nada sabia do trabalho de Usher e Burt. Pediam-lhe que indicasse qual das "reproduções" ele achava mais parecida com cada original. Isso nem sempre era fácil, mas pediam-lhe que se esforçasse o mais possível. Onze juízes fizeram tentativas. Se houvesse semelhanças ligeiras entre os originais e os desenhos, deveríamos esperar cerca de 50 por cento dos pares corretamente emparelhados. Em verdade, de um total de 249 pares, 144 foram corretamente emparelhados, isto é 57.8 por cento, e isto dá probabilidades acima de 60 para 1 em favor das semelhanças serem genuínas. O resultado é sugestivo embora naturalmente esteja longe de ser concludente.

Trinta tentativas ([14]) foram feitas para transmitir a imagem de uma carta de baralho. Conseguiram-se somente duas adivinhações exatas, mas houve alguns êxitos parciais, tais como 6 de ouros para 6 de espadas, etc. Em alguns casos registraram-se duas adivinhações para uma única carta; S. G. S. pôde, portanto, analisar somente as primeiras 25 tentativas pelo método Fisher. A marcação média observada foi de 16.11 comparada com a média teórica de 11.18. Isso dá uma proporção crítica de 2.46 e probabilidades correspondentes acima de 70 para 1, um resultado realmente sugestivo, especialmente porque certas adivinhações não puderam ser marcadas.

Experiências de 1927-1929, de S.G.S.

Em fevereiro de 1927, o dr. V. J. Woolley ([16]) fez uma experiência em massa para a Sociedade de Pesquisas Psíquicas em colaboração com a B.B.C. O dr. Woolley e os agentes (S.G.S. era um deles) foram fechados durante a noite na sala de sessões da Sociedade e cortaram-se todas as comunicações telefônicas. *Sir* Oliver Lodge, em um estúdio da B.B.C., anunciava a natureza de cada experiência e dava o sinal aos ouvintes para anotarem suas impressões. Vários objetos interessantes, tais como um ramo de lilases brancos, a estampa japonesa de um pássaro ao lado de uma caveira, etc., foram apresentados aos agentes e, em dois testes, escolheu-se uma carta, ao acaso, num baralho. Ao todo, 24.659 ouvintes mandaram suas anotações a Sociedade em cartões postais. A experiência não teve nenhum valor concludente quanto a evidência de telepatia, porquanto fora impossível organizar testes de controle para o estudo das preferências das massas por tais objetos como cartas de baralho, flores, etc. Não nos ajuda muito saber que, quando os agentes se concentravam no dois de paus, 190 dos 24.659 ouvintes pensaram nessa carta, a menos que soubéssemos quantos deles teriam dito "dois de paus", mesmo que os agentes não tivessem pensado em carta alguma.

Cerca de 127 dos ouvintes que aparentemente obtiveram certo êxito no teste da B.B.C. consentiram em tomar parte em nova experiência que seria feita nas noites de quarta-feira, e em resposta a um apelo do professor Julien Huxley esse número foi aumentado mais tarde para 579.

Os participantes ([17]) foram informados de que um pequeno número de agentes se encontraria em certo local de Londres a mesma hora cada semana e que, em geral, eles se concentrariam sucessivamente, durante dez minutos, em cada um dos três objetos escolhidos por S.G.S. Cada adivinhador recebeu uma fotografia do grupo de agentes. Os objetos escolhidos nos primeiros meses consistiram de coisas com as quais se visava despertar vivo interesse emocional, tais como brinquedos mecânicos, e não se deu aos agentes indicio algum de sua natureza. No entanto, ([17]) para a sessão de 1928-1929, a matéria foi mais restrita e, aos adivinhadores, foram mandados avisos dizendo que o número 2, por exemplo, seria uma figura geométrica, uma letra do alfabeto uma carta de baralho ou um número de três algarismos, segundo o caso.

Esta espécie de teste restrito foi avaliado estatisticamente por meio de "controles". Por exemplo, em certo número de noites os adivinhadores seriam notificados de que uma letra do alfabeto seria mostrada aos agentes, quando, na realidade, não se realizava essa experiência. A experiência de controle nos diria quantas vezes cada letra teria a oportunidade de ser escolhida sem a ajuda da telepatia. Restava então somente comparar os controles reunidos, por meio de um teste especial, as proporções nas quais as diferentes letras do alfabeto eram adivinhadas na experiência de controle com as proporções obtidas quando os agentes se concentravam, digamos, na letra H.

Não encontramos, em todos os testes, diferenças significativas nessas proporções e nenhuma evidência de que os esforços dos agentes para transmitir uma letra em particular, número ou figura, tivessem qualquer influência sobre a distribuição dos vários símbolos adivinhados.

O material avulso era mais difícil de ser avaliado. Acabou-se elaborando um sistema de marcarão, baseado nas proporções empíricas em que o grupo todo tendia a adivinhar os vários objetos, tais como flores vermelhas, cachorros, chapéus, etc., algo semelhante ao sistema Fisher para as cartas de baralho. Não se obteve significativa evidência de telepatia. Notou-se que ocasionalmente uma pessoa obtinha um êxito espetacular, mas raramente ou nunca essa mesma pessoa era capaz de repetir o feito.

Por exemplo, ([17]) no dia 5 de outubro de 1927, S.G.S. checou ao local de reunião pronto para provocar algo sensacional, derramando ácido sulfúrico concentrado numa mistura de açúcar e clorato de potássio. No último instante, entretanto, achou que não podia arriscar o pretejamento do teto e encher a sala de emanações de peróxido de cloro. Fez, ao invés, os agentes concentrarem-se em um coelho de brinquedo. Foi, no entanto, extraordinária surpresa receber do adivinhador número 28, de Midlands, a seguinte impressão: "5 de outubro (8h50-9 horas da noite). Algo crepitando ou gorgulhando como água lançada em ácido. Fumaça irritante. Algo semelhante a amoníaco." Esse homem, mais tarde, escreveu para dizer que não tinha interesse em química profissionalmente nem como passatempo. Ele continuou com os testes durante onze semanas sem nada mais anotar de interesse.

Os 579 adivinhadores moravam em todos os cantos das Ilhas Britânicas e alguns da França. Holanda, nas ilhas do Canal da Mancha. Índia e Nova Zelândia enviaram suas impressões. Em muitas ocasiões S G.S. conseguiu que outros agentes colaborassem com o "nino de Londres. Seu número variava de 20 a 68. Eram escolhidos de localidades bem distantes e eram homens e mulheres que exerciam certa profissão ou ocupavam posição de confiança. Essa inovação, porém, não pareceu exercer influência sobre o êxito das experiências.

O fracasso dessa investigação em grande escala ([17]) foi mais decepcionante ainda pelo fato de a maioria das pessoas, que nela tomaram parte, terem alegado que tinham tido experiências psíquicas espontâneas de várias espécies. Incluíam adeptos de rabdomancia, videntes, médiuns, astrólogos, cegos, etc.

As razões que davam em suas cartas, de possuírem poderes de telepatia, mostram considerável variedade como vemos pelos trechos seguintes: ([17])

(a) "Durante o tempo em que servi no exército, quando dormia, sempre podia ter certeza de ser acordado por uma voz chamando-me pelo nome todas as vezes que um oficial ou pessoa importante visitava meu posto."

(b) "Tenho certeza de que as pessoas não podem mentir para mim. Leio seus pensamentos, e elas se atrapalham na mentira."

(c) "Senhor, tendo provado que a telepatia é positiva num pequeno aposento e tendo descoberto que meu cão pode ler meus pensamentos, ficaria agradecido, etc."

(d) "Entre mim e meu marido havia uma comunicação intensa sem palavras; durante o último mês de sua vida, eu tinha medo de pensar perto dele."

(e) "Nunca tenho sonhos tolos nem pesadelos, mas costumo sonhar histórias inteiras em longos intervalos."

(f) "Possuo poderes psíquicos e olhos que lançam fogo quando querem."

Outra experiência antiga, através do rádio, foi realizada pelo professor Gardner Murphy, da Universidade de Colúmbia. No dia 3 de março de 1924, um grupo de 40 agentes, operando de Chicago, tentou transmitir nomes de animais, etc. Parece que a experiência não foi também concludente, devido talvez a ausência de testes de controle e de meios adequados de comparação estatística.

Apreciação

Nossa própria impressão é que, com exceção do trabalho de Estabrooks e talvez das experiências de Groningen, o uso de métodos estatísticos, até cerca do ano de 1932, deu resultados que foram ou totalmente negativos ou, quando muito, mais sugestivos do que concludentes no que se refere a operação de uma faculdade paranormal. O mais notável é uma curiosa falta de persistência da parte de alguns pesquisadores. Um psicólogo após outro fez algumas experiências sem grande entusiasmo para demonstrar a intervenção de telepatia e abandonaram depois a tarefa. Uma das razões foi que, durante as três primeiras décadas do século atual, o assunto quase não era considerado respeitável na maioria dos círculos acadêmicos.

Um psicólogo que recebia uma verba especial para esse trabalho podia fazer certo número de experiências com impunidade, contanto que a pesquisa parecesse demonstrar que não houvera intervenção da telepatia. Mas se um acadêmico mostrasse qualquer entusiasmo e a tendência de continuar no trabalho em face do desânimo, logo seria censurado e acusado de perder tempo. Até mesmo sua sanidade de espirito seria posta em dúvida. A opinião cientifica em geral, naquela época, insistia em sustentar que a telepatia era simplesmente uma superstição, uma coisa que seria melhor enterrar decentemente, que seria absurdo fazer ressuscitar. O tema da parapsicologia estava associado na mentalidade acadêmica aos ledores de sorte, médiuns embusteiros, a astrologia, frenologia, numerologia e tolices semelhantes.

Como poderiam esses circunspetos e cautelosos professores saber que, antes de meados do século, o clima mental mudaria tanto e que as Universidades de Oxford, Cambridge e Londres estariam dando o grau de doutor para os que apresentavam teses sobre o paranormal? Como poderiam adivinhar que, dali a poucos anos, a Fundação Rockefeller, a Instituição Real e a Comissão Fulbright estariam tendo vivo interesse pela promoção de estudos parapsicológicos e procurando tomar públicos os progressos nesse campo? As importantes conferências de Waynflete, na Universidade de Oxford (Eccles, 1953) e as palestras noturnas de sextas-feiras do dr. Thouless, na Instituição Real, demonstraram a atenção cada vez maior que a parapsicologia está recebendo nos mais altos níveis acadêmicos. A parapsicologia já não é um campo em que um professor de francês ou de inglês de uma universidade possa dar opiniões sem estar completamente enfronhado na literatura sobre o assunto. Não faltam naturalmente pessoas que, por conhecerem psiquiatria ou psicologia, se julguem aptas para opinar sobre o trabalho do parapsicólogo. Os conhecimentos de tais pessoas geralmente se baseiam em alguns livros bastante elementares sobre o assunto, os quais omitem os detalhes essenciais de experiências sem os quais uma apreciação adequada do trabalho se toma impossível. Seria interessante encontrar o psiquiatra ou psicólogo que já examinou cada página dos 49 volumes dos trabalhos da Sociedade de Pesquisas Psíquicas, e qual deles continuou a manter ainda seu cepticismo a respeito. Não é coincidência que os maiores cépticos dessas experiências sejam invariavelmente aqueles que menos conhecem os fatos.

Por exemplo, numa recente reunião do comitê, em uma universidade britânica, para decidir sobre uma verba destinada a pesquisas psíquicas, um professor afirmou que "as experiências simplesmente não podiam ser verdadeiras". Para prová-lo, estava disposto a competir com qualquer "máquina selecionadora", escolhida ao acaso, e adivinhar corretamente cada número produzido pela máquina. Isso, afirmava, poderia ser feito por meio de um ardil adequado. A verba, no entanto, foi concedida, dando-se a entender que a Universidade tinha mais confiança em experiências meticulosamente planejadas do que nos pronunciamentos de um professor que provavelmente ouvira falar em parapsicologia pela primeira vez.

Durante aquele período (1916-1934) a Sociedade de Pesquisas Psíquicas seguiu sua tradição de estudar casos espontâneos, mas é justo afirmar que despendeu muitas centenas de libras na impressão, com todos os detalhes, de longas investigações estatísticas de telepatia e clarividência que levaram tão-somente a conclusões negativas e que, não fosse a ajuda da Sociedade, jamais teriam visto a luz do dia.

CAPÍTULO III

Primeiros Trabalhos na Universidade de Duke

Um quarto de século passou desde que dois jovens botânicos da Universidade de Chicago abandonaram seus deveres de professores e chegaram um dia a porta da casa do professor William MacDougall, em Cambridge, Massachusetts, justamente quando ele ia partir para uma viagem ao redor do mundo.

Eram eles o dr. Joseph Banks Rhine e sua esposa, dra. Louisa E. Rhine, que sem influência ou meios pecuniários estavam ansiosos por dedicar suas vidas ao estudo cientifico do que mais tarde ficou conhecido como Percepção Extrassensorial ou simplesmente PES. Passaram um ano estudando psicologia e filosofia em Harvard, e, em 1927, mudaram-se para a Universidade Duke, na Carolina do Norte, onde MacDougall fora recentemente nomeado professor de psicologia. Ali Rhine trabalhou no laboratório psicológico e iniciou experiências em PES nas horas vagas. Em 1931, testes de adivinhação de cartas estavam sendo feitos com grande interesse.

O dr. Rhine possuía duas qualidades humanas que lhe valeram muito: grande entusiasmo aliado a extraordinária tenacidade. Era de fibra tão forte quanto a gente das fazendas de que provinha, e a crítica adversa não o detinha. Prosseguia em seus trabalhos, respondia aos críticos e imaginava novas experiências para contornar suas objeções.

Foi abençoado pelas circunstâncias, pois William MacDougall, Membro da Sociedade Real, tinha sido presidente da Sociedade de Pesquisas Psíquicas e mostrava-se vitalmente alerta a importância potencial dos estudos científicos relativos a telepatia, e o presidente da Universidade de Duke encarava com interesse o progresso das novas experiências.

Talvez a maior inovação de Rhine na técnica tenha sido sua substituição das cartas de baralho e de números – que até então haviam constituído o forte de tais experiências – por cartões, conhecidos como cartões Zener, nos quais estavam marcados quatro símbolos: o sinal "mais", o círculo, o quadrado, a estreia de cinco pontas e linhas ondulantes. Os cartões formavam maços de 25 e cada maço continha exatamente cinco cartões de cada símbolo.

As cartas de baralho foram usadas pelos primeiros pesquisadores principalmente por serem fáceis de obter, mas tinham suas desvantagens. Têm símbolos em demasia para o adivinhador guardá-los todos de memória. Além disso, muitas das configurações são bastante semelhantes, de maneira que o cinco de copas, por exemplo, poderia ser facilmente confundido com o cinco de espadas.

A maior objeção é que certas cartas têm fortes associações na mente de quase todos. Na experiência da B.B.C., (*) de 1927, quando pediram a umas 24.000 pessoas que adivinhassem certa carta de baralho, cerca de uma em cada oito anotou um ás e uma em cada 24 citou o ás de espadas, que era a carta mais popular, seguindo-se em preferência aos ases o nove de ouros comumente conhecido como "a praga da Escócia".

A circunstância de que a maioria das pessoas tende a evocar a imagem de suas cartas favoritas ou de seus naipes "de sorte" deve entrar em conflito com a emergência de imagens telepáticas. A imagem delicada e fugidia telepática será suplantada pela imagem habitual e mecânica. Sem dúvida alguma existem preferências associadas até mesmo aos símbolos de Rhine, mas não serão tão marcantes quanto os das cartas de baralho.

Uma das características mais extraordinárias das pesquisas de Rhine foi o grande número de pacientes com marcações altas descobertos durante os três primeiros anos de trabalho. Houve não menos de oito grandes pacientes, a maioria dos quais produziu resultados com probabilidades de milhões para um contra o efeito do acaso, além de muitos outros pouco menos capazes. Jamais tal galáxia de talento extrassensorial foi reunida por um único pesquisador em tão curto período. A primeira monografia([1]) importante do dr. Rhine, *Percepção Extrassensorial,* apareceu em 1934, tendo despertado uma tempestade de críticas hostis dos psicólogos de toda a América do Norte.

A nosso ver Rhine foi o primeiro pesquisador que tentou isolar a telepatia da clarividência. Até então a maioria das experiências em transmis-

---

(*) II, 16.

são de pensamento bem-sucedidas poderia igualmente ser interpretada como devida a algum poder desconhecido da mente humana que extraia informações dos próprios objetos materiais, isto é, quando um agente olhava para uma carta de baralho, o adivinhador, no outro aposento, poderia estar recebendo a imagem mental do cérebro do agente ou informação derivada da própria carta. A experiência não nos permitia discriminar entre essas duas alternativas. Mas Rhine organizou testes de telepatia que, aparentemente, excluíam a clarividência e *vice-versa*.

Em muitas das primeiras experiências de "clarividência pura", o dr. Rhine e o adivinhador ficavam sentados frente a frente, junto a uma mesa pequena. Rhine embaralhava e cortava um maço de 25 cartões Zener marcados com os cinco tipos de símbolos. Deitava o maço na mesa, de costas, e o paciente levantava os cartões um por um, sempre de face para baixo, e adivinhava o símbolo. Rhine tomava nota da adivinhação numa folha de papel e o adivinhador, sempre sem olhar, colocava o cartão num monte separado. Quando os 25 cartões haviam sido adivinhados, o pesquisador comparava as adivinhações do paciente com os verdadeiros cartões do novo monte, e o adivinhador observava a comparação.

Algumas vezes, no entanto, as adivinhações eram comparadas com os "alvos" depois do cada cinco tentativas, e nesse caso seria possível, uma vez que o maço continha números iguais (cinco) de cada símbolo, que o adivinhador se guiasse nas adivinhações notando os números de círculos, estreias, etc. que já haviam aparecido. Se, por exemplo, acontecesse serem círculos quatro dos primeiros cinco, o adivinhador faria bem em parar de assinalar círculos até terminar o maço. Sua marcação total seria então em média cerca de 6 em vez de 5.

Obviamente também havia a possibilidade de, no caso de o adivinhador ver as costas das cartas, ao tentar adivinhá-las, notar ele (talvez subconscientemente) minúsculas manchas ou irregularidades em algumas delas e, através da observação da verificação, associar essas marcas aos desenhos de outro lado do cartão. Quando o mesmo maço era usado várias vezes, o conhecimento assim obtido talvez o possibilitasse a reconhecer, consciente ou subconscientemente, os cartões marcados. Mesmo que somente um ou dois deles pudessem ter sido identificados, a média do adivinhador logo subiria significativamente acima da expectativa de chance.

Hoje em dia, porém, não precisamos dar tanta ênfase a tais defeitos. Fazê-lo seria sem dúvida interpretar mal o plano de ataque do dr. Rhine.

Em geral sua prática era começar com condições de controle bastante liberais. Somente depois que seus pacientes haviam adquirido confiança é que fazia maiores restrições. Como expressou em uma carta que escreveu a S.G.S. em 1936: "Trabalhamos aqui adotando o princípio de que primeiro é preciso caçar a borboleta para depois espetá-la na coleção."

Consideramos que as fontes de erros acima mencionadas provavelmente produziam um aumento espúrio na marcação mesmo dos maiores pacientes *quando trabalhavam sob condições menos rígidas, e* é possível que as marcações menores de extra chance de alguns dos pacientes menores tivessem sido totalmente devidas a presença de pistas sensoriais.

Apesar disto existem inúmeras experiências descritas em *Percepção Extrassensorial,* em que os adivinhadores e os cartões ficaram separados por biombos opacos, ou em que o pesquisador e o adivinhador ficaram em prédios separados para justificar as alegações do dr. Rhine de que demonstrara a clarividência (como era então compreendida).

O Trabalho de Hubert Pearce ([1, 2])

Mesmo que as alegações de Rhine, de ter demonstrado a clarividência pura, se baseassem somente no trabalho de um paciente bem-dotado, Hubert Pearce, elas seriam irrefutáveis a menos que admitíssemos que Pearce, um estudante de teologia, estivesse em entendimento não só com o dr. Rhine como também com o dr. J. G. Pratt que fora, durante vinte anos, um dos trabalhadores mais incansáveis no estudo de parapsicologia na Universidade de Duke.

Pearce, cujos pais parece terem possuído dons de clarividência, começava por embaralhar um maço de cartões Zener que depois era cortado pelo dr. Rhine. Pearce levantava os cartões um a um, virados, e sem olhar para o maço fazia sua adivinhação. Nisso, o fator indesejável era que o adivinhador não somente embaralhava os cartões como os levantava e segurava um a um. Achamos que um prestidigitador muito hábil poderia, sem dificuldade, nessas condições, conseguir um resultado acima das expectativas de chance. Em 650 tentativas, ele acertou 279 vezes, o que dá uma média de 10.7 êxitos por 25 em vez dos 5 esperados.

Existe, naturalmente, a possibilidade de que Pearce conseguia dar uma olhada em cada cartão, e tais condições experimentais são pouco satisfatórias. Depois ele fez 475 tentativas com a variação de fazer a adivinhação *antes* de levantar o cartão. Nessa série, obteve 236 êxitos, o que deu uma média maior ainda, de 12.4 por 25.

Fez-se uma experiência com 25 maços de cartões recém-impressos que o paciente nunca vira antes. Cada maço foi usado somente duas ou três vezes, e os resultados foram conferidos somente ao final de cada grupo de 25 adivinhações. Havia assim pouca probabilidade de Pearce poder reconhecer os cartões pelo verso. Estaremos procedendo com segurança se considerarmos unicamente as *primeiras* séries através dos 25 diferentes maços. Nessas 625 tentativas, obtiveram-se 235 êxitos, o que mostra uma média de 9.4 êxitos por 25, com probabilidades astronômicas contra o acaso. Aqui tudo depende naturalmente se Pearce teve alguma oportunidade de marcar ou estudar aqueles cartões impressos pouco tempo antes de a experiência começar. Assegura-nos o dr. Rhine que Pearce não teve tal oportunidade. Foi-nos dito que os cartões usados eram opacos contra a luz de uma lâmpada de 100 *watts,* tendo sido cortados de espessa cartolina branca.

Pearce fez depois 300 tentativas com os cartões escondidos atrás de um biombo e acertou 99 vezes, uma média de 8.3 por 25. Nisso, o céptico poderia perguntar: "Foi o próprio Rhine quem embaralhou e, se foi assim, o dr. Rhine cortou o maço por detrás do biombo? Ele menciona ter cortado o maço no teste anterior."

A Técnica "Down-Through" (Até o Fim) ([1])

A essa altura o próprio Pearce sugeriu uma inovação. Embaralhava cuidadosamente os cartões, observado pelo dr. Rhine. Esse embaralhamento, diz Rhine, era prolongado e completo, e Pearce geralmente desviava os olhos dos cartões. Além disso, depois de embaralhado, o maço era sempre cortado pelo dr. Rhine. Sob essas condições não parece possível que Pearce pudesse ter colocado os cartões em uma ordem especial que servisse para alguma coisa. O maço era colocado virado para baixo na mesa e o paciente adivinhava os cartões de cima para baixo sem deslocar o monte. Foram usados doze diferentes maços nessa experiência e registradas 1.625 tentativas. Deram um resultado total de 482 êxitos com probabilidades na ordem de 10^{20} para 1 contra a chance.

Notou-se que Pearce acertava melhor nos cinco últimos cartões do maço, a seguir nos cinco primeiros, ao passo que os quinze do meio mostravam uma média baixa. Isto é efeito de um típico declínio.

O crítico talvez insinuasse que, como a média da marcação total foi de somente 7.4 êxitos por 25, contra uma expectativa de 5, Pearce obtivera seus resultados normalmente conseguindo ver de relance o último cartão de baixo quando o maço estava sendo cortado, e frequentemente identificando o cartão de cima por meio de pequeninas marcas na parte de trás. Mas seria absurdo imaginar que Rhine não percebesse uma possibilidade assim tão óbvia. Se o bom resultado fosse devido inteiramente ao êxito com os cartões do topo e de baixo, ele certamente teria descoberto isso durante a contagem que menciona.

A menos que se julgue que o pesquisador fora *lamentavelmente* negligente, é difícil acreditar que Pearce pudesse conseguir marcações altas, sob condições tão variadas, unicamente por meio de fraude.

Confirmou-se mais tarde a clarividência pelas experiências de Martin e de Stribic, ([4, 5]) que fizeram seu melhor paciente, sr. C. J., executar 91.475 lances por esse método "D.T.", com a precaução adicional de colocar os cartões sempre do outro lado do biombo.

Esse paciente manteve a média de quase sete êxitos em 25 tentativas, com probabilidades astronômicas contra a chance.

O sucesso indubitável do método "D.T." toma quase impossível supor que a clarividência possa ser explicada em termos de qualquer forma de radiação ou de ondas emanadas da superfície dos cartões que penetrem no cérebro do adivinhador, pois as ondas ou radiações que viessem de cada um dos 25 cartões resultariam em uma confusão e não numa única imagem de determinado cartão. É inconcebível que o cérebro do paciente pudesse utilizar-se de tal radiação para dizer que o décimo-quarto cartão era um círculo e o décimo-oitavo uma cruz. Além disso, nas experiências de Rhine com Pearce, havia, às vezes, uns doze maços de cartões Zener na mesa, e a radiação deles todos juntos tomaria a confusão mais generalizada ainda.

As Séries Pearce-Pratt ([2])

Observamos como o dr. Rhine aumentava as dificuldades uma a uma com Hubert Pearce, e agora chegamos as experiências cruciais em que Pearce e os cartões permaneceram em prédios diferentes da Universidade de Duke, a 100 jardas de distância, num caso a 250 jardas.

Nesta série, o dr. J. G. Pratt ([2]) foi o pesquisador. Pearce e Pratt sincronizaram seus relógios. Pearce foi para um cubículo na biblioteca e Pratt para o prédio de física a cem jardas distante. Não havia comunicação telefônica entre os dois prédios. De acordo com um arranjo prévio feito com Pearce, o dr. Pratt, depois de embaralhar o maço de cartões Zener, levantava o cartão de cima numa hora especificada e colocava-o voltado para baixo no centro da mesa. Trinta segundos depois Pearce anotava sua adivinhação. Um minuto depois de ter tirado o primeiro cartão, Pratt levantava o segundo e Pearce fazia sua tentativa meio minuto após. Pratt continuava a levantar os cartões, um por minuto. Quando terminava o maço, Pratt embaralhava-o, cortava-o e repassava de novo o maço. Fizeram-se assim 50 adivinhações de cada vez. Ao fim do trabalho de cada dia, Pratt e Pearce fechavam suas folhas de anotações e as entregavam independentemente ao dr. Rhine. Os resultados eram comparados depois.

Nesse ponto aparece uma lacuna no relatório; este não informa se os resultados eram verificados imediatamente após a entrega ao dr. Rhine. Se, por exemplo, as folhas eram postas de lado ou guardadas numa gaveta para serem examinadas com vagar, existe a possibilidade de que Pearce pudesse ter acesso a elas. Também não ficou declarado se Rhine e Pratt estiveram ambos presentes na ocasião da contagem. O dr. Pratt assegurou-nos, por carta, de que, antes de deixarem os respectivos prédios, tanto ele como Pearce faziam cópias de suas respectivas anotações de lances e "alvos". Encontravam-se uns minutos depois do término de cada experiência e cada um dava ao outro uma cópia de suas anotações.

Não havia, portanto, sentido em Pearce adulterar o registro que ele tinha depositado no escritório de Rhine, uma vez que Pratt conservava cópias daqueles alvos e lances.

Fez-se um total de 750 tentativas com Pearce a cem jardas de distância dos cartões e contaram-se 261 êxitos, comparados com uma expectativa de 1/5 X 750, isto é, 150. Isto dá uma proporção crítica de 10.1 com probabilidades contra a chance atingindo 10^{20} para 1. A média é de 8.7 êxitos por 25. Em um grupo de experiências dessa série, o próprio dr. Rhine esteve presente no prédio de física e observou Pratt manusear os cartões e verificar os resultados. As marcações nessas oportunidades foram:

12, 3, 10, 11, 10, 10.

Esse é um pequeno grupo de somente 150 tentativas, mas as médias são da mesma ordem que o resto do trabalho.

Se Pratt e Pearce estivessem, portanto, em conluio, deveríamos supor que o dr. Rhine passara a fazer parte dele!

Em uma longa série de 1.075 tentativas, Pratt mudou-se com os cartões para o prédio da faculdade de medicina enquanto Pearce continuou na biblioteca, sendo a distância entre eles de 250 jardas. Esta série deu 288 êxitos, o que é um excesso de 73 acima da expectativa de chance, e corresponde a probabilidades da ordem de 10^7 para 1 contra a chance, com uma marcação média de 6.7 êxitos por 25. Aparentemente houve ocasiões em que a percepção extrassensorial não esteve atuando ou produziu desvios negativos, pois havia três maços de 25 para os quais a marcação foi de 0. Houve, no entanto, 5 sequências de 12 êxitos e uma de 13.

No todo, a marcação total foi de 549 em 1.825 tentativas, comparada com os 365 preditos pela chance, sendo as probabilidades contra esta cerca de 10^{20} para 1.

Note-se que nessas séries a distância todos os indícios normais dos cartões ficaram fora de questão. A copiosa confirmação do trabalho de Rhine por terceiros torna desnecessário encarar a hipótese de fraude. Nem seria plausível supor, em vista das declarações de Pratt, que havia uma demora "crônica" em verificar os registros.

Telepatia Pura

Em uma experiência de telepatia planejada para excluir a possibilidade de clarividência, é essencial que não se empreguem cartas nem relações escritas dos símbolos a serem transmitidos. O assunto deve consistir unicamente de imagens mentais. É aí que encontramos uma dificuldade. A pessoa que pensa nos cinco símbolos de Zener está propensa a estabelecer certos padrões ou arranjos habituais. Por exemplo, se ela imaginar uma longa série de tais símbolos, poderá sem querer pensar mais frequentemente em cruzes do que em quadrados, e se o adivinhador tiver preferências semelhantes subconscientes, isso poderá aumentar espuriamente o número de êxitos. Se, ao contrário, a pessoa escolher previamente grupos de cinco e tentar a permuta dos grupos mentalmente, ao todo ela terá muito menos repetições do que ocorreria, digamos, num maço bem embaralhado. Esse erro, no entanto, será muito menos grave que a escolha frequente do mesmo símbolo, mas ainda há o perigo de que o agente possa cair num hábito que coincida com o do adivinhador, tal como a escolha de uma estrela para o símbolo do meio em grupos sucessivos de cinco. Seria mais satisfatório se o agente escrevesse uma longa série de algarismos, de 1 a 5, escolhidos de uma tabela de números a esmo, ou de uma lista telefônica e depois associar *mentalmente* (sem fazer anotação escrita) cada algarismo a um símbolo Zener. por exemplo: 1 = quadrado; 2 = +; 3 = estreia; 4 = linhas ondulantes; 5 = círculo.

O agente seguiria simplesmente sua lista de números, imaginando os símbolos correspondentes.

Seria ainda possível ao adivinhador ou percipiente ler os números da lista por *clarividência,* e por meio de uma adivinhação feliz acertar com o código do agente. Isso seria remediado bastante se o agente mudasse de vez em quando seu código mental.

Em seus primeiros trabalhos descritos em *Percepção Extrassensorial,* ([1]) Rhine não empregou um código, mas confiava em que seus agentes permutassem grupos de 5 símbolos (possivelmente com repetições) em suas cabeças.

Naturalmente nesse caso era necessário que o agente adiasse a marcação dos cinco símbolos no papel até que o adivinhador houvesse marcado suas cinco adivinhações. Esse método não podia dar, ao acaso, uma lista de símbolos para transmissão, mas enquanto os grupos de cinco fossem suficientemente variados e houvesse igualdade aproximada nos números de cada símbolo, a expectativa de êxitos e o desvio normal difeririam bem pouco de seus valores teóricos.

Um método pelo qual descobrimos se os grupos de cinco do agente mostram qualquer hábito de preferência é fazer o que se conhece como "cross-check" (verificação cruzada); marcam-se os êxitos do primeiro grupo de cinco com o segundo, do segundo com o terceiro, e assim por diante. Se a média por 25 assim obtida se aproxima de 5, isso mostra que não há preferências habituais através das diferentes permutações.

Hubert Pearce ([1]) fez testes de telepatia pura (TP) com quatro agentes diferentes. Havia geralmente um período de "transição" quando Pearce passava de uma técnica para outra; ele não se saiu bem nas primeiras 175 tentativas de TP. Pearce e o agente ficaram no mesmo aposento; o primeiro, sentado e de olhos fechados, esperava a batida regular de uma chave telegráfica pela qual era informado de que o agente estava imaginando um símbolo Zener sem ter um cartão em sua frente. Pearce declarava sua adivinhação e, em seguida, o agente anotava tanto a adivinhação como o símbolo imaginado.

Em 1.225 tentativas de telepatia pura Pearce conseguiu uma média de 7.2 por 25, com probabilidades contra a chance de mais de 10^{12} para 1.

Interessante notar que, durante o mesmo período em que essas experiências foram feitas, Pearce realizou também 1.775 tentativas de clarividência pura com média de 7.1 êxitos por 25.

Não ficou claro se os testes de telepatia e clarividência foram rigidamente alternados entre si, ou intercalados ao acaso, mas tanto quanto se pode julgar Pearce apresentou bons resultados com a telepatia e a clarividência puras.

Nas ocasiões em que apareceu um estranho para observar Pearce em seu trabalho, sua marcação que fora bastante alta antes da entrada do visitante invariavelmente caia durante algumas tentativas ao nível do acaso e depois aumentava novamente até o nível originário ou mais ainda, a medida que Pearce se ia acostumando com a presença do visitante. Entre as testemunhas figurara o mágico Wallace Lee que confessou sua admiração pelo feito de Pearce, que ele foi incapaz de imitar. Pearce, nessa ocasião, encontrava-se, no entanto, doente e sua média (37/125) não fora tão extraordinária.

O Efeito de Drogas

Não menos importantes foram as primeiras descobertas de Rhine de que os processos da percepção extrassensorial ficam afetados por certas drogas. Há muito existe uma tradição entre certas tribos da América do Sul segundo a qual a clarividência pode ser induzida pela ingestão do cozimento feito da planta peyotl que contém o alcaloide mescal, mas esse testemunho não é concludente. As experiências feitas com europeus foram singularmente destituídas de êxito, e atualmente não conhecemos drogas que tomem pessoas clarividentes ou telepáticas as que normalmente nada têm dessas faculdades. Warcollier, pesquisador francês, notou, entretanto, que seus pacientes pareciam mais eficazes como percipientes depois de tomarem uma dose moderada de álcool; isto, porém, foi um julgamento formado de experiência clínica.

Rhine, no entanto, mostrou que as marcações médias para clarividência e telepatia puras eram influenciadas por duas drogas, amital de sódio e citrato de cafeína, no caso de certos percipientes bem prendados.

Pearce ([1]) tomou 6 grãos do soporifero amital de sódio. Antes de tomar a dose marcara 29 êxitos em 50 tentativas sob a condição de clarividência. Meia hora depois de engolir a droga, ficou muito sonolento e, nessa ocasião, Rhine fez que adivinhasse cartões ainda sob a condição de clarividência. Pearce começou bem mal, sendo as três primeiras marcações 5,4 e 3. Tentou depois concentrar-se, apesar da sonolência que aumentava, e obteve um 10. Depois disso a marcação caiu até a décima primeira tentativa de 25 quando ele conseguiu outro dez. Foi obrigado a desistir depois da décima terceira sequência. A média durante o período em que esteve sob a influência da droga foi somente de 6.1 êxitos em cada 25 tentativas.

Esse resultado não deixa de ser sugestivo; para fazê-lo concludente, a questão de marcação deveria ser observada em muitas outras ocasiões. No entanto, notou-se um efeito semelhante no caso de outro paciente de marcação alta, A. L. Linzmayer, que tomou 15 grãos da mesma droga no tempo em que estava obtendo a média de 6.8 êxitos por 25 em clarividência.

Durante o tempo em que esteve sob o efeito da droga, Linzmayer obteve somente 86 êxitos em 425 tentativas, o que constitui somente um acima da expectativa de chance. Maiores informações são necessárias aqui: precisaríamos saber quantas das 960 tentativas que deram a média de 6.8 por 25 antes da tomada da droga foram feitas a fim de que pudéssemos tirar conclusões seguras sobre seu efeito. Isto é, deveríamos ter a média de *números iguais de tentativas, feitas no mesmo dia* pouco antes da tomada da droga e durante o período de sua atuação.

O efeito do citrato de cafeína na marcação de clarividência de Pearce foi mostrado de maneira mais persuasiva, embora não tenha ficado certo se as marcações mais altas não foram mais devidas a sugestão do que ao efeito da droga. Em cinco ocasiões, quando a marcação de Pearce ficou abaixo das melhores, ele tomou doses de 5 grãos de cafeína, e depois de pequeno intervalo, fez vários lances. Em cada ocasião houve um aumento sensível da média.

Antes de ser tomada a cafeína, 450 tentativas deram a marcação média de somente 7.2 êxitos por 25, ao passo que depois da ingestão da droga, 300 deram a média de 10 por 25. Esse aumento parece altamente significativo, embora pudéssemos calculá-lo com maior certeza se conhecêssemos a marcação de cada grupo de 25.

A cafeína parece ter um efeito sobre a faculdade de PES semelhante aos efeitos sobre as faculdades intelectuais. O fato de tomar uma xicara de café não torna o homem um matemático melhor; faz somente com que, durante certo tempo, ele possa concentrar melhor suas faculdades quando ficou cansado ou distraído. Não existe prova alguma de que a cafeína fez com que Pearce ultrapassasse sua média normal de marcação, que era de cerca de 9.7 êxitos por 25. Tudo que parecia indicar era que ele voltava a esse nível quando caia abaixo dele. Duvidamos que algum dia se descubra uma droga que torne clarividentes as pessoas normais da mesma maneira que não se pode transformar em musicista de talento uma pessoa com ouvido insensível, dosando-a com drogas.

Efeitos sobre a Telepatia Pura

O melhor paciente do dr. Rhine para experiências de telepatia foi George Zirkle, assistente do departamento de psicologia da Universidade de Duke. Como Shackleton e a sra. Stewart, Zirkle aparentemente não tinha êxito em testes de clarividência, isto é, quando ninguém pensava nas cartas que deviam ser adivinhadas (vide Capítulos X e XII). Durante o período em que sua saúde era boa, marcava em média 14.8 êxitos em 25 tentativas, no decorrer de 1.300 tentativas de pura telepatia.

Pela narrativa de Rhine, ([2]) parece que as condições das experiências foram muito mais rigorosas que nas que se adotaram com Pearce. O adivinhador Zirkle e o agente, srta. Sarah Ownbey, ficaram em aposentos separados, sentados onde não poderiam ver-se, mas com a porta de comunicação aberta. A srta. Ownbey, sem os cartões, fazia permutações dos símbolos Zener, em sua cabeça, cinco adiantadamente, e batia uma chave de telegrafia para comunicar a Zirkle que estava pensando em um símbolo especifico. O adivinhador anunciava em voz alta sua adivinhação, e o agente então anotava a resposta de Zirkle relativamente ao símbolo em que pensara.

O agente e o adivinhador ficavam separados por uma distância de 10 pés, e, para abafar qualquer sussurro do primeiro, enquanto se concentrava no símbolo, um ventilador elétrico ficava ligado durante a experiência. A marcação média para 750 tentativas sob essas condições foi de 14.6 por 25.

Em outra série a distância entre o agente e o adivinhador foi aumentada para cerca de 30 pés, e 250 tentativas deram média ainda maior, de 16 por 25. Em uma sequência de 25 lances, Zirkle obteve 23 êxitos. É naturalmente uma marcação fenomenal e obviamente ficamos inteiramente na dependência da exatidão da srta. Ownbey. Ela precisava anotar sua imagem mental e o lance de Zirkle; pode ser que a memória lhe tenha falhado em certas ocasiões. Ao que parece, não havia uma terceira pessoa presente para anotar o lance de Zirkle por escrito e para assegurar que o agente o ignorasse até o final da experiência. Em todo caso, não havia necessidade de Zirkle anunciar seu lance em voz alta. Ele poderia – se o escrever o distraísse – ter apontado para um dos cinco símbolos em cinco cartões e alguém poderia ter tomado nota.

Naturalmente, se sentirmos não poder aceitar esses resultados, é inútil mencionar as experiências com drogas feitas com relação a elas; mencioná-las-emos sucintamente.

Depois de duas sequências em que Zirkle assinalou 13.5 êxitos por 25 tentativas, a srta. Ownbey deu-lhe uma cápsula de 5 grãos de amital de sódio. Uma hora depois quando ele estava ficando muito sonolento, fez 300 tentativas de telepatia pura, sob as condições ligeiramente insatisfatórias citadas acima, com a srta. Ownbey como agente. Sua média caiu de 13.5 para 7.8 por 25. Três horas depois de ingerir a droga, quando Zirkle estava enxergando dobrado e sofrendo ligeiramente de alucinações, embora ainda fosse capaz de andar em linha reta com esforço e de ler sem dificuldade, fez 300 tentativas de telepatia. A esse tempo sua marcação caíra até a média de 6.2 êxitos por 25. Passaram-se depois quatro horas, em seguida a ingestão da droga, e Zirkle tomou uma cápsula de 5 grãos de citrato de cafeína, sem que lhe dissessem de que droga se tratava. Durante a hora seguinte ele fez 300 tentativas finais, em que a média subiu a 9.5 êxitos por 25.

Um fato interessante dessa experiência foi que Zirkle não ficou sabendo qual a droga contida na cápsula, e, se ele não tinha conhecimento do que deveria esperar, dificilmente se poderia atribuir os efeitos a sugestão. No entanto, não é certo que pudesse identificar a droga pelos sintomas iniciais.

Para aqueles que creem poder aceitar as condições dessas experiências, o trabalho com Zirkle com relação ao efeito das drogas no nível das marcações da percepção extrassensorial estará em concordância geral com as conclusões a que Rhine chegou com Linzmayer e Pearce.

Apreciação

Para resumir, achamos que devemos rejeitar as experiências descritas neste capítulo em que o percipiente teve qualquer oportunidade de manusear os cartões ou de ver-lhes as costas quando fazia suas adivinhações.

Até mesmo nos testes DT são algo decepcionantes a menos que o próprio pesquisador embaralhe cuidadosamente o maço e o corte atrás de um biombo. Mas depois de ser feita essa rejeição, resta uma quantidade de resultados inclusive a série Pearce-Pratt, para os quais, se o registro foi bem feito, é difícil imaginar uma explicação normal.

CAPÍTULO IV

Reações dos Psicólogos

Não temos dúvida de que o próprio dr. Rhine admitiria livremente que houvera realmente certos pontos fracos naquelas primeiras experiências. Em certos testes de clarividência houve a possibilidade de "conhecer" os cartões por meio de pequeninas marcas e irregularidades das costas, mais especialmente nos casos em que o adivinhador testemunhava a verificação ou em que ele mesmo levantava os cartões. E, infelizmente, alguns dos cartões designados para uso comercial ficaram no depósito de modo que, quando alguns deles eram segurados em certo ângulo de luz, os desenhos ficavam plenamente visíveis pelas costas. Outros cartões (*) pareciam mostrar irregularidades no desenho perto das beiradas. Entretanto, quando Rhine descobriu esses defeitos, enviou um aviso pelo *Journal of Parapsychology* explicando que os cartões deviam ficar fora das vistas do adivinhador. De qualquer maneira já vimos que essas falhas não poderiam ser responsáveis pelas altas contagens obtidas nas séries de clarividência de Pearce-Pratt descritas em página anterior.

As críticas principais dos psicólogos americanos não focalizaram a possibilidade de o adivinhador conhecer os cartões pelas costas ou pelas beiradas, embora isso possa ter sido verdadeira fonte de erros em tais experiências.

Os críticos ficaram mais preocupados com a exatidão da fórmula empregada pelo dr. Rhine para conseguir seu desvio-padrão.

Será lembrado que Rhine formou os maços de 25 cartões de modo que cada maço tivesse exatamente cinco cartões de cada símbolo Zener, isto é, 5 círculos, 5 sinais "mais", 5 quadrados, 5 estreias e de 5 linhas ondulantes. Ninguém contestaria seriamente que, em média, a pessoa que adivinhasse todo um maço bem embaralhado esperaria obter 5 adivinhações certas.

(*) III, 3.

Mas a fórmula $\sqrt{(N \times 1/5 \times 4/5)}$, isto é $0.4\sqrt{N}$, que ele usou para seu desvio padrão baseou-se no conceito de que a chance de uma adivinhação certa em qualquer tentativa era sempre a mesma e igual a 1/5. A fórmula, conhecida como fórmula "binômica", afirma que a chance de êxito não varia de uma adivinhação para outra.

Se um adivinhador tomar um maço dos cartões de Rhine e disser sinal "mais" para o cartão de cima, o leitor concordará que, desde que esse cartão de cima poderá ser qualquer dos cinco símbolos, a chance de acertar é evidentemente de 1/5.

Suponhamos que aconteça que os cinco primeiros cartões do maço sejam do símbolo "mais". O adivinhador ignora esse detalhe porque somente verificamos o resultado depois de terminarmos o maço. Na sexta adivinhação se ele disser "sinal mais", sua chance será nula porque não existem mais outros desse símbolo. Se disser, digamos, "circulo", sua chance já não é de 1/5, porém de 1/4 porque só restam quatro possibilidades a considerar. Com esse exemplo extremo ficará claro que, se adivinharmos o maço inteiro, a chance de êxito flutua ao prosseguirmos do primeiro até o último cartão. Se Rhine tivesse composto seus maços escolhendo dígitos ao acaso, de 1 a 5, por intermédio de uma máquina ou de tabelas matemáticas, não teria havido contestação, mas em tal caso os maços conteriam números variáveis dos diferentes símbolos. Investigações matemáticas subsequentes do problema, feitas por Greenwood, ([1,2]) Sterne, ([3]) Greville ([4]) e outros demonstraram que o desvio-padrão com o maço de Rhine depende realmente do número de vezes que cada símbolo é adivinhado, mas que não poderia exceder $0.408\sqrt{N}$ comparado com o valor de $0.4\sqrt{N}$ empregado pelo dr. Rhine. A diferença entre as duas fórmulas é bem pequena e não poderia de maneira alguma ser responsável pela alta proporção crítica que ele obteve com seus melhores pacientes.

É importante, porém, que o leitor – que deseja fazer adivinhações com cartões – compreenda que as probabilidades contra os resultados serem devidos ao acaso, dadas na tabela constante do Quadro 11, implicam em que N, número total de adivinhações feitas, é suficientemente grande para a distribuição aproximar-se de uma "distribuição normal". Não se devem usar as tabelas para um número de adivinhações menor que 200 ($N - 200$) senão as probabilidades obtidas poderão ser exageradas, especialmente quando os desvios da média são grandes.

Por exemplo, se marcamos 11 êxitos numa única sequência de 25 lances, as *verdadeiras* probabilidades contra a obtenção de 11 ou mais lances certos por sorte, como calculados diretamente por meio da expansão do binômio de $(4/5 + 1/5)^{25}$, são de quase 180 para 1,(*) ao passo que, se puséssemos $N = 25$ na fórmula $0.4 \sqrt{N}$, teríamos um desvio-padrão de 2 e uma proporção critica $\frac{15-5}{2}$, isto é, 3. As probabilidades correspondentes tiradas da tabela seriam de 369 para 1, mas, desde que estamos considerando somente desvios *acima* da chance, as probabilidades apareceriam como sendo 2 X 369 para 1 aproximadamente, isto é, 738 para 1 um valor absurdo e errado.

Todas as dúvidas quanto a validez essencial dos métodos matemáticos de avaliação empregados foram desfeitas quando *Sir* Ronald Fisher, autoridade inglesa em estatística, anunciou em 1935 que, se os registros publicados tinham sido corretamente observados e publicados sem discriminação, não se podia atribuir o desvio da expectativa ao acaso. Sugeriu ainda que as críticas deveriam ser dirigidas a execução da experiência e não ao manuseio dos dados.

Embaralhamento Inadequado

Outra crítica ([5]) geralmente feita pelos psicólogos baseava-se em fatos muito conhecidos dos jogadores de bridge. Quando um baralho é embaralhado e cortado da maneira comum, a nova distribuição das cartas não é completamente independente da primeira. Se, por exemplo, havia três círculos juntos, não é difícil encontrar que ainda se acham juntos mesmo depois de uma boa embaralhada. As cartas tendem a grudar-se e pode haver várias pequenas sequências que permanecem as mesmas, a menos que o embaralhamento seja excepcionalmente bem feito. Se acontecer então que os hábitos do adivinhador se ajustam a primeira disposição das cartas de modo a produzir uma marcação alta, pode-se alegar que, como a nova disposição tem fatores em comum com a originária, isto também pode ser favorável a marcações altas, contanto que o adivinhador tenha hábitos de sequência que permaneçam mais ou menos constantes. Esse raciocínio, no entanto, é vago, e o argumento não é confirmado pela experiência.

Pode-se, porém, admitir que disposições sucessivas obtidas por meio de embaralhamento repetido de um maço dos cartões de Rhine não sejam

(*) Cerca de 150 para 1 com os maços de Rhine.

seleções perfeitamente obtidas ao acaso de 623, 360, 743, 125, 120 possíveis disposições dos 25 cartões. O embaralhamento de um único maço de cartões não pode produzir uma distribuição ocasional em todos os respeitos. Contudo, a verdadeira questão é esta: Os tipos de *não-acaso* que o embaralhamento introduz fazem com que a expectativa de chance e de desvio-padrão da marcação difiram seriamente de seus valores teóricos? Podem as marcações de média alta, feitas por bons pacientes, ser até mesmo em parte atribuídas a tais diferenças? É uma pergunta que pode ser respondida – e aliás já foi – pela experiência. O método consiste em escolher uma série de marcações bem altas e depois verificar cada coluna de 25 adivinhações contra uma disposição de 25 cartões para a qual não foi destinada.

Poderíamos, assim, comparar o primeiro grupo de adivinhações com o segundo grupo de cartões, o segundo grupo de adivinhações com o primeiro grupo de cartões, o terceiro grupo de adivinhações com o quarto grupo de cartões, o quarto grupo de adivinhações com o terceiro grupo de cartões e assim por diante, pela série inteira. Contando o número de êxitos, poderíamos encontrar a marcação média e o desvio-padrão médio para 25 tentativas nessa "verificação cruzada" e comparar esses valores empíricos com os valores teóricos, isto é, 5 e 2 respectivamente.

Em muitas das séries de resultados altamente brilhantes, feitas na Universidade de Duke e em outras universidades americanas, em que se empregaram maços de cartões, fez-se essa verificação, e, em nenhum caso, os valores empíricos encontrados demonstraram diferir significativamente dos valores teóricos.

Quando se usam vários maços de cartões numa experiência, em vez de um só, o efeito de ligação entre padrões de cartões é tão pequeno que mal precisa ser considerado.

O assunto foi resolvido – esperamos que definitivamente – pelos trabalhos do dr. J. A. Greenwood, (7) um estatístico, que comparou duzentas disposições diferentes obtidas pelo repetido embaralhamento de trinta maços de cartões Zener com cada uma de cem sequências de adivinhações tiradas dos registros de cinco dos pacientes de Rhine que apresentavam marcações altas.

Foram, assim, feitas comparações de meio milhão de pares de cartões, que deram a média de 4.9743 por 25 com desvio-padrão empírico de 2.0058. A distribuição foi declarada em excelente concordância com a distribuição binômica.

Durante os últimos dez anos vários pesquisadores têm preparado suas sequências de cartões de listas de dígitos ao acaso, 1 a 5, dispensando-se assim o trabalho de embaralhar os maços de cartões. Dois pacientes, Basil Shackleton e Gloria Stewart, não encontraram dificuldades em manter marcações altas durante longos períodos ao adivinharem sequências de cartões baseados em tais listas selecionadas dos últimos dígitos de logaritmos de sete algarismos. Se há qualquer motivo para supor que tais sequências de dígitos possuem propriedades de não-chance, sempre se pode aplicar uma "verificação cruzada". (*)

Parada Facultativa

Se uma pessoa que não tem poderes extra-sensoriais fizer uma série de tentativas para adivinhar cartões Zener ocultos de suas vistas, descobrirá que, se calcular a proporção crítica para seu grande total a intervalos de, digamos, quinhentas tentativas, essa proporção não permanecerá constante, terá seus altos e baixos. A mesma coisa seria observada se dois maços embaralhados de cartões Zener fossem emparelhados um contra o outro grande número de vezes.

Já se mostrou matematicamente que se estivermos preparados a continuar adivinhando indefinidamente, eventualmente chegaremos a qualquer proporção critica designada não importa seu tamanho. Foi então sugerido pelo psicólogo Clarence Leuba, ([8]) em 1938, que um pesquisador conservasse um paciente adivinhando cartões até obter a proporção crítica, positiva ou negativa de, digamos 2.8 ou 3 parasse depois a série. Ele poderia proceder da mesma maneira cem certo número de pacientes parando cada um num ponto favorável. Isto não resultaria necessariamente – quando se fizessem as somas das marcações dos diferentes pacientes – numa marcação significativa de chance extra para o todo, porque o pesquisador poderia estar visando uma proporção critica altamente negativa com alguns de seus pacientes, de modo que os desvios negativos e positivos poderiam ficar cancelados. Mas pareceria que certo número produziria marcações anormais, algumas abaixo e outras acima da expectativa de chance. O pesquisador teria que enfrentar a acusação de que obtivera suas altas proporções críticas fazendo parar os pacientes quando estes alcançavam proporções críticas favoráveis.

(*) A série completa de 11.000 tentativa de Shackleton foi submetida a essa "verificação cruzada" com resultados que estavam em excelente concordância com a teoria da probabilidade.

A situação, no entanto, não é tão séria como poderia parecer à primeira vista. Em primeiro lugar, o fato de que teoricamente podemos chegar a qualquer proporção crítica, se continuamos a fazer os lances por tempo suficiente, evidentemente se aplica não só a adivinhação como também a milhares de outras experiências de estatística em muitos ramos de ciência.

Mas os biologistas, psicólogos e engenheiros não são acusados de prosseguirem suas experiências até chegarem ao ponto em que as probabilidades de chance sejam satisfatórias. Mais ainda, a maioria dos pacientes bons que adivinham cartões começam a marcar acima da expectativa de chance desde o início, e a proporção critica continua aumentando sempre e logo atinge um valor alto demais para que possa ser atribuído a causa que estamos discutindo. Além disso, as experiências são interrompidas por motivos bem diferentes. Dando um limite máximo ao total de tentativas que desejamos fazer *antes de começar a experiência, é* possível aplicar uma correção ao valor encontrado para a proporção crítica de modo a dar margem aos efeitos da "parada facultativa" em qualquer ponto dentro do limite predeterminado. Fórmulas apropriadas foram sugeridas pelos drs. Greenwood (*) e Greville. (9)

Se alguém imaginar que é realmente exequível obter a proporção crítica de, digamos, 4 ou 5, fazendo-se suficiente número de tentativas, sentimos dizer que ficará bem desapontado. Em certo ponto, descobrir-se-á que as tendências ascendentes de desvios positivos que pareciam tão promissoras são inevitavelmente seguidas de devastadores desvios negativos que desfazem o bom trabalho, e, após cem mil tentativas, o adivinhador começará a entender que o trabalho há de durar o resto de sua vida.

No que se refere as altas proporções críticas, a questão é mais acadêmica do que de interesse prático. Mas como não fica fora dos limites da paciência o fato de o pesquisador alcançar três desvios-padrões, continuando o tempo suficiente para uma investigação de percepção extrassensorial, consideramos perigoso aceitar uma norma tão baixa de valor, pois se a tendência de marcação for consistentemente ascendente, o pesquisador obviamente deverá continuar a experiência até alcançar uma proporção critica significativa que paire acima de qualquer dúvida. Se, no entanto, não houve consistentemente tendência ascendente, porém, uma série de altos e baixos, há poucos motivos para o pesquisador parar em três desvios-padrões e citar esse ponto alto temporário no registro como evidência de percepção extrassensorial.

(*) XVI, 1.

Isso pode parecer inconsistente com o critério de 2.8 de desvios-padrões significativos sugeridos na página 28. Devemos, no entanto, empregar esse baixo grau de valor (probabilidades de 200 para 1) somente quando fazemos comparações envolvendo pequenos blocos de material tomado de um número muito maior cujo valor consistente esteja acima de dúvidas.

Por exemplo, a série de Shackleton, de cerca de 11.000 tentativas de presciência, deu um desvio positivo total de mais de treze desvios-padrões, com probabilidades que excedem 10^{35} para 1 contra a interferência da chance. Sob certas condições experimentais fixas, a marcação foi *continuamente* acima da expectativa de chance. Mas ao decidir se, digamos, a marcação obtida em certo trabalho noturno de 300 tentativas mostrara evidência de percepção extrassensorial, estaríamos justificados em usar uma média bem mais baixa, por exemplo, 2.8, de desvios-padrões.

Já se disse algumas vezes que, fazendo experiências com certo número de pessoas e fazendo cada uma delas parar quando atingir uma marcação acima da expectativa de chance e somando todas as marcações separadas, um pesquisador poderia obter um PC alto. Em teoria, isso seria verdadeiro se o pesquisador pudesse continuar a série indefinidamente, mas com tempo limitado a sua disposição, o método provaria talvez não ser uma proporção prática. Seria o mesmo que um jogador, em Monte Cario, tentar obter uma renda regular jogando todas as noites. Nem seria preciso dizer que, em certas noites, a sorte estaria contra ele desde a primeira jogada e poderia durar a ponto de deixá-lo sem dinheiro para as próximas noitadas. Dessa maneira alguns dos pacientes poderiam fazer marcações abaixo da expectativa de chance no começo, e, para transformar esses desvios negativos em outros positivos, o pesquisador teria que continuar com número tão elevado de tentativas que, embora pudesse terminar com um desvio positivo num total geral, isto não seria comumente significativo devido ao aumento no desvio-padrão com o número de adivinhações.

Murmúrios Inconscientes

Uma das mais tenazes objeções feitas pelos psicólogos contra experiências de telepatia é a sugestão de que, quando um agente se concentra num objeto ou imagem mental, ele pode sussurrar o nome ou alguma palavra associada ao objeto ou a imagem. Embora os sons emitidos pelo agente pudessem ser fracos demais para que o adivinhador, no aposento vizinho, pudesse conscientemente percebê-los, poderiam – diz-se – ser de intensidade suficiente para registrar-se no nível do subconsciente, isto é, parte do cérebro poderia registrá-los, e o adivinhador poderia, portanto, ter um indicio dos pensamentos do agente.

Já em 1895, dois psicólogos dinamarqueses, F. C. C. Hansen e Alfred Lehmann, (10) tentaram mostrar que certas experiências de telepatia feitas pelo professor e sra. Henry Sidgwick, em que um paciente hipnotizado adivinhava números de dois algarismos tirados de uma sacola e olhados pelo hipnotizador, poderiam ser explicadas pelo murmúrio involuntário dos números por parte do agente. Supunha-se que uma pessoa sob hipnose tivesse a audição mais aguçada do que no estado normal, embora não existisse evidência segura sobre isso. Para testar a teoria, os dois psicólogos sentaram-se com a cabeça junto ao foco de dois espelhos côncavos e um deles concentrou-se em um número, com os lábios cerrados. Foi declarado que o outro frequentemente era bem-sucedido na adivinhação do número através dos murmúrios involuntários do agente. Pergunta-se se uma pessoa pode produzir murmúrios voluntários ou involuntários sem mover os lábios, além de sons inarticulados pelo nariz e pela garganta.

No entanto, alguns testes simples feitos por S. G. S. recentemente mostram que é bem possível a uma pessoa conservar os lábios firmemente cerrados e articular conscientemente palavras, como LEÃO e PELICANO, bastante claramente para poderem ser identificadas pelo ouvinte que colocar a cabeça uma ou duas polegadas da boca do agente e a quem foi dito que a escolha está entre os nomes de cinco animais então determinados. Sem dúvida os sons das vogais podem ser produzidos pela respiração forçada e através do nariz, e certos sons de consoantes, tais como o do L, não requerem o uso dos lábios.

Mas um número considerável das experiências dos Sidgwicks foi coroado de êxito, com o agente e o adivinhador em aposentos distantes, e a teoria dificilmente poderia ser aplicada a estes. Os professores Sidgwick ([11]) e William James mostraram concludentemente que a espécie de erros feitos por seus adivinhadores não provinha de fracos murmúrios, isto é, os adivinhadores não mostraram tendência fora do comum para confundir "nine" com "five" (nove com cinco), "seven" com "eleven" (sete com onze), etc.

Mais tarde Hansen e Lehman admitiram a força das experiências e dos argumentos de Sidgwick e concordaram em que o murmúrio involuntário não era provável como sendo uma explicação para os resultados.

Contudo, a teoria foi reavivada, em 1938, pelo dr. J. L. Kennedy, ([12]) psicólogo americano. Kennedy mostrou uma hostilidade amarga para com o assunto.

Depois de ter falhado na tentativa de obter resultados significativos em suas experiências, ele concentrou-se nos ataques aos trabalhos de outros. Kennedy colocou duas pessoas com os olhos vendados no foco de dois espelhos parabólicos e descobriu que, quando uma delas se concentrava numa tarefa mental, murmúrios relativos a essa tarefa podiam ser captados pela outra. Se esses murmúrios eram verdadeiramente "inconscientes" e se podiam servir de alguma ajuda para uma pessoa no aposento vizinho, que estivesse adivinhando cartões a razão de 25 por minuto (como nas experiências de Stewart), são perguntas a que Kennedy não responde.

Tanto quanto sabemos, não há evidência concludente de que exista uma classe de pessoas cuja capacidade de audição esteja muito além do limite normal, embora casos isolados sugiram essa possibilidade.

Houve, por exemplo, o caso da menina camponesa da Letônia, liga K., estudado pelo professor von Neureiter, ([13]) pelo dr. Hans Bender ([14]) e outros. Declarara-se que essa criança, uma menina de dez anos, retardada mental, podia ler qualquer texto, mesmo de língua que lhe era desconhecida, quando seu professor ficava atrás dela lendo-o "silenciosamente". A comissão alemã que fez registros por meio de dita fone das experiências com liga K. chegou à conclusão de que seus aparentes poderes de leitura por meio de transmissão mental podiam ser explicados em termos de uma aguda capacidade auditiva. As investigações provaram acima de qualquer dúvida que a maioria dos feitos de liga foram devidos a pequenas ajudas auditivas que recebia do agente que ficava a pequena distância dela. O dr. Bender, no entanto, afirmou que, em certos casos, se admitiu fortemente a possibilidade de verdadeira transmissão de pensamento.

O caso foi tratado por pesquisadores engenhosos que eram também psicólogos e fisiologistas competentes; mostra que não podemos eliminar completamente a possibilidade de que um suposto paciente telepático esteja alcançando êxito por meio de audição extremamente aguda até demonstrarmos que ele ainda alcança êxito quando colocado a considerável distância do agente. Pelo menos dois testes de longa distância, coroados de êxito, já foram comunicados, um realizado pelo dr. Rhine e outro por nós mesmos; serão descritos no CAPÍTULO XVI.

Erros de Registro e de Verificação

Certos críticos de Rhine insinuaram que seus êxitos significativos poderiam, em parte, ser atribuídos a suposição de que os pesquisadores cometeram inúmeros erros ao registrar as listas de adivinhações ou de cartões-símbolos ou ao marcar as adivinhações certas ou ao contar os números desses êxitos.

Numa experiência moderna tais erros não poderiam ocorrer. O adivinhador, em seu aposento, toma nota de suas adivinhações a tinta na coluna de adivinhações de uma folha de marcações limpa, e essa folha, assinada pelo paciente, deve ser aceita como definitiva, dada sua própria natureza. Além disso, o pesquisador prepara as listas de cartões-símbolos *antes* de ser feita a experiência – talvez tiradas de tabelas de números ao acaso. Essas listas de números são copiadas nas colunas dos cartões de folhas de marcação limpas, para que tenhamos registros independentes de adivinhações e de cartões em folhas separadas. Uma vez registradas, essas listas devem ser aceitas como finais. Devemos admitir que o pesquisador mostre o número correto ao agente e que este olhe para o cartão correspondente ao número. Qualquer erro subsequente ocorreria ou durante a comparação das duas listas ou na contagem dos lances tidos como certos. Além disso uma nova prova de contagem poderá ser feita e é feita depois da experiência.

Mas em alguns dos métodos primitivos usados na Universidade de Duke e em outros lugares havia a possibilidade de erro não descoberto no registro das adivinhações do paciente ou da ordem dos cartões no maço. Vimos como, em certos testes de telepatia pura, o adivinhador anunciava em voz alta as suas adivinhações que eram registradas pelo pesquisador, que também era o agente. Igualmente, em alguns dos primeiros testes de clarividência, o pesquisador registrava as adivinhações do paciente e depois a ordem dos cartões no maço. Uma nova verificação não era possível em tais casos, e a lista de números não podia ser reexaminada depois que o maço estava com nova disposição.

O dr. Kennedy, da Universidade de Stanford, fez um estudo dos erros dos pesquisadores comparando suas listas de números e símbolos enunciados com os registros independentes compilados por uma segunda pessoa. Em um congresso de psicologia declarou que não menos de 400 erros foram encontrados em 79.100 tentativas. Ele incluíra, entretanto, entre os que faziam os registros uma velha senhora que estava ou brincando com ele, Kennedy, ou não muito certa quanto ao que devia fazer, porquanto cometeu erros às dezenas. Ao que parece, seu trabalho contribuiu para produzir um bom registro de erros.

Felizmente o professor Gardner Murphy ([15]) ficara informado das atividades de Kennedy e foi ao congresso armado com detalhes de estudos experimentais semelhantes, em um dos quais 175.000 lances enunciados em voz alta foram registrados somente com 175 erros, em média um erro em mil lances. A análise do dr. Murphy, repleta de gráficos, convenceu a todos de que tais erros eram como "visitas de anjos", poucas e espaçadas, e incapazes de serem responsáveis pelas altas marcações. Kennedy deixou a reunião muito desapontado.

Um sem-número de longas séries de experiências foi examinado visando descobrir erros na verificação de coincidência entre os cartões e as adivinhações. Tais exames mostraram que, quase invariavelmente, as adivinhações certas são mais subestimadas do que exageradas. Os verificadores tendem a passar por cima de coincidências entre "cartões-alvo" e adivinhação, e raramente marcam como certas as adivinhações inexatas. Tais erros geralmente ocorrem do lado bom. Assim o dr. Greenwood, ([7]) numa nova verificação da comparação que fez de 500.000 cartões, encontrou 90 erros e, desses, 76 foram êxitos que passaram despercebidos.

Evidencia-se dessas verificações de grupos de dados brilhantes ou não brilhantes que, em nenhum caso, o erro estava na verificação e na contagem a ponto de afetar seriamente o valor ou a falta de valor das séries.

Seleção Imprópria de Dados

Vários psicólogos insinuaram ([16]) que talvez o dr. Rhine tivesse suprimido coleções de dados que davam somente resultados do acaso. Para tomar um exemplo puramente imaginário, um pesquisador poderia testar um grande grupo de pessoas com os cartões Zener. Poderia achar, com base nas primeiras 100 tentativas, que algumas estavam marcando tão mal que não valia a pena continuar com elas. O pesquisador poderia talvez abandonar esses pacientes e continuar somente com aqueles cujo trabalho mostrasse um desvio positivo nas primeiras cem adivinhações.

Isso seria perfeitamente aceitável se ele começasse tudo de novo, ignorando as marcações altas das primeiras 100 tentativas. Mas se conservasse as marcações iniciais e as juntasse aos dados subsequentes, seria culpado de um dos piores crimes de estatística – seleção espúria de material. Descartando as marcações baixas ou devidas a sorte, das primeiras cem tentativas, ele modificaria seu grande total impropriamente em favor de desvios positivos.

Não há evidência de que Rhine caiu nesse erro em seus primeiros trabalhos, mas talvez seja lamentável que não tenha discutido essa possibilidade em *Percepção Extrassensorial* e, com isso, desarmado a crítica.

Existe outro ponto que pode ter ocorrido ao leitor. Lemos nos jornais e em publicações cientificas sobre pessoas que obtiveram médias altas em experiências de PES. Mas não haveria grande número que se divertisse com os cartões Zener, que obtivesse unicamente resultados de chance que não teriam vindo a público? E não poderia haver jovens sérios pelo pais inteiro que fazem milhares de tentativas sem nenhum resultado e que nem pensam valha a pena declararem seus resultados negativos? Se se computassem os resultados de todas as experiências, não poderia parecer que o grande total de êxitos não fosse muito diferente da expectativa de chance?

Pensamos que a resposta para a verdadeira evidência de percepção extrassensorial está contida em um número limitado de pesquisas bem controladas, feitas por pessoas diferentes que tenham registrado, cada uma, probabilidades tão tremendas contra a teoria de coincidência e chance que, em nenhuma estimativa razoável de número existente de experiências com resultados negativos, seriam seus efeitos nulos.

As séries Pearce-Pratt (*) deram probabilidades da ordem de 10^{20} para 1 contra a chance em 1.825 tentativas com cartões Zener. Nenhuma pessoa sensata acreditaria que 10^{10} ou dez mil milhões de grupos de 1.825 tentativas foram feitos no mundo inteiro desde o ano de 1931. Mas se pusermos essa estimativa como limite máximo, isso ainda nos daria probabilidade de 10^{10}, isto é, dez mil milhões para um contra a suposição de que os resultados de Pearce-Pratt foram pura sorte.

Pode-se objetar que estamos depositando muita fé na honestidade das três pessoas envolvidas. Talvez, apesar de tudo, estivessem combinadas para burlar na experiência.

Existem, no entanto, outras séries de meticulosas experiências para as quais as probabilidades contra a coincidência de chance são bem maiores.

(*) III, 2.

Por exemplo, Dorothy R. Martin e Francês P. Stribic, (**) da Universidade da Califórnia, levaram a efeito uma esplêndida série de experiências bem registradas usando a técnica de clarividência DT com maços de cartões atrás de um biombo. O melhor paciente, sr. C. Jencks, obteve em 91.475 tentativas a média de quase 7 êxitos por 25 com probabilidades contra a chance de ordem verdadeiramente astronômica. Uma comissão de psicólogos americanos convidados a darem seu parecer declarou ser adequado o registro. Possivelmente o único ponto fraco foram os registros dos "cartões" terem sido escritos na mesma folha das adivinhações do paciente e ao lado delas, um processo que poderia levar a erros impercebíveis. Fez-se, no entanto, um exame parcial, sob o princípio de que uma série deve conter exatamente cinco cartas de cada símbolo, e esse exame, até onde foi feito, provou ser satisfatório.

Outra série excelente foi a experiência de clarividência de Pratt-Woodruff ([18]) que consistiu de 60.000 tentativas, que deu probabilidades de mais de um milhão para um contra a chance. (Vide a pág. 80 quanto a detalhes.)

Até o ano de 1940 houve menos de doze séries feitas com cartões, declaradas por estudiosos americanos que excluíram a maior parte das fontes de erros discutidas neste CAPÍTULO e que, ao mesmo tempo, deram probabilidades contra a chance de mais de um milhão para um. Dessas séries satisfatórias de altas marcações algumas ficaram sujeitas a objeção (a de Riess, ([19, 20]) por exemplo) de que os resultados ficaram dependendo da boa-fé de um único pesquisador, ou de que o adivinhador poderia ter tido acesso aos registros (deixados em uma gaveta) antes de serem examinados pelo pesquisador. Mas embora o número dessas séries impressionantes seja estritamente limitado, é difícil supor que todas elas tivessem sido elaboradas com fraude visando publicidade para as pessoas envolvidas ou visando mistificar o público, porque todos os pesquisadores eram pessoas de posição acadêmica de responsabilidade, e um ou dois eram conhecidos cépticos antes de terem começado as investigações.

Além do pequeno número dos que obtiveram marcações altas, houve grande número de pessoas aparentemente responsáveis que declararam ter conseguido resultados positivos com probabilidades contra a chance variando entre 100 para 1 e 1.000 para 1.

(**) III, 4, 5.

Seria, porém, difícil defender um caso de percepção extrassensorial somente por esses resultados menores, porquanto não temos meios de estimar o número de séries não publicadas que deram unicamente desvios de chance. Sabemos que grande número de psicólogos americanos, inclusive o professor E. T. Adams, ([21]) J. C. Crumbaugh, ([22]) dr. J. L. Kennedy, dr. Raymond Willoughby, ([24]) C. P. e J. H. Heinlein, ([23]) publicaram ou registraram de forma manuscrita longas séries de pesquisas negativas com cartões Zener, atingindo as vezes dezenas de milhares de tentativas. E deve haver grande número de pessoas comuns que compraram os cartões e fizeram experiências com eles particularmente sem que obtivessem resultados de interesse.

A situação de percepção extrassensorial visando experiências com pequenas probabilidades contra a chance, até certo ponto, encontra paralelo nas ciências biológicas. O professor Evelvn Hutchinson, ([25]) da Universidade de Yale, salientou que muitas centenas de relatórios são publicados todos os anos em vários ramos da psicologia e da biologia descrevendo experiências que apoiam hipóteses com probabilidades de não mais que cem para um e que os autores e editores parecem bastante satisfeitos com isso. Ele declara secamente que, quando essa coleção é considerada como um todo, somente com base na teoria da probabilidade, alguns desses relatórios devem conter conclusões errôneas, embora seja impossível apontar qual deles contém tais conclusões. Hutchinson continua: "Parece que nas ciências ortodoxas a posição relativa a chance não é de maneira alguma tão satisfatória quanto nos melhores estudos de parapsicologia."

A evidência de PES, então, apoia-se principalmente nas séries de marcações altas, e, como o número de experiências bem controladas e bem testemunhadas, com probabilidades de milhões para um contra a chance aumenta, torna-se cada vez menos fácil para os cientistas comuns ignorá-la ou deixá-la de lado.

Infelizmente, ao que parece, são raros os pacientes de marcações altas que possam manter sua média por longo tempo. Tanto quanto sabemos, nenhum foi encontrado na América desde 1938. Na Inglaterra, porém, a srta. G. M. Johnson, testada com a máquina elétrica do sr. Tyrrell, (*) e o sr. Basil Shackleton (**) e a sra. Gloria Stewart, investigados pelos autores,

(*) VI, 13.
(**) VII, 1; IX, 120.

apresentaram marcações com probabilidades astronômicas contra a chance durante períodos variando de dois a cinco anos.

Críticas Gerais

Em 1938, a Associação Americana de Psicologia organizou um simpósio para discutir a propriedade de métodos experimentais.

A maioria das fontes de erros que temos debatido neste CAPÍTULO foi discutida na reunião, e concordou-se geralmente em que os métodos, naquela época em uso na Universidade de Duke, eram satisfatórios. Mais ainda, o professor Chester Kellogg, até então um dos críticos mais acerbos da percepção extrassensorial, disse a Rhine: "Continue com os métodos que está usando agora e descobrirá que não vai mais obter percepção extrassensorial." Esta profecia – nem seria preciso dizer – foi desmentida pelos acontecimentos dos últimos dez anos.

A animosidade de Kellogg (*) para com o assunto pode ser julgada por um parágrafo que escreveu em *The Scientific Monthly*, de outubro de 1937.

Disse ele (pág. 332):

"Como os relatórios do dr. Rhine provocaram a realização de pesquisas em muitas outras instituições, pareceria desnecessário feri-los de cheio porque a verdade acabará aparecendo e a mania chegará ao fim. Mas nesse meio tempo o público está sendo enganado, e as energias dos jovens, em seus anos mais vitais de treinamento, estão sendo desviadas para um assunto de somenos importância e fundos desbaratados que poderiam, ao invés, estar auxiliando nas pesquisas de problemas de real importância para o bem-estar da humanidade. Isso já foi tão longe que acaba de ser fundado um novo *Journal of Parapsychology*

Esse mesmo critico disse da experiência Pearce-Pratt para a qual as probabilidades contra a teoria de coincidência de chance são de 10^{20} para 1:

"Tomando todos os grupos como um todo, os resultados são positivos e *algo significativos, talvez suficientes para justificar outros estudos do problema"* (o grifo é nosso). Imaginamos que probabilidades seriam exigidas pelo professor Kellogg para merecer as palavras "altamente significativos" em oposição a "algo significativos".

(*) II, 4.

Interessante contrastar a atitude deselegante de Kellogg julgando a percepção extrassensorial como "mania" e "assunto de menor importância" com as palavras de outra ilustre psicólogo, sra. Margaret Knight, ([26]) que escreveu o seguinte em *Science News,* N.º 18, novembro de 1950:

"Mas como Thouless argumenta convincentemente, é perder tempo levar a efeito outras experiências trabalhosas simplesmente para demonstrar a ocorrência de percepção extrassensorial. Esta já foi estabelecida acima de qualquer dúvida. A meta de futuras experiências deveria ser a elucidação das *condições* de ocorrência, pois somente dessa maneira poderemos esperar explicar sua natureza. Passarão sem dúvida muitos anos – talvez gerações – antes de podermos determinar se os fenômenos se encaixam nos moldes aceitos do conhecimento ou se há necessidade de rever todo o sistema de postulados e de pressuposições dos quais depende a concepção moderna e cientifica do universo."

Eis aí duas opiniões diametralmente opostas sobre a importância das pesquisas relativas a percepção extrassensorial.

Alguns críticos adotaram a posição de que, por maiores que sejam as probabilidades de que os resultados de uma experiência de adivinhações de cartões não são devidos a chance, ainda assim poderão ser atribuídos a chance uma vez que, teoricamente, esta é capaz de produzir qualquer desvio da média, não importa sua magnitude. Naturalmente é *teoricamente* possível a um macaco, brincando com as teclas de uma máquina de escrever, bater *por acaso* um soneto de Shakespeare. Mas acreditaria uma pessoa normal que se poderia atribuir isso ao *acaso?* Acreditaria estar alucinado ou que o macaco fora maravilhosamente bem treinado ou aceitaria qualquer explicação menos a de que fora produto de pura sorte. A resposta a afirmação de que a chance, como certos pais de família, é capaz de tudo, é que ela se aplica igualmente a todos os outros campos de atividade em que os métodos de estatística são usados. Se as estatísticas provassem não merecer confiança e não terem valor prático em trabalhos biológicos, os pesquisadores cessariam de fazer uso delas, mas não é esse o caso.

Um ou dois críticos acerbos chegaram a sugerir que as leis de probabilidades precisam ser refeitas quando aplicadas aos grandes números de tentativas que encontramos na adivinhação de cartões. Mas a monumental verificação que o dr. Greenwood ([7]) fez de meio milhão de adivinhações comparando-as com os cartões para os quais não se destinavam deram resultados que se achavam de perfeito acordo com as leis de probabilidades.

Diminuiu, depois de 1938, a vaga de críticas feitas por psicólogos americanos. As críticas tornaram-se mais moderadas em tom ou restringiram-se a pontos de menor importância, e algumas vezes foram as dificuldades de encontrar pacientes portadores de capacidade de percepção extrassensorial e os caprichos dessa faculdade que, aparentemente, não se manifestava na presença de certos observadores, especialmente daqueles com espirito céptico. Na opinião de muitos psicólogos esses obstáculos colocaram a percepção extrassensorial fora do campo das experiências cientificas. São dificuldades reais, se bem que não insuperáveis. Sem dúvida os Linzmayers, os Pearces, os Shackletons e os Stewarts são difíceis de se encontrar; isto, porém, não é argumento contra a organização de uma busca intensiva. Eles não serão encontrados se ficarmos sentados num laboratório de psicologia inativos a espera de que apareçam. É preciso entrar em contato com pessoas interessadas em pesquisas psíquicas e assim ouvir falar em pessoas que acreditam possuir dons psíquicos. O pesquisador de telepatia precisa ter entusiasmo e energia e estar sempre fazendo indagações sobre pacientes promissores e fazer testes com eles. E quando um bom paciente é encontrado, o psicólogo deve estar preparado para conduzir a experiência na própria casa dele. Se houver dois aposentos a disposição, as condições para a experiência podem, com certo cuidado, tomar-se as mais seguras que se possa desejar. Não se pode esperar que essas pessoas dotadas façam jornadas tediosas ao laboratório de psicologia quando o trabalho possa ser feito sob condições mais favoráveis em suas próprias casas.

Quanto a presença de observadores de fora, o caso de Shackleton provou concludentemente que os visitantes de vistas largas não impedem que um bom percipiente telepata faça marcações em seu alto nível normal. Por "vistas largas" queremos dizer pessoas que não tenham fortes ideias preconcebidas a respeito de percepção extrassensorial a favor ou contra, e sim pessoas que aceitam a evidência de uma norma razoavelmente alta.

Se o fato de ser um percipiente telepata implica uma suscetibilidade as influências inconscientes de outras pessoas, é bastante provável que a presença de um observador hostil crie uma inibição no adivinhador. Além disso, não é fácil manter o ceticismo sobre um assunto, como a percepção extrassensorial, num nível puramente intelectual; facilmente ele degenera em antipatia, suspeita e até mesmo ódio. Seria inútil e enganoso comparar a percepção extrassensorial com os processos mentais mais conhecidos e insistir que, por um homem poder resolver um problema de aritmética corretamente, quando é observado mesmo por alguém que não o aprecie, ou jogar tênis com sucesso na presença de uma pessoa que deseja vê-lo perder, deve o adivinhador ficar impassível diante de observadores cépticos ou antagonistas. Pois a percepção extrassensorial é uma faculdade inconsciente que não fica sob o controle da vontade de seu possuidor, o qual não é guiado por sentimentos de sucesso ou de fracasso. As composições musicais ou poéticas são, em parte, processos amadurecidos nas regiões inconscientes da personalidade, ao passo que a percepção extrassensorial é inteiramente inconsciente. O homem que adivinha a média de nove cartões corretamente, em cada 25 tentativas, não tem a menor noção de como faz isso. Diferentemente do jogar de tênis, não pode aproveitar-se de seus erros. Mas não se poderia esperar que mesmo o poeta pudesse produzir um bom poema se estivesse rodeado de pessoas que ele sentisse verem suas atividades com mal disfarçado desprezo ou com sarcasmo. O melhor que poderia fazer seria escrever alguns versos passáveis dos quais o espirito instrutivo da poesia estaria ausente.

No entanto, é seguramente o bastante que a telepatia tenha sido demonstrada vezes sem conta por Basil Shackleton (*) e a sra. Gloria Stewart (**) na presença de visitantes acadêmicos cujas escalas emocionais não estavam pesadamente marcadas pela crença ou descrença.

Tem-se afirmado, em relação as experiências de percepção extrassensorial que as descobertas nela – diferentemente das de física e química – não podem ser repetidas por outros trabalhadores. Se a declaração quer dizer que o sr. Jones, químico agrônomo, ou o dr. Brown, psicólogo industrial, não podem ficar certos de obter marcações de extra chance repassando alguns maços de cartões Zener depois do jantar, não vamos discutir esse ponto.

Presentemente as coisas não são tão fáceis. A verdade é que as experiências de telepatia são difíceis de repetir, mas não que isso seja impossível. Uma das razões óbvias é que o pesquisador fica na posição do químico que deseja fazer um experimento com uma substância extremamente rara e difícil de obter. Em nosso caso, o indivíduo com alto grau de poderes extra-sensoriais corresponde a substância rara. Estamos convencidos, en-

---

(*) IX, 1.
(**) XV, 10.

tretanto, que quase todas as pessoas cujo espirito não esteja completamente fechado as possibilidades que oferece a percepção extrassensorial ou que não estejam animadas pelo desejo de desacreditá-la, podem com suficiente paciência e árduo trabalho obter testemunhos satisfatórios de sua ocorrência, talvez depois de algum desapontamento inicial.

Em verdade, muitas das descobertas especificas de percepção extrassensorial, tais como o deslocamento de sucessos para cartões-alvo adjacentes, o declínio da marcação em toda a série e as adivinhações significativamente abaixo da chance foram notadas repetidas vezes por pesquisadores independentes.

O professor Hutchinson ([25]) tem observações interessantes sobre a questão da possibilidade de se repetirem experiências de percepção extrassensorial. Nenhuma experiência cientifica pode ser repetida a menos que as condições relevantes possam ser mantidas. Numa experiência de telepatia, duas dessas condições são a presença de um bom paciente, tais como Pearce ou Shackleton, e a de um agente competente. Absurdo insistir, como alguns cientistas têm feito, em que os mesmos resultados devem ser obtidos quando qualquer pessoa substitua Pearce ou Shackleton. Se um químico observasse alguns resultados curiosos ao trabalhar com um elemento raro, como o európio, seria tolo da parte de seus críticos insistirem em que, se terminasse o fornecimento de európio, nenhum valor deveria ser dado a suas descobertas, a menos que ele pudesse obter os mesmos resultados com o uso de cério ou lantânio.

As primeiras críticas a percepção extrassensorial ocupavam-se quase que inteiramente dos métodos de experimentação e avaliação; muito raramente se levantaram questões ideológicas. Um homem, porém, H. Rogosin, ([27]) psicólogo da Universidade de Nova York, atacou Rhine sob o fundamento de que suas interpretações das experiências na Universidade de Duke feriam as bases do pensamento cientifico.

Rogosin ([27]) parece que ficara um tanto irritado pelo ataque que Waldemar Kaempffert, redator da parte cientifica do *New York Times,* fizera a psicologia, chamando-a de uma "triste e pseudociência sem posição para dar-se ares de grandeza" e pela declaração de John J. O'Neill, redator da parte cientifica do *New York Herald Tribune,* de que, se Rhine fosse sustentado, toda a psicologia tradicional poderia "ser atirada pela janela". Acima de tudo, a conclusão do psicólogo Lucien Warner de que controles para permitir os efeitos de telepatia e clarividência deveriam ser empregados como material de rotina de laboratório em todas as experiências de psicologia, parece ter atingido Rogosin em cheio.

Depois de algumas tentativas sem consequência, ([27]) que não valem o exame, para desacreditar os métodos de Rhine, Rogosin recorreu a Aristóteles, Hobbes e Locke em suporte de sua afirmativa de que nada pode penetrar a mente exceto através do portal dos sentidos, ou por inferência racional de dados de percepção dos sentidos.

Parece que se deve atribuir a homens como Jeans, Eddington e Millikan a "presente e lamentável tendência idealista da cultura moderna". Parece que as hipóteses desses físicos estão sendo usadas para sustentar as teorias de Rhine e que o sensível público americano "está sendo novamente muito influenciado pela propaganda em favor de um arranjo dualista de dados psicológicos".

Consta que, durante séculos, a ciência tem combatido a "magia" e teorias animistas, e agora, sob o manto da própria ciência, falsas noções arcaicas estão sendo alimentadas. Rogosin acredita que é dever dos psicólogos e cientistas "combater a *magia* sempre e onde quer que apareça", e que "não se deveria encorajar a superstição em nossa sociedade".

"As ideias psíquicas", diz Rogosin, "são antissociais no mais completo sentido; impedem que o povo pense em como reconstruir nossa sociedade para que ele, povo, possa ter o maior benefício possível." Quanto a isso Rogosin poderia ter alegado que o estudo de nebulosas distantes, de línguas mortas ou de teoria matemática sobre números primos são igualmente ocupações antissociais. Rogosin acredita que a percepção extrassensorial é essencialmente "uma reação contra a vaga materialista de nossos tempos". É uma "fuga da realidade", "uma fuga da razão", "um retomo ao misticismo". A grande publicidade que o trabalho de Rhine recebeu indica, de acordo com Rogosin, que "nossos órgãos de informações são predominantemente favoráveis a teoria do idealismo". Mas certamente nossos melhores jornais e programas de radiodifusão constituem simplesmente um reflexo do que as pessoas mais inteligentes da comunidade estão pensando.

Rogosin conclui seu artigo com este dardo de despedida como profecia:

"Se, como afirma o professor Gardner Murphy, o trabalho do dr. J. B. Rhine será lembrado no século XXV, estou inclinado a pensar que será considerado como o concorrente, no século XX, da astrologia e da frenologia."

Embora o que foi transcrito tenha aparecido já em 1939, os argumentos triviais de Rogosin têm hoje um sabor apagado, familiar, quase vitoriano. Ele ainda se apoia nas concepções mecânicas do século passado. E como são reminiscentes dos dias de Thomas Huxley as diatribes de Rogosin a propósito do dever da ciência de combater a superstição e a magia! Há depois a noção complacente de que nada pode existir no universo que não obedeça às leis da física de hoje em dia – a física cujas teorias estão mergulhadas no crisol! Como poderia o homem, cujo limitado sistema sensorial foi desenvolvido, em primeiro lugar, para permitir-lhe sobreviver num mundo hostil e não para compreender os mistérios do universo – como poderia tal criatura ter a presunção de imaginar que pode saber mais do que uma pequenina parcela do que está acontecendo no espaço e no tempo? A natureza do próprio tempo e do próprio espaço pode ficar para sempre além do alcance de seu intelecto.

CAPÍTULO V

Séries Confirmadoras e Estudos de Grupos

A validade de qualquer peça de pesquisa cientifica depende fundamentalmente de sua confirmação por outros investigadores trabalhando sob condições de controle melhoradas. Mas depois de termos estabelecido razoavelmente a existência da faculdade de percepção extrassensorial, o próximo passo consiste em levar a efeito experiências destinadas a responder a certas perguntas relativas as condições sob as quais ela age, as classes de pessoas que a exibem em grau marcante, etc. Por exemplo, as crianças teriam mais êxito que os adultos na adivinhação de cartões? A percepção extrassensorial é comum entre os pacientes de instituições de doença mental? Essa faculdade está ligada de alguma maneira a inteligência? Só poderemos responder a essas perguntas comparando os feitos de percepção extrassensorial de grupos de indivíduos selecionados ao acaso, de populações diferentes, de características diferentes que desejamos investigar. Poderíamos, por exemplo, escolher 100 crianças ao acaso, todas pertencendo ao mesmo grupo de idade, e 10 adultos, e mandar cada pessoa fazer 500 tentativas de percepção extrassensorial. Poderíamos então encontrar a média de marcação recolhida em cada 25 tentativas das 200 pessoas e contar quantas crianças e quantos adultos fizeram marcações acima e abaixo dessa média. Por meio de uma tabela de contingência quádrupla poderíamos fazer estimativa de terem feito as crianças, em geral, melhor marcação que os adultos. (*) Seria naturalmente essencial

(*) Não é estritamente correto aplicar simples teste significativo a diferença entre as marcações médias de dois grupos, e talvez seja lamentável que os drs. Humplirey e Schmeidler, cujo trabalho é descrito neste capitulo, tenham usado frequentemente esse método; não julgamos, porém, que suas conclusões estejam seriamente invalidadas.

que as crianças e os adultos fossem testados com o mesmo processo e sob as mesmas condições. Não serviria, por exemplo, se os adultos fossem todos franceses e as crianças todas inglesas. Em verdade, os indivíduos testados nos dois grupos deveriam ser escolhidos, ao acaso, das respectivas populações.

Séries Confirmadoras
(I) AS SÉRIES PRATT-WOODRUFF (1939) (*)

Até aqui consideramos experiências em que o paciente indica sua resposta enunciando em voz alta o cartão-símbolo ou anotando, por escrito, sua adivinhação. Mas na presente série de experiências feitas por Pratt e Woodruff, uma resposta cognitiva é substituída por uma resposta motora. O adivinhador e o pesquisador, Woodruff, sentavam-se nos lados opostos de uma tela vertical e opaca, de 18 polegadas de altura por 24 de largura, com um corte horizontal entre a base da tela e a mesa. Embaixo desse corte ficava uma fileira de cinco cartões em branco, e acima destes, presos a tela do lado do adivinhador, havia os cartões com os cinco símbolos Zener. A ordem desses cartões não era conhecida por Woodruff, o pesquisador que os manuseava, mas era conhecida pelo adivinhador e podia ser vista pelo segundo pesquisador Pratt enquanto se procedia ao teste. Um dos pesquisadores embaralhava bem um maço de cartões Zener e cortava--o com um corta papel.

Se o adivinhador pensasse que a carta de cima era, digamos, a de sinal "mais", tocava com um ponteiro o cartão em branco que ficava embaixo do sinal "mais" na tela. Vendo o ponteiro através do corte na base da tela, o pesquisador colocava o cartão de cima de cabeça para baixo em frente ao cartão em branco escolhido. O adivinhador apontava em seguida para o cartão em branco que pensasse corresponder ao novo cartão do topo do maço e o pesquisador levantava esse cartão, colocando-o na frente do cartão em branco apropriado.

O segundo pesquisador, Pratt, ficava sentado do lado da tela onde estava o adivinhador e fazia, independentemente, um registro das escolhas do adivinhador. O ponteiro do adivinhador voava rapidamente de um cartão

---

(*) IV, 18.

em branco para outro, e o primeiro pesquisador, Woodruff, seguia esses movimentos rápidos com os olhos, colocando cada cartão em seu lugar certo. Pratt ficava sentado a uma mesa a alguns pés atrás do adivinhador, mas um pouco a direita a fim de poder ver o ponteiro. A colocação dos 25 cartões levava somente cerca de 20 segundos, e fazia-se depois a verificação. O número de cartões corretos sob cada símbolo era contado pelos dois pesquisadores, e a marcação registrada em folhas separadas por Pratt e Woodruff. Fazia-se também um terceiro registro para se guardar. No final das 25 tentativas, o adivinhador mudava a ordem dos cinco símbolos Zener presos na tela, de maneira que essa ordem ficava sempre desconhecida ao primeiro pesquisador que manuseava os cartões enquanto a adivinhação estava em andamento.

Como a experiência era um teste de clarividência, o primeiro pesquisador não olhava para os símbolos dos cartões ao levantá-los, e, no ritmo acelerado que era mantido, podemos ter certeza de que indícios auditivos estavam excluídos, pois o que distribuía os cartões tinha os olhos constantemente fixados no ponteiro rápido e não nas costas dos cartões. Para evitar a possível perda de qualquer dos dados, usaram-se folhas identificáveis por meio de números seriados. Ao todo, registraram-se 60.000 tentativas e o desvio positivo acima da expectativa de chance foi equivalente a 4.99 de desvios-padrões, com probabilidades contra a coincidência de chance de pelo menos um milhão para um. Essa experiência é de interesse especial porque certo número de pessoas não escolhidas atuou como adivinhadoras, e os testes de grupos raramente dão um resultado muito significativo.

(II) UM TESTE DE "EMPARELHAMENTO AS CEGAS"

Na experiência descrita acima declarou-se que o adivinhador sempre apontava um pouco antes de o cartão ser posto em seu lugar por Woodruff. Mas se isso nem sempre acontecesse, teria sido possível ao adivinhador olhar de relance o cartão quando fosse colocado no lugar, olhando pelo corte da tela. Duvidamos, entretanto, que pudesse fazê-lo sem que fosse notado por Pratt, porque teria que abaixar a cabeça até o nível da mesa. Essa possibilidade foi posta de lado durante a experiência seguinte feita por Pratt – em 1936 – na Universidade de Colúmbia, em Nova York([1])

Usou-se, como na experiência anterior, a tela com um corte na base. Em vez de o adivinhador ter os cinco símbolos Zener pregados em fileira em seu lado da tela, pediram-lhe que apontasse para qualquer dos cinco cartões em branco, cada um dos quais tinha um cartão Zener escondido embaixo. Esses cartões em branco ficavam em fileira sob o corte e foram tomadas precauções adequadas para assegurar que nem Pratt nem o adivinhador soubessem a ordem dos símbolos ocultos. Quando o adivinhador apontava para um cartão em branco, Pratt levantava o cartão superior de seu maço embaralhado e colocava-o voltado para baixo dentro de uma das cinco caixas colocadas na frente dos cartões em branco. Dessa maneira o adivinhador fazia Pratt emparelhar os cartões de seu maço com cinco cartões *desconhecidos*.

À primeira vista pareceria que, para o adivinhador fazer um emparelhamento correto, seriam necessários dois atos separados de percepção de clarividência. Ele teria que adivinhar o cartão superior do maço de Pratt assim como a ordem dos símbolos sob os cinco cartões em branco. Mas pode muito bem ser que o paciente fosse capaz de distinguir entre a possibilidade e a impossibilidade num só ato de clarividência, sem que fosse primeiramente necessário que identificasse os símbolos reais.

Depois que os 25 cartões ficavam distribuídos nas caixas, de acordo com as indicações do adivinhador, removia-se a tela, os cinco símbolos sob os cartões em branco eram revelados e o número de êxitos sob cada símbolo contado por Pratt e pelo adivinhador. Na rodada de 25 cartões que se fazia em seguida, novo grupo de cinco símbolos-chave ficava oculto sob os cartões em branco com as mesmas precauções complicadas.

A adivinhadora, sra. M. M., que numa vez anterior fora coroada de êxito com uma técnica menos rigorosa, foi, em 30 de outubro de 1936, posta a trabalhar com o método de "emparelhamento às cegas" e entre essa data e o dia 9 de novembro fez 7.800 tentativas. Elas deram um desvio positivo da expectativa de chance de 188 êxitos, que corresponde a proporção crítica de 5.2 e probabilidades de quase cinco milhões para 1 contra a chance.

Ao fim desse período sua marcação começou a declinar e no dia 10 de novembro ela foi posta de volta a técnica menos rígida, na esperança de que recuperasse seu nível alto. Não houve melhoras, e ela voltou ao processo de "emparelhamento às cegas". Fez mais 13.700 tentativas, tendo obtido somente resultados na base de chance. O efeito dessa diminuição com dados de chance foi reduzir a proporção crítica de 5.2 para as primeiras 7.800 tentativas a uma proporção crítica de apenas 3.2 no total de 21.500 adivinhações feitas pela técnica de "emparelhamento às cegas". Assim as probabilidades finais contra a chance foram somente de uns 720 para 1.

É claro que o céptico pode argumentar que se Pratt tivesse continuado a experiência com a sra. M. por mais alguns milhares de adivinhações, provavelmente a contagem final teria caído até o nível de chance, mas mesmo assim o total de 7.800 tentativas consecutivas que deram probabilidades de dois milhões para 1 contra a chance dificilmente poderia ter sido um golpe de sorte, mesmo que escolhido em qualquer ponto de um grupo de 21.500.

(III) AS SÉRIES MARTIN-STRIBIC (*)

Durante os anos 1937-1939 foi feita uma extensa série de testes de clarividência por Dorothy R. Martin e Francês P. Stribic, da Universidade de Colorado. Ao todo foram feitas 311.750 tentativas por 322 adivinhadores, mas vamos ocupar-nos tão somente com as experiências nas quais as precauções tomadas parecem terem sido bastante adequadas. Treze pacientes foram testados individualmente por meio do método DT, método que descrevemos.

O adivinhador ficava sentado junto a uma mesa e separado do pesquisador por um anteparo de madeira de 15 por 18 polegadas, opaco, sem aberturas. O pesquisador embaralhava e cortava o maço de cartões Zener, colocava-o virado para baixo em sua frente, tomando cuidado para não ver a última carta. O adivinhador no outro lado do anteparo escrevia depois uma relação de 25 adivinhações destinadas a ordem do maço. Depois levava a relação de símbolos para o pesquisador e sentava-se a sua esquerda.

O pesquisador virava a carta de cima mostrando a figura e anunciava-a em voz alta, o que era anotado pelo adivinhador em sua folha frente a correspondente adivinhação. Depois de anotado o cartão, o pesquisador verificava a exatidão da anotação e levantava depois novo cartão. Repetia-

(*) III,4, 5.

-se esse processo para cada cartão. Ao verificar-se um êxito, traçava-se uma linha através do cartão e do que fora enunciado, e esse êxito era verificado pelo pesquisador e pelo paciente por intermédio da carta que jazia no topo do maço.

Depois de setembro de 1938, porém, o registro dos valores dos cartões era feito pelo pesquisador, ficando a lista do adivinhador oculta durante o processo. No fim da sequência de 25 cartões, o pesquisador verificava se a lista continha exatamente cinco cartões de cada símbolo.

Empregava-se, às vezes, um estudante em vez do pesquisador principal, mas não há evidência de que a média de marcações variasse com a pessoa que agia como pesquisador; isso elimina qualquer ideia de que as altas marcações eram devidas a incompetência ou desonestidade de um pesquisador em particular.

O melhor dos treze pacientes, sr. C. Jencks, que fez 25.000 adivinhações, obteve um excesso de 1.893 êxitos acima da expectativa de chance, o que corresponde a proporção crítica de 29. Em seguida a ele, o melhor foi o sr. R. Simmons, que obteve resultados de proporção crítica de 11 em 12.500 tentativas, enquanto os resultados de três outros deram proporções críticas de 6 ou mais. Ninguém pode duvidar da importância tremenda desses resultados.

O melhor paciente, sr. C. Jencks, fez outras 25.000 tentativas com a variação de adivinhar todo o maço, de baixo para cima, e em tal série conseguiu melhores resultados ainda.

Em outra série com o sr. Jencks, o pesquisador embaralhou dez maços de cartões Zener e colocou-os em fileira atrás do anteparo. Em seguida um dos maços foi isolado do resto e empurrado para perto do centro da margem inferior do anteparo. O sr. Jencks, que não vira nenhum dos maços, deveria adivinhar os cartões desse maço pela técnica DT. Na vez seguinte o primeiro maço empregado foi devolvido a fileira e outro empurrado para a frente, e pediu-se ao paciente que se concentrasse nesse maço. Descobriu-se que, com 110 maços escolhidos dessa maneira, o sr. Jencks obteve um desvio positivo de 349 êxitos da expectativa de chance, e isso corresponde a proporção crítica de 16. Quando as adivinhações do maço isolado foram comparadas com a ordem dos cartões em cada um dos nove maços que restavam na fileira, o número médio de êxitos em cada 25 tentativas foi somente de 5.02 contra 8.17 em 25 lances nos maços seguintes.

Isso demonstra estranha ação selecionadora no processo de PES aparentemente sob o controle da vontade do próprio adivinhador. Toma improvável a hipótese de que a clarividência se baseie em alguma espécie de radiação física emanando das próprias cartas. (*)

Outra característica interessante na adivinhação dos cartões, de baixo para cima, pelo sr. Jencks, foi o declínio progressivo na marcação ao operar ele com o maço desde os primeiros cinco cartões até os últimos cinco.

Talvez a principal fraqueza nessa série estivesse no uso de estudantes como pesquisadores.

Experiências de Grupo

Vimos que a prova realmente arrebatadora de percepção extra- sensória, ou *psi* como as vezes é chamada, se baseia nos feitos de um pequeno número de pessoas que apresentaram resultados continuamente acima da expectativa de chance, por tempo considerável. Mas tais indivíduos são difíceis de serem encontrados, e muitos pesquisadores tentam obter resultados de menor significância somando-os de um grande número de pessoas comuns escolhidas mais ou menos ao acaso.

A suposição que fundamenta esses testes é que, de cem pessoas, uma pequena porcentagem pode possuir pequena capacidade de *psi* que pode aparecer nos resultados somados como um desvio positivo ligeiramente significativo. O método não é muito promissor. Em primeiro lugar, sabemos que os indivíduos não mostram sempre o mesmo tipo de percepção extrassensorial. Uns tendem a obter desvios positivos nos cartões-alvo, outros desvios abaixo de chance, outros podem ainda deslocar seus êxitos nos cartões precedentes ou nos seguintes. Desvios positivos e negativos – se admitirmos que alguns deles são devidos a percepção extrassensorial e não a chance – podem tender a eliminar-se mutua- mente, e assim o grupo todo pode mostrar uma marcação que se aproxima da expectativa de chance. Mais ainda, a menos que se decida, antes de começar, que cada pessoa fará o mesmo número de adivinhações, digamos 500, e que somente 100 pessoas serão testadas, há a possibilidade de que, observando-se a proporção crítica dos totais, à medida que se prossegue, se possa alcançar uma proporção crítica de, digamos, 2.8 (probabilidades de 200 para 1) e depois parar nesse ponto favorável. Estamos convencidos de que muitas

(*) Este é um resultado de desafio àqueles que, como o sr. Spencer Brown, afirmam ser a percepção extrassensorial mero processo estatístico não devido ao acaso.

demonstrações de grupos de PES são espúrias devido a essa parada que se escolheu. Frequentemente acontece que, em um grupo de 50 pessoas com a marcação total correspondente a 2.8 de desvio-padrão, não há um único individuo cuja marcação seja notável ou que mostre a menor promessa de apresentar um belo resultado. Se testássemos cada uma dessas pessoas separadamente durante determinado tempo, provavelmente nenhuma exibiria sinais de possuir verdadeiramente percepção extrassensorial. Insistir que um *grupo* demonstre possuir percepção extrassensorial, enquanto os indivíduos que o compõem provam o contrário, causa aborrecimento. Naturalmente é perfeitamente correto testar, digamos, 300 pessoas com relação a percepção extrassensorial, escolher as que apresentam melhores resultados e submeter cada uma delas separadamente a outras investigações mais extensas.

Talvez uma ou duas ilustrações tornarão isso bem claro.

No período de 1940-1941, A. A. Foster ([2]) incumbiu a srta. Doyle de fazer testes de percepção extrassensorial com crianças indias que levavam uma vida primitiva nas planícies ocidentais do Canadá. Cinquenta crianças fizeram 125 adivinhações cada uma com cartões Zener; empregou-se o método de emparelhar atrás de uma tela. Do total de 6.250 tentativas, obtiveram-se 1.347 êxitos, comparados com uma expectativa de 1.250. O desvio é de +97, e a proporção crítica de 3.07, com probabilidades correspondentes, contra o resultado ser devido a chance, de pouco mais de 400 para 1.

Outra experiência baseada na resposta de "sim" ou "não" (p = 1/2) levou somente a desvios de chance.

No final de seu relatório, o autor declara:

"Pode-se finalmente dizer que, pelo menos, um grupo de crianças indias apresentou resultados nas marcações, em testes com cartões de PES, que somente podem ser atribuídos a faculdade conhecida como percepção extrassensorial."

Certamente essa conclusão não é justificável. Não há menção alguma de marcações individuais. Também não houve tentativa de submeter as crianças que fizeram marcações altas – se é que houve alguma – a outros testes cuidadosos. Temos simplesmente um resultado sugestivo, o *começo* de uma pesquisa que não foi completada. Tampouco podemos ter razoável certeza de que a pesquisadora, que tinha pouca experiência dessa espécie de trabalho, fosse realmente competente.

Consideremos agora uma investigação feita por Robert Shulman, ([3]) com 141 doentes mentais no Hudson River Hospital, Nova York, em

1937. Os pacientes foram classificados pelo médico residente em 14 grupos de acordo com as moléstias mentais de que sofriam. Assim, havia os melancólicos involutivos, os maníacos depressivos, os psicóticos alcoólatras, etc. em número de 5 a 25 nos vários grupos. O método usado foi o de emparelhamento atrás de uma tela, que oferece a vantagem de os adivinhadores não precisarem decorar os símbolos, bastando unicamente indicá-los com uma varinha.

Fez-se um total de 79.500 tentativas (clarividência) com os 141 pacientes, mas houve variações nos números de tentativas que cada um fez. No grande total houve um pequeno desvio de 55, o que é muito pouco. Diferentes tentativas foram feitas pelos 14 grupos e somente num – o dos pacientes maníacos depressivos – houve um desvio significativo do número que se esperava de êxitos. Esse grupo de 12 pessoas fez 12.250 tentativas, conseguindo atingir a proporção crítica de +3.388. Se isso for considerado *isoladamente,* as probabilidades correspondentes contra o resultado ser devido a chance chegam a cerca de 1.400 para 1, mas visto que o resultado foi escolhido como o melhor entre 14, as probabilidades verdadeiras seriam somente cerca de 100 para 1 contra a chance. Quando, no entanto, chegamos a examinar as "performances" separadas dos 12 indivíduos que integravam o grupo dos maníacos depressivos, encontramos que nenhum deles é realmente excepcional. É verdade que dez dos doze conseguiram pequenos desvios positivos, e que a marcação de um paciente quase alcançou dois desvios-padrões, mas nenhum desses fatos tem muita significação matemática. Além disso, não houve uma tentativa de continuar a experiência com membros individuais do grupo de maníacos depressivos. A investigação deve ser considerada inconcludente, e objeções semelhantes se aplicam a grande número de experiências de grupos que se fizeram nos Estados Unidos.

Alguns pesquisadores, tendo trabalhado com grande número de pessoas não selecionadas e obtido desvios insignificantes, positivos ou negativos, em vez de admitirem o fracasso, recorrem ao que chamam de "os melhores testes" de PES. Procuram efeitos de "declínio" significativos na sequência de 25 e se esse declínio não aparece, procuram anormalidades mais obscuras na distribuição de êxitos. Alguns desses efeitos de "segunda ordem" são tão profundos que é mais fácil considerá-los como recursos estatísticos do que evidência de PES. E, mesmo quando esses métodos falham, o pesquisador muito entusiasmado ainda pode executar à vontade dicotomias com o material de que dispõe. Ele tentará mostrar, por exemplo, que as mulheres obtiveram resultados acima da chance, e os homens abaixo, e que a diferença entre as marcações médias é significativa. Ou, se isso não der certo, dividirá o grupo em os que preferem esportes ao ar livre e os que preferem distrações dentro de casa, para ver se esse arranjo separa as marcações positivas das negativas. É bastante certo que, se ele tentar fazê-lo por tempo suficiente, acabará dando com uma classificação que dê probabilidades de cem par? um contra a chance. O fato de que não há desvio muito significativo em seu grande total de êxitos, comparado com o que a chance poderia produzir, é de menor importância para um pesquisador dessa natureza, porque ele está decidido a encontrar testemunho de percepção extrassensorial a qualquer custo, e geralmente descobre mesmo, para sua grande satisfação pelo menos. Essas observações, no entanto, não se aplicam as dicotomias muito significativas descobertas por Humphrey e Schmeidler nas seções que se seguem.

Percepção Extrassensorial e Personalidade

Não há testemunhos realmente concludentes de que as pessoas de alto nível nos testes de inteligência sejam bons adivinhadores em PES. A dra. Betty M. Humphrey, ([4]) da Universidade de Duke, correlatou marcações de PES de dezenas de pessoas que tomaram parte em cinco experiências de grupo com seus níveis de inteligência determinados por escalas diversas, tais como o teste Stanford-Binet, o teste Henmon-Nelson e o exame psicológico para os estudantes universitários americanos. Somente em dois casos de entre sete foram obtidas correlações positivas significativas, e esses dois deram probabilidades de somente 100 para 1 em favor da associação de marcação de PES com algum tipo de inteligência. A srta. E. M. Bond, da Universidade de Duke, fez um estudo sobre um grupo de 22 crianças retardadas do quarto e quintos anos de escola primária e não achou correlação entre suas performances de PES e seus níveis de inteligência.

Nas experiências realizadas no Colégio Universitário de Londres, S. G. S. testou grande número de estudantes muito inteligentes, mas não encontrou uma só pessoa capaz de adivinhar constantemente acima da expectativa de chance.

Um indivíduo de marcação alta, descoberto por Raleigh M. Drake ([6]) na América, foi um menino de inteligência subnormal. O caso, no entanto, é mais ou menos duvidoso e poderia possivelmente ser explicado por ajuda auditiva por parte da mãe do menino. Por outro lado, um ou dois bons adivinhadores de Rhine, tais como Pearce e Linzmayer, parece terem sido universitários de certa capacidade intelectual. Outros dois pacientes, Basil Shackleton e a sra. Stewart, eram, diríamos, de inteligência normal.

Também não parece haver evidência convincente de que os doentes mentais sejam bons na adivinhação de cartões. É verdade que alguns psiquiatras, como o dr. Ehrenwald, (7) por exemplo, descreveram casos de telepatia entre eles mesmos e seus pacientes. Foram, entretanto, observações clinicas e não testes experimentais. Além disso, mesmo o melhor desses casos dificilmente passaria num exame critico; os incidentes descritos raramente parecem ficar fora do campo da coincidência de chance ou de outra explicação normal. E para agravar as coisas, os psicólogos interessados em telepatia frequentemente mostram certo engenho inoportuno encontrando interpretações simbólicas dos casos fracos que apresentam como evidência da transmissão de pensamento.

Mas não existem descobertas experimentais satisfatórias para justificar a conclusão de que os doentes mentais de qualquer espécie sejam melhores adivinhadores do que as pessoas normais.

O Trabalho da dra. Betty M. Humphrey (13,14,15,16,19,20,26)

A dra. Humphrey, da Universidade de Duke, tem feito tentativas para estabelecer uma correlação entre certos traços de personalidade e a capacidade de adivinhar pela percepção extrassensorial. Divide-se um grupo de pessoas comuns em duas classes, A e B, de acordo com a maneira pela qual reagem a algum teste de personalidade, T. Solicita-se aos membros do grupo, que desconhecem suas próprias graduações, que façam o mesmo número de adivinhações de cartões PES ou desenhos em reação a figuras fechadas em envelopes. Os testes podem ser do tipo de clarividência, ou podem permitir a operação de telepatia de um agente. Designam-se marcações numéricas para a "performance" de cada pessoa e fazem-se as marcações totais para as classes A e B. O problema consiste em descobrir um teste T que separe os adivinhadores numa classe A, digamos assim, que tenha a marcação total significativamente acima da expectativa de chance. Pode acontecer, no entanto, que o desvio positivo da classe A e o desvio negativo da classe B separadamente não sejam significativos, mas que a diferença algébrica dos dois desvios o seja bastante.

A ideia geral é que quando um grupo grande de pessoas adivinha cartões, pequena porcentagem possui a espécie de faculdade de PES que tende a fazê-las marcar acima do nível da chance, e outra pequena porcentagem possui a espécie de faculdade de PES que tende a produzir marcações abaixo da expectativa de chance evitando sistematicamente o alvo. Se estiver operando PES tanto positiva quanto negativamente a marcação total do grupo inteiro pode não ser muito diferente da expectativa de chance, visto que os desvios positivos e negativos de PES tendem a cancelar uns aos outros. Em outras palavras, essas duas espécies de PES dariam marcações tanto acima como abaixo do normal, mas o efeito total poderia ser insignificante. Assim uma experiência de grupo que, à primeira vista, foi um fracasso, poderia ser na realidade brilhante porque algumas pessoas possuem percepção extrassensorial de natureza positiva e outras a capacidade de efetuar marcações abaixo do nível de chance.

Mas aconteceria isso frequentemente na prática real? Pensamos poder assegurar ao leitor que, *em geral,* não é assim. Há um teste muito simples para se descobrir essa espécie de efeito. Basta usar o teste dos quadrados de PC na marcação de cada pessoa e somar os diversos valores dos quadrados. Em seguida recorramos a conhecida tabela calculada por Karl Pearson. Usamos esse teste em grande número de experiências de grupo com marcações gerais no nível de chance e nunca encontramos evidência dessa espécie de marcação mista. Possivelmente alguns grupos a exibam.

Dois Tipos de Personalidade

As experiências de 1946 da dra. Humphrey basearam-se em observações feitas pela srta. P. Elkisch ([8]) em desenhos feitos por crianças. A srta. Elkisch descobriu que o filho de um adulto simples quando solicitado a desenhar "algo de sua cabeça" revelará pela maneira com que executa o desenho certos fatos sobre sua personalidade interior.

Geralmente a srta. Elkisch podia distinguir entre o que ela chamava desenhos "expansivos" e desenhos "concisos". O tipo de desenho "expansivo" mostrava imaginação, vitalidade, liberdade de expressão e um sentido de ambiente em relação ao objeto desenhado. O tipo "conciso" denunciava timidez, inibição, falta de imaginação e não aproveitava da melhor maneira o espaço disponível. Todos nós conhecemos o tipo "expansivo" de pessoas na vida comum. Ele ou ela fala incessantemente, expressa seus pontos de vista livremente em qualquer assunto; em verdade quanto menor seu conhecimento sobre o assunto tanto mais tem a falar. É a pessoa que gosta de ouvir o som da própria voz embora sua inteligência, às vezes, seja de qualidade medíocre. Geralmente é pessoa que se dá com todos, quando não é um cacete. Seus hábitos gerais mentais podem ser inexatos.

O tipo inibido ou "conciso", por outro lado, fala pouco e detesta falar em coisas antes de fazer um estudo cuidadoso do assunto. Quase sempre é dotado de grande inteligência. Sensível as qualidades mentais das pessoas que encontra, não faz confidências facilmente as pessoas com quem sente ter pouca coisa em comum. Não é, portanto, uma pessoa que faça amizades facilmente. Muitas vezes é meticuloso na formulação e manifestação de seus pensamentos, e, por conseguinte, não fala livremente. Quase sempre detesta fantasias e vagas conjeturas.

As Primeiras Experiências

Ocorreu a dra. Humphrey que, se numa experiência de clarividência pedissem a uma pessoa que fizesse um desenho, tendo como alvo outro, contido em um envelope opaco e fechado, talvez pudesse haver alguma relação entre a qualidade expansiva-concisa do desenho e a faculdade paranormal da pessoa de reagir com relação ao desenho do envelope. Felizmente o dr. G. E. Stuart, ([9,10,11,12]) da Universidade de Duke, aperfeiçoou um método de estatística que permitiu ao pesquisador estimar o grau de semelhança ou de associação entre os desenhos de quatro envelopes fechados e quatro desenhos feitos pelo adivinhador, com a intenção de reproduzir os que se achavam nos envelopes fechados. A teoria de Stuart era que a reação paranormal de uma pessoa a um desenho oculto não precisava tomar a forma de uma reprodução mais ou menos fiel das linhas e tampouco dar o significado preciso do desenho. Por exemplo, se o desenho fosse um navio, o paciente poderia reagir esboçando um mastro de bandeira, ou até um peixe. Deu-se uma marcação numérica a "performance" de cada pessoa com os quatro envelopes fechados. Essa marcação baseou-se em emparelhamentos feitos independentemente por dois juízes, e, na suposição de que não havia mais do que semelhança de acaso entre os quatro originais e os quatro esboços destinados a eles, a marcação média foi de 40.

O próximo passo era decidir qual dos esboços mostrava características "expansivas" e "concisas". Um juiz, sem saber quais dos esboços tinham obtido êxito e quais eram fracassos, examinou cada um deles e deu a marcação 1 ao que mostrava qualidades óbvias de "expansividade" e zero ao que fosse claramente um esboço "conciso" e 1/2 se o resultado fosse duvidoso. Assim, como havia quatro desenhos, cada adivinhador recebia uma marcação entre 0 e 4 e aqueles com marcações totais de 2 ou mais eram assinalados como expansivos enquanto aqueles com marcações abaixo de 2 eram assinalados como concisos. Em verdade, a avaliação foi feita independentemente por dois juízes e a marcação média para cada desenho foi tomada como marcação real. Descobriu-se que, via de regra, os julgamentos concordavam.

Faltou então somar as marcações de adivinhações das figuras dos "expansivos" e dos "concisos" e descobrir se havia alguma diferença estatística significativa entre eles.

A descoberta inicial da dra. Humphrey ([13]) baseou-se nas "performances" de adivinhação de 96 pessoas, 41 das quais foram classificadas como expansivas e 55 como concisas. Subsequentemente ela aplicou ([26]) o método a cinco outras séries de clarividência com desenhos. Descobriu-se que os expansivos marcavam, em geral, acima da expectativa de chance e os concisos abaixo. Quando se contaram os resultados das seis séries, notou-se que a diferença entre as marcações dos expansivos e as dos concisos era altamente significativa, com probabilidades de cerca de 300.000 para 1 contra isso ser devido a chance.

Além disso, a marcação total dos expansivos mostrou um desvio positivo acima do nível de chance com probabilidades de 1.000 para 1 contra ele ser devido a chance, enquanto que o total dos concisos ficou abaixo da chance, correspondendo o desvio negativo a probabilidades de 2.500 para 1.

No entanto, o grande total dos expansivos e concisos mostrou marcação que não estava significativamente acima ou abaixo do nível que a chance poderia produzir. De fato, o resultado total não mostrou evidência de percepção extrassensorial.

Pareceria então que os expansivos, no todo, produziram esboços que tinham pontos de semelhança com os originais, mas que os concisos aparentemente, no todo, tenderam a evitar, em seus esboços, as características do original e, por conseguinte, conseguiram um grau menor de semelhança do que mesmo a adivinhação ao acaso poderia produzir. Esse evitar sistemático de semelhanças e ideias associadas com o desenho dentro do envelope deve seguramente significar que, em algum nível de sua mentalidade, o indivíduo conciso tinha a percepção do desenho, mas devido a algum motivo perverso fez um esboço que diferia dele.

Descobertas ainda mais curiosas deviam acontecer. Até aqui tratamos só de casos de desenhos ocultos em envelopes que não foram vistos pelo agente. Aplicou-se a técnica expansivo-concisa ([14]) em seis séries de testes em que o agente, num aposento distante, olhava para as figuras. Nessas experiências, os adivinhadores que faziam os esboços tentavam responder aos pensamentos do agente que se concentrava nos desenhos. Os esboços feitos por 239 pacientes foram marcados como sucesso ou fracasso exatamente como nos testes anteriores de clarividência, e os pacientes classificados como expansivos ou concisos por meio de seus esboços.

Descobriu-se que os concisos e não os expansivos marcavam em geral acima do nível de chance enquanto os expansivos marcavam abaixo da expectativa de chance. Em outras palavras, assim que se introduziu a telepatia, inverteram-se completamente as descobertas ([14]). Isso foi bastante constante durante as seis séries de testes. A diferença entre as marcações médias de expansivos e concisos foi muito significativa com probabilidades contra a chance de 312 para 1. Quando o mesmo paciente fazia testes de percepção extrassensorial, em épocas diferentes, descobriu-se que suas marcações expansivas e concisas nem sempre permaneciam as mesmas. Uma pessoa que fazia um esboço expansivo em uma ocasião talvez fizesse um esboço "conciso" em outra. Essa mudança parecia ser devida a uma mudança de humor. Era geralmente acompanhada por uma mudança de marcações acima da chance para abaixo da chance. A classificação expansivo-concisa, portanto, não correspondia necessariamente a uma característica permanente da mentalidade de uma pessoa.

Em conformidade com as descobertas acima descritas, a srta. Mc--Mahan (*) constatou que pacientes expansivos, que tinham Sido escolhidos por produzirem marcações altas em testes de clarividência, marcaram bem abaixo da expectativa de chance quando fizeram testes de telepatia "pura". Por outro lado, pacientes concisos que haviam marcado abaixo da expectativa de chance, em testes de clarividência, obtiveram altas marcações acima da chance com telepatia "pura" (cf. Cap. XV).

(*) XV, 8.

Experiências Posteriores

Esperava-se que a técnica "expansivo-concisa" também servisse para separar os "marcadores altos" dos "marcadores baixos" em experiências com cartões Zener. No início, foram comunicados resultados promissores, ([16]) mas séries posteriores mostraram que o teste não era digno de confiança com essa classe de material.

A personalidade de um homem é revelada, até certo ponto, por suas preferências e desagrado; o falecido dr. Charles Stuart ([17]) estudou a relação entre a capacidade de adivinhar e a personalidade nesse particular. Fez uma lista de sessenta itens possíveis de interessar o estudante universitário comum, homem ou mulher. Cada item constava de uma pergunta, como estas, por exemplo: "Você gosta de drama? "ou "Você gosta de geografia?", etc. Se o estudante tivesse uma preferência moderada por esse item, marcava L, e, se gostasse muito, LL. Se fosse indiferente, I, e se lhe desagradasse um tanto, D; DD indicava intenso desagrado. Os sessenta itens foram então classificados pelo pesquisador que deu + 1 por L, + 2 por LL, 0 por I, – 1 por D e 2 por DD. A soma algébrica das sessenta marcações dava a "marcação de interesse" do indivíduo. Cada membro do grupo recebeu uma marcação antes de tomar parte em experiência de clarividência com cartões Zener.

Em seguida, Stuart dividiu seu grupo em duas seções na base de suas marcações de interesse. Fez um "historiograma" ou gráfico da distribuição de marcações, achou a marcação "mediana", isto é, a que foi conseguida ou excedida por metade dos membros do grupo, e marcou de cada lado os pontos chamados "quartilhos", sendo os quartilhos superiores e inferiores as marcações atingidas ou excedidas por três quartos e um quarto respectivamente dos membros do grupo. Todas as marcações entre os quartilhos pertenciam ao "alcance médio". As marcações extremamente altas ou baixas eram aquelas que ficavam além dos dois quartilhos, isto é, fora do "alcance médio". Uma grande marcação negativa significava que a pessoa possuía grande número de coisas que detestava e algumas preferências, e vice-versa para a marcação positiva muito alta. Essas duas classes juntas constituíam as marcações "extremas". A marcação moderada entre os "alcances médios" significava uma pessoa com número normal de preferências e desagrados. O grupo "extremo" consistia de estudantes com um campo muito grande ou muito pequeno de interesses colegiais.

Em dezesseis séries de experiências de clarividência com cartões Zener houve 258 adivinhadores considerados como de "alcance médio" e 250 como "extremos". O grupo de "alcance médio" produziu um desvio positivo de 108 em 17.775 tentativas, e a secção dos "extremos" um desvio negativo de 133 em 17.900 tentativas. Esses resultados por si mesmos possuem valor marginal, mas as probabilidades contra a existência de tão marcada diferença nas duas séries são de cerca de 700 para 1.

Uma Combinação de Testes

Em seguida a srta. Humphrey ([19]) aplicou a técnica "expansivo-concisa" as marcações de 515 dos 517 pacientes acima mencionados. Isso separou o grupo em marcadores altos e marcadores baixos, mas a diferença de marcação entre as duas seções não foi significativa.

No entanto, quando ela separou o grupo menor que era tanto de "alcance médio" quanto "expansivo" e comparou sua marcação média com a do grupo que era tanto "conciso" quanto "extremo", descobriu uma dicotomia mais significativa.

Os de "alcance médio" expansivos produziram um desvio de 82 (PC = + 2.40), enquanto os "extremos" concisos deram um desvio de 111 (PC = – 2.58).

As probabilidades contra a chance para tal diferença de marcações atingem quase 2.000 para 1.

Novo Grupo de Perguntas

A dra. Humphrey ([19]) estudou as respostas a sessenta perguntas feitas pelas pessoas que tomaram parte em três das dezesseis séries de clarividência acima citadas. Notou que havia catorze perguntas a que os marcadores altos e os marcadores baixos respondiam com grande diferença e, por meio delas, formou nova escala de marcações que provou ser mais satisfatória do que a baseada nas 60 perguntas primitivas. Quando se aplicou essa escala as treze séries restantes, dividiu-se o grupo em duas seções com médias significativamente diferentes. Além disso, na seção de marcações altas a maioria dos estudantes mostrou um desvio positivo, enquanto que na seção de marcações baixas a maioria mostrou desvios negativos.

É de interesse saber que os marcadores "altos" apreciam história, peças teatrais, brigde, reuniões formais e a arte de vender; são indiferentes a "cowboys", coleções de selos, pássaros e não gostam do estudo da natureza.

Os marcadores "baixos" gostam de exercício militar, box, jardim zoológico, geografia e não apreciam álgebra.

Tudo isso pode parecer fantástico, mas parece que o método tem dado resultado quando aplicado a certos grupos de pessoas não selecionadas por pesquisadores na Universidade de Duke. Diante disso, as experiências poderiam ser repetidas com outros grupos em outras universidades. Resultados semelhantes poderão ser obtidos na Inglaterra. O dr. West, ([18]) em Londres, aplicou o tratamento "expansivo-conciso" a cinquenta pacientes britânicos, usando figuras e cartões de percepção extrassensorial, mas sem sucesso. Falhariam todas as outras experiências se tentadas neste país? E se falhassem, por quê? Naturalmente não deveríamos esperar uma dicotomia significativa se o grupo testado não tivesse pessoas que possuíssem, pelo menos, um dom rudimentar de percepção extrassensorial. Mas por que teriam os americanos êxito tão consistente quando trabalham com pessoas comuns como pacientes? É de se desejar que os pesquisadores, em outros países, não percam tempo e realizem essas importantes e fascinantes experiências.

Há, naturalmente, a questão dos desvios positivos importantes produzidos pelos "expansivos" ou de "alcance médio" na escala de interesse poderem apresentar surpresas que não se repetiriam se continuássemos a aplicar testes de percepção extrassensorial aos marcadores altos. Se se verificasse que os marcadores altos continuavam a apresentar resultados acima da expectativa de chance durante um período considerável, esses métodos teriam enorme valor prático.

Experiências da dra. Schmeidler ([21,22,23,24,25])

A dra. Gertrude Schmeidler, do City College, de Nova York, tem trabalhado com métodos bastante diferentes. Desde 1943, tem tentado descobrir se há crença ou descrença na possibilidade de a percepção paranormal, por parte dos adivinhadores, ter alguma influência na marcação de uma experiência com cartões comuns Zener. Notou logo que as pessoas que riam da percepção extrassensorial tendiam a marcar abaixo do nível de chance, enquanto os crentes tendiam a marcar um pouco acima da expectativa. Começou, então, a fazer experiências em grande escala. Dividiu seus adivinhadores ([21]) em dois grupos, que ela chamou de "carneiros" e "cabras". "Cabra" era a pessoa que antes de adivinhar expressara a convicção de que PES era impossível sob as condições da experiência; "carneiro" era a pessoa que, sem ser otimista, achava que poderiam ocorrer casos de percepção extrassensorial. Em síntese, os "cabras" eram os descrentes. Em um dos primeiros testes, a dra. Schmeidler, para tomar as coisas desagradáveis, tanto quanto possível, para os "cabras", forneceu-lhes tocos de lápis com pontas mal feitas e pedaços de papel sujos para anotar suas adivinhações. Os "carneiros" foram muito bem tratados. Ela descobriu que a marcação média dos "carneiros" foi pouco acima de 5, e a dos "cabras" um pouco abaixo. Isso foi encorajador, e ela prosseguiu nesse método.

A dra. Schmeidler ([22]) até o ano de 1948 colecionara a enorme série de 185.725 adivinhações, usando uma técnica de clarividência. Delas, 97.725 foram feitas pelos "carneiros" e 88.000 pelos "cabras". Foi feito um registro permanente dos cartões-alvo de tabelas de números ao acaso antes de começada a experiência. As listas de cartões ficavam ocultas tanto dos pesquisadores quanto dos adivinhadores.

Verificou-se que a marcação média por 25, dos "carneiros", era de 5.15, e a dos "cabras", de 4.92. A primeira vista essas médias parece estarem bem próximas de 5, a marcação de chance. Mas devido ao enorme número de tentativas, a marcação dos carneiros fica tão acima do nível de chance que se esperaria ocorresse somente uma vez em 400.000! Por outro lado, a marcação dos "cabras" fica logo abaixo da expectativa de chance com probabilidades de cerca de 50 para 1.

As diferenças entre as marcações dos "carneiros" e dos "cabras" são tão marcantes que se esperaria acontecessem somente uma vez em um milhão e meio de tais experiências.

O "cabra" pode ser perfeitamente amável e imaginar que está fazendo seus melhores esforços, mas em algum nível inconsciente de sua mente desaprova o que está fazendo, e isso, pensa a dra. Schmeidler, evita que a percepção extrassensorial opere em sentido positivo, e o "cabra" produz então desvios negativos em conformidade com sua atitude negativa.

Em seguida, a dra. Schmeidler ([23]) fez uso de uma técnica que fora aperfeiçoada pela dra. Ruth Monroe, que empregou o teste Rorschach, do borrão de tinta, para estimar o grau de ajustamento social entre os estudantes universitários.

Nesse método entrega-se ao paciente uma série de dez cartões em cada um dos quais está impresso um borrão de tinta irregular. Alguns dos cartões são coloridos e o resto não. Pede-se ao paciente que descreva o que vê em cada borrão da mesma maneira que uma pessoa vê imagens no fogo. De acordo com o tipo de respostas que ela dá, revela ao psicólogo pistas características quanto a natureza de sua personalidade. Aqueles que não se concentram nos pequenos detalhes, mas reagem a figura como um todo são geralmente amantes do pensamento abstrato. As pessoas que veem figuras em movimento – macacos trepadores, por exemplo – são geralmente dotadas de rica vida emotiva, enquanto as que são influenciadas principalmente pelas figuras coloridas reagem mais ao que as cerca do que ao trabalho mental. Por meio de um sistema de marcação aplicado as indicações de Rorschach, a psicólogo dra. Monroe conseguiu descobrir o grau de ajustamento de um estudante ao grupo social com que vivia e trabalhava. Verificou-se que os muito mal ajustados ao meio ambiente não podiam fazer o melhor uso de suas habilidades intelectuais. Agindo de acordo com esse indicio, a dra. Schmeidler fez testes Rorschach com 650 de seus adivinhadores. Dividiu assim o grupo em quatro seções – os "carneiros" bem ajustados e os "carneiros" mal ajustados, os "cabras" bem ajustados e os "cabras" mal ajustados. Sua ideia era que os "carneiros" bem ajustados teriam marcações mais altas do que os "carneiros" mal ajustados, e os "cabras" bem ajustados produziriam maiores desvios *negativos* do que os "cabras" mal ajustados. Isso quer dizer que o ajustamento pobre tendia a inibir tanto a marcação "positiva" quanto a marcação "negativa". A dra. Schmeidler teve o cuidado de terminar a verificação dos testes Rorschach antes de ver os resultados de clarividência dos estudantes. Verificou que a experiência confirmou suas conjeturas. O grupo de "carneiros" que fizeram os testes Rorschach teve a marcação média de 5.12 êxitos em 25 tentativas ao passo que os "carneiros" bem ajustados marcaram 5.18 êxitos em 25.

Todos os "cabras" que fizeram os testes Rorschach tiveram a marcação média de 4.96 em 25 tentativas, ao passo que os "cabras" bem ajustados marcaram a média de 4.87.

A diferença entre as marcações médias dos "carneiros" e dos cabras bem ajustados foi muito significativa (*) e as probabilidades contra a chance atingem cerca de 25.000 para 1[22].

Por outro lado, houve uma diferença mínima entre as marcações médias de carneiros mal ajustados e cabras mal ajustados que ficaram cada qual no nível de chance.

Do exame de um registro Rorschach, a dra. Schmeidler isolou ([23, 24, 25]) diversos fatores que parece inibirem a boa adivinhação por meio de percepção extrassensorial. Ela descobriu que seus adivinhadores marcavam mal se (I) estivessem fortemente inibidos, e incapazes de reagir livremente a uma situação, ou (II) se trabalhassem demais intelectualmente, ou (III) se fossem emotivos demais.

Ela também expressou o ponto de vista de que era importante para o pesquisador criar uma atmosfera mental que fizesse os pacientes sentirem-se à vontade. Verificou que, no grupo, cujo ambiente era frio e intelectual, somente os membros que eram por si mesmos frios e intelectuais é que apresentavam boas marcações. A dra. Schmeidler acha que as características de personalidade que correlatam com a marcação de percepção extrassensorial não são fixas, variam de um grupo para outro e diferem também em diferentes situações experimentais.

Se isso é certo, vai tomar a confirmação dos trabalhos de Humphrey e Schmeidler exasperantemente difícil.

(Os números citados nesta seção foram tirados de um relatório apresentado pela dra. Schmeidler em 1948 no Simpósio da Sociedade de Parapsicologia e publicado no *Journal of Parapsychology*, vol. 13 (março de 1949) págs. 23-31. O trabalho continua em progresso e totais mais recentes podem ser encontrados no *Journal of* S. P. R., vol. XXXV, novembro-dezembro de 1950.)

(*)Provavelmente o termo "significativo" seja algo exagerado, visto que durante seu trabalho a dra. Schmeidler cai no erro de tomar a adivinhação individual como unidade para uma base estimativa em vez de assunto individual. O método correto acha-se indicado à página 78.

CAPÍTULO VI

As Primeiras Experiências com Predição

Na vida de todos os dias estamos sempre fazendo predições felizes de acontecimentos futuros no mundo material e sobre o comportamento de pessoas, por exemplo: (I) "No ano que vem ele vai falhar nos exames". (II) "Soal irá para o norte de Gales na próxima Páscoa." (III) "A maré estará alta em Southend as cinco da tarde na próxima segunda-feira." Tais predições são, em verdade, declarações de probabilidades baseadas em observações feitas no passado. As duas primeiras, no entanto, não podem ser consideradas como certeza prática. Não importa o passado do estudante, há a possibilidade de que faça um tremendo esforço entre o momento presente e o fim do ano letivo para provar a inconsistência daquela predição. E embora Soal tenha visitado Gales, com pouquíssimas exceções, em cada Páscoa durante os últimos vinte e oito anos, e prefira Snowdonia a qualquer outro distrito das Ilhas Britânicas, pode ser que uma doença ou morte o impeça de ir lá na próxima primavera.

O terceiro caso é um exemplo de predição cientifica. Os cientistas têm investigado certas regularidades na ordem da natureza, e podem predizer com grande precisão tais fenômenos como os eclipses do sol e da lua, o estado das marés, etc. Tais predições são essencialmente declarações sobre o provável comportamento médio de considerável número de átomos dos quais a terra, o sol e a lua são compostos. Os físicos podem predizer o comportamento estatístico mesmo de complexos sistemas moleculares com admirável precisão. Por outro lado, perguntas que o físico clássico poderia fazer, tais como a posição *precisa* de um eléctron especifico em qualquer tempo, já não podem mais ser feitas na física moderna. A mecânica do *quantum só* pode determinar a *probabilidade* de que certo eléctron possa ser encontrado num local especifico dentro de uma molécula. O comportamento de um sistema individual atômico não pode ser predito com exatidão porque a predição implica em alguma medida. Mas qualquer medição de um sistema atômico isolado requer um instrumento de medição da mesma ordem de magnitude ou de energia do sistema medido. Portanto, o ato de medição perturbará apreciavelmente o sistema e, por isso, a predição exata torna-se impossível. Por outro lado, quando um sistema grande, tal como o sol, é observado, o processo de observação causa unicamente interferência mínima e torna-se possível fazer uma predição exata.

Um fator importante de todas essas profecias, sejam ordinárias ou cientificas, é que sabemos como e por que as fazemos e em que fatos elas se baseiam. São inferências prováveis de fatos conhecidos quando a predição é feita. O que as distingue das chamadas predições "psíquicas" é que a pessoa que faz a predição psíquica não tem noção de como a faz. Não tem conhecimento de fatos que a guiem em sua profecia. Na maioria de tais predições é extremamente difícil imaginar como o vidente poderia ser guiado por qualquer conhecimento que possa possuir na ocasião. Por exemplo, um paciente psíquico prediz a ordem em que um maço de 25 cartões Zener estará dentro de uma hora quando emergir de um embaralhador mecânico e for cortado por outra pessoa. Naturalmente qualquer pessoa pode predizer, em média, as posições corretas de cinco cartões na teoria de coincidência de chance, mas que dizer da pessoa que prediz a média de sete em grande número de tentativas? Não podemos conceber nem mesmo um Newton ou um Einstein que pudesse conscientemente realizar tal feito por meio de inferência racional. Em última instância poderíamos supor que o adivinhador tivesse tido uma sorte fabulosa, mas essa hipótese não é muito satisfatória se as probabilidades contra a chance são da ordem de cem mil ou de um milhão para um.

Se há uma espécie de predição feita por seres humanos que não pode ser baseada em inferências feitas por eles, oriundas das observações que façam do presente estado do universo, parece provável que nossa concepção do tempo precisa ser revista. Talvez se devesse a alguma peculiaridade de nossa estrutura cerebral herdada surgirem padrões mentais que pareçam ser ordenados em série no tempo. Possivelmente num estado inconsciente padrões mentais coexistam sem serem arranjados em ordem temporal. Mas como pensamos conscientemente dentro do tempo, não podemos compreender como isso seja possível. A predição psíquica pode permanecer para sempre além do alcance de nossos intelectos que evoluíram primariamente por tratarem somente com o mundo psíquico.

Registraram-se muitos casos, nos quais, no sonho, alguém prevê um acontecimento futuro em sua própria vida com detalhes vívidos, como se estivesse presente como ator ou espectador. Precisamos unicamente lembrar ao leitor a admirável coleção de casos de previsão feita pelo falecido sr. H. F. Saltmarsh, ([1]) extraídos de registros publicados nos *Proceedings* e *Journal* da Sociedade de Pesquisas Psíquicas durante um período de cinquenta anos. Existem também inúmeros casos descritos por Charles Richet, E. Osty, ([2]) J. W. Dunne ([3]) e outros.

Um exemplo típico é o seguinte, tirado do conhecido livro de Dunne, An *Experiment with Time* (Uma Experiência com o Tempo):

O sr. Dunne ([3]) sonhou uma noite, no outono de 1913, que contemplava um aterro de estrada de ferro, num cenário que reconheceu como situado um pouco ao norte da ponte Firth of Forth. Embaixo havia pastagens abertas com grupos de pessoas a caminhar. A cena apareceu e desapareceu várias vezes, mas na última vez notou que um trem que se dirigia para o norte caíra do aterro. Viu vários vagões no fundo da encosta por onde, caiam grandes blocos de pedra. Sentindo que estava sonhando e que talvez esse fosse um de seus sonhos proféticos, o sr. Dunne tentou descobrir a data do acidente, mas foi somente capaz de formar a impressão de que aconteceria na primavera seguinte.

Na manhã seguinte contou o sonho a uma irmã que se lembra de ter ele mencionado o mês de março. Brincando eles concordaram em avisar os amigos para não viajarem para o norte durante a primavera seguinte.

No dia 14 de abril de 1914 o trem "Escocês Voador" pulou do parapeito perto da estação de Burntisland, cerca de quinze milhas ao norte da Ponte de Forth e caiu no campo de golfe vinte pés abaixo.

O argumento comum contra a previsão de sonho baseia-se no fato de que milhões de pessoas têm sonhado todas as noites por centenas de anos e, delas, grande proporção lembra-se dos sonhos. É de se esperar, portanto, que certo número desses sonhos pareça com alguma experiência futura do sonhador. Nós não temos meios de saber se até mesmo os casos mais extraordinários não passem dos pontos altos da coincidência de chance.

O argumento, com relação aos sonhos, pode ser irrefutável, mas tem menor força quando aplicado a certos casos mediúnicos de presciência.

Em uma sessão com a médium – sra. Blanche Cooper ([4]) – em janeiro de 1922, um comunicante deu o nome de Gordon Davis e declarou ter conhecido S. G. S. quando este era colegial. S. G. S. conhecera um rapaz com esse nome que vivia perto de Southend, em Rochford. Ele estivera na mesma classe de geografia com S. G. S. e algumas vezes levava lanças envenenadas e outras armas selvagens para ilustrar as lições. S. G. S. perdeu Davis de vista depois que deixou a escola e não o encontrou de novo até o verão de 1916. Um domingo, quando S. G. S. voltava de uma licença, Davis reconheceu-o na plataforma da estação de Shenfield. Davis e S. G. S. que eram cadetes nessa época, viajaram juntos até a Liverpool Street, e Davis contou a S. G. S. que, no dia seguinte, tinha que fazer uma palestra a seus companheiros cadetes na cerimônia de montar guarda. Não mencionou que estava casado. Logo após os dois foram para a França e um dia, em 1920, S. G. S. ouviu de um homem de Rochford que Davis fora morto. O "espirito" de Davis que falou através da sra. Cooper mencionou esposa e filho e também mencionou corretamente os nomes de pessoas que tinham relações com Rochford, conhecidas de S. G. S. Ele lembrou de ter levado "arpões e outros objetos" a escola e disse que era "para dar mais interesse as lições de geografia". S. G. S. perguntou onde haviam estado juntos pela última vez e "Davis" respondeu imediatamente: "Foi no trem. Falamos em guardas, mas não em guardas de trem."

Em outra sessão "Davis" não falou em pessoa, mas "Nada", o "controle" da sra. Cooper, fez uma descrição detalhada da casa de Davis, que S. G. S. anotou. Três anos depois, em abril de 1925, S. G. S. descobriu que Davis ainda vivia e trabalhava como agente de imóveis em Southend. A descrição da casa dada através da sra. Cooper era a mesma da casa ocupada por Davis em 1925. Mas ao tempo das sessões ele e a família moravam num apartamento em Londres e tinham a mobília num guarda-móveis. Somente mudaram para a casa de Southend uns meses depois da data das sessões, embora entre a primeira e a segunda Davis houvesse visitado a casa pela primeira vez com a intenção de alugá-la.

Todas as declarações seguintes, feitas pela médium acerca da 'futura" casa, estavam certas:

(1) Um túnel escuro passava pela casa (e ia até o jardim dos fundos);

(2) Havia uma varanda (na verdade um abrigo do lado do mar);

(3) Ficava em uma rua cujo nome começava com dois E (Eastern Esplanade);

(4) Os quadros nas paredes eram todos de paisagens de montanhas e cenas do mar e um deles mostrava uma estrada entre duas montanhas;

(5) Havia um pássaro preto no piano (um martim pescador ornamental);

(6) Dois "pratos" interessantes nas paredes e alguns vasos estranhos;

(7) Havia dois castiçais de latão no porão;

(8) Havia uma mulher e uma criança na casa (a sra. Davis e seu filho pequeno).

Além disso, nenhuma das declarações da médium era falsa. Foi possível encontrar probabilidades empíricas para várias declarações e combiná-las por multiplicação. Verificou-se que as probabilidades contra a descrição como um todo de acordo com uma casa escolhida ao acaso, em uma cidade, dava vários milhões para um. É muito provável que a presciência exerceu um papel nesse caso. Embora ao tempo das sessões Davis possuísse grande parte da mobília, ele dificilmente poderia ter sabido em janeiro de 1922 que o pássaro ficaria sobre o piano e que os castiçais seriam relegados ao porão da futura casa.

As Experiências do dr. Rhine

Rhine começou suas experiências de predição pedindo a Hubert Pearce que fizesse uma lista de 25 cartões Zener. Em seguida pediu a Pearce que embaralhasse um maço de cartões Zener durante 15 segundos (em uma série) em sua presença. Confrontou-se a ordem dos cartões com a lista de adivinhação de Pearce. Em 16 tentativas de 25 ele obteve a média de 7.5 êxitos por tentativa, com probabilidades correspondentes contra a chance de cerca de dez milhões para um.

Naturalmente a objeção óbvia para essa espécie de experiência é que o próprio adivinhador embaralhou os cartões. Mas essas foram unicamente pesquisas preliminares.

Em seguida Rhine ([5]) fez uma série de 113.075 tentativas de predições com 49 adivinhadores, nas quais 11 pesquisadores tomaram parte. Nesses testes o adivinhador anotava ou ditada uma lista de 25 símbolos Zener. Um pesquisador depois embaralhava e cortava um maço de cartões, conservando-os virados para baixo o tempo todo. O próprio pesquisador – que até então não tinha visto a lista de adivinhações – verificava a ordem dos cartões no maço embaralhado de cima para baixo com a lista do paciente. O adivinhador testemunhava o controle e a contagem de êxitos.

Do total de 113.075 adivinhações havia um excesso acima da expectativa de chance de 614 êxitos, o que corresponde quase a 4.5 de desvios-padrões, com probabilidades de mais de 100.000 para 1 contra a chance.

A média de marcações (5.4 êxitos por 25 tentativas) é bastante baixa, e o grosso da adivinhação com êxito foi feito por George Zirkle, um dos melhores pacientes de Rhine, e um grupo de 32 escolares que tinham sido selecionados por causa de suas "performances" em testes anteriores de percepção extrassensorial.

Experiências de Embaralhamento e Percepção Extrassensorial

Ocorreu ao dr. Rhine que a marcação significativa nas experiências anteriores poderia ser explicada de maneira diferente do que pela suposição de que os adivinhadores antecipavam a futura ordem de um maço embaralhado. Poderia ser que o pesquisador ficara subconscientemente ciente por clarividência ou telepatia da lista de adivinhações do paciente e da ordem dos cartões no maço que segurava. Seus dedos então poderiam ser guiados por percepção extrassensorial de modo a colocar um cartão aqui e acolá numa posição que combinasse com o símbolo no lugar correspondente, na lista de adivinhações. Se isso acontecesse, o ponto crucial no procedimento seria a última cortada, que determina a ordem final. Ele teria somente que manobrar um cartão na posição exata uma vez em cinco ou seis tentativas para obter a média de marcação observada.

A hipótese alternativa de predição pelo adivinhador era então que o pesquisador usava percepção extrassensorial para emparelhar seu maço com a lista do adivinhador.

Para testar essa teoria o dr. Rhine ([6]) e seus assistentes levaram a efeito os maiores projetos de adivinhação de cartões até então feitos. Ao todo fizeram-se 211.525 emparelhamentos de cartões. Trataremos aqui, no entanto, de 51.525 tentativas em que as condições parecem terem sido satisfatórias.

O pesquisador embaralhava um maço de cartões Zener atrás de um biombo e colocava-o sobre a mesa fora das vistas do adivinhador. O paciente embaralhava depois um segundo maço conservando-o virado para baixo com a intenção de fazer a concordância com o maço escondido. Podia fazer quantos embaralhamentos quisesse. Um segundo pesquisador estava presente, vigiava todas as operações e testemunhava a verificação da ordem dos cartões no maço do adivinhador com a do maço escondido.

Essas 51.525 tentativas com maços escondidos e duas testemunhas deram um excesso de 424 êxitos acima da expectativa de chance. Isso corresponde a proporção crítica de 4.57, com probabilidades de cerca de 180.000 para 1 contra a chance. O número médio de êxitos por 25 tentativas, no entanto, foi de 5.2.

Em 41.775 dessas tentativas a verificação foi feita independentemente por duas pessoas, e essa coleção deu um desvio positivo de 348, com probabilidades correspondentes de cerca de 30.000 para 1.

Se o pesquisador não fez erros de metodologia em seu trabalho (tais como deixar certo número de pessoas emparelhar simultaneamente o mesmo maço de cartões Zener) – e nesse caso as fórmulas comuns de expectativa de desvio-padrão aí não se aplicam estritamente – pareceria que os adivinhadores possuíam uma significativa capacidade, embora leve, de usar a percepção extrassensorial no embaralhamento de cartões para fazê-los emparelhar com os de certo maço oculto.

Visto que o sucesso obtido em experiências contemporâneas de embaralhamento igualou, pelo menos, as dos testes de predição, parece que o embaralhamento manual é inadequado para a demonstração de presciência.

Métodos Mecânicos

O dr. Rhine ([7]) decidiu depois fixar a futura ordem dos cartões no maço por meios mecânicos. Adotaram-se dois métodos. O paciente e os pesquisadores ficavam em aposentos separados. No primeiro método o paciente, tendo marcado sua lista de 25 predições, apertava um botão. Isso era um sinal para o pesquisador, no aposento vizinho, parar de girar a manivela de uma máquina misturadora que continha 50 cartões Zener. O maço embaralhado era removido da máquina e colocado virado para baixo na mesa.

Em seguida, o pesquisador comparava a ordem dos primeiros 25 cartões, contando de cima para baixo, com a lista de adivinhações do paciente destinada a eles. Um segundo pesquisador observava a verificação.

Isso era conhecido como PDT (predição "DT" – predição até o fim do maço) e até l.° de outubro de 1940 vários pesquisadores haviam feito 235.875 tentativas por esse método ou com pequenas modificações. Elas deram um excesso de 425 acima da expectativa, e a proporção crítica não muito significativa de 2.14 (probabilidades cerca de 30 para 1 contra a chance). Em seu relatório, o dr. Rhine parece ter incluído 2.250 tentativas feitas pelo sr. G. N. M. Tyrrell, (*) na Inglaterra, que usou sua máquina elétrica. Como o trabalho do dr. Tyrrell envolve uma técnica totalmente diferente nós não incluímos essas tentativas no grupo de PDT.

No segundo método o paciente ficava sentado em frente de cinco cartões um branco sobre os quais deveriam ser colocados mais tarde cinco cartões-chave com os cinco símbolos Zener em certa ordem. Ao paciente pedia-se que emparelhasse um maço de cartões Zener embaralhados com o que ele imaginasse seriam os cinco futuros cartões-chave. Entrementes, uma gaiola impulsionada eletricamente, contendo seis dados comuns, estava sendo girada em outro aposento.

Quando o paciente havia depositado seus 25 cartões em cinco pilhas na frente dos imaginados cartões-chave, apertava um botão de campainha que era o sinal para um dos pesquisadores no outro aposento fazer parar a gaiola dos dados. Preparou-se grande número de envelopes, cada um contendo cinco cartões-chave em ordem ocasional. Os envelopes eram numerados em série, e a soma dos dígitos fornecidos pelos seis dados indicava o envelope a ser aberto. Os cinco cartões-chave eram removidos e colocados em sua ordem própria, um sobre cada cartão em branco, no aposento do paciente. Os dois pesquisadores presentes contavam o número de êxitos, cada um fazendo seu registro em separado. Esse, em essência, era um dos métodos.

Em uma das variações a ordem dos cartões-chave era determinada ao parar-se a máquina de embaralhar imediatamente após o paciente ter feito o emparelhamento com os imaginários cartões-chave. A ordem dos cinco primeiros símbolos diferentes no maço embaralhado era tomada como a ordem dos símbolos-chave.

Sete séries, (7) num total de 154.675 tentativas, foram feitas por vários pesquisadores, usando um ou outro desses métodos de emparelhamento até o dia 1.° de outubro de 1940. Em duas séries de Rhine e Gibson, 27.700 adivinhações foram feitas por um grupo de adultos e outras 12.500 por um grupo de crianças. Consta que o grupo de adultos deu um desvio *negativo* (abaixo da chance) de 239 êxitos, que corresponde a

---

(*) Cf. capitulo VI.

proporção crítica de – 3.5 enquanto que o grupo de crianças produziu um desvio *positivo* (acima da chance) de 123 e a proporção crítica de + 2.7.

O dr. Rhine diz que algumas experiências preliminares de caráter menos rigoroso com um grupo de adultos resultara em desvio negativo e que, portanto, esperava que a experiência principal produzisse marcação abaixo da chance com adultos, mas não com as crianças.

Em seu grande total para as sete séries, tratou o desvio negativo de 239 como se fosse desvio positivo e assim obteve, para seu grande total de 154.675 tentativas, um desvio positivo de 509 êxitos acima da expectativa. Isso nos parece um procedimento dúbio. Achamos que se os adultos houvessem dado um resultado de desvio *positivo* de 239, ele poderia facilmente ter encontrado razões para *não o* mudar para desvio negativo, ao calcular o desvio total.

Sem dúvida, se for mantido o desvio de –239 para os adultos na série Rhine-Gibson, o total das sete séries fica reduzido a somente + 31, comparado com o desvio-padrão de 160.5 e não tem significado algum.

Por outro lado, se somamos os valores do tabuleiro, isto é, os quadrados de proporção crítica – para as sete séries obteremos um total de quase 27, e com sete graus de liberdade deveríamos esperar um valor maior somente uma vez em 3.000.

Isso demonstra que algo mais do que a chance esteve presente, e um exame das sete séries mostra que o valor anormal dos quadrados de PC é quase todo devido a dois grandes desvios, um positivo e outro negativo, nas experiências de Rhine e Gibson com adultos e crianças. Nada há de extraordinário nas outras cinco séries. Parece que nessas duas séries a predição agiu positivamente com as crianças e negativamente com os adultos. A anulação mútua dos desvios positivos e negativos é responsável pelo pequeno desvio total de + 31.

Eliminação de Psicocinese

No ano de 1941 Rhine já encontrara alguma evidência que tendia a mostrar que certas pessoas podem influenciar, através de sua vontade, o lance num dado comum, isto é, concentrando-se no "três" elas podem fazer que apareça essa face do dado mais frequentemente do que seria de esperar na teoria da probabilidade. Não estamos tratando aqui da evidência de psicocinese (PQ) como é chamada. Algumas pessoas não consideram as experiências concludentes, mas de qualquer maneira a possibilidade de PQ deve ser levada em conta.

O dr. Rhine perguntou se não seria possível ao adivinhador, usando uma combinação de PES e PQ, influenciar ligeiramente os movimentos de um ou de dois cartões dentro do embaralhador mecânico de maneira que ocupassem posições finais que concordassem com as predições previamente registradas. Ou então se na experiência de emparelhamento não se poderia saber por meio da percepção extrassensorial que o envelope N.º 21 continha os cinco símbolos-chave em certa ordem, e depois, tendo emparelhado seu maço de 25 cartões nessa ordem, influenciar por meio de PQ o lance dos seis dados de modo que registrassem 6, 6, 6, 1, 1, 1 ou outros números que somassem ao todo 21. Não importa o que haja de fantástico nessa ideia, é sempre uma possibilidade se PQ for uma realidade e se pode operar com a percepção extrassensorial. Se essa for a explicação, significa que o paciente não estava predizendo um futuro antes que acontecesse, porém, meramente mudando o presente para que concordasse com um evento passado.

Para essa contingência, o dr. Rhine ([10]) preparou uma experiência muito engenhosa. O método PDT foi empregado em experiência com 51 pessoas que anotavam predições da ordem "DT" de maços de cartões Zener como deveriam emergir de um embaralhador mecânico operando dois dias – e em alguns casos dez dias – mais tarde. Decidiu-se que, depois de ser retirado do baralhador, cada maço seria cortado a certa altura definida. A novidade eram as regras que determinavam (a) quantas voltas deveriam ser dadas ao baralhador, e (b) em que cartão o corte deveria ser feito. O dr. Rhine instruiu sua secretária que, ao término de dois ou dez dias de intervalo, ela deveria consultar um jornal matutino, o *Durlmm Herald,* e obter dele as temperaturas extremas do dia anterior. O menor digito além de zero deveria decidir o número de revoluções do baralhador mecânico e a soma de todos os dígitos dos extremos da temperatura (menos de 25 se necessário) decidira o número de cartões do topo em que deveria ser feito o corte. Rhine argumentou que, mesmo supondo-se que os adivinhadores usassem PES e PQ para interferir no embaralhamento, todos os seus esforços para manobrar certos cartões em certas posições no maço seriam desfeitos pelo corte final, que seria decidido por um evento físico sobre o qual não se teria controle.

Ao todo, 51 pessoas fizeram listas de predição para um total de 2.302 sequências de 25 cartões. Dessas, 1.169 de 25 eram para maços que seriam embaralhados e cortados dentro de dois dias enquanto as 1.133 restantes eram para maços a serem formados dentro de dez dias.

Na realidade, nenhuma das sequências deu desvios significativos que se pudessem esperar. O total de 57.550 tentativas deu um desvio de somente + 11 êxitos, o que é irrisório.

Tendo falhado na descoberta de qualquer evidência direta de predição psíquica, Rhine passou a discutir o que é chamado de "efeitos de saliência" dentro da sequência de 25 tentativas. Por exemplo, ele perguntava: "A média de marcação foi maior nas cinco primeiras adivinhações e nas cinco últimas do que nas quinze do meio?" Nesse caso não havia diferença significativa. Se a sequência fosse dividida em cinco segmentos consecutivos de cinco tentativas cada um poderíamos comparar a média de marcação da primeira e última adivinhações de um segmento com as das três tentativas centrais. Mas nisso, de novo, o grande total deu diferença significativa. Naturalmente, se fizermos todas as espécies de subdivisões dos dados, encontraremos efeitos significativos aqui e acolá.

O dr. Rhine, no entanto, confiava principalmente numa relação muito escondida entre os efeitos de saliência da "sequência" e do "segmento", que ele chama de "proporção covariante". Para isso, ele encontra probabilidades de cerca de 625 para 1 contra a chance. Seria, porém, muito possível argumentar que um efeito tão rebuscado poderia bem ser mero artifício estatístico, especialmente quando observamos que somente 70 maços de cartões embaralhados foram usados como alvo para as 2.302 adivinhações.

Diversos pacientes estavam, portanto, adivinhando por meio do mesmo maço de cartões, o que levaria a complicações estatísticas. Embora o dr. Rhine pareça pensar que o efeito que descreve não poderia ser atribuído a isso, nós não temos certeza quanto a essa circunstância.

Mesmo que ele obtivesse um desvio positivo direto em favor de predição psíquica poderia duvidar-se que seu método de tomar dados de temperatura excluísse logicamente a possibilidade de os adivinhadores fazerem uso da psicocinese (talvez guiados por percepção extrassensorial) a fim de assegurarem-se de que o maço seria cortado num ponto favorável. Pois, se admitirmos que PQ pode influenciar o lance nos dados, mesmo de uma distância considerável, por que não afetaria em colunas de mercúrio dos termômetros usados oficialmente para tomar as temperaturas? (*)

(*) Poderia argumentar-se que a coluna mercurial é essencialmente um sistema estático e que PQ só pode operar em sistemas móveis, e. g. no lance de dados.

A maioria dos pesquisadores até o presente têm omitido a psicocinese como possibilidade teórica nas experiências de presciência.

Os resultados obtidos nesta série parecem mais sugestivos do que concludentes.

As Experiências do sr. Tyrrel

O falecido G. N. M. Tyrrell ocupava um lugar de grande destaque entre os pesquisadores psíquicos ingleses. Seu livro – da editora Pelikan – *Personality of Man* ([11]) já é um clássico popular, e provavelmente é o melhor no gênero, em inglês. O sr. Tyrrell foi o autor de uma teoria bastante original e fascinante sobre a origem dos fantasmas e aparições. Seu maior interesse residia na filosofia sobre pesquisas psíquicas, e, nesse aspecto do assunto, escreveu muitos livros e artigos. Ele era também engenheiro eletricista e há uns quinze anos inventou uma engenhosa máquina que usou para demonstrar não somente a clarividência e a percepção extrassensorial não-diferenciada, mas também a predição psíquica.

O sr. Tyrrell havia notado que a srta. G. Johnson, de sua casa, aparentemente tinha muita sorte para encontrar objetos perdidos, e decidiu fazer uso desse dom em experiências de percepção extrassensorial. Primeiro construiu ([12]) uma peça muito simples que consistia de um biombo de madeira preso a cinco caixas em fileira, fechado com pontas inclinadas de um lado do biombo e aberto do outro. Um pesquisador sentado em um dos lados do biombo enfiava um ponteiro horizontalmente dentro de uma das caixas e a srta. Johnson, no outro lado, levantava a tampa da caixa onde pensava estar o ponteiro. As cinco caixas eram acolchoadas para não fazerem ruídos.

A srta. Johnson teve muito êxito com esse aparelho, mas a maior objeção era que o adivinhador, observando os hábitos de sequência e preferências da pessoa que enfiava o ponteiro rapidamente em uma caixa após outra, logo poderia saber o que viria depois.

No entanto, a srta. Johnson continuou com sucesso mesmo quando uma lista de números de 1 a 5 dispostos ao acaso foi usada para decidir sobre o uso do ponteiro. O sr. Tyrrell sentiu-se encorajado a preparar uma máquina mais complicada com princípios semelhantes.

Ela consistia ([18]) essencialmente de uma fileira de cinco caixas cada qual contendo uma pequena lâmpada elétrica. As lâmpadas eram ligadas por fios a cinco chaves que um pesquisador manobrava de uma mesa situada a vários pés de distância. Cada caixa possuía uma tampa inclinada que podia ser levantada pela srta. Johnson, que ficava atrás de um grande biombo. Quando uma chave era usada pelo pesquisador, a lâmpada correspondente acendia-se e a paciente, por meio de uma campainha elétrica, levantava a tampa da caixa que pensava conter a lâmpada acesa. A abertura de qualquer caixa traçava automaticamente uma linha em uma fita de papel, e o êxito era registrado por traço duplo.

Por meio de um comutador no circuito as conexões entre lâmpadas e chaves eram trocadas de maneira que, com o comutador em operação, o pesquisador não sabia qual das lâmpadas estava acendendo quando manobrava determinada chave. Assim o aparelho podia ser usado para testes de clarividência e para testes de telepatia com possível clarividência, isto é, percepção extrassensorial não-diferenciada. As cinco chaves podiam ser dispensadas, e um interruptor rotativo com um único braço, conhecido como seletor mecânico, entrava em jogo. Esse braço era acionado por um eletromagneto e roda dentada, e quando parava em posição, ao acaso, fazia contato, quando então acendia uma das cinco lâmpadas.

Um invento muito engenhoso que se adicionou ao aparelho foi um relê de ação retardada.

Por esse meio um dos cinco circuitos era escolhido pelo pesquisador que manobrava uma chave, mas a lâmpada dentro da caixa correspondente só acendia quando a srta. Johnson fechava o circuito ao levantar a tampa. O uso desse dispositivo evitava que ela tivesse o menor indicio da caixa correta através de luz ou calor que escapasse.

Quando tanto o comutador quanto a ação retardada operavam, a única coisa que diferenciava os cinco circuitos era o contato feito pelas chaves do pesquisador, e para saber, por clarividência, qual das caixas abrir a srta. Johnson teria que conhecer as conexões dentro do comutador. Assim, para o adivinhador ser coroado de êxito nessas condições, era necessário um ato de clarividência muito complicado.

A srta. Johnson não podia ter sucesso sabendo, por clarividência, que uma lâmpada estava carregada de um potencial mais alto que as outras, porque havia um fio comum ligando todas as lâmpadas, e quando a chave era acionada todas ficavam simultaneamente carregadas.

Como a máquina registrava somente êxito ou fracasso, e não o número da lâmpada escolhida pelo pesquisador, seria impossível a srta. Johnson avançar mentalmente no tempo até o momento em que a fita fosse examinada pelo sr. Tyrrell e obter da mente dele prescientemente o número da lâmpada. Em outras palavras, quando o comutador ou seletor mecânico estava em ação, a srta. Johnson aparentemente podia ter êxito unicamente pelo uso da clarividência.

O aparelho estava a prova de desarranjos de toda espécie. Por exemplo, se o adivinhador abrisse duas caixas simultaneamente, o marcador de êxitos ficava fora de ação e somente uma linha aparecia na fita, marcando o fracasso. Nem podia a srta. Johnson dar uma espiada na caixa antes de abrir a tampa, pois quando esta era levantada por uma fração de polegada, marcava-se um lance.

O trabalho foi feito a razão de 60-70 tentativas por minuto, e teria sido impossível a srta. Johnson deixar sua mesa e olhar sobre o biombo para a mesa do pesquisador sem provocar uma pausa.

O uso do comutador quebrava qualquer sequência de hábitos do pesquisador que acontecesse coincidirem com os da srta. Johnson.

As chaves foram tomadas silenciosas por meio de contatos de mercúrio.

O sr. Tyrrell teve que usar incrível paciência para deixar a srta. Johnson psicologicamente adaptada ao trabalho com a nova máquina. Demorou muito para que ela pudesse fazer marcações acima do nível de chance, mesmo com as chaves ligadas diretamente as lâmpadas, isto é, sem o comutador. Muitas vezes ele precisou voltar ao aparelho de ponteiro. Mas quando veio o sucesso com as lâmpadas valeu o sacrifício. Em 1.271 tentativas consecutivas com as lâmpadas, a paciente escolheu a caixa correta 373 vezes, o que dá um desvio positivo de 118.8 êxitos acima da expectativa de chance, e probabilidades correspondentes de 10^{15} para

contra a chance. Nesses testes havia possibilidade de o sr. Tyrrell, pesquisador, ter empregado telepatia. ([13])

Em seguida, foi introduzido o comutador, e as marcações imediatamente baixaram ao nível de chance outra vez. O sr. Tyrrell começou a misturar as experiências em que o comutador estava em ação em séries de 50 ou 100 com outras em que havia conexão direta entre chaves e lâmpadas. Quase parecia que a srta. Johnson podia ler o pensamento do sr. Tyrrell para saber qual a espécie de experiência que estava fazendo. Em 500 tentativas com o comutador em ação ela obteve 101 êxitos, o que era somente 1 acima da expectativa de chance, enquanto em 576 tentativas, em que havia contato direto entre chaves e lâmpadas, teve 225 êxitos, comparados com o número esperado de 115.2. Nisso, as probabilidades contra a chance são da ordem de 10^{25} para 1.

Quando a srta. Johnson voltou de umas férias em setembro de 1935, Tyrrell descobriu que ela se adaptara as experiências com o comutador em que o pesquisador não sabia qual das lâmpadas estava acendendo quando acionava uma chave. Em 4.200 tentativas nessas condições, ela obteve um desvio positivo de 178 êxitos com probabilidades correspondentes a 10^{11} para 1 contra a chance.

Foi estranho, mas a srta. Johnson não ofereceu resistência inconsciente a introdução do mecanismo de ação retardada. Ostensivamente essa parecia a condição mais difícil de todas uma vez que, sem lâmpada acesa, o alvo de clarividência desaparece. Para obter sucesso, ela teria de descobrir, pela clarividência, a conexão da chave escolhida através do comutador até a lâmpada que ela mesma acendia levantando a tampa da caixa certa. Isso parece um feito muito complicado de percepção extrassensorial.

No entanto, uma série de 50 tentativas sem a ação retardada alternada com outra série, em que a ação retardada operava, mostrou que não havia diferença real em médias de marcação sob as condições "fáceis" e "difíceis". Números iguais de adivinhações deram aproximadamente uma diferença de somente 4 em número de êxitos. As probabilidades contra a chance para cada condição foram da ordem de 10^{9} para 1.

A srta. Johnson não se habituou facilmente ao uso do seletor mecânico; reclamou que o barulho a perturbava. Apesar disso obteve brilhante êxito durante um longo período de 7.809 tentativas em que uma lista de dígitos ao acaso, de 1 a 5 (compilados previamente por meio do seletor) foi usada para decidir quanto a ordem em que o pesquisador acionaria as chaves. Durante essa série o comutador esteve em ação; telepatia por parte de Tyrrell ficou, portanto, excluída. As 7.809 adivinhações deram um desvio positivo de 279.2 êxitos, sendo as probabilidades correspondentes da ordem de 10^{14} para 1 contra a chance.

Achamos que o sucesso inequívoco com listas de números preparados de antemão põe fora de dúvida qualquer sugestão de que a srta. Johnson obtivera antes marcações extra chance seguindo o método de burla descoberto pelo sr. G. W. Fisk. (13)

Em outubro de 1935, o sr. Fisk descobriu que, no caso de um operador humano selecionar as cinco chaves de acordo com sua vontade, qualquer pessoa inteiramente destituída da faculdade de percepção extrassensorial podia atuar da mesma maneira que a srta. Johnson, usando um sistema muito simples. O adivinhador escolhe uma caixa, digamos, n.º 1, e continua abrindo a mesma caixa em cada tentativa até que a lâmpada se acenda nessa caixa. Depois muda para a caixa n.º 2 e continua a abri-la até conseguir um êxito. Seguem-se a n.º 3, a n.º 4 e assim por diante. O sistema não dá resultado quando se usam números ao acaso para determinar a ordem em que as chaves são acionadas pelo pesquisador. A razão é que, quando o pesquisador escolhe "de cabeça", ele tende a escolher cada chave em intervalos mais regulares do que seria o caso com um método matemático de acaso. Numa lista de acaso, de dígitos de 1 a 5, qualquer algarismo, digamos o 4, aparece em intervalos bastante irregulares. Poderíamos ter três 4 em sucessão e depois disso nenhum outro 4 nos próximos 12 dígitos. Mas um homem que faz tal lista "de cabeça" geralmente espaça os dígitos em intervalos aproximadamente regulares. Em consequência, o adivinhador que repetir o mesmo digito não tem muito a esperar para obter um êxito em média. Portanto, marca mais êxitos no mesmo número de tentativas com o operador humano.

O mesmo método pode ser usado em conexão com os maços de cartões Zener do dr. Rhine em que cada símbolo ocorre exatamente cinco vezes, mas, deve-se notar, somente quando o adivinhador fica sabendo depois de cada tentativa se acertou.

Não daria certo com maços distribuídos ao acaso contendo números diferentes de cada símbolo.

Como a srta. Johnson não tinha testemunhas ao abrir as caixas, não se pode provar se empregou o método de Fisk, mas o fato de ela ter apresentado bons resultados, quando a ordem das cinco chaves era selecionada ao acaso, é bastante para determinar a existência da faculdade de clarividência nela. Além disso, várias pessoas a observaram quando trabalhava com o aparelho de "ponteiro" e nenhuma dessas pessoas contou que ela estivesse adivinhando por meio de qualquer sistema. A abertura repetida da mesma caixa seria óbvia demais. A probabilidade é de que ela jamais empregou o método de Fisk. O choque da descoberta de que outros poderiam duplicar grande parte de seu trabalho simplesmente pela aplicação de um sistema parece ter afetado sua marcação muito adversamente. Por muitos meses os resultados ficaram no nível de chance, embora mais tarde ela tivesse recuperado, em parte, sua capacidade no tocante aos êxitos.

Clarividência Precógnita

No período de outubro a fevereiro, 1935-1936, Tyrrell ([13]) tentou uma variação interessante. Em certas séries de tentativas com o comutador em ação, a srta. Johnson abria a caixa cerca de meio segundo *antes* que o pesquisador acionasse a chave. Em 2.255 tentativas houve 539 êxitos, o que apresenta um excesso de 88 acima da expectativa de chance. As probabilidades contra a chance são cerca de 270.000 para 1.

Uma inspeção da fita mostrou que, no caso de cada êxito, a caixa estava realmente aberta antes que a chave fosse acionada por uma fração de segundo correspondente a quantidade de linhas de "tentativa" e de "êxito" sobrepostas. A telepatia por parte de Tyrrel não poderia ocorrer porque o uso do comutador o proibia de saber qual das lâmpadas estava acendendo.

A explicação mais simples é que a srta. Johnson usava a clarividência precógnita para adivinhar a lâmpada que seria acendida dentro de meio segundo de tempo. O próprio Tyrrell sugeriu uma hipótese muito menos plausível. A alternativa para predição é imaginar que Tyrrel possuísse dons de clarividência e telepatia de que até então não mostrara o menor sinal. Quando a srta. Johnson abria a caixa, poderíamos supor que Tyrrell usasse telepatia para saber qual das caixas ela havia aberto. Ele podia, então, por clarividência, descobrir a conexão através do comutador, da lâmpada para a chave que teria de ser acionada para acender aquela mesma lâmpada. Acionava então a chave, e a lâmpada acendia-se. A explicação é impossível porque se Tyrrell possuísse tais poderes rivalizando com os da própria srta. Johnson, por que falharia ele sempre na tentativa de marcar acima do nível da chance quando a substituía?

Não podemos imaginar que a srta. Johnson empregasse telepatia precógnita porque se a mente dela se adiantasse até o momento em que a fita era inspecionada, isso em nada a ajudaria, uma vez que não havia registro de qual das lâmpadas era acesa em cada tentativa, mas unicamente do êxito ou fracasso.

As Experiências de Whately Carington

S. G. S. pode ainda ver Whately Carington, em Cambridge, sentado diante de sua máquina de calcular, completamente alheio ao ambiente que o cerca e a vista pouco interessante que se descortina de sua janela. Na mesa ficavam seu cachimbo e bolsa de fumo e um imenso bule de chá que tomava para fortificar-se durante o dia inteiro. Esse era o aspecto que apresentaria aos raros visitantes um ano mais tarde, sentado no estúdio de sua pequena morada em Sennen Cove, Comwall, para onde se mudara com a esposa, devido a dificuldades financeiras. Falava incansavelmente sobre a sobrevivência humana e suas teorias de telepatia; nunca parecia notar as grandes ondas que arrebentavam dos lados de Land's End.

Para Carington, recluso excêntrico cuja originalidade lhe teria valido fama em ramos mais ortodoxos da ciência, o fora do comum e o psíquico parece terem exercido uma fascinação irresistível. Quando era moço em Cambridge, encenava sessões espiritas em que um estudante disfarçado para fazer o papel de um médium eminente e uma vara de pescar telescópica com linha e anzol para movimentar objetos no escuro tomavam parte proeminente.

Carington, que fora aviador na Primeira Guerra Mundial, mais tarde fez pesquisas para o Ministério da Guerra e foi durante esse período que investigou a famosa "Caixa Mágica de Abram", ([14]) por meio da qual diziam ser possível fazer o diagnóstico de moléstias. Foi também um dos primeiros pesquisadores do reflexo psicogalvânico; essas pesquisas foram descritas em seu livro *The Measurement of Emotion* (Medida das Emoções), ([15]) publicado em 1922. Doze anos depois usou o método do reflexo e dos tempos de reação ao teste de associação de palavras de Jung para investigar a natureza psicológica dos chamados "guias espirituais" dos médiuns. Carington ([18,17]) empregou um método estatístico para demonstrar que tais pessoas em transe, como a "Feda" da sra. Leonard, e "Uvani" da sra. Eileen Garrett são na realidade aspectos reprimidos das próprias personalidades dos médiuns. A questão de as pessoas, que se comunicam através dos médiuns e clamam serem parentes ou amigos, terem qualquer existência independente do médium continuou sem resposta. Carington pensara a princípio que as reações mentais de uma pessoa a palavras de estimulo, vocais ou registradas pelo reflexo psicogalvânico, dariam um sistema infalível de medidas mentais, caracteristicamente particular da pessoa, que poderia ser usado para identificá-la depois da morte, da mesma maneira que as impressões digitais servem para identificá-la em vida. Mas experiências intensas provaram que o método não era tão digno de confiança como a princípio se esperava; Carington acabou abandonando essa linha de investigação. Mas seu trabalho será lembrado como uma tentativa corajosa e brilhante de responder à pergunta mais vital que confronta a humanidade: Se um homem morre, viverá ele de novo?

Experiências com Desenhos

No ano de 1938 Whately Carington chegara a um beco sem saída com seu trabalho sobre a natureza das pessoas em transe. Decidiu dedicar suas energias a experiências com percepção extrassensorial.

Nesse campo ele já fizera uma pequena excursão. Convencera umas quarenta pessoas no ano de 1935 a tomarem parte numa predição de dados. Os pacientes eram instruídos a adivinhar com antecedência a face do dado que apareceria quando um dado comum era sacudido dentro de um copo. Hoje em dia a interpretação de tal experiência seria ambígua, porque poderia ser considerada como uma experiência em predição ou como um teste de psicocinese. Mas em 1935 a palavra psicocinese, ou PQ para abreviar, não havia sido ainda lançada ao mundo.

Carington ([18]) registrou 51.210 jogadas de dados e, por estranha coincidência, o número de predições corretas foi de 8.535, que é o número exato (um sexto) que a chance poderia produzir. Com seu engenho habitual, Carington, tendo falhado na produção de evidência direta de predição, tentou mostrar que a distribuição de sucessos era anormal em outros aspectos, mas achamos que ele estava enganado em suas conclusões. ([19])

Quando retomou o trabalho de percepção extrassensorial novamente em 1939, pretendia, a princípio, levar a efeito experiências rigorosas com maços de cartões Zener, mas a esposa o convenceu a abandonar esse processo.

Decidiu usar desenhos a mão livre, de objetos comuns como material de alvo. Cambridge deveria ser o centro de transmissão, e a maioria de seus adivinhadores era gente que vivia na Grã-Bretanha, Holanda e Estados Unidos. Ao todo, 741 pessoas tomaram parte em suas experiências, muitas delas ligadas aos departamentos de psicologia de universidades americanas e britânicas.

Carington foi assistido, ([22,23,24,25,26,27]) em sua tarefa, por pequeno grupo de homens de Cambridge, a saber: professor C. D. Broad, dr. R. H. Thouless, psicólogo, dr. Irving, estatístico, e o sr. Oliver Gatty.

O processo de Carington era, em síntese, o seguinte, depois que ficou normalizado: cada experiência compreendia 10 desenhos que eram expostos durante dez noites consecutivas, um em cada noite.

No dia de cada teste Carington selecionava ao acaso um número de três ou quatro algarismos de alguma tábua matemática. Isso decidia qual página do dicionário Webster deveria ser aberta. Carington tomava de cada página escolhida o primeiro objeto concreto que podia ser desenhado razoavelmente. A sra. Carington fazia um desenho cuidadoso do objeto, e esse desenho era pendurado no estúdio de Carington onde permanecia de sete horas da noite até as 9h30 da manhã seguinte. A janela do aposento tinha cortinas espessas e a porta ficava trancada para que ninguém, exceto o casal Carington, pudesse ter conhecimento do desenho. Este era removido as 9h30 e fechado numa caixa.

Cada um das centenas de adivinhadores que tomavam parte tinha sido munida de um caderno de desenho contendo dez folhas, uma para ser usada em cada uma das dez noites da experiência. Os pacientes tinham sido instruídos para fazerem um desenho do que julgavam fosse a reprodução do que se achava no estúdio de Carington e para lhe darem um título. No final dos dez dias, os cadernos foram devolvidos a Carington que os passou ao dr. Thouless. Os desenhos dos percipientes, que não tinham datas, receberam números de códigos de Thouless para fins de identificação futura.

Depois do intervalo de alguns dias, fez-se outro teste igual de dez dias; ao todo, fizeram-se cinco experiências de dez dias com alguns dias de intervalo entre elas.

Os desenhos, as centenas, foram então destacados dos cadernos e misturados completamente. Foram, em seguida, despachados pelo correio, com os 50 desenhos originais também misturados, a um juiz, sr. M. T. Hindson.

O sr. Hindson, que não tinha meios normais de descobrir em que noite ou em quais das cinco experiências qualquer desenho particular havia sido feito, deveria emparelhar cada desenho com cada original.

Se achasse que certo desenho se parecia com um original devia dar-lhe a marcação um, e se houvesse uma semelhança duvidosa a marcação de "meio"; se julgasse que não havia semelhança alguma, a marcação zero.

Para avaliar os resultados desse emparelhamento em grande escala, Carington fez uso de uma fórmula estatística devida ao sr- W. L. Stevens. (*)

(*) IX, 2.

O princípio básico é muito simples. Vamos supor que "navio" seja um dos originais em uma das cinco experiências. Suponhamos também que em todas as quatro experiências restantes juntas o sr. Hindson julgou que havia 2.000 êxitos e que, desses, 30 eram êxitos em relação ao "navio". Vamos também imaginar que nos dez dias de experiência em que "navio" era um dos originais houve 400 êxitos de uma espécie ou outra. Por simples proporção deveríamos esperar $\frac{30X\ 400}{2.000}$, isto e, seis êxitos em relação êxitos em relação ao "navio" nessa experiência se nada mais do que a chance estava operando. Se na realidade encontrarmos muito mais do que seis, e isso acontecer também para os outros originais, teremos razão para supor que o fato de um "navio" ter sido exposto como original em um dos dez dias fizera de alguma maneira com que os adivinhadores desenhassem um número fora do comum de "navios", durante aqueles dez dias.

O que Carington percebeu muito cedo em sua investigação foi que quando, digamos, um "navio" era escolhido para certa noite, o número de "navios" desenhados naquela noite era raramente significativo e estava acima da expectativa, mas que a proporção de "navios" durante os dez dias da experiência em que este desenho era um dos dez originais excedia em muito a proporção obtida em qualquer das outras quatro experiências. Em outras palavras, se "navio" era o original da noite de quarta-feira, os percipientes estariam apresentando "navios" não somente naquela noite, mas também em uma ou duas noites e depois de quarta-feira. Em verdade, quanto mais se afastasse de quarta-feira, antes e depois, tanto menor era a tendência para desenhar "navios". O fato de que havia uma tendência definitiva para desenhá-los na noite de terça-feira, quando Carington ainda nem escolhera o objeto do dicionário, parecia mostrar que seus pacientes possuíam a faculdade de predição psíquica. As descobertas estatísticas confirmaram as observações de Carington. As probabilidades finais contra os resultados serem devidos meramente a chance foram cerca de mil para um nas primeiras cinco experiências.

O resultado principal da investigação de Carington foi a conclusão de que a telepatia não era em sentido algum um processo de "agora ou nunca". Não fora focalizada muito precisamente com relação ao tempo. Os pacientes não pareciam receber suas impressões sempre durante o período em que o original estava exposto no estúdio de Carington.

Como Carington selecionara seus adivinhadores mais ou menos ao acaso, tinha certeza de que descobrira uma técnica que poderia dar resultados notáveis a qualquer pesquisador que quisesse dar-se ao trabalho de empregá-la. As repetições do método por outros, no entanto, tem dado resultados incertos. Em 1944-45, quatro séries de experiências com desenhos nas linhas gerais das investigações de Carington foram feitas pela Sociedade Americana de Pesquisas

Psíquicas, ([28]) mas, salvo no caso da primeira noite, os resultados foram insignificantes. Tem-se a impressão de que Carington estava justificado em sua objeção de que os pesquisadores não haviam seguido sua técnica originária com grande cuidado e as razões que deu para o fracasso parecem plausíveis.

Em 1946, a dra. Gertrude Schmeidler e a sra. Lydia Allison, ([29]) de Nova York, fizeram mais quatro experiências em que, ao todo, 99 pessoas fizeram cerca de dez desenhos cada uma. As pesquisadoras usaram o método "catálogo" de marcação de Carington, baseado nas fórmulas devidas ao dr. R. A. Fisher. Duas das quatro experiências foram do tipo de dez dias preferido por Carington e deram resultados significativos. Nas outras duas experiências tomaram parte grupos de universitários, e cada pessoa fez seus desenhos em resposta aos dez originais no mesmo dia. A que foi feita no Bard College foi muito brilhante, dando probabilidades de 10.000 para 3 contra a chance. A outra, em que somente sete pessoas participaram, deu resultados de chance.

A série toda ([29]) deu probabilidades de cerca de 50 para 1 contra a chance, mas esse grau de êxito é bem melhor do que a própria predição de Carington para um grupo de somente 99 pessoas fazendo cerca de dez desenhos cada uma. Com cem participantes fazendo dez desenhos cada, na base da experiência de Carington, em maior escala, talvez as probabilidades contra a chance fossem somente de 33 para 1.

Não se pode, portanto, dizer que os resultados obtidos nessa série, em seu todo, contradizem as descobertas de Carington. Mas ficou claro que existe um elemento considerável de variabilidade nos resultados de tais testes: alguns grupos parecem alcançar grande êxito e outros parecem desprovidos de qualquer faculdade paranormal.

O Sistema de Catálogo

Um obstáculo sério do primeiro método de marcação de Carington pela comparação de cada desenho com cada original é que ele não leva em conta a relativa frequência com que as pessoas tendem a adivinhar objetos diversos. Suponhamos que dois dos originais escolhidos pelo pesquisador fossem "árvore" e "machado para gelo". O primeiro é coisa comum e provável de ser imaginado por considerável número de pessoas enquanto o segundo seria muito raramente escolhido. No entanto, um êxito em "machado para gelo" receberia o mesmo grau de 1 que o relativo a "árvore" - As probabilidades contra a adivinhação correta de "machado para gelo" são muito maiores do que contra a adivinhação correta de "árvore", e um sistema que ignora isso é insensível e deixa de fazer o melhor uso do material.

Outra desvantagem é o imenso trabalho envolvido na comparação dos desenhos. O sr. Hindson foi um juiz excelente, mas outro incompetente poderia perder muitos pontos reais de semelhança entre desenhos e originais. Em qualquer caso as probabilidades finais contra a chance variam consideravelmente de acordo com as ideias dos diferentes juízes que fazem a comparação, e esse não é um estado de coisas muito satisfatório. Isso não quer dizer que um juiz, variando seus métodos, possa produzir resultados significativos do material de chance, contanto que fique na ignorância das datas em que os diferentes desenhos e originais foram feitos.

Implica simplesmente que se poderiam perder alguns graus de valor devido à má comparação.

Carington começou então a procurar um método mais simples e mais sensível para marcações. Em essência, queria saber as frequências com que os membros de um grande grupo de pessoas aproximadamente do mesmo nível cultural poderiam desenhar objetos variados quando não estava envolvida percepção extrassensorial.

Seu primeiro passo ([27]) foi contar o número de vezes que cada objeto, tal como "elefante", era desenhado ou mencionado por seus adivinhadores em todas as experiências em que esse objeto não fora usado como original e também achar o número total de pessoas que tomavam parte em tais experiências. Assim, nas experiências em que "elefante" não era o alvo, seis elefantes foram desenhados ou mencionados, e o número de pessoas que tomaram parte foi de 496. Por conseguinte, a frequência para o objeto "elefante" é 6/496, isto é, 0.012. Contagens semelhantes foram feitas para outros objetos adivinhados nas experiências, e o número de vezes que cada objeto foi adivinhado foi tabulado em um catálogo, que dava também o número de experiências em que se usara o objeto como alvo.

Agora vamos supor que se usou "elefante" como "alvo" ou "original" em nova experiência. Consideremos qualquer indivíduo participando na nova experiência. Se ele desenhar "elefante", a verdadeira frequência para "elefante" é agora (6 +1) / (496 + 1), isto é, 7/497 e não 6/496. Mas se ele *não* desenhar "elefante" a frequência será 6/ (496 + 1), isto é, 6/497. Se, desses dois valores, a frequência apropriada é chamada *p,* damos a adivinhação a marcação igual a (1–*p)* log10 (1 /*p)* se é um êxito em "elefante" e a marcação de – *p* log10 (1 I*p)* se é um fracasso.

Pode-se mostrar que a variância, (i é, o quadrado do desvio-padrão) é $p\ (1\text{-}p)\ [\log 10\ (1/p)]^2$.

Os valores dessas três expressões podem ser resolvidos por valores de *p* em intervalos convenientes, e foram compiladas tabelas de onde podem ser tirados. Em seguida temos que somar as marcações algébricas para todas as diferentes adivinhações a fim de atingirmos a marcação *total,* e a soma das variâncias dá a variância total.

Em *n* tentativas com probabilidade igual a *p* em cada caso, o número esperado de êxitos é *np* e o número esperado de fracassos *n* (1-p).

Portanto, a média de marcação esperada será:

$n/p\ (1\text{-}p)\ \log_{10}\ (1/p) + (1\text{-}p)\ [-p \log 10\ (1/p)]$, isto é, zero se imaginarmos que somente a chance está em operação.

Segue-se, portanto, que o desvio da marcação total da que se esperava é o mesmo da própria marcação total.

Por conseguinte, para obter a proporção critica precisamos somente dividir a marcação total observada pela raiz quadrada da variância. As probabilidades contra a chance podem ser encontradas no Quadro 11, Apêndice C.

Naturalmente é essencial que qualquer pessoa que faça uso do catálogo de Carington ([26]) deva dar precisamente as mesmas instruções a seu grupo de adivinhadores, traçadas pelo próprio Carington nas experiências de cujos dados foi feito o catálogo. Também é aconselhável que cada pessoa faça somente dez desenhos, como foi o caso com os percipientes de Carington. Além disso, um novo grupo de pacientes deveria ser usado para cada experiência de dez dias.

Quando os onze grupos de desenhos de Carington ([27]) foram classificados pelo catálogo, ele descobriu que os onze eram positivos, isto é, acima da expectativa de chance, e que as probabilidades finais contra a chance eram da ordem de 100.000 para 1 no grande total.

O uso do catálogo tem seus inconvenientes peculiares. Um deles é que o desenho do adivinhador precisa concordar precisamente com o desenho original do pesquisador a fim de se marcar um êxito. Assim, quando o original é o desenho de um "cavalo", o desenho de um jumento ou de uma mula contará como fracasso e somente o de cavalo contará como êxito. Em certa ocasião em que Carington escolhera gravata borboleta como original, notou que diversas pessoas enviaram o desenho de uma "ampulheta", o que naturalmente sugere que elas acertaram com a forma. Marcados pelo catálogo esses resultados interessantes devem ser considerados como fracassos.

A esta altura o leitor provavelmente já fez a pergunta de quanto se poderá confiar nos números que dão as frequências com que as pessoas podem pensar em objetos diferentes. Nesse caso, ele encontrou o ponto fraco, o calcanhar de Aquiles do processo de Carington. Em primeiro lugar, pareceria que 741 pessoas fazendo cerca de dez desenhos cada uma (na realidade a média de 11.4 por pessoa) é um número muito pequeno em que se possa basear uma estimativa sólida das frequências menores, porque é bastante certo que poderemos esperar não somente consideráveis variações seculares nessas frequências, como também variações quando passamos de um grupo de pessoas para outro. Por exemplo, 496 pessoas desenharam entre elas 6 elefantes. Não seria possível que outro grupo com o mesmo número de pessoas pudesse produzir somente 1 ou 2 e que um terceiro grupo pudesse desenhar uns dez?

A história de um elefante em um jornal da tarde durante o período em que o último grupo estava fazendo seus desenhos poderia facilmente ser responsável pelo número extra de elefantes. Nosso argumento é que, a menos que se fizesse uma prolongada e cuidadosa investigação, não se poderia ter nem mesmo uma aproximação razoável da verdadeira frequência.

Naturalmente será óbvio a todos que as altas marcações obtidas em certos originais não são devidas a telepatia, mas podem ser atribuídas a alguma influência fortuita que aconteça operar na época da escolha do original. Se o pesquisador escolhesse um narciso no dicionário em fins de abril, poderia esperar uma boa colheita de narcisos de seus adivinhadores. Isto certamente é um exemplo berrante, mas as mesmas espécies de influências devem estar ativas o tempo todo em menor escala.

O argumento de Carington era que essas influências fortuitas funcionavam de duas maneiras. Se aumentavam a marcação em alguns originais, deveriam abaixá-las em outros. Quer dizer, se em certas ocasiões alguns originais davam altas marcações positivas porque acontecia serem populares na época da experiência, haveria outros originais (por exemplo, o agárico no verão) tão fora de época que dificilmente seriam lembrados e dariam grandes marcações negativas.

O argumento seria válido se o pesquisador pudesse continuar escolhendo centenas ou milhares de originais ao acaso. Afinal certas tendências anular-se-iam. Mas no método de Carington somente dez originais eram usados em cada experiência, e com número tão pequeno há sério perigo de que certos meros efeitos sejam interpretados como telepatia. Naturalmente é certo que casos marcantes de influência fortuita (menção de peru na época do Natal) seriam facilmente descobertos por meio de cuidadoso exame dos itens que deram marcações positivas fora do comum, e seus efeitos descontados, mas casos menos óbvios poderiam facilmente passar despercebidos. A maior crítica é que não podemos ter certeza de que, em pequeno número de testes, os efeitos em discussão nem mesmo comecem a se anular.

É extraordinário que marcações de total positivo foram obtidas em cada um dos onze grupos de originais usados por Carington. Partindo do princípio que uma marcação pode ser tanto positiva quanto negativa, as probabilidades contra a produção pela chance de onze marcações positivas *ou* negativas é de 1.024 para 1 (isto é, 2^{10} para 1) mas seria essa ideia básica justificada?

Uma vez que as frequências menores com que os vários objetos tabulados no catálogo são adivinhados sejam provavelmente subestimadas, e as variações seculares de tais frequências sejam desconhecidas, parece muito possível que o número final de Carington de 100.000 para 1, para as probabilidades contra a chance, é grande demais. Requer-se uma investigação intensiva das preferências das massas de diferentes partes da população para objetos comuns, e até que isso seja feito, deve existir considerável dúvida sobre a exatidão dos resultados obtidos pelo uso de tais catálogos.

CAPÍTULO VII

Experiências de Adivinhação de Cartões 1934 – 1939 por S. G. Soal

(1) *Experiências com Marion* (*)

Quando S. G. S. leu pela primeira vez a monografia do dr. Rhine, (**) *Percepção Extrassensorial,* no outono de 1934, mostrou-se céptico. Durante os seis meses que precederam a publicação, S. G. S. estivera fazendo uma extensa série de experiências com o telepata de teatro Frederick Marion (Josef Kraus), cujas extraordinárias demonstrações de pseudo telepatia estavam despertando grande interesse nos círculos científicos. Um dos dons espetaculares de Marion era sua habilidade de reconhecer uma carta nova de baralho que ele manuseara previamente quando fora misturada com diversas outras cartas idênticas. O que se segue é o registro (***) de uma das primeiras experiências:

"17 de janeiro de 1934, 3h30 da tarde. De um baralho novo eu entreguei a Marion a dama de ouros que ele segurou durante alguns segundos. Depois ele me devolveu e saiu da sala, fechando a porta atrás de si. Escolhi mais cinco cartas ao acaso, juntei-as a carta tocada por Marion e, segurando as seis embaixo da mesa, embaralhei-as e fiz deslizar uma a uma para a mesa, de costas para cima, de maneira que as seis ficassem lado a lado. Marion oi chamado e sentou-se a minha esquerda para que eu pudesse verificar todos os seus movimentos. As outras pessoas presentes também o observavam atentamente. Marion tocou em cada uma das cartas com dois dedos, algumas vezes empurrando uma delas para o lado. Depois virou uma, que era a dama de ouros. A experiência toda levou um minuto, do instante em que Marion segurou a carta ao instante em que virou a carta correspondente."

(*) II, 7.
(**) III, 1.
(***) II,7.

Por meio de certos testes logo descobrimos que Marion reconhecia o pedaço de cartolina em que tocara previamente e não o valor da carta.

Havia indicações de que Marion usava discriminação tátil na escolha da carta em que tocara previamente, e o fato de tocar constantemente nas costas das cartas sobre a mesa sugeria que ele examinava o contato que suas diferentes partes faziam com a superfície da madeira.

Um tipo de experiência que confundiu S. G. S. durante muito tempo é exemplificado no seguinte registro:

"*7 de fevereiro,* 3h51 *da tarde.* Fechou-se a cortina a prova de luz e apagaram-se as luzes. Em escuridão total, dei a Marion nova carta, o ás de copas, cujas costas ele não vira antes. Ele segurou-a por alguns segundos virada para baixo e, tendo recebido a carta de volta, coloquei-a sobre uma pequena pilha de cinco cartas de naipe preto que eu estava segurando virada para baixo em uma mão. Embaralhei as seis cartas embaixo da mesa ainda viradas para baixo. Segurei a pilha horizontalmente no nível do tampo da mesa. Assim que acenderam a luz, coloquei-as na mesa. Marion ainda não vira nenhuma das cartas que eram de um baralho novo. Não se permitira que ele tocasse em qualquer delas; ele, porém, agitou os dedos no ar sobre cada carta indicando se deveríamos afastá-la para a direita ou para a esquerda. Acabaram ficando cinco cartas a direita e uma a esquerda. Disse que essa era a carta correta. Foi virada, e era o ás de copas." Fizemos 21 testes nessas condições, tendo Marion acertado 11 vezes na primeira tentativa- As probabilidades contra 11 ou mais êxitos em 21 tentativas são de cerca de 5.340 para 1 ($p = 1/6$). Marion nunca tocava numa carta desde o instante em que a devolvia no escuro.

A explicação provável – descobrimos mais tarde – era que enquanto a segurava no escuro, entortava-a ligeiramente, de maneira que quando estivesse na mesa com as outras cinco, nas quais não tocara, apresentasse uma superfície levemente convexa que a distinguia das outras. Conseguia assim identificá-la.

Quando em uma série subsequente S. G. S. flexionou todas as seis cartas no escuro depois que Marion devolveu a carta que segurava, a experiência falhava sempre.

Fizemos outras experiências semelhantes (*) com cartões duros que não podiam ser dobrados por manuseio comum. Esses cartões tinham cerca de 4 milímetros de espessura e um triângulo preto ou marca vermelha. Em completa escuridão S. G. S. dava a Marion um cartão com marca vermelha. Ele o examinava e o devolvia. S. G. S. colocava-o numa pilha de cartões semelhantes com triângulos pretos. Depois de embaralhar os cartões, S. G. S. segurava a pilha voltada para baixo no nível da mesa. Quando acendiam a luz, passava os cartões um a um para a mesa. Marion podia então apalpar os cartões sem levantá-los. Em 17 testes dessa natureza, Marion obteve nove êxitos. As probabilidades são de 1.510 para 1 contra a chance.

Nesses testes o reconhecimento deve ter sido feito pelo tato. Ligeiras irregularidades nas bordas provavelmente lhe deram os indícios.

Quando cartões, cortados com bordas mais lisas, foram colocados em envelopes e o pesquisador providenciou para que todas as pistas sensoriais fossem banidas, Marion falhou. Embora parecesse ter o tato incrivelmente sensível, Marion não conseguiu repetir os feitos do capitão Lowry, osteopata cego, que diziam ser capaz de distinguir os naipes das cartas pelo tato.

Esse trabalho com Marion, feito na sala do Conselho da Universidade de Londres para Pesquisas Psíquicas e publicado sob o título *Estudos Preliminares de um Telepata de Teatro,* (**) Londres, 1937, demonstra o quanto é essencial que se evite o manuseio de cartas pelos adivinhadores, ou que vejam as costas das cartas nas experiências de telepatia e de clarividência.

O JOGO DE ESCONDER

Outra série de experiências com Marion (***) teve importante significação para o estudo da telepatia. Por meio de um método de estatística investigamos seu poder de localizar rapidamente pequenos objetos que haviam sido escondidos em um aposento por uma pequena assistência de cerca de doze pessoas que conheciam o lugar de esconderijo e cujos movimentos físicos ele podia observar. O método adotado foi, em síntese, o seguinte:

Colocaram-se seis latas com tampas na sala em seis posições escolhidas, por exemplo, uma no chão, uma sobre uma pequena mesa, outra na beirada de uma estante, etc. Essas posições foram numeradas de 1 a 6, na ordem do relógio. O objeto a ser escondido era um lenço branco não per-

(*) II, 7.
(**) II, 7.
(***) II, 7.

fumado. Esse lenço foi dado a Marion para segurar por alguns segundos e depois devolvido a S. G. S. Enquanto isso, os assistentes sentaram-se ao redor de uma grande mesa no centro da sala. Marion saiu da sala acompanhado de uma das pessoas, e a porta que não tinha buraco de fechadura foi cuidadosamente fechada. S. G. S. retirou do bolso um dado e sacudiu--o em uma das latas. Ele não disse o número que apareceu, mas mostrou--o a srta. Beenham, que tomou nota em seu bloco. O número do dado resolveria em qual das seis latas o lenço seria escondido. S. G. S. andou pela sala com o lenço na mão, parando de vez em quando junto a uma lata quando levantava a tampa e a colocava de novo no lugar. Quando chegou junto a lata que abrigaria o lenço, levou-a para o meio da sala, pôs o lenço dentro e fechou a tampa cuidadosamente; levou a lata de volta para seu lugar. Depois empurrou um pouco as outras e pôs o dado no bolso.

Todos ficaram em seus lugares e S. G. S. gritou a Marion para entrar. Ficara entendido que os presentes deveriam seguir com os olhos todos os movimentos de Marion pela sala, concentrando-se para que ele se dirigisse para a lata certa, mas que não deveriam dar nenhuma indicação óbvia, como um sinal de cabeça ou outro sinal- Observou-se silêncio completo enquanto Marion esteve na sala.

Quanto ao próprio Marion, sabia que não deveria tocar em nenhuma das latas a menos que pretendesse abri-la. Se a lata, que abrisse, contivesse o lenço, naturalmente a experiência estaria terminada. Se não contivesse, poderia abrir uma das outras cinco. Depois que abrisse a segunda, ficaria terminada a experiência, contivesse ou não o lenço. Logo que Marion entrava na sala ou geralmente antes de sua entrada, a srta. Beenham colocava seu cronômetro sobre o número mostrado em seu bloco ou virava a página. As tampas das latas tocadas por Marion não eram repostas no lugar até que Marion saísse da sala para a próxima experiência. As latas eram sempre recolocadas em suas posições primitivas. Aquelas cujas tampas haviam sido removidas assim como a que abrigaria o lenço eram carregadas para o centro da sala, quando se colocavam nelas as tampas. Escondido o lenço e repostas as latas em seus lugares, cada uma recebia um empurrãozinho.

Quando Marion entrava na sala, seus olhos pareciam meio fechados, a mão esquerda geralmente na testa e a direita estendida ao nível da cabeça. Ele começava a caminhar rapidamente ao redor da sala, geralmente na direção contrária ao movimento do ponteiro do relógio. Ao chegar junto a cada lata parava ligeiramente e sacudia a mão direita uma ou duas vezes sobre ela; sacudia em geral a mão até a uma distância de duas polegadas da tampa, mas sem tocar nesta. Continuava fazendo o mesmo junto de cada lata. Quando terminava a volta, dirigia-se para certo lugar da sala, digamos, para a estante, hesitava um momento, depois ia até a uma lata que estava sobre o gramofone. Subitamente voltava para a estante e, sem hesitação, levantava a tampa e retirava o lenço.

A chance de abrir a caixa certa na primeira tentativa é naturalmente dada por $p = 1/6$ e, em 91 tentativas dessa natureza, deveríamos esperar que ele encontrasse o lenço na primeira tentativa 15 vezes. Na realidade ele marcou 38 êxitos e as probabilidades contra esse resultado ser devido a chance são de quase 71 milhões para 1.

Portanto, não podia haver dúvida de que Marion podia localizar o lenço nessas ocasiões.

A seguir fizemos experiências que mostraram que Marion (*) não podia encontrar o lenço mais vezes do que teria sido predito pela chance quando nenhuma pessoa, na sala, sabia onde o lenço fora escondido- Durante esses testes Marion dizia depois de abrir a lata errada: "Eu estava só adivinhando. Não senti nada."

Mostramos também que o fato de Marion segurar ou "sentir" o lenço antes de sair da sala nada tinha a ver com o êxito ou fracasso. Ele também alcançou sucesso quando nenhum objeto real estava escondido, descobrindo o esconderijo imaginário em que se concentrava a assistência.

Investigamos depois o papel representado pela assistência no sucesso de Marion.

Na primeira série (**) S. G. S. acompanhava Marion para fora da sala e o levava para o escritório de fora. Durante essa ausência, depois que o dado fora lançado e o lenço escondido, todos cobriam a cabeça, ombros, braços e tronco com cobertores grossos e tapavam as orelhas com as mãos. Marion e S. G. S. eram chamados de volta. S. G. S. ficava andando pela sala de maneira que pudesse observar todos os movimentos de Marion e que este nunca pudesse ficar entre ele e uma lata. Nessas condições Marion não conseguiu localizar o lenço mais vezes do que as preditas pela chance.

O plano seguinte era ter uma cortina branca e opaca dependurada de través na sala ao lado das janelas. Quando a cortina, que era a prova de luz,

(*) II, 7.
(**) II, 7.

era fechada, os movimentos de braços, pernas, etc., de uma pessoa de pé atrás dela ficavam invisíveis para qualquer pessoa na sala.

A cortina tinha pequenos orifícios, a intervalos, a altura dos olhos, de um quarto de polegada de diâmetro, para que a pessoa atrás da cortina pudesse enxergar os movimentos de Marion dentro da sala sem que ele pudesse ver qualquer parte do corpo da pessoa atrás da cortina.

Nessas experiências, S. G. S. e Marion saiam da sala juntos, e as outras pessoas jogavam o dado e escondiam o lenço. Elas iam para trás da cortina e Marion e S. G. S. eram chamados. Observavam Marion pelos orifícios e concentravam-se para que ele fosse até a lata certa; tomavam cuidado para não agitar a cortina. S. G. S. atuava como juiz. Como não soubesse onde se encontrava o lenço, não podia ajudar de maneira alguma.

Num total de 64 testes dessa natureza Marion encontrou o lenço somente 13 vezes na primeira tentativa, o que foi um resultado de chance.

Esses testes mostraram que para o êxito de Marion era vitalmente necessário que ele pudesse ver alguma parte do corpo da pessoa que soubesse em qual das latas o lenço fora escondido.

Em outra série (*) de experiências Marion teve brilhante êxito quando foi seguido pela sala a uma distância de um metro por uma única pessoa que conhecia o esconderijo. Nesses testes S. G. S. ia para fora da sala com Marion e, ao voltar, desempenhava o papel de juiz. Os outros membros do grupo, exceto a pessoa que seguia Marion, ficavam atrás da cortina.

Em alguns testes o acompanhante colocava sobre a cabeça um tecido de linho e, por cima, uma malha preta que o cobria até os ombros. Ele podia ver Marion através do tecido, mas suas feições ficavam ocultas de Marion. Sob essas condições Marion acertou cinco vezes em cinco na primeira tentativa (probabilidades de 7.775 para 1 contra a chance). Essa experiência mostrou que Marion não confiava necessariamente em mudanças de expressão facial para guiar-se.

Construímos depois (**) tuna caixa de madeira compensada de 50 polegadas de altura, leve, rígida. A caixa era aberta em um dos lados e fez-se no fundo um buraco circular. Essa caixa foi colocada na cabeça do acompanhante, de maneira que seu pescoço passasse pelo buraco e pouco peso repousasse sobre seus ombros. Os braços, tronco, pernas até os tornozelos ficavam dentro da caixa. Cobria-se então a cabeça com um capacete re-

(*) II, 7.
(**) II, 7.

tangular cie papelão que repousava no topo da caixa; um buraco oval na face vertical do capacete foi coberto de malha através da qual os objetos da sala poderiam ser vistos. Quando a pessoa que usava essa caixa seguia Marion em seu circuito pela sala, somente os pés e uma e meia polegadas das pernas ficavam visíveis. A cabeça não ficava em contato com o interior do capacete, e os movimentos da cabeça em relação ao tronco, isto é, inclinações e movimentos rotativos, ficavam completamente invisíveis. Os movimentos do tronco, desde os quadris, podiam ser observados pela rotação da caixa e do capacete. O homem dava a impressão de um estranho robô. Chamamos essa engenhoca de "caixa-robô". S. G. S. saiu da sala com Marion, levando-o como de costume para o escritório. A caixa-robô e o capacete foram colocados no sr. H. S. Collins, e ele ficou perto da porta pronto para seguir Marion assim que este entrasse. Lançou-se o dado e colocou-se um pequeno gato de pelúcia na lata correspondente. O lance do dado foi anotado pela srta. Beenham e o dado escondido.

As latas foram manuseadas como de costume, e os presentes, inclusive a srta. Beenham, foram para trás da cortina e ficaram olhando pelos orifícios. Marion e S. G. S. foram chamados, e S. G. S. agiu como juiz. Vigiava Marion e as latas. O sr. Collins acompanhou Marion pela sala, parava quando ele parava, concentrando-se para que ele abrisse a lata certa.

Fizemos seis experiências nessas condições precisas. A primeira foi um fracasso completo, mas as outras cinco tiveram êxito na primeira tentativa. (As probabilidades contra cinco ou mais sucessos em seis tentativas são de 1.504 para 1.)

A "performance" de Marion deve, portanto, ser considerada um êxito brilhante. Isso toma mais do que provável a possibilidade de que quando Marion é seguido ele recebe suas pistas principais dos movimentos de caminhar, por exemplo, passos hesitantes, paradas súbitas, viradas, partidas, acelerações e retardamentos da parte do acompanhante. Quando nos lembramos de que a caixa constantemente oscilante não fica inteiramente sob o controle da pessoa, não parece provável que muitas informações dignas de confiança possam ser transmitidas pelos pequenos movimentos do tronco.

Depois construímos (*) uma espécie de guarita sobre rodas, de 6 pés e 7 polegadas de altura, fechada em três de seus lados verticais e no topo

---

(*) II, 7.

e embaixo. Deixou-se aberta à frente da caixa para que um homem, nela, pudesse entrar e ficar confortavelmente de pé. A frente aberta podia ser tapada por cinco painéis retangulares de madeira compensada, cada um de cerca de 14.1/2 polegadas de altura, de modo que a remoção de qualquer dos painéis deixaria exposta aos olhos de Marion uma parte do corpo do ocupante. Por exemplo, se os quatro painéis inferiores ficassem no lugar e o painel superior fosse removido, somente a cabeça e o pescoço ficariam expostos. Quando os cinco painéis estavam no lugar, o ocupante da guarita ficava completamente invisível. No entanto, ele podia ver Marion através de pequenina fresta entre os dois painéis superiores.

Essa guarita sobre rodas possuía um par de pagadores fixados na base para que pudesse ser empurrada pela sala por detrás, de sorte que a frente ficasse sempre voltada para Marion. As pequenas rodas permitiam que a caixa fosse virada rapidamente para qualquer direção, assim como para permitir-lhe livre movimentação para a frente e para trás. Para conseguir espaço para essas evoluções retiramos a mesa do centro da sala.

Deslizando a caixa com o homem dentro, esperávamos eliminar todos os indícios que Marion pudesse obter pelos movimentos de caminhar. Não é preciso dizer que a pessoa que empurrava a caixa saia da sala com Marion e S. G. S., enquanto os demais ficavam atrás da cortina. Assim as únicas pessoas que sabiam onde o objeto fora escondido eram as que se achavam atrás da cortina e o homem da caixa.

Na primeira série com a guarita, o sr. Collins foi empurrado através da sala, atrás de Marion, com todos os painéis removidos, com seu corpo inteiramente exposto aos olhares de Marion. Este conseguiu, nessas condições, muito sucesso.

Fez-se certo número de testes (*) com todos os painéis fechados, de sorte que não se via nenhuma parte do corpo do sr. Collins. Marion falhou mais vezes do que seria predito pela chance.

Em uma série final todos os painéis ficaram, menos o superior, permanecendo a vista somente a cabeça do sr. Collins, que se achava coberta por um capuz de malha. Foi durante essa série que observamos em várias ocasiões como Marion olhava repetidas vezes para a cabeça encapuçada enquanto hesitava junto a uma lata, aparentemente esperando por um

(*) II, 7.

movimento que o informasse se estava ou não no caminho certo. Marion teve êxito nesses testes, sendo as probabilidades contra a chance de 2.408 para 1 em 25 tentativas. É certo que movimentos involuntários de cabeça por parte do sr. Collins deram as pistas pelas quais Marion localizava os objetos.

Provavelmente eram as pessoas do tipo emocional que, na ansiedade de ver o êxito de Marion, inconscientemente lhe davam as pistas. Aparentemente ele falha com as que estão de sobreaviso e conservam os músculos bem controlados. Mas pessoas do tipo nervoso são encontradas em qualquer auditório e lhe servem de sinaleiras vivas para avisá-lo de que está chegando perto do objetivo ou se afastando dele.

Essas experiências (*) constituem lição importante em conexão com os testes de telepatia. Mostram que nenhuma experiência pode ser considerada satisfatória se o adivinhador pode ver qualquer parte do corpo do agente. Quando o paciente tem somente pequeno número (cinco ou seis) de símbolos de entre os quais deve fazer sua escolha, a possibilidade de códigos visuais *elaborados inconscientemente* quando o mesmo agente e adivinhador trabalham juntos, durante algum tempo, é muito patente para ser ignorada.

Surge a questão: Marion tem consciência dos métodos que emprega para encontrar objetos escondidos, ou acredita realmente que alcança êxito por meio de telepatia? Provavelmente a resposta é que depois de anos de prática a leitura de indícios se transformou em um processo mental subconsciente que Marion é inteiramente incapaz de analisar. Certamente ele declara possuir poderes de telepatia e clarividência, mas S. G. S. não descobriu pessoalmente evidências de tais faculdades. Ele não faz marcações acima da chance quando um agente atrás de um biombo olha para cartões Zener ou cartas de baralho. O mesmo acontece com números ou desenhos fechados em envelopes opacos. No entanto, quando os números ou desenhos estão nos cartões que Marion pode manusear na frente da assistência, ele pode ter sucesso observando as reações das pessoas presentes enquanto examina os cartões um a um.

Marion não emprega ajudantes e está numa classe a parte dos telepatas cujas "performances" interessantes, mas vazias, têm sido uma faceta de programas de rádio e teatro por muitos anos. Esses últimos trabalham aos

---

(*) II, 7.

pares, usando complicados códigos visuais ou auditivos, inteligente distração das atenções, arranjos prévios, ou minúsculos aparelhos de rádio. Marion, ao contrário, tem o dom de interpretar os menores movimentos por parte da assistência, mudanças de posição e respiração, etc. Também possui o tacto altamente desenvolvido. Marion também submeteu seus poderes aos mais completos exames científicos, o que os numerosos parceiros que fazem uso de códigos trapaças nunca desejam fazer.

Alguns desse tipo, embora tenham o maior cuidado de não afirmar que usam a verdadeira telepatia em seus números teatrais, fazem o possível, por meios indiretos, para iludir o público de que realmente possuem forças paranormais. Essas pessoas gostariam que se acreditasse em seus dons de telepatia extraordinários, mas sabem muito bem que não podem passar pela investigação cientifica. Em vez de admitirem que são artistas sem dotes extra-sensórios, recorrem a declarações que não comprometem.

Felizmente a *maioria* dos "telepatas" teatrais de hoje adota uma atitude mais honesta e admite livremente que não emprega meios extra-sensoriais.

(2) *Repetição do Trabalho do Dr. Rhine por S. G. S.C* (1)

1. OS CARTÕES

Os cartões Zener usados durante essa investigação foram feitos por um fabricante de baralhos, e as costas dos mesmos eram semelhantes as das cartas de baralho comum de sua fabricação. Não será necessário descrever em detalhe as costas dos cartões porque nunca ficaram expostas aos olhares dos pacientes enquanto estes fizeram suas adivinhações.

O cartão a ser adivinhado ficava coberto por um retângulo de papelão branco ou inteiramente oculto por um biombo, e, em alguns casos, fechado em envelope opaco.

Os cartões tinham os símbolos de soma, circulo, estrela, retângulo e linhas ondulantes, feitos em tinta vermelha. Desde o início S. G. S. tomou impossível aos adivinhadores "conhecer" os cartões por meio de pequeninas manchas, etc. ou qualquer impressão que aparecesse mesmo de leve nas costas. Tomou isso impossível (I) jamais deixando que os pacientes vissem as costas dos cartões quando estavam adivinhando e (II) nunca usando o mesmo maço duas vezes, para o mesmo adivinhador, em uma tarde de trabalho.

S. G. S. decidiu compilar, com a ajuda de tábuas matemáticas, uma sequência *ao acaso* de 1.000 cartões-símbolo. A série foi dividida em 40 blocos consecutivos de 25. Os 40 blocos correspondentes a 25 cartões cada foram colocados em 40 envelopes numerados de 1 a 40 e conservados em duas caixas de papelão, cada uma contendo 20 envelopes. De pronto, os 40 blocos ficaram na ordem da série ao acaso e os envelopes em ordem numérica nas caixas. Na primeira vez depois que tal série ao acaso foi feita os percipientes trabalharam com os envelopes na ordem em que estes tinham ficado nas caixas. Depois que os mil cartões foram adivinhados, misturaram-se os envelopes e, antes de cada maço ser usado, foram cuidadosamente embaralhados longe das vistas dos adivinhadores-Tomou-se o maior cuidado nas experiências de clarividência para evitar que o paciente visse o último cartão do maço.

No começo do trabalho de cada semana os maços eram retirados dos envelopes, os envelopes misturados e os maços colocados em envelopes diferentes, para evitar que os pacientes, que vinham semanas seguidas fazer a experiência, conhecessem a composição dos maços dentro dos envelopes.

Uma nova distribuição, ao acaso, de 1.000 cartões era feita *em média* depois de 4.000 adivinhações, e 31 de tais distribuições foram compiladas das tábuas durante os cinco anos de pesquisas. Para sermos rigorosamente exatos, a primeira distribuição ao acaso por meio de tábuas foi feita em janeiro de 1935, depois que 1.700 adivinhações haviam sido adivinhadas.

Quando os cartões chegaram em novembro de 1934, foram espalhados, virados para baixo, em uma mesa grande e misturados com cuidado por três pessoas; elas formavam maços de 25, sendo os cartões consecutivos escolhidos ao acaso.

Uma vantagem do uso de maços contendo cartões distribuídos ao acaso comparados com maços contendo exatamente cinco cartões de cada símbolo é que a fórmula binômica pode ser aplicada a qualquer grupo grande de cartões e adivinhações, mesmo que não seja composto de múltiplos exatos de 25. Isso tinha importância quando chegamos ao estudo do deslocamento, em que é conveniente considerar grupos de 23 ou 24 cartões-símbolo (vide CAPÍTULO VIII).

Daremos uma breve descrição de como as sequências ao acaso foram compiladas. S. G. S. tinha a seu dispor 1.200 cartões, e havia 240 de cada símbolo. Primeiro ele associou a cada símbolo – sinal de soma, circulo, estreia, retângulo e linhas ondulantes – os algarismos 1, 2, 3, e 5 respectivamente. Depois tirou da *Tábua Matemática de Sete Algarismos,* de Chambers, os últimos dígitos dos logaritmos dos seguintes números:

10078, 10178, 10278, (. . .) 99978.

Os números escolhidos foram então tomados com intervalos de 100 para assegurar que os últimos dígitos nos logaritmos fossem independentes. Se o digito fosse um dos algarismos de 1 a 5, seria incluído na lista, ou mais precisamente, escrever-se-ia o correspondente cartão-símbolo. Se fosse 6, 7, 8, 9 ou zero, seria ignorado- Obteve-se dessa sequência uma série ao acaso de 450 cartões mais ou menos. Repetiu-se depois esse processo, digamos, com os seguintes números:

10043, 10143, 10243, (. . .) 99943,

e assim por diante, até que se compilou uma lista de 1.000. Os cartões foram escolhidos um a um, de acordo com a lista acima, dos 1.200 cartões.

2. OS ADIVINHADORES

No verão de 1934 mais de cem pessoas que moravam em Londres ou nos arredores e que haviam tomado parte na experiência a distância, realizada em 1928-1928 (*) por S. G. S., receberam circulares (vide CAPÍTULO II). Entre 40 e 50 pessoas responderam e umas 23 delas acabaram aparecendo em Roland Gardes 13d, S. W.7 para participar de novas experiências. Várias dessas pessoas declararam ter tido experiências psíquicas de natureza vária.

Com o correr das semanas apareceram outros pacientes, alguns através dos bons ofícios do professor Burt, do University College, de Londres.

Em novembro de 1936, na esperança de dar estimulo, oferecemos valiosos prêmios em dinheiro as pessoas que conseguissem obter 12 ou mais êxitos em 25 adivinhações sob controle. Embora déssemos publicidade a essas ofertas o resultado foi desapontador.

No outono de 1936, S. G. S. entrou em contato com cerca de 50 médiuns. Como resultado disso um escritor muito conhecido, um médium mais ou menos conhecido e quatro clarividentes menos conhecidos apareceram, para submeter-se a testes, em Roland Gardens e outros lugares. Nenhum dos médiuns obteve resultado positivo.

(*) II, 7.

Em novembro de 1936, na esperança de conseguir pacientes mais jovens, S. G. S. transferiu a experiência para o Laboratório de Psicologia do University College, de Londres. Ali, através do interesse dos professores Burt e Flügel, seus colegas no Conselho de Pesquisas Psíquicas, da Universidade de Londres, S. G. S. foi acomodado em um cubículo e continuou-se o trabalho com jovens estudantes que faziam o curso de psicologia, enquanto vários outros estudantes forneciam a assistência material atuando como testemunhas ou agentes. S. G. S. conseguiu testar estudantes de várias nacionalidades, inclusive uma dezena de hindus, dois chineses, dois egípcios, um americano, um grego e outros das regiões mais próximas da Europa. Nas férias de verão de 1936, quatro membros de uma família galesa foram testados em sua casa na Gales do Norte com relação a clarividência pura, sendo usada a técnica de PCB. Um deles, jovem de 21 anos, era um bom paciente hipnótico em quem S. G. S. conseguiu induzir anestesia sensorial a dor causada por espetadelas de agulha. No entanto, ele não alcançou êxito quando testado no estado hipnótico, em 500 tentativas de clarividência, obtendo um desvio de somente 5 acima da expectativa.

Outro paciente hipnótico profissional foi testado com relação a percepção extrassensorial indiferenciada e clarividência, no University College. O paciente, homem de uns 45 anos, mostrou marcante habilidade para reconhecer uma carta de baralho por meio de sinais mínimos nas costas quando se misturou a carta com cinco outras. Não lhe foi permitido tocar nelas, e o reconhecimento provou ser apenas visual. Ele teve êxito somente no estado hipnótico dez vezes em dez. Quando foi testado com relação a telepatia e clarividência por meio das técnicas de UT e PCB, falhou completamente na capacidade de marcar acima da chance. Um hindu cego foi testado com relação a clarividência no University College. Quando S. G. S. levantava cada carta do maço, ao cego era permitido tocar com o dedo somente *a beirada* da carta. No entanto, em 500 tentativas, ele obteve o insignificante desvio de – 6.

No verão de 1938, a sra. Eileen Garrett, conhecida médium, foi a Universidade para ser testada com cartões Zener. Três anos antes ela obtivera resultados extraordinários tanto em experiências de telepatia quanto de clarividência trabalhando com o dr. Rhine, ([2]) na América.

Em uma série de 3.525 tentativas de clarividência feitas em condição normal, obteve 888 êxitos. É um desvio da expectativa de chance de + 183, isto é, acima de desvios-padrões com probabilidades correspondentes de mais de 10^{11} para 1 contra a chance. O dr. Rhine declarou, no tocante a essa série: "De 3.525 tentativas de clarividência feitas em três dias, 1.550 foram realizadas a uma distância de, pelo menos, 15 pés e, pelo menos, com uma parede entre os cartões e a percipiente, com resultado maior do que nas outras 1.975 tentativas feitas com os cartões na mesa com o percipiente."

Em outra série de 625 tentativas ([2]) de telepatia pura ela marcou 336 êxitos, isso sendo equivalente à média de 13.4 êxitos por 25 adivinhações com 25 maços de cartões. Não há dúvida quanto a significação fenomenal desses resultados. Interessante notar que a sra. Garrett alcançou maior êxito em telepatia do que em clarividência, sendo suas médias num período de 12 dias de 10.1 êxitos por 25 e 5.7 por 25 nas duas condições quando adivinhando no estado normal. No estado de transe com o guia espirita "Uvani", suas médias correspondentes foram um pouco menores, a saber, 9.1 e 5.6. Aparentemente, o estado de transe não ajudou em nada sua faculdade de adivinhar cartões.

Em 1935, a sra. Garrett estava de novo na Universidade de Duke fazendo seus testes de pré-embaralhamento (predição), mas dessa vez sua média em 23.700 tentativas ficou ligeiramente abaixo da expectativa de chance, embora não muito. Ela declarou-se cansada das adivinhações de cartões e, provavelmente, era esse o caso quando dois anos mais tarde esteve em Londres. De qualquer maneira não mostrou indicio algum de faculdade paranormal ([8]) quer com S. G. S. servindo de pesquisador quer com outras pessoas que se ocuparam dessa tarefa. Tentamos com clarividência pura e com agentes olhando para os cartões, no estado normal, e em transe com o espirito-guia "Uvani" sem que houvesse, entretanto, diferença. Ela marcou sempre no nível de chance sob todas as condições. ([3]) Num total de 12.425 tentativas conseguiu 2.515 êxitos, que representam somente 30 acima da expectativa de chance, sendo o desvio ainda menor que o desvio padrão ([44]).

O fato de tantos bons adivinhadores falharem e aparentemente perderem a habilidade em pouco tempo é um dos maiores enigmas que perturbam a pesquisa psíquica. Quantas vezes aconteceu a alguém que, no período de dois ou três anos, adivinhara acima do nível da chance com probabilidades astronômicas, perder subitamente, no prazo de algumas semanas, todos os vestígios de faculdade paranormal. Cedo ou tarde isso acontecia a todo paciente que era investigado na Inglaterra e na América. O mais estranho é que bons médiuns de transe, como as sras. Piper e Leonard, conservaram seus poderes telepáticos durante vinte e trinta anos respectivamente. Para que a parapsicologia faça progressos reais é essencial descobrir por que a marcação de valor positiva subitamente desaparece ou é substituída por marcação negativa e descobrir também quais as condições sob as quais um bom paciente possa manter resultados além da chance durante um período considerável. Mas não é necessário para a verificação da telepatia que o mesmo paciente deva continuar produzindo marcações além da chance indefinidamente. A telepatia é um fenômeno biológico e não físico. Até mesmo um psicólogo não pode continuar usando os mesmos ratos e macacos indefinidamente. Nem as experiências psicológicas produzem sempre os mesmos resultados quando repetidas.

3. EXPERIÊNCIAS DE CLARIVIDÊNCIA 1934-1939

Ao todo, 108 pessoas tomaram parte como adivinhadoras nos testes de clarividência pura. Cinco técnicas diferentes foram usadas que chamaremos de PCA, PCB, PCS, PSM e PCD.

(I) *PCA e PCB.* A única diferença entre PCA e PCB é que, no primeiro método, a verificação foi feita depois de cada cinco tentativas na presença do adivinhador enquanto que, no segundo, a verificação somente foi feita depois de terminadas as 25 adivinhações, não tendo sido permitido ao adivinhador assistir as verificações.

Nosso maior objetivo em proceder as verificações depois de cada cinco tentativas era informar o adivinhador o mais depressa possível se falhara ou tivera sucesso, na esperança de que fosse possível aprender por meio de seus erros. Havia a possibilidade de que o sucesso pudesse ser acompanhado de algum sentimento introspectivo peculiar. Como foram usados maços de cartões ao acaso, não havia o mesmo inconveniente de verificarmos depois de cinco tentativas como era o caso com os maços de Rhine, que contêm exatamente cinco cartões de cada símbolo.

Planejou-se a princípio que cada adivinhador fizesse 500 adivinhações com o método PCA e depois outras 500 com o método PCB. Evidenciou-se logo, porém, que, com o primeiro método, não havia sinal de melhora pela prática e depois de 1936 todos os pacientes começaram a fazer a experiência pelo método PCB.

Como regra geral, três pessoas assistiam as experiências. Eram o adivinhador ou paciente (A), o pesquisador (P) (S. G. S. com poucas exceções) e a testemunha (T). Eles ficavam sentados como mostra o diagrama, o pesquisador e o paciente de frente um para o outro nos lados opostos de uma mesa e separados por três pés de distância. A testemunha sentava-se a cabeceira da mesa. O pesquisador era a pessoa que dava os cartões e geralmente supervisionava o processo.

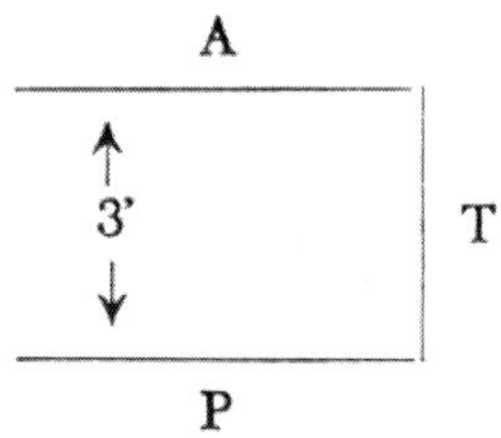

A testemunha, que devia ser uma pessoa inteligente e observadora, ficava presente para fazer um registro duplo de adivinhações e dos cartões-alvo e para vigiar cada detalhe das notas tomadas e procedimento. O pesquisador e a testemunha possuíam uma folha de marcação destinada a acomodar dois grupos de 25 adivinhações. Para cada grupo de 25 havia duas colunas, a da esquerda marcada A (adivinhações) e a da direita marcada √ (cartões verdadeiros). As duas colunas eram divididas em 25 celas retangulares. Também havia espaço na folha para o nome do adivinhador, a data, o número do maço, a hora da primeira e da última adivinhação, o total correto, observações, e uma declaração em cada folha que dizia: "Este registro independente foi verificado com a cópia com a qual concorda. Assinado ________________ ." (*)

O pesquisador também tinha um retângulo de cartolina branca e limpa, um pouco maior que um cartão Zener, recortado de um cartão postal. Conforme já se descreveu, a série ao acaso de 1.000 cartões já estava pronta para ser usada em 40 envelopes, cada um contendo 25 cartões, e os envelopes se achavam em determinada ordem dentro de duas caixas de papelão sobre a mesa.

(*) Vide à página 171 um exemplo da folha de registro.

O pesquisador pegava o envelope certo da caixa e, segurando-o abaixo do nível da mesa, removia o maço de 25 cartões, que embaralhava (a menos que uma distribuição ao acaso acabasse de ser feita) embaixo da mesa. Colocava depois o maço virado na palma da mão esquerda e o cobria com o retângulo de cartolina branca. Depois levantava a palma da mão esquerda até que o cartão branco no topo apenas alcançasse o nível da mesa. Com o polegar e o indicador da mão direita fazia deslizar o cartão superior sobre a mesa, coberto pelo retângulo de cartolina branca. Em seguida *abaixava* imediatamente o maço de novo, mantendo-o abaixo do nível da mesa.

O adivinhador ou paciente (A) anunciava então sua adivinhação para o cartão virado na mesa. Tanto o pesquisador (P) como a testemunha (T) anotavam a adivinhação nas celas apropriadas de suas folhas na coluna A (adivinhações). O pesquisador removia depois, com a mão direita, o cartão de cobertura, colocava-o sobre o maço que ainda repousava em sua mão esquerda embaixo da mesa, levantava o maço de novo e fazia deslizar o cartão seguinte a ser adivinhado, e assim por diante. Os cartões adivinhados eram colocados em pilha ou algumas vezes em fileira, virados para baixo, e tomava-se cuidado para não perturbar a ordem primitiva. No método PCA, depois que os cinco cartões eram adivinhados, eram virados pela testemunha, e ela e o pesquisador faziam suas anotações nas colunas de suas folhas. O adivinhador tomava nota de seus êxitos, observando a verificação. Quando a coluna de 25 cartões estava completa – depois que 5 verificações haviam sido feitas – o pesquisador e a testemunha marcavam os êxitos e anotavam o total, a hora da última adivinhação, etc., no fim da coluna. Ambos comparavam em seguida as folhas de anotações, cartão por cartão e adivinhação por adivinhação para ver se correspondiam. Em verdade, foram encontrados alguns erros, raros aliás, mas geralmente podiam ser corrigidos por meio de referência ao maço, cujos cartões retinham a ordem primitiva. A testemunha e o pesquisador assinavam depois a declaração citada acima quando os dois grupos de 25 da folha estavam completos. Ambos assinavam as duas folhas. Retirava-se depois da caixa o envelope seguinte e repetia-se a operação.

Com a técnica de PCB os cartões só eram verificados depois de se completar o grupo de 25. O adivinhador retirava-se para um canto da sala ou ia para trás de um biombo, e os outros dois faziam a verificação e preenchiam as colunas de suas folhas. O tempo normal para o paciente adivinhar os 25 cartões era de quase 4 minutos, mas em experiências posteriores com Shackleton e a sra. Stewart, durante ou depois da guerra, chegou a 1 minuto mais ou menos. Na série em apreço, no entanto, os adivinhadores podiam demorar-se na adivinhação. Geralmente o paciente adivinhava de 200 a 250 numa tarde; outros, porém, mais rápidos, chegavam a adivinhar 500 ou mais. Depois de março de 1935, S. G. S. não permitiu, exceto em circunstâncias especiais, que outras pessoas, além das que tomavam parte na experiência, ficassem na sala, mas em regra dois ou três pacientes eram testados consecutivamente na mesma tarde, sendo as entrevistas marcadas em horas certas.

No fim de cada tarde de trabalho, a última testemunha colocava as folhas duplicadas de marcação em um envelope, fechava-o na presença de S. G. S. e colocava-o no correio, endereçado ao dr. C. E. M. Joad. As outras cópias eram guardadas por S. G. S.

É interessante notar que as técnicas de PCA e PCB deram resultados que mostraram leve tendência para marcar negativamente, abaixo da expectativa de chance.

Do total de 50.075 tentativas de PCA e PCB juntas houve um desvio negativo de 201 êxitos, o que deu a proporção crítica de –2-44, com probabilidades correspondentes cerca de 40 para 1 contra a chance.

Por outro método de marcação que leva em conta as variações em números de símbolos-alvo e símbolos de adivinhação nos diferentes maços – um método devido a W. L. Stevens que é talvez ligeiramente mais preciso embora mais trabalhoso – a proporção crítica de –2.44 foi obtida, com probabilidades correspondentes cerca de 68 para 1.

Esse efeito negativo pode muito bem ser genuíno. É apoiado pelo fato de que, em 299 ocasiões diferentes, em que se fizeram experiências de PCA ou PCB, obtiveram-se marcações acima da chance em 111 ocasiões, abaixo da chance em 151 e marcações, que concordaram exatamente com a expectativa teórica, em 37. Ignorando o último grupo, descobrimos que as probabilidades contra a obtenção de 151 desvios negativos em 262 ocasiões chegam a cerca de 74 para 1.

Descrevemos os métodos de PCA e PCB porque foram os únicos que levaram a desvios ligeiramente significativos.

(II) *PCS* (1938-1939). ([1]) Este método em que 26 adivinhadores tomaram parte difere unicamente do precedente porque o paciente ficava separado dos cartões por meio de um biombo opaco, de três pés de largura por dois pés e seis polegadas de altura, colocado atravessado no meio da mesa. O pesquisador colocava o maço virado para baixo na mesa, próximo ao biombo. Perguntava se o adivinhador estava pronto para começar, levantava o cartão do topo e colocava-o virado na mesa sem olhar.

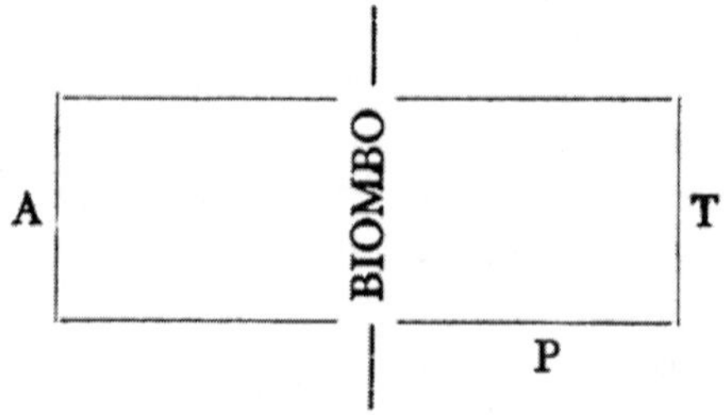

Ao mesmo tempo, dizia "primeira adivinhação" ou "seguinte", conforme fosse o caso. O adivinhador anunciava sua adivinhação em voz alta que era independentemente anotada tanto pelo pesquisador como pela testemunha. O paciente não saia do lugar atrás do biombo durante a verificação no fim das 25 tentativas. No entanto, contavam a ele, no final das 25 tentativas, quantos êxitos alcançara.

(III) *PCM.* ([2]) Este era o método de biombo e ponteiro descritos no CAPÍTULO V. Foi usado somente pela sra. Garrett e outro paciente. O adivinhador sentava-se atrás de um biombo de metal preto, de dois pés de largura por um pé e seis polegadas de altura, que ficava sobre a mesa. Entre a borda inferior do biombo e a mesa havia uma fresta de meia polegada de altura através da qual o paciente podia empurrar um ponteiro leve de metal. O biombo ficava sobre a linha central de uma fileira de cinco cartões-alvo que eram fixados face para cima, na mesa, com tachinhas; traziam, na ordem, os símbolos de soma, circulo, estrela, retângulo e linhas ondulantes. O pesquisador senta-se defronte ao biombo e com o cotovelo esquerdo descansando na mesa segurava o maço na mão esquerda perto do centro do biombo, com as costas de todos os cartões voltadas para si mesmo. Ao sinal "primeira adivinhação" ou "seguinte", o paciente tinha que adivinhar a última carta do maço (isto é, o cartão mais próximo do biombo) e indicar a adivinhação apontando para o cartão-alvo correspondente. O pesquisador levantava, em seguida, o cartão e, sem olhar para o símbolo, colocava-o cuidadosamente na frente do cartão-alvo escolhido pelo adivinhador. No fim de 25 adivinhações, os 25 cartões encontravam-

-se empilhados formando cinco maços, todos eles virados para baixo. Era feita a contagem dos êxitos sob cada símbolo, anotando-se na folha desta maneira:

Total 5	+	1
	C	0
	E	2
	R	1
	O	1

A contagem era cuidadosamente verificada pela testemunha.

(IV) *PSD*. Este é o método DT (até o fim do maço) frequentemente usado pelo dr. Rhine. Foi empregado somente com três pacientes, um dos quais era "Marion" (Josef Kraus), conhecido telepata de teatro. ([1]) No caso de Marion, o pesquisador (S. G. S.), a testemunha e o adivinhador sentavam-se a mesa; fornecia-se uma folha de marcação a Marion. S. G. S. tirava um envelope da caixa e, segurando-o debaixo da mesa, embaralhava os cartões e colocava-os de volta no envelope. Depois punha o envelope na mesa, com um elástico para conservá-lo fechado. *Antes* de serem os cartões embaralhados, ainda embaixo da mesa, permitia-se a Marion que os tocasse uma vez, porque ele considerava isso essencial para obter êxito. O envelope contendo os cartões era colocado, na frente de Marion, virado. Depois ele escrevia na coluna de adivinhações de sua folha com extrema rapidez uma série de 25 símbolos. Quando terminava, S. G. S. percorria a lista, pedindo-lhe que dissesse definitivamente o que qualquer símbolo mal desenhado devia representar. Isso era necessário porque Marion, às vezes, fazia retângulos muito parecidos com os círculos. S. G. S. tomava muito cuidado para que Marion não visse o último cartão do maço porque algumas marcações registradas por ele, em experiências feitas sozinho, provaram que estivera marcando significativamente por enxergar, sem querer, de relance, o último cartão ao colocar o envelope na mesa, sem a precaução de prender com o elástico. Ficando satisfeito com as anotações na coluna de adivinhação, os cartões eram então retirados do envelope, e verificávamos o resultado sob as vistas de Marion. Nessas condições ele obteve somente 910 êxitos em 4.450 tentativas, o que é resultado de chance. No entanto, ele continuou a obter, para nossa inspeção, marcações altamente significativas que declarou ter conseguido fazendo experiências a sós. Chegaram a dezenas de milhares de tentativas, e as marcações altas deviam ser, em parte, atribuídas ao fato de que Marion conseguia entrever o último cartão.

O grande total de experiências de clarividência pura com todas as técnicas foi de 70.000 tentativas que deram um desvio *negativo* de 160 êxitos, o que não é significativo (PC = –1.50).

4. EXPERIÊNCIA DE PERCEPÇÃO EXTRASSENSORIAL INDIFERENCIADA([1]) (1935-1937)

Não fizemos experiências de telepatia pura em que a possibilidade de clarividência fosse excluída, e os testes que vamos descrever permitem tanto a clarividência como ambas a operar. Foram empregadas duas técnicas; serão referidas como TI (telepatia indiferenciada) e TIM (telepatia indiferenciada por método de emparelhamento com biombo).

(I) *TI.* A sala de Roland Gardens S. W. 7, 13d. foi primeiro examinada para verificar se havia superfícies refletoras que pudessem permitir ao adivinhador ver o cartão exposto, mesmo estando atrás do biombo. Depois de grande número de experiências, verificou-se que a única fonte de reflexão que poderia dar qualquer ajuda ao adivinhador era a porta de vidro de uma estante de livros. No início de cada tarde de trabalho, ela era ajustada para evitar o reflexo. No cubículo do University College, S. G. S. certificou-se de que, quando o biombo estava em uso, não havia superfícies cujos reflexos pudessem ajudar o adivinhador. Em Roland Gardens, o adivinhador e o agente – este também agia como testemunha – ficavam sentados a distância de 5 pés das extremidades da mesa, com um biombo de madeira compensada atravessado no meio da mesa, medindo 8 pés por 3 e suspenso por meio de cordéis presos ao teto. Não havia abertura entre o biombo e a mesa. O pesquisador (S. G. S.) ficava no mesmo lado do agente, mas em um lado da mesa e perto do biombo. O pesquisador e o adivinhador (a menos que o último estivesse em transe) tinham uma folha de marcação idêntica as usadas nas experiências de PCA e PCB. Fixou-se embaixo da mesa uma tábua vertical que ocultava do adivinhador as pernas e pés do agente. Assim o corpo todo do agente ficava oculto do adivinhador.

O pesquisador também tinha cinco carimbos de borracha iguais e almofada verde e amarela. Os carimbos tinham os cinco símbolos Zener e as impressões feitas por eles mediam cerca de 1/2 polegada por 3/8 polegadas.

O uso de caneta ou lápis para marcar os símbolos-alvo teria sido prejudicial porque certo número de testes mostrou que se o pesquisador marcasse seu cartão antes de o paciente fazer sua adivinhação, esse último podia reconhecer o sinal de soma pelo levantamento do lápis, o retângulo pelo tempo levado para desenhá-lo, e assim por diante, e sem dúvida a maioria dos símbolos podia ser identificada pelo ruído do lápis ao traçá-los. Poderia ser sugerido que as partes de borracha dos cinco carimbos eram ligeiramente diferentes em tamanho e forma, o que poderia levar a discriminação auditiva dos símbolos. Mas essa hipótese muito remota é refutada pelo fato de que 84 pessoas fizeram a experiência e todas falharam em tão delicada discriminação, tanto individualmente como em grupos.

No University College usou-se o mesmo biombo; estava fixado em posição vertical por grampos de madeira presos na parede, mas a distância entre o adivinhador e o agente era somente de uns quatro pés. Carimbos semelhantes de borracha foram usados; S. G. S. tinha três coleções deles.

O maço ficava na mesa perto do centro do biombo, virado para baixo. O pesquisador fechava os olhos, levantava o cartão de cima e segurava-o perto do biombo com a face virada para o agente. Com os olhos fechados, o pesquisador dizia "primeira adivinhação" ou "seguinte" conforme o caso. Esse era o sinal para o adivinhador de que o agente começara a olhar para o cartão. O pesquisador abria depois os olhos e anotava o cartão-símbolo na coluna apropriada de sua folha por meio do carimbo certo. Enquanto isso o adivinhador, atrás do biombo, anotava com lápis sua adivinhação na coluna de adivinhação de sua folha *sem* dizer nada em voz alta. Como sinal de que já fizera sua adivinhação, ele batia duas vezes com o lápis na mesa. Adotando esse sistema, o pesquisador, que não sabia qual dos cartões levantara do maço até abrir os olhos, não podia dar indicação alguma pela inflexão da voz. Nenhuma palavra era dita exceto as do sinal. Os cartões adivinhados eram colocados em pilha virados para baixo, com cuidado para não se modificar a ordem. Quando a coluna de 25 estava completa, o adivinhador, *sem deixar seu lugar*, entregava sua folha ao pesquisador. Este, com o agente a vigiar cuidadosa- mente, copiava a lista das adivinhações em sua própria folha de anotações e preenchia a coluna de adivinhação vazia do adivinhador. Os agentes eram todos instruídos para vigiar cada passo da verificação, e uma comparação era feita das duas folhas, adivinhação por adivinhação. O agente e o pesquisador assinavam--nas, as adivinhações com êxito com marcas ao lado, e o total para cada 25 marcado no pé da coluna apropriada. O adivinhador ficava atrás do biombo durante a verificação. Era informado de sua marcação depois de 25 adivinhações e elogiado quando obtinha 7 ou mais êxitos.

Antes de iniciar o trabalho com novo agente ou adivinhador, o pesquisador e o agente geralmente faziam uma consulta quanto a natureza de imaginação a ser empregada pelo agente. Por exemplo, se este declarasse ser um bom visualizador, ficaria concordado que ele deveria olhar para o cartão exposto, fechar os olhos e imaginar o símbolo desenhado em tinta vermelha sobre lona branca ou com giz em um quadro negro. Em outros casos, decidiu-se que o agente deveria imaginar as linhas ondulantes como vagas arrebentando na praia, o sinal de soma como um grupo de cruzes no cemitério, etc. Em alguns casos o agente empregava imagens visuais ou imagens *verbais* auditivas. Mas em cada caso insistia-se que o agente, *durante a adivinhação,* conservasse os lábios bem fechados. Em certos casos combinou-se que o agente deveria olhar uma vez para o cartão, fechar os olhos e esquecê-lo, pensando em coisa bem diferente.

Murmúrios Involuntários ([1])

Não se tomaram precauções para diminuir a possibilidade dos chamados murmúrios involuntários por parte do agente, ou de indícios através de mudanças na respiração. Se S. G. S. tivesse descoberto pacientes que marcassem resultados positivos durante um período considerável, teria experimentado o efeito da distância na marcação. Mas o próprio fato de que 82 pessoas que tentaram as experiências de telepatia não terem obtido sucesso aparente de qualquer natureza indica que se o murmúrio involuntário, por acaso, ajuda alguém a marcar acima da expectativa de chance, esse efeito deve ser extremamente raro.

Certo adivinhador, sr. Hu, ([1]) estudante chinês do University College, foi citado por um pesquisador (que estava testando a habilidade dos estudantes de interpretar corretamente impressões auditivas subliminares) como tendo o poder de perceber palavras apenas murmuradas que ficavam abaixo de seu limiar normal de reconhecimento. Ele fez 800 adivinhações de TIM mas obteve somente 171 êxitos contra os 160 esperados pela chance. Depois de completar essa série, fez outras 200 tentativas um dia quando estava descansado, tendo a srta. Elliott servido de agente. S. G. S. pediu a srta. Elliott que murmurasse muito baixo o nome do símbolo de cada cartão ao olhar para eles. O sr. Hu, que estava sentado a uma distância de 4 pés – distância normal – do agente, obteve somente 36 adivinhações corretas, o que está abaixo da expectativa de chance que é 40. Foi-lhe permitido fazer mais 200 tentativas com a srta. Elliott murmurando repetidamente o nome do símbolo de cada cartão bem mais alto do que antes. Dessa vez ele obteve 47 êxitos, um resultado ainda sem importância.

O Uso de Códigos

Em Roland Gardens, 13d, SW7, o agente e o pesquisador que trabalhavam juntos eram, em regra, quase estranhos um ao outro e encontravam-se no escritório do Conselho de Pesquisas Psíquicas da Universidade de Londres pela primeira vez. Mas em um caso, uma mãe e a filha fizeram o papel de agente e adivinhador respectivamente, e em outro pai e filha; num terceiro, dois irmãos, e em dois outros casos pares de amigos íntimos. No University College o agente e o adivinhador quase sempre eram amigos ou pelo menos conhecidos. Surge a questão, portanto, se nesses casos não seria possível transmitir informações do agente para o adivinhador por meio de um código simples empregado com o intuito de enganar o pesquisador.

Se se empregou qualquer código quando o agente e o adivinhador estavam separados por um biombo opaco, como na presente série, deveria ser (I) um código de "tempo" ou (II) um código auditivo consistindo de sons, como tosse, raspar ou batida de pés, sons de movimentos das mãos ou do lápis sobre a mesa, sopros, etc. A possibilidade de (I) fica eliminada porquanto S. G. S., o pesquisador, dava os cartões dentro do período de tempo que escolhesse, assim como o sinal de "seguinte". O agente, que não podia falar enquanto durasse a adivinhação, ficava sentado junto a S. G. S. e a tábua fixada embaixo da mesa impedia que o adivinhador visse as pernas e pés do agente ou restabelecesse contato com ele. Como resultado de testes especiais, verificou-se que, se omitisse essa precaução, seria fácil ao agente usar um código que consistisse de movimentos, como o de aproximar e afastar os calcanhares, cruzar as pernas, todos esses movimentos tão leves que escapariam a atenção a menos que o pesquisador ficasse olhando embaixo da mesa.

Quanto à possibilidade de códigos auditivos todas as vezes que S. G. S. ouvia o agente fazer qualquer ruído desusado, fazia uma marca secreta ao lado da adivinhação na folha, e esperava para verificar se o mesmo ruído era repetido quando o mesmo símbolo aparecia de novo. S. G. S. jamais conseguiu descobrir tal código auditivo.

Os Resultados da Técnica TI ([1])

Ao todo, 76 pessoas foram testadas por esse método e, delas, 28 fizeram mil adivinhações cada. O grande total de 44.100 adivinhações deu um desvio positivo só de 18 acima da expectativa, o que é menos de uma quarta parte do desvio padrão ([84]). O resultado constitui forte argumento contra a teoria de murmúrios involuntários tão aereamente citada por certos psicólogos em suas tentativas de desacreditar a telepatia. Também não parece que o paciente seja capaz de distinguir os sons feitos por qualquer dos cinco carimbos de borracha. Sem dúvida, tais teorias parecem tolice quando submetidas a uma prova prática.

(II) TIM (Técnica com Emparelhamento com Biombo). ([1]) Treze adivinhadores, incluindo a sra. Garrett, a médium, foram testados por esse método no verão e outono de 1937. O dispositivo consistia do biombo de metal descrito nas experiências de PCM com a fenda de 1/2 polegada entre a beirada inferior e a mesa. O agente e o adivinhador ficavam de frente de cada lado do biombo, enquanto o pesquisador se sentava em um lado da mesa perto do biombo e no mesmo lado do agente. Como nas experiências de TI, o pesquisador fechava os olhos e levantava o cartão de cima para o agente ver, segurando-o perto do centro do biombo. Com olhos fechados, o pesquisador anunciava "primeira adivinhação" ou "seguinte". Até que o ponteiro do adivinhador parasse definitivamente em um dos cartões-símbolo, o pesquisador (que abria os olhos imediatamente depois de dar o sinal) colocava o cartão exposto virado para baixo em oposição ao cartão-alvo indicado pelo paciente. Os outros detalhes são os mesmos da técnica de PCM. A maior parte deste método está na possibilidade de o agente ou o pesquisador, vigiando os movimentos do ponteiro ao longo da fileira de cartões, fazer algum movimento involuntário audível que cause a parada do ponteiro no cartão correto, que, naturalmente, é conhecido do agente e do pesquisador.

Outra objeção séria é que esse método não permite ao pesquisador obter facilmente o registro exato de cada cartão-símbolo ao lado da adivinhação correspondente.

Com o método de emparelhamento o número total de tentativas foi de 13.350, e de êxitos, 2.703. Isso dá um desvio positivo pequeno de 33, ainda menos que o desvio-padrão ([46]).

O grande total para as experiências de telepatia TI e TIM foi de 57.450 tentativas em que houve um desvio positivo de 51, muito menos que o desvio-padrão ([90]).

Durante os cinco anos dessas experiências, um total de 128.350 adivinhações foram colecionadas por S. G. S., todas feitas sob sua supervisão direta, tendo sido testadas 160 pessoas em telepatia e clarividência. O desvio total foi negativo, com 109 êxitos, menos que o desvio-padrão ([143]).

Um exame das 50.075 tentativas de TI mostra que o símbolo mais popular foi o *círculo* (citado 10.526 vezes) e o menos escolhido o *retângulo,* citado somente 9.440 vezes; a ordem de preferência foi círculo, linhas ondulantes, sinal de soma, estreia e retângulo.

Algumas Marcações Excepcionais ([1])

A maior marcação positiva em clarividência foi feita por um jovem estudante do University College, de Londres, que, num grupo de 500 adivinhações pelo método PCB, obteve 128 êxitos, equivalentes a +3.13 desvios-padrões estimados pelo método Stevens. Mas quando esse jovem foi testado com outro grupo de 500, obteve somente 102 êxitos. S. G. S. não conseguiu entrar em contato com ele para novos trabalhos.

A menor marcação foi em um teste pelo método PCA, em que se obtiveram 77 êxitos em 500 tentativas, o equivalente a – 2.67 desvios-padrões, mas aconteceu que, quando o adivinhador fez outras 500 tentativas em condições semelhantes, obteve a marcação normal de 103 êxitos.

A única marcação positiva de telepatia e clarividência que apresentou algum interesse foi o trabalho da sra. G. Stewart que será descrito no próximo CAPÍTULO. A menor marcação pelo método TI foi feita pelo sr. E. Fisher, um jovem estudante de psicologia que sofrerá um abalo nervoso. Nas primeiras 1.000 adivinhações ele obteve somente 168 êxitos (equivalente a 2.53 desvios-padrões) e duas de suas quarenta marcações por 25 adivinhações foram zeros. No entanto, na segunda vez que fez 1.000 tentativas a marcação subiu a 193, resultado que, embora pouco abaixo da chance (200), não tem significação.

CAPÍTULO VIII

Descobrem-se Basil Shackleton e a sra. Stewart

Numa sombria tarde de fevereiro de 1936, S. G. S. achava-se no escritório de Roland Gardens N.º 13d, fazendo experiências de rotina de adivinhação de cartões. Estivera trabalhando durante 15 meses sem êxito. Subitamente a porta abriu-se, e um homem alto, bem vestido, de seus trinta e seis anos, entrou. Era Basil Shackleton, conhecido fotógrafo, cujo atelier ficava então em Frith Street, perto de Shaftesbury Avenue, W.1. Embora houvesse telefonado para dizer que faria uma visita naquela semana, não era esperado naquela tarde. Shackleton explicou que lera um artigo no jornal de domingo sobre as experiências. Não estava interessado nos prêmios oferecidos por marcações excepcionais. "Vim, não para ser testado, mas para fazer uma prova de telepatia", disse. Continuou dizendo que frequentemente surpreendia os amigos "adivinhando um maço inteiro de cartas" e acertando quase todas elas. Naquela tarde achavam-se presentes o sr. J. Aldred, um velho amigo que S. G. S. conhecia desde 1922, e uma senhora, a sra. Crane, que tomou parte nos testes a distância, em 1928-1932. A sra. Crane viera a chamado para fazer adivinhações, mas esperou amavelmente até que Shackleton terminasse, pois este devia sair cedo. Até então não conhecêramos Shackleton. Depois que S. G. S. lhe mostrou os símbolos Zener e explicou o processo, ele sentou-se atrás de um biombo de 3 pés por 3, de madeira compensada, que como sempre estava colocado sobre o meio da mesa. A sra. Crane ficou no mesmo lado de Shackleton e imediatamente atrás dele, para que pudesse ver o que ele fazia. O sr. Aldred atuou como agente e S. G. S. como pesquisador. S. G. S. e Aldred ficaram do outro lado do biombo nas posições descritas sob TI no CAPÍTULO precedente. S. G. S. estava alerta porque poderia perder uma soma de dinheiro considerável se Shackleton marcasse doze, pois oferecera um prêmio por marcação dessa magnitude. O agente foi aconselhado a conservar os lábios bem fechados durante o período de adivinhações. Shackleton marcou-as numa folha. No primeiro maço de 25, conseguiu 10 êxitos e no segundo 7. Todos acharam que foi excelente princípio, mas Shackleton pareceu desapontado e disse que as marcações foram ruins. Perguntou se a sra. Crane poderia tomar o lugar de Aldred como agente. Aldred levantou-se e trocou de lugar com ela. Shackleton, em seguida, marcou 7,6,6 e 3. Depois do último grupo de 25, declarou que era inútil continuar. Acrescentou que atuava bem melhor a noite principalmente depois de um ou dois "drinks".

Shackleton prometeu visitar-nos de novo dentro de 15 dias quando estaria menos ocupado, mas na realidade só nos encontramos novamente com ele na tarde de 27 de março de 1936, quando a sra. Dwyer atuou como agente e testemunha para oito sequências de 25. A marcação foi pouco menor do que a expectativa de chance (37/200). Uma terceira visita no dia 3 de abril produziu resultados desapontadores (48/200). Shackleton declarou que gostaria de tentar a experiência em seu atelier. Aldred e S. G. S. fizeram-lhe uma visita em 25 de junho.

Seguindo uma sugestão de Shackleton, ele e os dois pesquisadores foram a um bar tomar um "drink". (*) Voltaram depois ao atelier e armaram um biombo com grandes folhas de papelão, com uma delas presa em baixo da mesa. S. G. S. levara carimbos de borracha, folhas de marcações e uma caixa de cartões Zener. Aldred atuou como agente e testemunha. Uma vez mais a experiência foi um fracasso, pois Shackleton obteve somente 41 êxitos em 250 tentativas. Desta vez, culpou o barulho do tráfego na rua que certamente era irritante. Ao todo, Shackleton fez 800 tentativas pelo método TI e obteve 165 êxitos, o que é um resultado de chance. Ninguém, na ocasião, sonhava na significação oculta nessa marcação comum. No entanto, apesar da falta de sucesso, S. G. S. percebeu que Shackleton não era um adivinhador comum. Ele parecia ter tanta confiança, parecia tão certo de seus poderes, que se afigurava uma questão de tempo para que produzisse algo de surpreendente. S. G. S. e Shackleton somente se avistaram novamente em dezembro de 1940, durante ataque aéreo dos alemães contra Londres.

(*) Os pesquisadores tiveram o cuidado de beber somente um copo de cerveja cada um.

Naquele mesmo ano – 1936 – S. G. S. (*) conheceu outro paciente muito promissor que, como Shackleton, deveria mais tarde marcar época.

O sr. D. A. Stewart, jovem engenheiro consultor, foi apresentado a S. G. S. por Harry Price no mês de maio. Esse cavalheiro serviu de paciente em 1.000 tentativas pelo método TI, a sra. Johnstone ou sua filha atuando como agentes. O sr. Stewart, que conheceu os Johnstones em Roland Gardens, S. W.7, apresentou somente resultados de chance. Disse-nos que sua esposa acreditava possuir dons psíquicos. Infelizmente ela estava ocupada durante a tarde e não poderia vir a Roland Gardens. O sr. Stewart sugeriu que a sra. e a srta. Johnstone e S. G. S. visitassem sua casa em Marchmont Road, 18, Richmond, Surrey, uma noite para tentar algumas experiências. A primeira visita foi em 5 de junho. Um biombo muito eficiente foi montado, aliás suspendeu-se um cobertor grosso dobrado de maneira que repousasse sobre uma pequena mesa. O sr. Stewart fixou uma tábua de desenho embaixo da mesa para evitar o contato dos pés. Combinou-se que o sr. Stewart ficaria sentado em ângulo reto com o biombo e a cerca de 12 pés de distância do agente com os cartões. A srta. Johnstone e S. G. S. ficaram junto a mesa e a sra. Stewart do outro lado do biombo. A sra. Johnstone sentou-se atrás da filha. Tomadas essas disposições, o aposento foi examinado para descobrir se havia fontes de reflexos; não foi preciso fazer mudanças. O procedimento adotado obedeceu estritamente a técnica TI, servindo a srta. Johnstone de agente e testemunha. Devido a ter-se iniciado tarde a sessão, foram adivinhadas somente quatro séries de 25 e as marcações foram de 7, 8, 7, 8, levando a sra. Stewart cerca de quatro minutos para adivinhar 25 cartões. Proibiu-se conversa durante a experiência. O resultado foi encorajador. Combinou-se nova experiência para a noite de 17 de junho. A srta. Johnstone foi novamente o agente, exceto numa série de 25 em que a mãe tomou seu lugar. As marcações dessa vez não foram muito promissoras. Ao todo, foram feitas 1.000 adivinhações em seis sessões, atuando como agentes a srta. Johnstone ou a mãe. Nenhuma das marcações foi sensacional, mas nessas 1.000 adivinhações a sra. Stewart obteve 238 êxitos. Isso constitui 38 êxitos acima da expectativa de chance e corresponde a probabilidades cerca de 370 para 1 contra a chance, quando considerado como teste isolado. No entanto,

(*) VI, I.

nesse estágio, outras 18 pessoas haviam completado séries de 1.000 adivinhações pelo método TI, além de 25.000 adivinhações de PC registradas. Quando comparada com elas, a "performance" da sra. Stewart tem pouca ou nenhuma significação. Não estaríamos justificados, devido a isso, em atribuí-la a chance. Acontecimentos subsequentes dão a entender que a explicação de chance é bastante improvável. A sra. Stewart iniciou seu segundo milheiro de adivinhações, mas infelizmente o trabalho foi interrompido pelas férias de verão e só foi reiniciado em novembro. Logo se evidenciou que unicamente marcações de chance estavam sendo produzidas, e S. G. S. achou que não valia a pena perder mais tempo com viagens a Richmond. Daí em diante foram feitas tentativas ocasionais, e o segundo milheiro só terminou no dia 4 de junho de 1937. Os mesmos agentes, sra. e srta. Johnstone, foram empregados em todas as séries menos para as 100 adivinhações finais em que atuou como agente a srta. Rita Elliott. Em seu segundo milheiro a sra. Stewart obteve somente 209 êxitos, um resultado puramente de chance. De quando em vez surgia uma esperança, como em 28 de maio de 1937, quando a paciente começou uma sequência de 25 com seis êxitos consecutivos.

No verão de 1938 ela fez tentativas pelo método TIM, usando o ponteiro e o biombo com fresta. Alcançou, porém, só 191 êxitos, o que representa somente 6 acima da expectativa de chance. Depois disso S. G. S. achou que era inútil continuar com as experiências.

Até o outono de 1939 S. G. S. ainda considerava praticamente impossível – pelo menos na Inglaterra – encontrar pessoas que pudessem demonstrar PES por adivinhação dos cartões Zener. Chamou a atenção para esse malogro persistente em artigos de jornal e em conferências feitas na Sociedade Psicológica Britânica, em Londres e Glasgow, e na Sociedade de Pesquisas Psíquicas.

Em novembro de 1939, esse crescente cepticismo recebeu um choque. Whately Carington levara ao conhecimento de S. G. S. os notáveis resultados obtidos em seus testes de adivinhações de desenhos que discutimos no CAPÍTULO VI. Carington insistiu persistentemente em que S. G. S. examinasse novamente os dados que tinha de suas experiências. Carington sugeriu que S. G. S. comparasse cada adivinhação não com o cartão para o qual fora designada, mas com o cartão precedente e com o que se seguia, e contasse os êxitos, pois, de acordo com Carington, a faculdade de percepção extrassensorial poderia não funcionar de maneira que o paciente acertasse sempre o alvo desejado. Como um atirador pode ter a tendência de sempre acertar num ponto a direita ou a esquerda do alvo, também poderia ser que o adivinhador de cartões Zener, sem querer, adivinhasse corretamente não o cartão visualizado pelo pesquisador, mas um cartão colocado um ou dois lugares antes ou depois na sequência. Carington chegou a sugerir que esse tipo dispersivo de PES poderia provar eventualmente ser mais espalhado do que o tipo exato de percepção que tantos pesquisadores haviam procurado em vão. O próprio Carington descobrira que seus pacientes nem sempre recebiam a imagem de um desenho na noite em que ficava exposto, mas algumas vezes um desenho correto era feito uma ou duas noites antes ou depois. Além disso, há inúmeras experiências feitas em sessões com médiuns que sugerem poderem eles raramente saber os pensamentos em que seus clientes se concentram. O médium faz referência a algum acontecimento insignificante conhecido do cliente, que se passou na semana anterior, na véspera ou no ano anterior, sem fazer menção do que está ocupando a mente do cliente naquele instante.

Foi sem muitas esperanças que S. G. S. começou o trabalho de verificação de seus registros relativamente ao efeito desse "deslocamento".

Como a sra. Stewart fora a única paciente de "telepatia" que mostrara algumas boas possibilidades, S. G. S. decidiu examinar novamente suas 2.000 adivinhações de TI. Começou contando os êxitos obtidos comparando cada adivinhação (I) com o cartão que precedia o verdadeiro cartão para o qual a adivinhação fora feita e (II) com o cartão seguinte. Isso ficará claro com os exemplos seguintes:

(I)	*Cartão Verdadeiro*	*Adivinhação*
	+	Estrela
	Linhas Ondulantes	+
(II)	*Cartão Verdadeiro*	*Adivinhação*
	+	Estrela
	Estrela	Linhas Ondulantes

O exemplo (I) mostra um êxito pós-cognitivo. A adivinhação de estreia está errada para o cartão para o qual se destinava, mas a adivinhação seguinte está certa para esse cartão, embora errada para o cartão com o símbolo de linhas ondulantes para o qual se destinava.

O exemplo (II) mostra um êxito precógnito. A adivinhação do cartão com o símbolo "estreia" está errada para o cartão para o qual se destinava, porém correta para o cartão "estrela" que era o seguinte a ser contemplado pelo agente.

O termo "precógnito" não é muito feliz, pois não há evidência de que o adivinhador saiba antes qual o cartão que se segue. Ele simplesmente faz uma adivinhação que acontece dar certo. Raramente tem a convicção intima de que está certo, nem pode dar o motivo no qual se baseou. Mas como a palavra é agora de uso geral, não é fácil mudá-la, nem conviria fazê-lo uma vez que entendamos claramente o que quer dizer.

Hoje em dia tornou-se costume chamar um êxito no cartão seguinte êxito (+ 1) e no cartão precedente êxito (– 1) enquanto que um êxito no alvo é êxito (0). Igualmente um êxito no segundo cartão anterior é conhecido como.êxito (+2) e no segundo cartão sucessivo um êxito (–2).

É óbvio que em um grupo de 25 adivinhações o número máximo de êxitos (+1) é 24, porquanto a *última* adivinhação não dá vasa a um sucesso (+1) ou *precógnito,* e o número máximo possível de êxitos (–1) também é de 24, pois a primeira adivinhação não pode dar um êxito pós-cognitivo ou (–1).

Enquanto em 25 *N* adivinhações o número esperado de êxitos (+2) precógnitos não será de 5 *N,* porém de 1/5 X 24 *N,* isto é, 4.8 *N* e a expectativa de êxitos (–1) pós-cognitivos em *N* séries de 25 será também de 4.8 *N.*

Como existem somente 23 possibilidades de êxitos (+2) precógnitos em uma série fechada de 25 adivinhações, segue-se que em *N* grupos de 25, a expectativa de chance de êxitos (+2) é um quinto de 23 *N,* isto é, 4.6 *N;* a expectativa de êxitos (–2) pós-cognitivos será também de 4.6 *N.*

Antes de S. G. S. ter terminado as primeiras mil adivinhações da sra. Stewart para efeitos de (+1) e (–1), viu que fizera uma descoberta extraordinária. Encontrou 221 êxitos (–1) pós-cognitivos contra a expectativa de 40 X 4.8, isto é, 192, e 225 êxitos (+1) precógnitos comparados com a mesma expectativa de 192. Correspondem a desvios positivos equivalentes respectivamente a 2.34 e 2.72 vezes o desvio-padrão. Mas S. G. S. perguntou a si mesmo: Esses efeitos pós-cognitivos e precógnitos desapareceriam nas *outras* mil tentativas, da mesma maneira que o êxito nos cartões-alvo havia desaparecido?

Para surpresa do pesquisador, os efeitos de (–1) e (+1) continuaram com o segundo milheiro. Houve, de fato, 232 êxitos precógnitos e 221 pós-cognitivos. Correspondem a desvios positivos equivalentes respectivamente a 3.23 e 2.34 vezes os desvios-padrões.

Portanto, no total das 2.000 tentativas TI, da sra. Stewart, temos os seguintes resultados:

QUADRO I

	Exitos	*Desvio*	*Desvio-padrão*	*Proporção crítica*
No cartão-alvo (0)	447	+ 47	17.89	+ 2.63
Pós-cognitivo (− 1)	442	+ 58	17.53	+ 3.31
Precógnito (+ 1)	457	+ 73	17.53	+ 4.16

Assim, nas três contagens "centrais", (0), (+1) e (−1), tomadas juntas temos 1.346 êxitos com um desvio positivo de 178 da expectativa de chance. No entanto, não podemos calcular o desvio-padrão da maneira comum pela fórmula de binômio, que daria 0.4 √(2.000+1.920+1.920), isto é, 30.57. A razão é que as três marcações em (+1), (0) e (−1) não variariam independentemente umas das outras. Se, por exemplo, o adivinhador tivesse a tendência de repetir o mesmo cartão-símbolo, digamos o do sinal +, várias vezes seguidas, e acontecesse de estar apresentando bons resultados no cartão "verdadeiro" (0), ele o faria automaticamente bem nos cartões (+1) e (−1). Mas, ao contrário, se estivesse apresentando resultados abaixo da expectativa de chance no cartão "verdadeiro", tenderia a fazer marcações baixas nos cartões (+1) e (−1).

Poderíamos, assim, ter as seguintes tendências:

(*a*) *Adivinhação*	*Cartão*	ou (*b*) *Adivinhação*	*Cartão*
+	L. Ondul.	+	Estrela
+	+	+	Círculo
+	Estrela	+	L. Ondulantes

No caso *(a)* um êxito no cartão do meio produz automaticamente um êxito também nos cartões (+1) e (−1) enquanto que em *(b)* um fracasso causa um fracasso nos cartões (+1 e (−1).

Isso significa que, embora a expectativa de chance seja igual a um quinto da soma de (+1), (0) e (–1) a variação do número esperado de êxitos pode diferir consideravelmente do conseguido com a fórmula usual.

No entanto, o professor M. S. Bartlett, (Q da Universidade de Manchester, há alguns anos desenvolveu um método sistemático pelo qual o desvio-padrão teórico pode ser calculado pelos padrões de adivinhação atualmente usados pelo paciente. Assim o

+
padrão + recebe uma variância teórica muito mais alta do que
+

+
o padrão Círculo.
L. Ondul.

Quando S. G. S. ([2]) aplicou esse método as 2.000 tentativas da sra. Stewart, descobriu que o verdadeiro valor do desvio-padrão teórico para o total combinado de (+1), (0), e (–1) era de 29.5, o que é ligeiramente menor do que o encontrado acima (30.57) pelo método comum. Isso toma os resultados algo *mais* significativos do que pensáramos a princípio. Em verdade, o valor correto da produção crítica é agora de 178/29.5, isto é, 6.0, o que dá probabilidades contra a chance que excedem 10^8 para 1. Mas como nas experiências de 1934-1939 havia, ao todo, 128.350 tentativas (isto é, 64 grupos de 2.000) para obter as verdadeiras probabilidades precisamos dividir nosso número 10^8 por 64. Isso ainda dá probabilidades acima de um milhão para um contra a possibilidade de a "performance" da sra. Stewart ser resultado de chance.

As marcações da sra. Stewart por si mesmas não são sensacionais. Para dar ao leitor uma ideia da espécie do resultado que estava apresentando, citaremos o número de êxitos que obteve em 40 sequências sucessivas de 25 adivinhações que constituem o segundo milheiro. São marcações precógnitas (+1) e é preciso lembrar que a média de chance é de 4.8 êxitos por 25.

Segundo Milheiro

Marcações precógnitas (+1): 2, 8, 9, 5, 1, 1, 8, 5, 11, 7, 6, 6, 10, 3, 4, 7, 6, 6, 6, 5, 6, 5, 9, 2, 4, 6, 7, 5, 8, 8, 5, 2, 2, 4, 10, 8, 7, 4, 7, 7.

Notem que somente onze das quarenta marcações estão abaixo da média de chance (4.8).

A razão pela qual há tão pouca diferença entre 0 desvio-padrão de binômio e o dado pelo método de Bartiett é que a sra. Stewart, como a maioria dos outros adivinhadores, tende a mudar sua adivinhação de um símbolo para outro. Muito raramente repete o mesmo símbolo três ou quatro vezes Seguidas. Tivesse-o feito, teríamos, sem dúvida, encontrado uma diferença considerável entre as estimativas de desvio-padrão dadas pelos dois métodos.

Os Resultados de Basil Shackleton

Depois de ter feito essa descoberta de (+1) e (–1) de deslocamento nos resultados da sra. Stewart, S. G. S. passou a examinar uma quantidade maior de seus registros de TI sem, no início, encontrar o que quer que seja de anormal. Somente depois do Natal de 1939 é que decidiu verificar as 800 tentativas de Shackleton. Imediatamente encontrou os mesmos efeitos presentes no trabalho da sra. Stewart. No cartão-alvo (0) o desvio de (+5) não era absolutamente significativo, mas no cartão precógnito (+1) havia 194 êxitos e no pós-cognitivo (–1), 195, comparados em cada caso com uma expectativa de 153.6. Isso deu desvios positivos equivalentes a 3.6 e 3.7 de desvios-padrões respectivamente.

No total de 2.336 adivinhações combinadas (+1), (0) e (– 1) havia 554 êxitos, comparados com o número esperado de 467.2. Isso dá um desvio positivo de 86.8; o desvio-padrão calculado pelo método de Bartlett é de 18.3 (pela fórmula de binômio é de 19.3). A proporção crítica é de 86.8/18.3, isto é, 4.74.

As probabilidades contra a chance são cerca de 4 X 10^5 para 1 para um grupo isolado de 800 adivinhações, mas como existem cerca de 160 séries de 800 nas 128.350 tentativas, precisamos dividir as probabilidades acima por 160. Assim as probabilidades finais contra a possibilidade de que os resultados de Shackleton tenham sido devidos a chance ainda são mais de 2.500 para 1.

Shackleton trabalhara com quatro agentes diferentes: sr. J. Aldred, sra. Crane, sra. Dwyer e sr. Hechle. Em adivinhações (+1) e (–1) combinadas ele obteve desvios positivos com os primeiros três, todos excedendo 2.3

de desvios-padrões; mas com o último agente mencionado o desvio foi negativo, embora não fosse muito significativo.

S. G. S. acabou verificando todos os seus registros de TI com referência a efeitos de (+1) e (–1) mas Shackleton e a sra. Stewart foram os únicos pacientes cujo trabalho mostrou certa evidência de deslocamento. Também não houve deslocamento significativo nas tentativas de TI tomadas como um todo.

Nos casos da sra. Stewart e de Shackleton os êxitos foram contados nos segundos, terceiros e quartos cartões e assim por diante até o oitavo cartão em qualquer direção, mas o único fato interessante revelado foi a significativa marcação baixa no cartão precógnito (+2); o desvio chegou a cerca de –3 de desvios-padrões para cada paciente.

Até então não havia razão para supor que Shackleton ou a sra. Stewart estivessem predizendo acontecimentos no futuro. No instante em que o paciente fazia a adivinhação o próximo cartão a ser visto pelo agente estava virado para baixo no topo do maço. Exercendo a faculdade de *clarividência* no presente, o adivinhador poderia saber qual o cartão que se seguiria, sem vasculhar o futuro de qualquer maneira.

Se, no entanto, fosse provado finalmente que a fonte de informações do adivinhador é a mente da pessoa que olha para os cartões, então o adivinhador estaria predizendo um futuro estado mental dessa pessoa, que não existia no instante da adivinhação. Nesse estágio da investigação havia, portanto, a questão de deslocamento de tempo nesses efeitos de antecipação. Entretanto, podemos usar a palavra "presciência" referindo-nos aos deslocamentos de (+1) ou (–1) se subtrairmos do termo suas significações puramente temporais.

Determinação Múltipla e Reforço

Terá sido notado que com a sra. Stewart o efeito precógnito (+1) foi mais marcante do que o efeito pós-cognitivo (–1) ao passo que, com Shackleton, as médias de marcação de (+1) e de (–1) foram quase iguais. Seria razoável supor que tanto a imagem (+1) como a (–1) estivessem subconscientemente presentes na mente do adivinhador, embora somente uma emergisse em sua consciência normal. Quando as duas imagens eram de cartões-símbolos diferentes obviamente somente uma podia ser escolhida. Mas surgiu a seguinte pergunta: Alcançaria o adivinhador mais frequentemente o êxito quando os símbolos (+1) e (–1) acontecesse serem os mesmos? Em outras palavras, quando os dois símbolos fossem os mesmos (digamos, dois círculos), tenderiam eles a se reforçar?

Uma inspeção preliminar dos registros de 1936 pareceram sugerir que esse era o caso. Diz-se que uma adivinhação é "mutuamente determinada" quando o cartão-alvo que a precede e o que se segue são da mesma denominação. Isso é ilustrado pelos padrões verdadeiros do tipo (I):

Tipo (I) *Sequência de cartões para adivinhações de MD*

Círculo		Círculo
→ +	ou	→ Círculo
Círculo		Círculo

Chamaremos uma adivinhação "não multiplamente determinada" (NMD) se os cartões-alvo que precedem e se seguem são de diferentes denominações. Isso é pelos exemplos do tipo (II):

Tipo (II) *Sequência de cartões para adivinhações NMD*

Círculo		Círculo		+
→ +	ou	→ +	ou	→ +
Estrela		+		Círculo

A seta marca o ponto na sequência em que o paciente está fazendo a adivinhação.

Agora podemos formular o problema com maior precisão. No tipo (I) em que o cartão-alvo está entre dois cartões da *mesma* denominação marcariam a sra. Stewart ou Shackleton média significativamente mais alta em, digamos, cartões (+1) do que ele ou ela marcariam em cartões (+1) do tipo (II), em que o cartão-alvo está entre dois cartões de denominações *diferentes?* Naturalmente surge a mesma pergunta em marcações de cartões (–1) nos dois tipos de padrões. Esta é provavelmente a exposição mais simples do problema, e foi sugerida dessa forma pelo professor Herbert Robbins, um estatístico da universidade do Estado de Carolina do Norte ao dr. J. G. Pratt e a S. G. S. por ocasião de uma visita que este ali fez em 1951.

Em qualquer investigação do efeito de reforço preocupamo-nos essencialmente com uma adivinhação de número par e com cartões de número ímpar que precedem ou seguem imediatamente a adivinhação e com a adivinhação de número ímpar e cartões de número par que a precedem ou seguem. Foi notado pelo professor Bartlett que, quando escolhemos tais padrões para análise, não deve haver sobreposição de cartões. Quer dizer que nenhum cartão de qualquer padrão pode pertencer a outro padrão. De outra maneira os efeitos não serão estatisticamente independentes.

Não seria correto para o primeiro padrão cartões (1 ↑ 3) e, para o segundo, cartões (3 ↑ 5) e para o terceiro (5 ↑ 7), etc. Para assegurar independência precisamos escolher padrões impares (1 ↑ 3), (5 ↑ 7), (9 ↑ 11) e assim por diante até (21 ↑ 23).

Igualmente para os padrões pares escolhemos (2 ↑ 4), (6 ↑ 8), (10 ↑12) até (22 ↑ 24).

As setas marcam a posição na sequência em que o paciente faz a adivinhação.

Assim, em uma série de 25 adivinhações, somente 12 (6 pares e 6 impares) padrões serão aproveitáveis, sendo preciso desperdiçar 50 por cento do material no interesse da segurança estatística. Tendo escolhido nossos padrões dessa maneira precisamos somente contar o número de padrões de MD, o de padrões NMD e o de êxitos de (+1) de cada tipo. Para descobrir se há uma proporção maior de êxitos de (+1) em padrões MD do que em padrões NMD construímos uma tabela simples de contingência de 2 X 2 e calculamos o quadrado de PC.

Quando esse método (*) foi aplicado ao trabalho de 1936, descobriu-se que as 2.000 adivinhações da sra. Stewart não mostravam evidências de refôrço e que as 800 tentativas de Shackleton eram somente sugestivas, sendo as probabilidades a favor de reforço em seu caso cerca de 25 para l. (**) No entanto, as experiências posteriores com Shackleton (1941-1943) quando avaliadas por esse método mostraram testemunhos altamente significativos da hipótese de reforço (vide CAPÍTULO XI). Quando a sra. Stewart foi investigada novamente em 1945, descobriu-se que sua marcação significativa mudara para o cartão-alvo ou cartão (0) e que a marcação positiva nos cartões (+1) e (–1) desaparecera. Portanto, em seu caso não foi possível obter dados adicionais na questão de reforço e determinação múltipla. Veremos mais adiante que sua média de marcação foi influenciada por padrões-alvo de espécie diferente.

As primeiras observações registradas do deslocamento de (+1) e (–1) na adivinhação de cartões foram feitas em 1938, antes da publicação do trabalho de Carington e de S. G. S. O dr. C. C. Abbott, ([3]) um astrofísico que foi durante algum tempo secretário do Smithsonian Institution, em

(*) XI, 1.
(**) XI, 2.

Washington, fez com sucesso uma repetição do trabalho de testes de clarividência de Rhine com cartões Zener, servindo ele mesmo de paciente. O dr. Abbott notou que, quando se sentia cansado ou aborrecido, falhava na adivinhação certa do cartão que visava, mas frequentemente acertava no cartão seguinte ou precedente. Em 1949, esse cientista ([4]) testou a si mesmo novamente com os cartões e relatou deslocamentos muito significativos de (+1) e (–1), sendo os desvios iguais em magnitude e cada um perto de 2.8 de desvios-padrões.

É digno de menção que a sra. Stewart e Shackleton não foram descobertos pela aplicação às cegas de testes de rotina a grande número de pessoas na esperança de descobrir um genuíno percipiente de telepatia. Experimentar ao acaso não dá certo. É melhor procurar pessoas que sejam conhecidas entre os amigos como possuidoras de faculdades paranormais.

Também não parece – apesar das experiências em contrário de Rhine com seus próprios alunos – que o estudante universitário inglês constitua material promissor para a pesquisa psíquica. Dos oitenta estudantes testados por S. G. S., (*) no University College, de Londres, não houve um que desse pelo menos evidência tolerável de possuir qualquer dom de percepção extrassensorial, e a experiência do dr. Thouless com os estudantes de Glasgow parece corroborar essa impressão. É entre os que cultivam mais a intuição que o intelecto que deveríamos prosseguir com nossas pesquisas. Fazemos essas observações porque parece a regra que, sempre que um psicólogo acadêmico faz pesquisas, quase sempre faz suas experiências com estudantes. Mas os processos mentais do estudante britânico normal, sendo de uma natureza lógica e assimiladora de fatos, diferem radicalmente dos sensíveis intuitivos. Poderíamos acrescentar que muitos laboratórios de psicologia não se acham equipados para o estudo de presciência extrassensorial. Frequentemente são lugares barulhentos com estudantes a passarem nos corredores apressadamente de uma classe para outra ao chamado de uma sineta. Para funcionar bem, o percipiente sensível precisa de liberdade de distrações, da presença de pessoas amigas, preparadas a adaptarem-se a suas idiossincrasias mentais e, acima de tudo, de ausência de formalidade e de agitação. A negligência dessas condições, que a experiência mostrou serem essenciais, levará inevitavelmente a frustração, a acumulação de marcações de chance, e no fim ao abandono, pelo psicólogo, do estudo de uma faculdade delicada, de cuja emergência ainda não são perfeitamente compreendidas as leis.

(*) VII, 1.

CAPÍTULO IX

Novas Experiências com Basil Shackleton

Detalhes das Experiências

Em dezembro de 1940, tendo publicado as descobertas de deslocamento que descrevemos, S. G. S. procurou Basil Shackleton para fazer novas experiências. Ele encontrava-se novamente em Londres, tendo sido desligado do exército por motivos de saúde. Mudara-se do atelier em Frith Street; ocupava agora o apartamento térreo da Shfatesbury Avenue, 59, onde morava e tratava de seu negócio como fotógrafo. S. G. S. achou de bom alvitre contar-lhe algo dos interessantes efeitos que haviam sido descobertos, mas não entrou em muitos detalhes porque Shackleton tinha vontade de fazer experiências novas. Sugeriu, porém, que, por estar muito ocupado, fossem os testes feitos em seu atelier. Com as precauções que S. G. S. pretendia tomar não havia objeções, especialmente porque as primeiras experiências de 1936 tinham dado bons resultados quando feitas em Roland Gardens, S. W. 7.

Em seguida, S. G. S. precisava resolver se as novas experiências seriam feitas com os cartões Zener que trazem os cinco símbolos geométricos ou substituí-los por material diferente. Os cartões Zener tinham a vantagem óbvia de uma chance em cinco de êxito, mas por outro lado, depois de usá-los durante cinco anos, S. G. S. estava cansado daqueles diagramas áridos. S. G. S. acabou substituindo-os por outros com as figuras de cinco animais diferentes. Manteve-se assim a vantagem de uma chance em cinco. Durante a guerra, no entanto, era difícil obter grande quantidade de cartões com reverso idêntico, como fora usado anteriormente, e S. G. S. modificou a técnica de maneira que fossem precisos somente cinco cartões em vez dos 40 maços empregados nas outras experiências.

Depois de umas duas experiências, S. G. S. decidiu pedir a sra. K. M. Goldney (K. M. G.), também membro da Sociedade de Pesquisas Psíquicas, para auxiliá-lo na investigação. A sra. Goldney já trabalhara com S. G. S. nas experiências com Marion, (*) o telepata de teatro (vide CAPÍTULO VII). Ela é membro da Sociedade de Pesquisas Psíquicas há uns 26 anos, de cujo conselho faz parte há vários anos. Tem viajado muito, sendo dotada de muita experiência prática em muitos ramos de pesquisas psíquicas e perita na verificação de fraudes. Devido a sua experiência como médica, tem sido especialmente escolhida para função marcante na investigação de médiuns. Durante a guerra teve importante posto como administradora regional assistente no quartel-general da W. V. S., de Londres, que abrangia a região 10 com seus quatro condados de Lancashire, Cheshire, Cumberland e Westmorland. Ao término das hostilidades, foi condecorada pelos serviços prestados.

Ninguém que conheça K. M. G. poderá duvidar de sua grande capacidade, integridade e meticulosidade em todos os seus trabalhos. Não só teve papel preponderante nessas experiências com Shackleton como também prestou assistência valiosa no relatório que apareceu nos *Proceedings of the S. P.* R., ([1]) de dezembro de 1943 (parte 167, vol. XLVII).

Basil Shackleton, nosso percipiente, era fotógrafo, um artista em sua profissão, com um estilo marcante e concepção original, muito conhecido por seus brilhantes trabalhos fotográficos. Passou a primeira parte da vida na África do Sul, onde a família tem parentes. Foi somente aos 23 anos de idade que percebeu ter dons psíquicos. Tanto quanto se pôde saber, não tinha interesse particular por espiritismo; tampouco praticava a escrita automática. Declarou a S. G. S. e a K. M. G. que, em várias ocasiões, aplicara sua faculdade de intuição para predizer com grande proveito quais os cavalos de corridas que ganhariam. Nenhum de seus parentes parecia possuir faculdades paranormais semelhantes.

Shackleton dizia ser capaz de conhecer o caráter de uma pessoa por simples intuição, e os ligeiros esboços que desenhava de estranhos aos quais era apresentado eram frequentemente muito exatos e engraçados.

Infelizmente na época das experiências Shackleton não gozava de boa saúde. Sofria de úlcera do duodeno e com a perda de um rim.

(*) II,7.

Faz uns cinco anos, emigrou para a África do Sul, onde tem uma fazenda de frutas. Ali, com a mulher e os filhos, prospera e, ocasionalmente, escreve a S. G. S. e a K. M. G. Sua saúde melhorou e, embora, às vezes, sinta saudades de "Londres, esse lugar estranho", não deseja voltar.

Tipos de Experiências

Houve dois tipos principais de experiência. No primeiro, o cartão a ser olhado pelo agente era determinado por uma lista de números escolhidos ao acaso (1 a 5) previamente preparada por S. G. S. ou, em alguns casos, por outra pessoa. Esse tipo de experiência será denominado PRN *(prepared random numbers)*. (*) No segundo tipo, o cartão era determinado por uma ficha escolhida pelo tato, por um dos pesquisadores, de uma sacola ou vasilha contendo números iguais de fichas em cinco cores diferentes. Esse tipo de experiência será denominado experiência de "ficha".

Começaremos com uma descrição da experiência PRN. A técnica para todos os propósitos práticos foi padronizada no dia 7 de março de 1941, na sétima sessão da série. Usou-se um biombo sobre a mesa na primeira sessão em 24 de janeiro de 1941, mas adotou-se depois de 7 de março a precaução adicional de fechar os cinco cartões dentro de uma caixa. A introdução de um segundo pesquisador, cuja função era controlar Shackleton, deu-se em 7 de fevereiro na terceira sessão.

Pessoal

Em geral quatro pessoas tomavam parte nas experiências. Eram:
(1) adivinhador ou percipiente Rasil Shackleton, citado como (P);
(2) agente, citado como (A);
(3) pesquisador que controlava o agente, citado como (PA);
(4) pesquisador que controlava o adivinhador (AP).

Além disso, em muitas ocasiões, havia uma quinta pessoa presente, que funcionava como observador (0).

De janeiro até junho de 1941 o papel de (PA) foi exercido por S. G. S. e o do (AP) por K. M. G. e várias outras pessoas. Em 14 de agosto e

(*) Números preparados ao acaso.

depois dessa data K. M. G. geralmente fazia o papel de (PA) enquanto S. G. S. funcionava como (AP). Essa mudança dava a cada pesquisador a experiência dos diferentes papéis.

O Atelier e a Sala de Espera

As experiências eram feitas no atelier de Shackleton. O atelier ficava abaixo do nível da rua e nenhuma das salas tinha janelas. As salas consistiam principalmente de um grande atelier e de uma sala de espera. Havia, além disso, alguns pequenos aposentos particulares que se alcançavam da sala de espera através de um arco com cortina e, do atelier, por uma porta D_3. (*) A entrada do atelier pela sala de espera era pela porta D_2. As portas duplas da entrada D_1 levavam a uma curta passagem de onde degraus davam para a porta exterior do prédio, na rua. A área sombreada, na planta, entre a sala de espera e o atelier é entre muros, é oca, as paredes feitas de madeira compensada, pintadas, o mesmo se dando com as portas. A parte fechada que aparece no canto da direita do atelier é uma plataforma provisória de madeira compensada usada para trabalhos de fotografia.

A Mesa e os Cartões

A mesa de jogo (tamanho de 24 polegadas quadradas por 25 de altura) ficava situada no atelier a uma distância de 9 pés da parede que separava o atelier da sala de espera. Era iluminada por poderosa lâmpada de fotógrafo. Sobre a mesa ficava um biombo de madeira compensada de 31 polegadas de largura por 26 de altura, com uma abertura de 3 polegadas quadradas no centro. O biombo ficava em posição paralela a da parede. O agente ficava sentado no lado do biombo mais distante da sala de espera e o pesquisador no lado mais próximo. Sobre a mesa do lado do agente ficava uma caixa e inteiramente escondidos ficavam cinco cartões com reverso semelhante ao das cartas de baralho e o verso com cinco imagens de animais:

(*) Ver página 168.

ELEFANTE (E), GIRAFA (G), LEÃO (L), PELICANO (P), ZEBRA (Z).

As imagens eram coloridas.

Sobre a mesa em frente do pesquisador (PA) ficavam cinco cartões em que estavam impressos em tipos grandes 1, 2, 3, 4 e 5.

Posição de Shachleton

O percipiente Shaekleton ficava na sala de espera enquanto adivinhava em uma das seguintes posições: nas primeiras dezoito sessões, entre 24

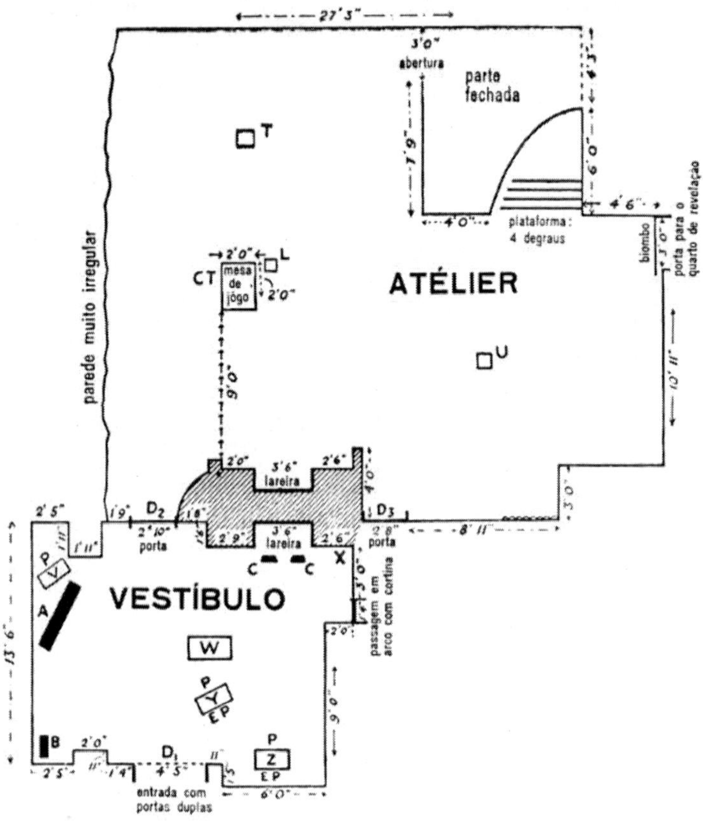

de janeiro a 13 de junho de 1941, ficava em uma das cadeiras (C) com o pesquisador (AP) ao lado, em frente da lareira. Em 14 de agosto e depois até 21 de dezembro de 1941, Shackleton e (AP) sentavam-se a uma mesa pequena no fundo da sala. Depois de 15 de maio de 1942, instalaram-se na escrivaninha (V).

PLANTA DOS APOSENTOS NAS EXPERIÊNCIAS
DE SHACKLETON

A – Sofá

B – Mesa de trabalho e banco

C – Cadeiras defronte a lareira

Z – Cadeira do assistente do fotógrafo

Z – Mesa mostrando a posição de Shackleton e do pesquisador em 14 e 25 de agosto de 1941

Y – Posição da mesa em 24 de setembro de 1941

W – Posição da mesa em 21 de novembro, 4 e 21 de dezembro de 1941

V – Escrivaninha onde Shackleton se sentara de 15 de maio
de 1942 a 26 de agosto de 1942

T – Posição da mesa de jogo até 21 de fevereiro de 1941

T – Posição da mesa de jogo no dia 21 de fevereiro de 1941 e depois dessa data

L – Lâmpada do fotógrafo

U – Posição de R. E. em 5 de junho de 1942

D1
D_2 = Portas
D_3

1. O pesquisador (PA) mostra o número 4 ao acaso, na abertura do biombo

2. A sra. Holding, atuando como agente, ergue e olha o quarto cartão na caixa a partir da esquerda para a direita.

3. O pesquisador (AP) (sr. Bateman) observa a sra. Stewart registrar as advinhações

4. O pesquisador (PA), tendovirado os cinco cartões com as faces para cima, registra o código (FTHKC) na folha de marcações

Folhas de Marcações (V. Pag. 171)

S. G. S. levava para cada sessão as folhas de marcações, que eram de tamanho comum e destinadas a acomodar duas colunas. Para cada coluna havia duas divisões: a da esquerda destinava-se as adivinhações e a da direita aos verdadeiros cartões. As duas divisões dividiam-se em 25 celas retangulares e, para facilitar, eram numeradas de cinco em cinco. A coluna da esquerda com suas duas divisões de 25 celas será referida como coluna (*a*) e a da direita como coluna (*b*). Assim a folha 4 (*a*) significa a coluna da esquerda na quarta folha; a folha 4 (*b*) a coluna da direita na quarta folha, ambas com suas divisões de 25 celas. Antes de ir para a reunião, S. G. S. preenchia todas as divisões dos cartões verdadeiros a serem usadas pelo pesquisador com uma sequência ao acaso dos números 1, 2, 3, 4 e 5. Em geral, S. G. S. preparava essas listas com os últimos dígitos dos logaritmos de sete de números escolhidos com intervalos de 100 das tabelas de Chambers, como se explicou no CAPÍTULO VII. Em alguns casos os números ao acaso de Tippet foram usados. (*) Essas listas eram feitas por S. G. S. em seu apartamento em Cambridge, a sós, e conservadas fechadas a chave até o dia da sessão. Eram então levadas a Londres dentro de uma pasta que jamais saia das vistas de S. G. S. até a hora de começar a sessão. No último instante S. G. S. levava a pasta ao atelier, tirava as listas e entregava-as ao pesquisador que controlava o agente. Shackleton, que jamais entrava no atelier até que terminasse a sessão, não tinha, portanto, oportunidade de ver essas folhas antes que fossem registradas suas adivinhações.

S. G. S. também entregava a Shackleton (P) algumas folhas em branco semelhantes às que estavam em poder de (PA) e tanto (PA) como (P) as numeravam "1", "2", "3", etc. Shackleton marcava suas adivinhações nas divisões "A" de cada folha

As listas de números ao acaso eram feitas com tinta azul-negro, mas Shackleton achava mais conveniente usar um lápis para marcar suas adivinhações. Ele e o pesquisador instalavam-se na sala de espera. A porta D_3 ficava fechada. Até a décima sessão a porta D_2 ficou também hermeticamente fechada. Depois da nona ficou aberta umas duas polegadas para

(*) As tabelas de Tippett foram usadas em 7, 14 e 21 de novembro de 1941. A marcação total foi de 124 em 480 (+ 1) tentativas. Isso corresponde a uma proporção crítica de 3.2 (probabilidades de uns 700 para 1).

FÔHLA DE MARCAÇÕES:
FÔLHA 1

NOME: B. B.
DATA: 14 de novembro de 1941

	Marca	A	V
		2	5
		3	1
	Êxito direto ✓	4 ↔	4
		1	3
5	✓	1	1
		3	2
	✓	5	5
		4	3
	✓	2	2
10		3	2
	✓	5	5
	(+1)	3 ↘	4
	Êxito precógnito	4	3
	✓	2	2
15		2	5
		3	1
		5	3
		5	1
	✓	4	4
20		3	2
		5	3
		1	2
	(-1)	4	↗ 1
	Êxito pós-cognitivo	1 ↙	5
25		1	4

Totais (+1)(0)(-1)

Totais 6/7/3 (+2) = 3 (-2) = 5 (CC+1) = 6

Totais 5/5/5 (+2) = 1 (-2) = 7 (CC+1) = 3

PARA SER PREENCHIDA ANTES DE SAIR DO LABORATÓRIO

Nome do pesquisador ....

Nome da testemunha ....

Nome do adivinhador ....

Observações ou sugestões: ....

CÓDIGO

Z	P	O	E	L
1	2	3	4	5

Tempo
Não marcado

Tempo
58 segundos

A	V	Marca	
4	3		
5	2		
4	5		
3	2		
4	1		5
2	4		
4	2		
3	3	✓	
3	4		
5	4		10
1	5		
4	4	✓	
5	3		
3	3	✓	
1	4		15
4	2		
1	5		
2	1		
3	3	✓	
4	5		20
3	5		
5	2		
4	4	✓	
2	1		
3	1		25

TOTAL CORRETO ....

Êste registro independente foi verificado com cópia

com a qual concorda ....

Assinatura do pesquisador ....

Assinatura da testemunha ....

TOTAL CORRETO ....

Êste registro independente foi verificado com copia

com a qual concorda ....

Assinatura do pesquisador ....

Assinatura da testemunha ....

facilitar a audição. De onde estava sentado Shackleton não podia ver o pesquisador que controlava o agente nem o biombo, mesmo que a porta D_2 estivesse escancarada. Não podia também enxergar a caixa do outro lado do biombo nem o agente. A caixa destinava-se a ocultar os cinco cartões das vistas de pessoas que poderiam esconder-se no atelier ou que pudessem estar olhando lá dentro através de algum orifício hipotético, no forro. Em verdade, com os cartões dentro da caixa, ninguém podia vê-los a menos que ficasse bem de pé atrás do agente; nesse caso isto seria percebido imediatamente.

Os cartões eram embaralhados pelo agente ou pelo observador se este estivesse presente. Em todas as experiências S. G. S. e K. M. G. adotaram como princípio a regra de que os controladores não deveriam embaralhar os cartões nem assistir ao embaralhamento. Portanto, como o pesquisador que controlava o agente não conhecia a ordem dos cartões dentro da caixa, não podia dar indicação alguma a Shackleton pela inflexão da voz quando desse o sinal vocal a Shackleton para registrar sua adivinhação. Além disso, como o controlador de Shackleton desconhecesse também a ordem, não poderia ajudá-lo. Se o controlador do agente olhasse pela abertura do biombo, poderia ver unicamente o agente e o topo da caixa.

O Lance

No começo da experiência o agente (A) e, às vezes, o observador (0) embaralhavam os cartões fora das vistas dos controladores, e colocavam-nos virados para baixo em fileira no fundo da caixa. Em seguida (PA) perguntava a Shackleton na outra sala se estava pronto e, recebendo resposta afirmativa de (AP), na antessala, levantava até a abertura do biombo o cartão impresso que trazia o número da primeira cela da divisão dos cartões verdadeiros da coluna (*a)* da primeira folha. (PA) fazia uma pausa de meio segundo e dizia depois "Um". Vendo, por exemplo, o número 4 na abertura, o agente levantava o quarto cartão, contando da esquerda para a direita, o suficiente para poder ver a imagem que trazia. Depois deixava cair o cartão ainda virado dentro da caixa sem perturbar a ordem dos cinco cartões. Ouvindo a palavra "Um" Shackleton escrevia na primeira cela da divisão de adivinhações da coluna (a) de sua folha a letra inicial de um dos cinco animais – "E", "G", "L", "P", "Z". A pequena pausa de (PA) era para assegurar que (A) já levantara o cartão quando Shackleton recebera o sinal. (AP) verificava se Shackleton sincronizava sua marcação com as enunciações de (PA). Enquanto se processavam as adivinhações, (A) ficava completamente silencioso. Em síntese: (A) ou (O), as únicas pessoas que conheciam a ordem dos cartões jamais diziam palavra; (PA), a única pessoa que falava, não conhecia a ordem dos cartões. Ficava, portanto, excluída a possibilidade de se estabelecer um código por intermédio da voz.

Até a nona sessão, em 21 de março de 1941, Shackleton costumava gritar "certo" imediatamente após registrar sua adivinhação; mas depois de algum tempo isso se tomou desnecessário porque ele se habituou a escrever a adivinhação no instante em que ouvia o lance de (PA) ou num intervalo que dificilmente excedia de dois quintos de um segundo depois do lance. (Isso era marcado por S. G. S. com um cronômetro.)

(PA) depois mostrava o número de acaso seguinte, na abertura do biombo, e enunciava "dois" após uma pausa de meio segundo. Ao ver o cartão com o número, na abertura, (A) levantava o cartão do animal apropriado, olhava para ele e deixava-o cair dentro da caixa. Shackleton, ouvindo enunciar "dois" imediatamente marcava sua adivinhação na segunda cela de sua divisão de adivinhações; e prosseguiam assim as adivinhações. (PA) enunciava os números de 1 a 25 em ritmo certo, mantendo os intervalos o mais constante possível. Na primeira adivinhação, ligava o relógio de marcação que fazia parar na adivinhação 25. Quando a coluna (a) ou da esquerda estava completa, fazia-se uma pausa de pelo menos seis ou sete segundos, após o que (PA) anunciava "coluna seguinte" e, ouvindo a resposta de "certo" de (PA), começava tudo de novo, até que a coluna da direita ou (*b*) ficasse terminada. O tempo normal para terminar uma coluna de 25 adivinhações era de 62.33 segundos, o que corresponde a um intervalo em média de 2.6 segundos entre os lances sucessivos de cartões. O tempo para uma coluna de 25 lances variava entre limites de uns 50 e 80 segundos. Foi considerado um período confortável de adivinhação e referíamo-nos a ele como "velocidade normal".

Registro de Código

Quando terminava a folha de 50 lances (2 colunas) havia um intervalo de uns dois minutos para registrar o código. (PA) ia para o outro lado do biombo e, vigiado pelo observador (O) ou pelo agente (A), virava os cinco cartões para cima sem desfazer a ordem. Marcava então o código no fim da folha de marcações desta maneira:

G E Z L P
1 2 3 4 5

Isso representava a ordem dos cinco cartões vistos e levantados pelo agente, a contar da esquerda para a direita. Nesse intervalo, Shackleton permanecia com (AP) na sala de espera.

Antes de iniciar a segunda folha que tanto (PA) como (P) numerava "2", os cinco cartões da caixa eram embaralhados por (A) ou (O), fora das vistas de (PA) e (AP), o que era feito sempre antes do início de folha nova.

Decifração e Verificação

A decifração e contagem de êxitos eram feitas por (PA), (AP) e (O) com a presença de (A).

(PA) levava as folhas de números ao acaso para a sala de espera (ou as folhas de Shackleton para o atelier) e colocava a de número 1 sobre uma mesa ao lado da folha de adivinhação N.º 1 de (P). Um dos pesquisadores lia em voz alta as adivinhações de (P) e, enquanto fazia isso, (O) o outro pesquisador copiava na cela apropriada da coluna de adivinhações de (PA) o número de código para cada uma das letras de (P) que obtinha comparando com o código no final da folha de (PA). Quando esse número era registrado, o observador (O) ou o outro pesquisador verificava-o, enquanto que (A) verificava a letra lida pelo primeiro pesquisador. Assim cada membro do par *ativo* era controlado por uma testemunha. Todos os números decifrados eram marcados a tinta. Quando uma coluna de 25 adivinhações era preenchida na folha de (PA), os números de êxitos eram contados na ordem:

(a) adivinhação certa (O),
(b) êxitos precógnitos (+1),
(c) êxitos pós-cognitivos (–1),

geralmente com três pessoas verificando a contagem. Esses números eram depois escritos a tinta no topo da folha de (PA) assim:

(+1)	(O)	(–1)
6	4	3

Eram assinalados os êxitos diretos. A verificação era geralmente feita logo após o término da última experiência do dia, embora nas primeiras sessões fosse feita no final de cada folha e depois no final de três. Os dois pesquisadores e (O) assinavam seus nomes no final de cada folha de marcações.

Nas primeiras sessões, Shackleton frequentemente observava a decifração e verificação como observador passivo, mas depois de junho 1941 raramente ficava presente; saia do atelier. Costumava voltar depois que terminávamos, mas via de regra, depois de junho de 1941, ele não ficava sabendo de suas marcações exatas. Depois uma sessão feliz, os pesquisadores o informavam de que os resultados tinham sido bem-sucedidos ou algo parecido. Se os resultados não eram bons, diziam-no. Ele nunca desanimava com os maus resultados, mas também pouco se animava com as boas marcações. Sua atitude geral era de desprendimento, e muitas vezes parecia completamente indiferente ao resultado de sua "performance". Certamente não havia aquela ansiedade que alguns pesquisadores descrevem como existe em seus pacientes.

Em conexão com método de decifração e verificação, deve ser entendido que muitas variações e mudanças de pessoas foram feitas devido a crítica de que as mesmas duas pessoas, fazendo os mesmos papéis, poderiam estar em conluio para falsificar os registros. Todos os observadores independentes, sem exceção, ficaram satisfeitos de que a tarefa de verificação era feita de maneira correta, e muitos o declararam por escrito. Os pesquisadores frequentemente perguntavam ao observador se não gostaria de verificar de novo, independentemente, algumas das marcações mais altas. O professor H. Habberley Price (l), por exemplo, escolheu ele mesmo três colunas de marcações altas e verificou, independentemente, tanto a decifração quanto a contagem de êxitos. Não se encontraram erros.

Cada semana era feita nova verificação da decifração e contagem de êxitos por S. G. S. dos registros originários, e os erros encontrados foram muito raros, em verdade quase inexistentes.

Em 14 de agosto de 1941 e em várias ocasiões, Shackleton não registrou suas adivinhações por escrito. Nessas ocasiões e a seu pedido, cinco cartões com as imagens dos cinco animais foram colocados na mesa em sua frente, e, em vez de escrever a adivinhação, ele simplesmente tocava uma das cinco imagens com o lápis, e a escolha era marcada por S. G. S. que agia como (AP). S. G. S. notou que Shackleton sempre tocava o cartão de dois a quatro quintos de segundo depois do lance. Usamos esse método somente a pedido de Shackleton. Ele declarou que sentia despender menos esforço consciente, e podia agir assim com mais automatismo. O método tem o pequeno inconveniente de que poderiam ocorrer erros vez ou outra, através de registros errados por parte de (AP) da escolha de Shackleton, mas S. G. S. tem certeza de que esse não era o caso.

Na maioria das quarenta sessões Shackleton anotava suas adivinhações e assim tínhamos registros independentes da sequência dos cartões e das adivinhações do paciente, que poderiam ser verificados e comparados depois de terminada a sessão.

Seria tolo, portanto, algum critico sugerir que as marcações extra chance de Shackleton eram devidas a marcações erradas de suas adivinhações, pois nas sessões em que ele fez suas próprias marcações as probabilidades contra a chance foram de ordem astronômica.

Podem citar-se uma ou duas variações do método de verificação e decifração.

Em 21 de dezembro de 1941, o professor C. A. Mace([1]) psicólogo, ficou entre K. M. G. e S. G. S. para que pudesse verificar a letra lida por S. G. S. e a exatidão do número marcado (a tinta) por K. M. G., a qual fazia a decifração. Ele *relatou que não houve erros* e a marcação de (+1) foi de 58 êxitos em 192 tentativas, dando probabilidades de 2.500 para 1 contra a chance.

Nessa sessão as folhas de números ao acaso foram preparadas pelo sr. C. U. Blascheck, quando se achava a sós em seu apartamento em Cambridge; ele mesmo as pôs no correio, em envelope fechado, endereçado a sra. Woolard, de North Hill, 7, Highgate. Uns dois dias antes da experiência, a sra. Woolard enviou pelo correio o envelope ainda fechado para o professor Mace que o levou consigo para a sessão. S. G. S. não teve oportunidade de ver as listas de números ao acaso até o momento da verificação. Essa foi uma das sessões em que Shackleton *não* marcou suas adivinhações, mas seria absurdo supor que as marcações altas pudessem ser devidas a erros cometidos por S. G. S. no registro, a menos que possuísse poderes paranormais semelhantes aos de Shackleton, o que certamente não é verdadeiro.

Em 5 de dezembro de 1941 Sir Emest Bennett leu em voz alta as adivinhações de Shackleton enquanto K. M. G. decifrava e escrevia os números a tinta e S. G. S. observava seu trabalho. A srta. Rita Elliott, como agente, também observava esse trabalho. A marcação de (+1) foi de 59 êxitos em 192 tentativas, com probabilidades de 1.500 para 1 contra a chance. Foi outra ocasião em que Shackleton *não* anotou suas adivinhações, mas seja dito que as folhas de números ao acaso haviam sido preparadas pelo dr. G. D. Wasserman, um matemático, em Cambridge. Elas foram fechadas em um envelope marcado "Para ser aberto somente a hora da sessão"; foi o envelope posto no correio por Wasserman, que o endereçou a K. M. G. Esta levou o envelope fechado para a sessão. Foi aberto longe de S. G. S., na presença de Sir Emest Bennett, observador. Seria ainda absurdo argumentar que erros no registro das adivinhações fossem responsáveis por essa marcação muito significativa.

No dia 15 de abril de 1943 todo o trabalho de decifração e de registro dos números e da contagem e verificação dos êxitos foi feito pelo dr. Donald J. West (agora pesquisador da Sociedade de Pesquisas Psíquicas) com S. G. S. a observá-lo. A marcação foi de 60 (+1) êxitos em 192 tentativas, sendo as probabilidades contra a chance de quase 10.000 para 1. Nessa sessão Shackleton marcou suas adivinhações a lápis. Qualquer erro na decifração deveria ser atribuído ao dr. West e devia, além disso, ter escapado a vigilância de S. G. S., ficando despercebido na cuidadosa verificação que este último sempre fazia de todas as decifrações e contagens.

Ficou demonstrado muitas vezes que pessoas com longo treino em trabalhos de absoluta exatidão, especialmente os matemáticos, muito raramente cometem erros, e é simplesmente ridículo que os cépticos sugiram que as altas probabilidades contra a chance obtidas semana após semana por Shackleton ou pela sra. Stewart devam ser atribuídas a erros ao copiarem-se os números ou ao decifrarem-se as letras para seus respectivos números.

As Folhas de Marcação em Duplicata

A tarefa final na conclusão de cada sessão era fazer cópias a tinta de todas as folhas de marcações que tivessem sido terminadas. Esse trabalho era geralmente dividido entre K. M. G., S. G. S., e a agente principal Rita Elliott. As experiências foram feitas em tempo de guerra, e resolveu-se que o risco de serem os documentos destruídos seria diminuído se dois grupos de registros ficassem guardados em cidades diferentes. Depois de serem assinadas por K. M. G., S. G. S. e qualquer observador que estivesse presente, as cópias eram colocadas, a vista de todos os presentes, em envelope selado, endereçado ao professor C. D. Broad, Trinity College, Cambridge. Esse envelope era colocado na presença de não menos de três pessoas, na caixa postal da Shaftesbury Avenue, que ficava a pequena distância do atelier de Shackleton. Quando o observador – se havia algum – partia, K. M. G. e S. G. S. iam a um restaurante onde as marcações eram verificadas de novo e planos feitos para futuras experiências.

S. G. S. levava os registros consigo para Cambridge ou para sua casa em Essex, e fazia nova verificação completa da decifração e da contagem de êxitos. Contava também todos os êxitos precógnitos (+2) e pós-cognitivos (–2), marcando os totais para cada coluna. Em todo o período, não foram descobertos erros, mas numa ocasião verificou-se que um único êxito (+2) passara despercebido na contagem.

As cópias foram guardadas pelo professor Broad durante a guerra e devolvidas depois por ele a Sociedade de Pesquisas Psíquicas.

Exatidão dos Registros

O professor Henry Sidgwick, em seu primeiro discurso como presidente da Sociedade de Pesquisas Psíquicas disse: "Já fizemos tudo que nos é possível quando o crítico nada mais tem a dizer senão alegar que o pesquisador esteja participando de alguma trapaça. Mas quando nada mais tiver para alegar, alegará isto." Assim, talvez o último recurso do céptico seria insinuar que as folhas de registro foram adulteradas pelos próprios pesquisadores no final das sessões. Os *dois* pesquisadores precisariam estar em conluio; não seria possível a um deles alterar os números sem a conivência do outro, uma vez que ambos faziam a verificação juntos e assinavam as folhas, e as cópias eram postas no correio em presença deles e do agente principal logo após deixarem o atelier.

Não se pode negar que se K. M. G. e S. G. S. estivessem decididos a burlar, seria possível, nas ocasiões em que nenhum observador estivesse presente, fazer falsas folhas de marcações e cópias também. Muitos observadores não puderam ficar o tempo suficiente para vigiar o longo trabalho da segunda verificação e cópia das folhas de marcações; tinham que tomar trens, precisavam de atender a outros compromissos, etc. Isso, porém, não era culpa dos pesquisadores que esperavam que ficassem e mesmo pediam que ficassem. Por outro lado, muitos observadores, como o sr. Shibbett, srta. Jephson, sr. Medhurst, Sir Emest Bennett, sr. Rozelaar, Dr. West, ficaram até o fim, e, nessas ocasiões, as folhas de marcações originárias ficaram sob sua observação direta desde a primeira verificação até a colocação das cópias na caixa do correio. Em tais ocasiões, isso era feito pelo próprio observador. Uma inspeção de lista de marcações nas ocasiões em que os observadores estiveram presentes revela longas partidas de marcações altamente significativas (+1), em que dificilmente uma única coluna mostrava número mais baixo do que cinco êxitos.

Os próprios pesquisadores, no entanto, estavam ansiosos por fazerem a verificação, não por questão de honestidade, porém por questão de exatidão. Cada folha separada representava a verificação de 240 pares de números por cinco contagens (–2, (–1), (O), (+1) e (+2); a cópia era uma tarefa fastidiosa que podia facilmente levar a descuidos; e tudo isso precisava ser feito no final de um longo dia de trabalho, e antes de um jantar tardio. Outras cópias dos totais tinham que ser feitas para se datilografarem as listas de marcações.

Depois de dividir em grupos as listas originárias, os pesquisadores enviavam-nas juntamente com uma cópia da lista datilografada para as seguintes pessoas: sr. Kenneth Richmond, srta. Jephson, sr. Redmayne, sra. Woollard, sr. Medhurst, sr. Chibbett, sra. Johnstone e sr. Rozelaar. Os cinco primeiros são membros da Sociedade de Pesquisas Psíquicas.

Ao mesmo tempo pedia-se ao professor Broad que lhes enviasse folhas duplicadas correspondentes que tinha em seu poder. Cada pessoa devia verificar todas as marcações nas cinco categorias na lista datilografada com os resultados obtidos pela recontagem dos êxitos nas folhas originárias. Deviam verificar também os totais escritos a tinta no alto de cada coluna, por exemplo 6/7/3 (vide página 170), com os registros obtidos por contagem direta. Isso era importante porque qualquer alteração dos números da própria coluna necessitaria de uma alteração correspondente nesses totais, os quais eram escritos na sessão, na presença dos pesquisadores e de qualquer pessoa que ali estivesse. O verificador devia também comparar os registros originários com as cópias do professor Broad e assinar cada lista datilografada como estando em concordância com o original e a cópia. Nos casos em que o verificador trabalhara como observador em qualquer das experiências, pediam-lhe que examinasse sua assinatura. Os originais eram devolvidos a S. G. S. juntamente com as listas assinadas, e as cópias devolvidas diretamente ao prof. Broad.

Em todas as listas originárias assim verificadas, no período total das experiências, foram encontrados menos de doze erros isolados, *nenhum deles sendo do grupo precógnito.* Esses poucos erros quase se anularam e nenhuma importância tiveram. Houve também certo número de erros de cópia não muito sérios nas folhas em duplicata devolvidas ao professor Broad. Como as folhas não mais estavam com os pesquisadores, somente era possível a estes fazer correções nos registros originários e não nas referidas folhas.

Houve seis ocasiões em que a verificação foi feita pelo próprio observador que nunca perdia o controle das listas originárias do instante em que lhe eram entregues até o momento em que enviava as cópias pelo correio ao professor Broad. Estatisticamente essas seis únicas ocasiões seriam suficientes para estabelecer a existência de faculdade paranormal em Shackleton. Em algumas ocasiões os observadores (inclusive a sra. Woollard, sr. Medhurst, dr. West e sr. Rozellar) copiaram os totais das folhas originárias e levaram-nos para casa para guardá-los. Foi uma medida de salvaguarda adicional.

A extrema escassez de erros nos registros originários (chegando a um por mil tentativas em média) revelada por essa dupla verificação deve certamente testemunhar a exatidão dos pesquisadores, tornando-se dificílimo que tivesse havido erros importantes nas ocasiões em que o controlador do adivinhador (AP) marcou as adivinhações de Shackleton.

Métodos de Avaliação

Durante essa investigação não foram feitos esforços para ir além dos deslocamentos de (–2) e (+2). As marcações em (–2), (–1), (O), (+1) e (+2) foram as únicas tentativas consideradas. Como a sequência de cartões era ao acaso, as expectativas nesses cinco tipos de marcações são teoricamente independentes umas das outras, embora as variâncias não sejam independentes. Conforme declaramos anteriormente, durante esse trabalho, as probabilidades contra a chance, correspondentes a qualquer desvio X da expectativa média é compreendida como sendo contra a existência de desvio fora do alcance de –X a +X. Em outras palavras calculamos nossas probabilidades na pressuposição de que estamos interessados tanto nos desvios negativos como nos positivos.

Foram empregados dois métodos de avaliação.

Numa série de tentativas N a expectativa média de êxitos é $N/5$, e o desvio-padrão $0.4\sqrt{N}$. Essas fórmulas servem quando estamos tratando individualmente de qualquer dos cinco tipos (-2), (-1), (O), (+1) ou (+2).

A expectativa e a variância foram calculadas para cada grupo de, digamos, 24 tentativas de (+1) ou 24 tentativas de (–1) por fórmulas devidas ao sr. W. L. Stevens, ([2]) e os resultados foram somados para todos os grupos. Esse talvez seja um método ligeiramente mais exato que o descrito em *(a)*. *O* cálculo de grandes coleções de tentativas pelos dois métodos mostrou que os desvios-padrões obtidos pelo método de Stevens foram quase, sem exceção, ligeiramente menores que os dados pela fórmula $0.4\sqrt{N}$. Estamos, portanto, seguros usando $0.4\sqrt{N}$ para o desvio-padrão em vez do valor dado pela fórmula de Stevens, que é aborrecida para calcular. Mas as expectativas foram encontradas com a fórmula de Stevens. ([2])

Os pesquisadores estavam muito interessados nas marcações de (+1), e para esse tipo foi feita uma dupla verificação pela marcação da coluna de adivinhação (o) de cada folha contra a coluna –V (*b*) da mesma folha e da coluna *(b)* de adivinhações contra a coluna –V (a). Isto é, as "adivinhações" das 25 tentativas da coluna esquerda da folha foram comparadas com as apresentações de "alvo" das 25 tentativas da direita e vice-versa.

Assim, em um total de 3.789 tentativas (+1) de telepatia, trabalhando-se com números preparados ao acaso em ritmo normal, com a srta. Elliott como agente, a dupla verificação deu 798 êxitos, número que não é significativamente diferente da expectativa de Stevens, de 775.8. O número verdadeiro de êxitos feitos por Shackleton nessas 3.789 tentativas (+1) foi de 1.101, o que excede o nível de chance por 13.2 desvios-padrões.

CAPÍTULO X

Principais Resultados com Shackleton

Shackleton iniciou as novas experiências com cartões de figuras de animais em 24 de janeiro de 1941. O "agente" era a srta. Rita Elliott, que foi o principal agente durante um ano inteiro. K. M. G. não esteve presente nas duas primeiras sessões, e S. G. S. foi o único pesquisador. Ele agiu como (PA) e também verificou os resultados com o agente e Shackleton observando. Na primeira sessão houve 67 êxitos em 192 tentativas (+1) contra a expectativa de Stevens de 39.7. É um resultado muito significativo, mas nos cartões "verdadeiros" ou de "alvo" houve somente 40 êxitos em 200 tentativas, o número exato que a chance poderia produzir. A marcação em 192 tentativas pós-cognitivas de (–1) foi de 41, o que também é um resultado de chance.

Ao término da primeira experiência, em 24 de janeiro, S. G. S. pediu a Shackleton que se lembrasse durante a semana seguinte que na sessão de 31 de janeiro marcaria êxitos *diretos* (O), e não êxitos precógnitos. Cada dia, durante a semana, S. G. S. repetia em voz alta "Shackleton vai marcar êxitos *diretos* na próxima sexta-feira". A sugestão parece ter tido efeito, porque no dia 31 ele marcou 76 êxitos diretos em 200 tentativas – um excesso de 16 acima da expectativa de chance correspondentes a probabilidades de mais de dez milhões para 1. Mas nas 192 tentativas (4-1), a marcação foi somente de 30, abaixo da expectativa.

No final da sessão do dia 31, S. G. S. pediu a Shackleton que se concentrasse durante a semana na ideia de marcar êxitos precógnitos (+1) e S. G. S. também repetiu em voz alta várias vezes por dia "Shackleton vai marcar êxitos precógnitos na próxima semana".

Os resultados dessa sugestão foram desapontadores, mais isso pode ser devido a presença de K. M. G. e do sr. H. Chibbett, que estavam encontrando Shackleton pela primeira vez nesse dia. Foi notado por Tyrrel,

Rhine e outros que o efeito da chegada de uma nova personalidade em cena é, algumas vezes, de diminuir a marcação. Na terceira sessão em 7 de fevereiro, Shackleton obteve 39 êxitos (+1) em 144 tentativas, correspondendo a probabilidades de cerca de 30 para 1. Mas contrariamente a sugestão dada, ele marcou 43 êxitos no cartão-alvo em 150 tentativas diretas, resultado que é melhor do que a marcação precógnita, sendo as probabilidades neste caso cerca de 120 para 1.

Depois dessa vez não foram feitas outras sugestões e durante as semanas seguintes houve uma afluência de novos visitantes; o interesse de todos concentrou-se nas extraordinárias marcações precógnitas (+1) que Shackleton continuou a produzir semana após semana. Os visitantes e pesquisadores somente falavam a Shackleton sobre "precognição". O efeito pode ter sido o seguinte: dirigiu sua faculdade extrassensorial para o canal precógnito, do qual ele raramente saiu durante todo um ano.

Entre 24 de janeiro de 1941 e 21 de dezembro desse mesmo ano, a srta. Rita Elliott foi agente em dezenove sessões em que listas de números ao acaso foram usadas para decidir qual cartão da caixa deveria ser visto pelo agente. Exceto nas datas de 14 e 25 de agosto, o material para transmissão telepática consistiu de imagens dos cinco animais. Nas datas mencionadas as imagens foram alternadas com cartões impressos com as palavras associadas Tronco, Pescoço, Juba, Bico e Listras. Essas experiências (que serão discutidas mais tarde) estão incluídas no grande total de 3.789 tentativas (+1). Elas deram 1.101 êxitos (+1) quando a expectativa seria de 775.82 segundo Stevens. Temos, portanto, um excesso de êxitos (+1) de 325.18 que correspondem a 13.2 desvios-padrões. Segue-se que as probabilidades contra a ocorrência de desvio positivo ou negativo dessa magnitude é maior do que 10^{33} para 1. No entanto, como a marcação de (+1) foi escolhida como a melhor marcação das cinco categorias (–2), (–1), (0), (+1) e (+2), as probabilidades acima devem ser divididas por cinco; isso, porém, dificilmente afeta sua colossal significação. Com exceção da tremenda marcação nas tentativas (+1) nenhuma das outras tem a menor significação a não ser por estarem completas como mostramos no seguinte quadro:

QUADRO 2

Números preparados ao acaso. Telepatia. Média Normal. Agente: Srta. Rita Elliott

Categoria	(-2)	(-1)	(0)	(+1)	(+2)
Tentativas	3.630	3.788	3.946	3.789	3.632
Êxitos Esperados	726	758	789	776	726
Êxitos Obtidos	714	768	829	1.101	703
Desvio	- 12	+ 10	+ 40	+ 325	- 23
Desvio-Padrão	24	25	25	25	24

No quadro acima os resultados são dados aproximando-se do número inteiro. Com exceção dos de (+1) todos os desvios são menos do que duas vezes os desvios-padrões correspondentes. As experiências foram feitas dentro do ritmo "normal", isto é, o tempo *médio* para as 25 adivinhações foi de 62.33 segundos, o que corresponde a um intervalo médio de 2.6 segundos entre lances sucessivos. Obtiveram-se êxitos significativos em tentativas (+1) em quase todas as médias entre 50 e 80 segundos para uma coluna de 25 lances. Esses extremos representam os limites mais altos e mais baixos para a média de velocidade normal.

Experiências de Clarividência

A primeira variação do método PRN consistiu na introdução, sem que Shackleton o soubesse, de folhas de 50 tentativas durante as quais o agente não conhecia a ordem dos cinco cartões da caixa, mas simplesmente tocava o reverso em cada lance sem revirá-los. Duas folhas desses testes de "clarividência" eram intercaladas a esmo entre os testes comuns de "telepatia". Antes de iniciar uma folha de clarividência, a srta. Elliott embaralhava os cinco cartões com os olhos fechados e colocava-os no fundo da caixa sem vê-los. Em muitas ocasiões os cinco cartões foram embaralhados por um observador fora das vistas do agente e de qualquer pessoa na sala. Quando (PA) mostrava o cartão de número ao acaso pela abertura do biombo, o agente – srta. Elliott – tocava o cartão correspondente sem levantá-lo ou olhá-lo. Mas como não havia diferença no procedimento Shackleton ficava ignorando o fato de que havia sido introduzida uma variação. Considerado como experiência em clarividência pura, o teste ficou longe de ser satisfatório. Por exemplo, se o teste alcançasse sucesso, talvez insinuassem que o agente poderia reconhecer os cinco cartões por pequeninas marcas, etc. (embora a luz dentro da caixa provavelmente não fora suficiente para tomar isso possível). Se Shackleton obtivesse qualquer grau de sucesso nesse teste francamente falho, os pesquisadores aperfeiçoá-lo-iam fechando os cartões em envelopes opacos. Mas tais requintes foram desnecessários porque os testes de "clarividência" falharam invariavelmente.

Entre 24 de janeiro a 28 de fevereiro de 1941 completaram-se dez folhas de experiências de "clarividência", mas os resultados dos cinco tipos de marcações foram inteiramente negativos. Por exemplo, em 500 cartões o número de êxitos diretos foi de 98 contra uma expectativa de 100. Nas 480 tentativas precógnitas (+1) houve 98 êxitos contra a expectativa de Stevens de 96, enquanto que nas 480 tentativas pós-cognitivas (–1) houve 106 êxitos contra a mesma expectativa de 96. A verificação cruzada total de 101 êxitos nas tentativas de (+1) também ficou próxima da expectativa.

Entre 24 de outubro e 21 de dezembro de 1941 foi feita nova série de experiências, em que folhas de "clarividência" foram rigidamente alternadas (não intercaladas ao acaso) com folhas de telepatia. Houve uma importante diferença, porém. Nessa segunda série, contaram a Shackleton, no início de cada folha de 50 adivinhações, se ele devia tentar a "clarividência" ou "telepatia". Assim (PA) anunciava antes de cada folha "Folha N.º 1 telepatia", "Folha N.º 2 clarividência" e assim por diante. O resto do procedimento era o mesmo como na primeira série. A intercalação regular dos dois tipos de experiências tenderia a eliminar diferenças devidas ao cansaço mostrando claramente a reação de Shackleton as duas espécies de experiência. Enquanto as folhas de telepatia mostraram marcações altamente significativas, os resultados de "clarividência" foram, no todo, somente o que a chance poderia produzir. Assim em 768 tentativas (+1) de clarividência houve 160 êxitos e em 768 tentativas (–1) 159 êxitos contra uma expectativa de 153.6 em cada caso. Nas cinco categorias houve unicamente uma proporção crítica de 2.12 nos êxitos diretos, mas desde que essa marcação foi escolhida como a melhor de cinco, o resultado não tem importância no que se refere a significação total. No entanto, é digno de menção que, embora a marcação total de clarividência, nessa série, fosse sem significação, numa única ocasião, em 5 de dezembro, Shackleton obteve não menos de 58 êxitos diretos (O) em 200 tentativas, contra uma expectativa de chance de 40 (PC=3.18). Esse, porém, foi um resultado isolado.

Parece claro que Shackleton falhou nos testes de "clarividência", estivesse ou não informado da natureza da experiência.

Interessante comparar as marcações de "telepatia" nesta segunda série com as marcações alternadas de "clarividência" nas tentativas precógnitas (+1). Em 864 tentativas (+1) de telepatia Shackleton obteve 243 êxitos, contra uma expectativa de chance 174.4 (Stevens), o que corresponde a uma proporção crítica de 5.84. Mas nas 768 tentativas alternadas de clarividência ele marcou somente 160 êxitos (+1), o que excede o número esperado (156.64) por menos de 4.

Em outras experiências, as experiências de "telepatia" mostram probabilidades contra a chance de, pelo menos, dez milhões para um, ao passo que as experiências de "clarividência" dão resultados inteiramente em harmonia com a chance.

O fracasso de Shackleton nos testes de "clarividência" certamente não foi devido à falta de confiança. Em nenhuma ocasião ele mostrou que antecipava ou temia fracasso nas experiências quando o agente não olhava para os cartões. Aparentemente tratava os testes de "telepatia" e "clarividência" com a mesma segurança. Não percebia nenhuma diferença de sensações quando fazia os dois testes.

Em todo aquele trabalho de clarividência nenhuma de suas marcações, nas cinco categorias, chegou a ter qualquer significação.

A grande diferença entre as marcações de "telepatia" e "clarividência" deve dar o que pensar aos críticos que tentam afirmar que as altas marcações de Shackleton foram o resultado de registro falho ou de estatística errada, se realmente existem tais críticos. Erros na decifração ou no registro ou na verificação afetariam as duas marcações de maneira semelhante. Não haveria razão para a ocorrência de marcações de "chance" em "clarividência" e marcações excepcionalmente altas em "telepatia". Outrossim, se houvesse verdade na sugestão de que as fórmulas estatísticas não podem ser aplicadas a experiências de adivinhações de cartões em larga escala, uma mudança de condições para a experiência não afetaria a questão de nenhuma maneira. (*)

Não podemos dizer qual a razão do fracasso de Shackleton e da sra. Stewart sob as condições de clarividência, quando tantos pacientes americanos obtiveram êxito sob condições semelhantes, mas podemos conjeturar que talvez seja devido a terem os dois mostrado deslocamento nas

(*) Esses fatos fornecem um argumento formidável contra as teorias do sr. Spencer Brown. Vide capitulo XX.

adivinhações. Será lembrado que, nas experiências de adivinhações de imagens do falecido Dr. C. E. Stuart, foi verificado que, nas experiências de clarividência, (*) os pacientes "concisos" deslocavam suas adivinhações para a imagem que precedia a visualizada pelo agente, enquanto que nas experiências de telepatia (**) (Cap. XX), os "concisos" não mostravam deslocamento para trás, marcando um pouco acima da expectativa de chance na imagem para a qual o agente estava olhando. Isso sugere que há uma espécie de conexão entre as condições de telepatia e o tipo direto de adivinhação paranormal de um lado e entre as condições de clarividência e o tipo de deslocamento, do outro. Não temos, porém, ideia do que seja essa conexão ou qual a relevância das descobertas da dra. Humphrey com as "performances" tão diversas de nossos pacientes. S. G. S. é de opinião que Shackleton seria considerado, por todos que o conheceram, como um tipo "expansivo". Shackleton gosta de conversar e é sociável, e ninguém poderá dizer que ele seja tímido ou inibido. Mas como já dissemos, também tem o dom de avaliar rapidamente o caráter e o temperamento das pessoas quase que à primeira vista. Nisso ele pode ser ajudado por seus poderes telepáticos. Ao mesmo tempo, parecia muito pouco influenciado pelas pessoas que conhecia, mostrando-se quase sempre meio indiferente. Esta última característica talvez nos dê um indicio da razão por que ele diferia da maioria das pessoas sensíveis, nas adivinhações; sua marcação, na maior parte, não era afetada pela presença de testemunhas. Ele era sensível a atmosfera mental que cercava as pessoas com as quais entrava em contato sem ficar emocionalmente envolvido. Mas ao contrário do tipo expansivo da dra. Humphrey, ele não mostrou tendência para marcar acima da chance nas experiências de clarividência, embora, conforme veremos adiante, marcasse abaixo no cartão-alvo ou (O) durante um período considerável em testes de "telepatia" com certo agente.

Experiências com Fichas

As experiências de clarividência acima descritas tomaram bastante provável que Shackleton era coroado de êxito somente quando o agente conhecia a ordem das cinco imagens dentro da caixa. O passo seguinte era descobrir se a experiência teria êxito se, em vez de usar listas de núme-

(*) V, 10.
(**) V,11.

ros ao acaso, preparadas antes de começada a experiência, o pesquisador determinasse a escolha de cartões feita pelo agente tirando fichas de uma sacola ou tigela ao acaso. Com esse método a escolha de cartões seria determinada durante a marcha da experiência pelas cores das fichas tiradas, em vez de ser por uma série de números já existentes no início dos testes.

Para esse fim misturaram-se, dentro de uma sacola de pano, 200 fichas de osso da mesma fabricação e tamanho, mas em cinco cores diferentes; havia números iguais de cada cor. Foi combinado com a pessoa que desempenhava o papel de agente, srta. Elliott, que as cinco cores representavam os dígitos de 1 a 5 na seguinte ordem: branco=l; amarelo=2; verde=3; vermelho=4; azul=5.

Para auxiliar o agente cinco fichas de cores na ordem acima foram colocadas no topo da caixa da esquerda para a direita para que, quando o pesquisador (PA) mostrasse, digamos, uma ficha vermelha na abertura do biombo, (A) precisasse levantar simplesmente o cartão diretamente abaixo da ficha vermelha em sua frente. Na prática, a associação entre as posições de cartões e fichas foi rapidamente memorizada, de modo que a aparição de uma cor na abertura resultava na seleção quase automática do cartão certo. Após um esforço de S. G. S., não muito bem-sucedido, pois provou ser lerdo na extração das fichas na velocidade requerida, foi essa tarefa delegada a K. M. G. que alcançou maior êxito na apresentação das fichas em curso "normal" e uniforme. O registro das fichas na coluna de uma folha de marcações foi confiado a S. G. S., que as traduzia mentalmente nos dígitos correspondentes.

No dia 14 de março de 1941, na ausência de K. M. G., a srta. Ina Jephson foi a encarregada das fichas. Nas duas primeiras experiências, em 7 e 14 de março, (PA) retirou as fichas de uma sacola de pano recolocando-as depois no lugar depois de expô-las na abertura. Depois da sessão de 7 de março, K. M. G. escreveu uma breve exposição sobre o método de extração das fichas. Disse ela:

"Eu dispunha a sacola de maneira que as fichas pudessem ser retiradas facilmente. Enfiava as duas mãos alternadamente e mostrava uma ficha na abertura enquanto a outra já estava dentro da sacola a procura de outra ficha. De vez em quando eu fazia uma pausa suficiente para dar uma sacudidela na sacola, sempre procurando nela para evitar a escolha da mesma ficha duas vezes."

Em 21 de março e depois dessa data K. M. G. achou mais prático colocar todas as fichas dentro de uma grande tigela. Para evitar uma escolha consciente, o que destruiria o caráter de sorte da escolha, ela ficava de pé, olhando por cima do biombo e escolhia as fichas com as duas mãos alternadamente, somente pelo tato. Depois de apresentar cada ficha na abertura, deixava-a cair de novo na tigela. Embora esse método pareça dar aproximadamente o mesmo número de cada uma das cinco cores na velocidade normal, certamente não será esse o caso se a velocidade dos lances for dobrada, como o foi depois. Mesmo na confortável velocidade normal é duvidoso que a distribuição seja completamente ao acaso a ponto de satisfazer todos os critérios teóricos quanto ao acaso. Mas quando a velocidade da escolha é aumentada para 35 segundos numa sequência de 25 do tempo comum de 62 segundos, os números de diferentes cores escolhidas tornam-se muito desiguais. Isso provavelmente é devido ao fato de que na velocidade aumentada não há tempo suficiente para a mão do pesquisador procurar em todas as partes da tigela. Se acontecer estar uma porção de fichas brancas na superfície da tigela, tais fichas poderão ser apanhadas mais frequentemente que as de outras cores. No entanto, há alguma compensação para isso no fato de que o método de Stevens, que usamos sempre, de calcular a expectativa de êxitos, leva em conta a distribuição desigual dos cinco símbolos em uma sequência de 25 chamadas.

Na *Introdução a Teoria de Estatística* (p. 339), dizem Yule e Kendalhj[1])

"A visão não é o único sentido que pode modificar um método de escolha. Em certas experiências, fichas do mesmo formato, mas de cores diferentes foram colocadas em uma sacola e tiradas uma de cada vez, sendo depois devolvida e a sacola bem sacudida antes de se tirar a ficha seguinte. Isso parece um método com resultados puramente do acaso. No entanto, surgiu uma persistente má sorte contra fichas de certa cor. Depois de cuidadosa investigação, a única explicação que se encontrou foi que aquelas fichas eram ligeiramente mais oleosas que as outras devido a particularidades do pigmento e, portanto, escorregavam pelos dedos do pesquisador."

Essa observação tem certa relevância com o ponto em questão.

Uma *máquina* que produzisse uma sequência ao acaso, na velocidade requerida, serviria aos propósitos dos pesquisadores melhor que a sacola ou tigela. No início pensou-se numa engenhosa máquina projetada pelo sr. Geoffrey Redmayne, (*) baseada essencialmente no princípio da roda

(*) XV, 3.

da roleta, que talvez pudesse servir. Ela poderia ser usada para gerar ao acaso uma sequência de cinco números, figuras ou símbolos de qualquer espécie. Mas infelizmente, devido ao tempo em que a roda levava para parar, o intervalo entre apresentações sucessivas passaria dos cinco segundos, e essa velocidade com fichas provou ser muito lenta para Shackleton produzir resultados brilhantes.

Além disso, a vontade humana não atua no trabalho de uma máquina da mesma maneira que uma pessoa retira fichas de dentro de sacola ou tigela. O pesquisador pode escolher o canto da sacola em que vai procurar uma ficha. Mas no caso da máquina do sr. Redmayne, ele simplesmente tem que apertar um botão para pôr a roda em movimento; ele não possui o mesmo grau de liberdade. Se houvesse um seletor mecânico, os pesquisadores certamente teriam feito uso dele, visto que uma sequência ao *acaso* seria muito desejável para seus fins imediatos, embora a introdução de elemento de escolha humano nas experiências precógnitas suscite um problema muito interessante.

Enquanto K. M. G. mostrava as fichas na abertura, S. G. S. registrava os números correspondentes de 1 a 5, nas celas apropriadas da coluna da folha de marcações. Durante as quatro primeiras sessões com as fichas, S. G. S., enquanto registrava, ficava sentado atrás do agente em posição que lhe permitia não somente registrar as fichas como também observar, ao mesmo tempo, se o agente levantava o cartão certo. Como em todas as experiências, a única pessoa a falar era (PA) que não conhecia nem podia ver a ordem dos cartões. Enquanto K. M. G. e S. G. S. estavam ocupados com as fichas no atelier, um observador agia como (AP) e ficava sentado ao lado de Shackleton na sala de espera.

Os Resultados com Fichas

Aparentemente o novo método, pelo qual as experiências eram feitas com fichas ao invés de listas preparadas antecipadamente, não teve efeito algum na natureza dos resultados ou grau de êxito. Com a srta. Elliott, como agente, Shackleton continuou apresentando resultados precógnitos (+1) na mesma média alta. Entre 7 de março de 1941 e 3 de janeiro de 1942, a srta. Elliott trabalhou como agente em oito ocasiões em que as fichas foram mostradas na rapidez "normal". Em 1.578 tentativas (+1)

Shackleton assinalou 439 êxitos contra uma expectativa de Stevens de 321. Isso dá uma proporção crítica de 7.4 com probabilidades contra a chance de quase 10^{11} para 1. Interessante notar que a verificação cruzada dá um total de 327 êxitos (+1), o que está em excelente concordância com a expectativa de Stevens.

Será notado que o número total de tentativas (+1), 1.578, não é um múltiplo exato de 24. A razão é que, em 18 de abril de 1941, o dr. Wiesner, que agia como (AP) nessa ocasião notou que em uma coluna Shackleton hesitou no lance número 20 e saiu fora do ritmo. As últimas seis tentativas (+1), portanto, não foram consideradas. As marcações nas outras quatro categorias (–2), (–1), (0) e (+2) foram todas aproximadas da expectativa de chance e não precisam de comentários.

Experiências com Fichas em Ritmo Rápido

No dia 21 de abril de 1941, quando o sr. Kenneth Richmond, (*) nessa época redator do *Journal* da Sociedade de Pesquisas Psíquicas, agiu como (AP), foi feita importante descoberta. Depois que Shackleton completara três folhas de adivinhações em ritmo normal, com intervalo regular de 2.8 segundos entre os lances sucessivos, alguém sugeriu que se aumentasse a velocidade para dividir o intervalo ao meio se fosse exequível. Para facilitar a rápida apresentação das fichas, K. M. G., que estava trabalhando com a sacola, despejou-as na tijela e retirou-as com mãos alternadas como já foi descrito.

O sr. Richmond ficou sentado ao lado de Shackleton com um cronômetro para verificar se ele mantinha o ritmo. S. G. S. sentou-se ao lado do agente de maneira que não pudesse ver os cartões e registrou as fichas. Insistiram com Shackleton para que mantivesse o ritmo a qualquer custo. Se ao ouvir o lance para anotar a letra em certa cela e achasse que sua reação não fora bastante rápida para escrever a letra a tempo, deveria deixar a cela em branco, para estar pronto a preencher a próxima quando fosse enunciado o número da série.

A nova experiência cansou a todos. Depois de completadas três folhas, os pesquisadores pararam e verificaram os resultados. Todos esperavam que a experiência fosse um fracasso e, em verdade, encontramos somente marcações de chance nas categorias (–1), (0) e (+ 1), embora as experiên-

(*) XI, 12.

cias precedentes no mesmo dia, em velocidade normal, tivessem apresentado uma marcação significativa em tentativas precógnitas (+1). Então foi sugerido que se fizesse uma contagem das tentativas precógnitas (+2). Quando isso foi feito, tomou-se evidente que Shackleton estivera apresentando significativos resultados acima da expectativa de chance em (+2) em vez de em (+1). Em outras palavras, quando a rapidez dos lances foi aproximadamente dobrada, sua faculdade "precógnita" mudou do cartão (+1) e fixou-se no que se seguia.

Para ter certeza dessa descoberta os pesquisadores fizeram mais três folhas de adivinhações com a mesma rapidez (depois de concederem quinze minutos de descanso a Shackleton). Os resultados confirmaram as observações precedentes.

Para as seis folhas em ritmo acelerado, o intervalo médio entre lances sucessivos foi de 1.44 segundos – equivalentes a um tempo médio de 34.6 segundos para 5 lances. Nas últimas três folhas Shackleton deixou algumas celas em branco aqui e acolá. Nas 280 tentativas (+1) feitas nessa primeira ocasião o número de êxitos foi de 57, contra a expectativa de chance de Stevens, de 56.4. Mas nas 265 tentativas (+2) houve 84 êxitos, contra a expectativa de Stevens, de 53.6. Isso dá uma proporção crítica de +4.67 e corresponde a probabilidades de mais de 50.000 para 1 quando a marcação é escolhida como a melhor nas cinco categorias consideradas.

As experiências com fichas em ritmo rápido com a srta. Elliott, como agente, prosseguiram em quatro sessões. Ao todo, um total de 794 tentativas (+2) deram 236 êxitos enquanto que a expectativa de Stevens era de somente 159.4. As probabilidades correspondentes contra a chance sobem a cerca de cem milhões para 1. Por outro lado, o total de 831 tentativas (+1) deram somente 154 êxitos, contra a expectativa de Stevens, de 167. (*)

As reações nas categorias (–2), (–1) e (0) ficaram todas perto da expectativa de chance.

(*) Aqui temos outros argumento contra as teorias do sr. Spencer Brown. Se a percepção extrassensorial fosse devida a chance, por que a mudança de rapidez afetaria os resultados?

Experiências em Ritmo Lento

Entre 6 de junho e 14 de novembro de 1941, foram feitas experiências em que os lances sucessivos foram separados por um intervalo de cinco segundos, marcados por um cronômetro. Na primeira dessas seções foram usadas fichas, mas nas outras ocasiões números preparados ao acaso. Sempre que essa operação lenta era feita, Shackleton ficava muito irritado, dizendo que era inútil continuar e queixando-se de que ficava fora de si. Invariavelmente não conseguia marcações significativas de qualquer espécie na média de cinco segundos. Sugestões de que acabaria por ser coroado de êxito não deram resultado.

Nas quatro ocasiões um total de 768 tentativas (+1) deram somente 157 êxitos, comparados com uma expectativa de chance de 151.7, um resultado sem significação. As outras categorias também não deram resultado.

Em duas das quatro ocasiões grupos de 50 tentativas em ritmo lento foram regularmente alternados com grupos de 50 em rapidez normal. A diferença entre os resultados sob as duas condições ressalta no exame do seguinte quadro:

QUADRO 3

	(+1) Tentativas	(+1) Tentativas	Expectativa (Stevens)	Proporção critica
Lento	384	74	75.5	menos que 1
Normal	384	112	77.3	4.43

Assim, no ritmo de "cinco segundos" a marcação é quase exatamente a mesma que se poderia esperar da chance, mas nos grupos alternados, em ritmo normal, as probabilidades contra a existência de, pelo menos, uma das cinco categorias com proporção critica tão alta quanto 4.43 excedem dez mil para um.

Experiências com o Agente Sr. J. Aldred

Em fins de dezembro de 1941 a srta. Elliott assumiu um serviço de guerra com tempo integral, o que a deixou sem muito tempo livre para ajudar nas experiências. No início do inverno de 1942, Shackleton achou que o atelier era muito frio para fazerem as experiências de noite, principalmente porque sua saúde não era das melhores. As pesquisas foram, portanto, abandonadas até começo de maio quando se reiniciou o trabalho com novo agente, o sr. J. Aldred (*) que fora um dos principais agentes nas experiências de 1936. Quando trabalhara com Aldred, Shackleton marcara igualmente bem nas experiências (+1) e (–1). Seria interessante descobrir se Shackleton continuaria marcando bem somente nas tentativas precógnitas (+1) ou se as marcações pós-cognitivas (–1) seriam também significativas.

Durante as nove sessões em que Aldred foi o agente, usaram-se cartões com as letras iniciais E, G, L, P e Z dos nomes dos cinco animais, pois descobrira-se nas experiências com a srta. Elliott que a mudança não afetava o ritmo de marcações em tentativas (+1). As fichas também foram abandonadas, em favor das listas de números ao acaso. Nas primeiras três semanas (8, 15 e 22 de maio) K. M. G. esteve ausente e seu lugar foi tomado por R. G. Medhurst, um matemático, que fez todo o trabalho de decifração e contagem de êxitos nas datas acima mencionadas.

Mesmo na sessão de 8 de maio houve sinais de mudança na natureza dos resultados com a presença do novo agente. Em 192 tentativas precógnitas (–1), Shackleton marcou 52 êxitos, o que era promissor, enquanto que no mesmo número de tentativas (- (-1) a marcação foi somente de 46, um resultado pouco acima da chance. As oito folhas de adivinhações foram feitas na velocidade normal, mas além disso havia três colunas de 25 lances em que a velocidade foi diminuída para cinco segundos entre os lances. Depois do vigésimo, na terceira coluna, Shackleton, que ficara cada vez mais irritado, atirou fora o lápis dizendo que era uma perda de tempo continuar com os testes "lentos". Houve somente resultados de chance em todas as cinco categorias.

Nas outras seções feitas em 1942, em velocidade normal, com Aldred, como agente, as marcações precógnitas (+1) tomaram-se altamente significativas assim como as pós-cognitivas (–1). Assim, nas quatro sessões (8 de maio - 26 de agosto) um total de 720 tentativas (+1) apresentou 203 êxitos e o mesmo número de tentativas (–1), 207 êxitos, contra uma

(*) VII, 1.

expectativa de quase 144 em cada caso. Shackleton estava, portanto, marcando igualmente bem nos dois casos. Os números acima correspondem a 5.4 e 5.8 desvios-padrões, e as probabilidades contra a existência de *pelo menos duas* das cinco categorias (–2), (–1), (0), (+1) e (+2) com desvios tão altos quanto 5.4 desvios-padrões dão pelo menos $3X10^{11}$ para 1, isto é, probabilidades astronômicas.

Quando trabalhou com Aldred, como agente, em 1936, usando cartões Zener, Shackleton (*) obteve 5.38 por cento de cognições verdadeiras (isto é, adivinhações certas não devidas a chance) em tentativas (+1) e (–1) juntas. Na série de 1942, o número correspondente foi de 10.59 por cento de "cognições verdadeiras". O que, porém, não deixa de ser surpreendente, essa diferença não é *significativa,* embora uma porcentagem seja quase o dobro da outra. Não há evidência satisfatória de que Shackleton melhorara em seu trabalho com Aldred desde 1936.

Experiências em Ritmo Rápido

Quando Shackleton restabeleceu sua marcação pós-cognitiva (–1), uma característica que estivera ausente de suas adivinhações durante um ano inteiro, surgiu uma interessante questão.

Quando o ritmo de lances fosse aumentado para o dobro da "média normal" haveria um deslocamento de êxitos pós-cognitivos (–1) correspondentes ao deslocamento de êxitos precógnitos (– 1) que se deu com a srta. Elliot como agente? Os resultados mostram que isso aconteceu. Nas três ocasiões (22 de maio de 1942, 5 de junho de 1942 e 6 de janeiro de 1943), em que foram feitas experiências em ritmo rápido, usaram-se listas de números ao acaso em vez de fichas. Como antes, usaram-se cartões com as letras iniciais dos nomes dos cinco animais. O processo modificado foi como se segue:

Removeu-se o biombo que normalmente ficava sobre a mesa de jogo, e os cinco cartões que tinham os números de 1 a 5 foram dispostos no topo da caixa que permaneceu no lugar de costume sobre a mesa. O sr. Aldred – agente – ocupava posição usual. Colocou os cinco cartões virados dentro da caixa fora das vistas dos dois controladores (PA) e (AP). (AP) sentava-se com Shackleton junto a escrivaninha da sala de espera e esse último tinha diante de si seus cinco cartões de iniciais semelhantes aos do agente. (PA) ficava de frente para Alfred perto da caixa, com suas listas preparadas de números ao acaso. Ele foi enunciando 1, 2, 3, etc. ate 25 rapidamente e, ao dizer cada número, tocava com um lápis o cartão de número no topo da caixa correspondente ao número em sua lista. Quando Aldred via o número tocado pelo lápis de (PA), imediatamente levantava o cartão correspondente de dentro da caixa, olhava-o e deixava-o cair no lugar novamente. Shackleton, por sua vez, ao ouvir o número, tocava imediatamente com um lápis uma das cinco letras (iniciais) em sua frente. (AP) registrava a letra na cela apropriada da coluna na folha de marcações.

A experiência foi feita sem tropeços em três ocasiões; não houve falhas e Shackleton não perdeu o ritmo uma só vez. Como Aldred fosse novo na técnica de rapidez, nas duas primeiras sessões as experiências foram precedidas por um ensaio em que (PA) e

Aldred tomaram parte, usando as folhas da semana precedente de listas de números. Durante esse ensaio, S. G. S. sentou-se junto a caixa para verificar se Aldred era capaz de sincronizar o levantamento dos cartões com os números enunciados por (PA) no ritmo rápido requerido.

Os intervalos médios entre os lances sucessivos de cartões nas três ocasiões foram de 1.37 segundos, 1.39 e 1.44 segundos respectivamente. Os resultados constam dos quadros seguintes:

QUADRO 4

Marcações (+ 1) e (–1) (ritmo rápido)

Precógnitas			*Pós-cognitivas*		
Tentativas	*Êxitos*	*Esperados*	*Tentativas*	*Êxitos*	*Esperados*
552	126	111	552	112	110

QUADRO 5

Marcações (+2) e (– 2) (ritmo rápido)

Precógnitas			*Pós-cognitivas*		
Tentativas	*Êxitos*	*Esperados*	*Tentativas*	*Êxitos*	*Esperados*
529	149	106.5	529	151	103
Proporção critica = 4.62			Proporção critica = 5.21		

Um olhar para esses quadros mostra que no ritmo rápido de lances, os êxitos de (+1) e (–1) são sem significância e foram substituídos respectivamente por (+2) e (–2). (*) Isto, porém, é uma simplificação. O fato é que, na primeira ocasião, os dois efeitos pareciam seguir-se imediatamente e houve marcações moderadamente significativas nas duas tentativas (+2) e (–2). Na segunda ocasião houve uma marcação muito significativa em (+2), mas somente uma marcação de chance em (–2). Finalmente na última ocasião houve marcação de chance em (+2), mas uma tremenda marcação (proporção critica = 6.23) em (–2). Mas em nenhuma ocasião foram significativas as marcações (+1) ou (–1).

O violento deslocamento para (–2) na última ocasião é extraordinário. Houve, no entanto, um intervalo de 17 semanas entre a segunda e a terceiras ocasiões, durante o qual Shackleton teve um bom descanso.

O fato de que a faculdade *psi* de Shackleton podia subir para um ponto alto representado por 6.23 desvios-padrões somente em 184 tentativas (–2), dois anos após o início das experiências, atesta a força de sua capacidade paranormal. (**)

O sr. Rozelaar levou consigo uma lista das marcações totais em cada uma das cinco categorias. Ele também comparou cada folha originária com a cópia correspondente e colocou-as no correio, endereçadas ao professor Broad.

Houve Predição de Acontecimentos Futuros?

Se existiam listas de números ao acaso no começo da experiência, desnecessário imaginar que Shackleton estava predizendo um acontecimento futuro quando marcava significativamente no cartão (+1). Ser-lhe-ia possível ser coroado de êxito empregando telepatia ou clarividência para saber de fatos existentes no presente. Por telepatia, poderia saber da mente de (PA) – ou poderia saber por clarividência – qual o próximo número da lista. E por telepatia do agente, ou por clarividência, poderia obter conhecimento da ordem dos cinco cartões na caixa. Combinando essas duas in-

(*) Eis ai outro formidável argumento contra a teoria de que percepção extrassensorial é devida aos quadros de números ao acaso não funcionarem de acordo com a teoria de probabilidade comum.

(**) Nessa ocasião, o sr. L. A. Rozelaar, lente de francês no Queen Mary College da Universidade de Londres, que atuou como (PA), escreveu: "Fiz todo o trabalho de decifração e verificação com S. G. Soai. O agente não falava durante a adivinhação, e eu também não notei sinais de comunicação, quer de arrastar de pés, quer de tosses, etc. Inspecionei e registrei o código no final de cada 50 adivinhações."

formações, poderia dizer qual das figuras de animais seria vista pelo agente em seguida. Mas quando se tiram fichas coloridas de uma sacola ou tigela, o problema é mais complicado. Mas como na maioria das experiências com fichas, K. M. G. tirava-as da tigela com mãos alternadas, ainda poderia ser possível explicar a predição aparente de um evento futuro pela suposição de que Shackleton exercia clarividência ou uma combinação de telepatia e clarividência sobre uma situação existente, pois no instante em que anotava sua adivinhação e que a mão direita de K. M. G. estava segurando uma ficha na abertura, a mão esquerda de K. M. G. já poderia ter pegado a ficha seguinte. Shackleton saberia por clarividência a cor da ficha a ser mostrada em seguida e, por clarividência ou telepatia, do agente, saberia a ordem dos cartões na caixa. Ele poderia, portanto, deduzir o cartão (+1) dos fatos pertencentes a situação existente. Uma dificuldade nessa hipótese é que Shackleton em oportunidade nenhuma mostrou que possuísse a faculdade de clarividência. Poderíamos talvez dispensar a ideia de clarividência por parte de Shackleton ou de K. M. G. supondo que esta última pudesse reconhecer subconscientemente certas cores pelo tato, isto é, que os variados pigmentos pudessem ter um tato ligeiramente diferente. Nas experiências projetadas especialmente para testar a clarividência ele falhou completamente.

Mas quando tentamos explicar os deslocamentos (+2) nas experiências com fichas em ritmo rápido, essa hipótese cai por completo, pois quando Shackleton faz a adivinhação, digamos, no instante em que a mão direita de K. M. G. está segurando uma ficha na abertura e a esquerda está procurando na tigela pela ficha (+1), a ficha (+2) só é conhecida depois que a mão direita volta para a tigela e faz a escolha.

Não é fácil, portanto, ver como Shackleton poderia ter deduzido o símbolo (+2) baseando-se em dados existentes.

Apresenta-se, no entanto, uma possibilidade mais remota. Tendo obtido do agente, por telepatia, a ordem dos cartões da caixa, poderia Shackleton, ao anotar sua adivinhação, ter influenciado a mente de K. M. G. de maneira que a próxima ficha que retirasse estivesse em concordância com o símbolo que ele acabara de anotar? No caso em que as fichas eram retiradas de uma sacola fechada, precisaríamos supor também que a própria K. M. G. usava clarividência na escolha da cor implantada em seu subconsciente por Shackleton. Quando as fichas estavam em uma tigela aberta, ela poderia – apesar do fato de olhar firmemente para além do biombo – saber o suficiente sobre a posição de várias fichas para ser capaz de escolher a cor certa sem usar clarividência. É verdade naturalmente que K. M. G. não sentia nenhuma influência de Shackleton, mas na vida comum pode bem ser que frequentemente imaginemos estar empregando nosso livre arbítrio quando, na realidade, estamos agindo sob compulsões inconscientes de várias espécies.

Os pesquisadores acharam melhor, em vista da sugestão acima, fazerem dois testes especiais para descobrir se Shackleton poderia influenciar K. M. G. na escolha das fichas pelo tato. Nessas experiências o agente comum estava ausente, e a caixa com os cinco cartões não foi usada.

A primeira experiência realizada em 9 de maio de 1941 foi feita assim:

O dr. Wiesner (AP) ficou na sala de espera com Shackleton, que tinha em sua frente as cinco fichas de cores diferentes. Ele também recebeu certo número de folhas de marcações, cujas colunas V haviam sido preenchidas previamente por S. G. S. com números de 1 a 5 ao acaso. O dr. Wiesner misturava as cinco fichas de modo que ficassem uma ao lado da outra em qualquer ordem, sendo essa ordem trocada depois do término de cada folha de cinquenta lances. Shackleton tocava a ficha cuja posição na fileira correspondia ao número ao acaso em sua lista. O dr. Wiesner verificava a marcação. Ao tocar cada ficha, Shackleton dizia "certo". Ouvindo-o, K. M. G., no atelier, imediatamente escolhia uma ficha olhando ao mesmo tempo por cima do biombo, como o fazia nas ocasiões habituais. K. M. G. deixava cair as fichas na tigela uma a uma, remexia o conteúdo de vez em quando. S. G. S., sentado no outro lado do biombo, no lugar geralmente ocupado pelo agente, registrava os números que representavam as cinco cores ao aparecerem as fichas na abertura. Completadas quatro folhas, as de números ao acaso eram decifradas em cores de acordo com os registros de código para cada folha em poder do dr. Wiesner. As folhas preenchidas por S. G. S. durante a experiência eram igualmente decifradas em cores, e o número de êxitos em cada uma das cinco categorias contado. Em cada categoria, o número de êxitos concordou com a expectativa de chance. Por exemplo, em 192 tentativas (+1), K. M. G. assinalou 41 êxitos, contra 38.4, o número esperado, e em 184 tentativas (+2) assinalou 32 êxitos, contra uma expectativa de 36.8. Não houve o menor sinal de que Shackleton tivesse influenciado K. M. G. em sua escolha de fichas. Os lances eram feitos em ritmo normal.

Talvez a maior objeção a esse tipo de experiência seja que Shackleton não estava fazendo uma livre escolha, como possivelmente fazia quando anotava os símbolos de animais nas experiências comuns. A cor que ele tentava fazer K. M. G. escolher era rigidamente determinada pelo número da lista. Shackleton, portanto, poderia não estar agindo com a espontaneidade habitual. Além disso, estava *conscientemente* tentando influenciar K. M. G. As condições psicológicas eram indubitavelmente muito diferentes das presentes em uma experiência comum de "precognição".

No segundo teste, em 7 de agosto de 1942, não se usaram listas de números ao acaso.

Shackleton ficou na sala de espera com as cinco fichas coloridas em sua frente dispostas na seguinte ordem:

B (branca), A (amarelo), V (verde), R (roxa), P (preta). Shackleton tocava as fichas uma a uma com um lápis em ritmo normal e, ao fazê-lo, anunciava em voz alta os números de série 1, 2, 3 até 25. S. G. S., sentado em sua frente, registrava a posição numérica de cada ficha na fileira quando era tocada, contando da esquerda de Shackleton para a direita. K. M. G. ficou no atelier, junto a mesa de jogo com uma amiga, a sra. Wykeham-Martin. Em frente de K. M. G. havia uma tigela contendo 245 fichas, sendo que havia o mesmo número de cores. Ouvindo o número de série, K. M. G., que permanecia de olhos fechados, retirava uma ficha e deixava-a cair de volta na tigela. O número correspondente (na ordem predeterminada) era marcado na coluna V de uma folha de marcações pela sra. Wykeham-Martin. No final de cada coluna de 25 lances havia uma pausa de trinta segundos a um minuto, durante a qual K. M. G. remexia as fichas na tigela. Depois continuavam o trabalho até ficarem terminadas dez folhas.

A sequência de 500 fichas retiradas por K. M. G. parece satisfazer os testes usuais (*) de uma distribuição ao acaso; já as escolhas de Shackleton estavam longe de ser um grupo ao acaso.

Exceto na categoria (+2) todas as marcações conseguidas por K. M. G. estiveram em boa concordância com a expectativa de chance. Mas em 460 tentativas (+2) houve 112 êxitos, contra 92, o número esperado. Existe assim um desvio positivo equivalente a 2.33 desvios-padrões, mas não se pode considerar isto significativo porque a marcação (+2) é escolhi-

---

(*) Havia igualdade aproximada nos números dos cinco símbolos, e os números de sequências de 2, 3 ou mais do mesmo símbolo estavam em concordância com a expectativa teórica.

da como a melhor entre as cinco categorias. Portanto, as probabilidades contra a chance devem ser divididas por cinco e não passam de 10 para 1. A experiência não dá prova conclusiva de que Shackleton poderia influenciar a escolha de fichas feita por K. M. G. Novamente essa segunda experiência de controle não é realmente satisfatória, pois Shackleton sabia que estava tentando um feito inteiramente diferente dos que realizava na rotina de sempre. Talvez tivesse sido melhor se o fizessem acreditar que estava *adivinhando* as fichas mostradas por K. M. G., na outra sala, ao invés de tentar influenciá-la.

Por outro lado, a teoria de que Shackleton marcava seus êxitos (+1) ou (+2) por influência de evento futuro, isto é, a imagem que deveria entrar na mente do agente em cerca de três segundos, tem muito de positivo. Ela dá uma explicação satisfatória da conversão de êxitos (+1) em êxitos (+2) no ritmo rápido de lances. Devemos supor que Shackleton possua um limite de precognição telepática que abrange 2 e 3.1/2 segundos no futuro ou, possivelmente, 2 e 4 segundos. Se o objeto de apresentação está mais próximo do instante presente do que dois segundos, talvez esteja próximo demais no tempo para que ele o perceba, e, portanto, ele sente o objeto seguinte que está dentro de seu limite. Naturalmente não podemos tentar fixar muito exatamente os mais altos e mais baixos limites desse suposto âmbito de precognição, mas o fato de que Shackleton invariavelmente deixava de perceber apresentações telepáticas cinco segundos antes de seu "instante presente" sugere fortemente que o limite superior é de 3.1/2 a 4 segundos. Tudo que podemos afirmar é que existe provavelmente um âmbito ideal de percepção.

É uma hipótese interessante supor que nosso paciente desenvolveu um *hábito* de tempo precógnito e fixo, engendrado inicialmente pelo ritmo normal de lances a que ele se acostumara nas experiências anteriores. Se seu âmbito de percepção no futuro permanecesse fixo quando o ritmo de lances foi dobrado, seus êxitos recairiam nas tentativas de (+2) em vez de em (+1).

Parece muito provável que, qualquer que seja a teoria invocada para explicar o aparente efeito de precognição nas experiências com fichas, se deva também explicar o mesmo efeito que se observa quando listas preparadas com números ao acaso são usadas, porque parece haver pequena ou nenhuma diferença no grau de êxito obtido pelos dois métodos.

Se quisermos evitar a ideia de precognição devemos supor que Shackleton era capaz, nos dois métodos, de obter por telepatia ou clarividência a ordem dos cartões na caixa. Como falhou nas experiências destinadas a testar a clarividência, deve-se supor que obteve a ordem dos cartões da mente do agente. Mas o agente na maioria dos casos embaralhava os cartões sem olhar para eles, ou os cartões eram colocados virados dentro da caixa por outra pessoa. O agente só conheceria a ordem depois de levantar e olhar diversos cartões. Por exemplo, depois de levantar e olhar o cartão correspondente ao primeiro número da lista, o agente seria incapaz de dar telepaticamente a Shackleton a informação precisa sobre a figura do cartão em determinada posição indicada pelo próximo número na lista, exceto no caso infrequente de repetição. Se Shackleton estava obtendo êxito em ter o cartão (+1) sabendo o próximo número da lista pela mente de (PA) e a ordem dos cartões pela mente do agente, poderíamos razoavelmente esperar que as três ou quatro primeiras adivinhações (+1) em cada folha fossem no todo menos felizes que as outras quando o agente estivesse em plena consciência da ordem de todas as imagens. É concebível, porém, que esse efeito poderia ser perturbado por um declínio na média de êxitos ao prosseguirmos ao longo da coluna.

Seria um bom teste comparar a marcação das quatro primeiras tentativas da primeira coluna com a das quatro primeiras tentativas da segunda coluna da mesma folha. No final da primeira coluna havia uma pausa de alguns segundos para dar um descanso a Shackleton antes de recomeçar. No início da segunda coluna o agente sabia a ordem dos cartões e Shackleton estaria recomeçando.

Em verdade, um exame dos registros revelou que Shackleton, trabalhando com agentes, como a srta. Elliott e a sra. Albert, em ritmo "normal" (quer com fichas quer com lista preparada de números), marcou nas quatro primeiras tentativas da primeira coluna 127 êxitos (+1), contra 138 êxitos (+1) nas da segunda coluna. O número esperado em cada caso seria de 132.5. A diferença entre as duas marcações, (+11), é sem significação, desde que, com a correção de Yates, +=0.377. Assim, de acordo com esse teste o resultado não mostra evidência da hipótese de que Shackleton estava deduzindo o cartão (+1) de fatos conhecidos de qualquer pessoa no momento em que fazia a adivinhação. Realmente, mesmo nas *duas* primeiras tentativas somente não há diferença significativa entre a primeira e segunda colunas.

Que a personalidade do agente toma parte no processo é claro pelo fato de que, exceto em uma única ocasião, Shackleton obteve sucessos de precognição somente quando trabalhou com a srta. Elliott, ao passo que, com Aldred, foram produzidos efeitos precógnitos e pós-cognitivos. Com um terceiro agente, sra. Albert, que apareceu somente em duas ocasiões, Shackleton obteve apenas êxitos (+1), como no caso da srta. Elliott. De fato, em 432 tentativas (+1) com a sra. Albert, ele marcou 139 êxitos, contra a expectativa de Stevens, de 88.6. Isso dá um desvio positivo que excede 6 desvios-padrões e corresponde a probabilidades de cem milhões contra 1. Em nenhuma das outras categorias a marcação foi significativa. Não houve experiências em ritmo rápido com esse agente, e foram sempre usados números preparados ao acaso.

Além desses três agentes brilhantes, srta. R. Elliott, sra. C. Albert e sr. J. Aldred, mais oito pessoas trabalharam como agentes, mas Schackleton não teve êxito com elas. (*)

Ao todo, 1.152 tentativas (+1) em ritmo normal foram feitas com os oito agentes, mas deram somente 222 êxitos, um pouco abaixo da expectativa de Stevens, 233.5. Entre os agentes sem êxito estiveram a sra. Basil Shackleton, K. M. G., o dr. Wiesner e S. G. S.

Quanto a K. M. G., houve uma ocasião anterior (21 de fevereiro de 1941) em que aparentemente o resultado fora brilhante. Nessa data, depois que a srta. Elliott fora agente em quatro folhas, K. M. G. tomou seu lugar, enquanto a srta. Elliott observava. Esta ficou sentada a uns três pés de distância, mas em posição que lhe seria possível ver os cartões dentro da caixa se quisesse. É muito possível que, sem querer, a srta. Elliot, nessa ocasião, tenha sido o agente, embora ela conte que estava observando K. M. G. o tempo todo e não olhava para os cartões. Mas há uma interessante diferença entre os resultados marcados com K. M. G., como agente, e os obtidos na sessão com a srta. Elliott, também como agente. Realmente, nas 192 tentativas (+1) com a srta. Elliott, a marcação não foi significativa (PC–+1.84); a marcação nas 200 tentativas de cartão-alvo foi apenas significativa (as probabilidades são cerca de 40 para 1 quando se considera a melhor marcação entre as cinco categorias).

Quando K. M. G. tomou o lugar da srta. Elliott junto a caixa, houve marcação de 61 em 192 tentativas (+1), e marcação de chance no cartão-alvo. As probabilidades contra a obtenção dessa marcação (+1) pela

(*) É difícil harmonizar com a hipótese de Spencer Brown o fato de que a natureza do resultado dependia do agente.

chance, quando considerada como a melhor de cinco categorias, chegam a 2.000 para 1.

Pode ser que, mesmo tendo a srta. Elliott servido de agente inconsciente nesse caso, talvez K. M. G. tivesse alguma influência no resultado, embora em outra ocasião (25 de abril de 1941) quando K. M. G. agiu novamente como agente, não houvesse marcações significativas de espécie alguma. É claro que não podemos tirar conclusões com tão pequeno número de adivinhações.

Considerações Teóricas

A característica mais extraordinária de Shackleton é sua incapacidade geral de receber a imagem no instante em que está claramente focalizada na mente do agente. Existem muitas indicações de estudos mediúnicos de que são as ideias que jazem no limiar da consciência do paciente, ou nas proximidades, que têm melhor probabilidade de serem transferidas para a mente do médium. Nas sessões com a médium, sra. Blanche Cooper, (*) S. G. S. frequentemente notou que, quando pedia um nome, este raramente era dado no momento em que pensava nele.

Um pouco depois, quando estava pensando em algo diferente, a sra. Cooper dava o nome corretamente. Era como se a imagem precisasse aprofundar-se na parte inconsciente da mente do paciente antes de tornar-se possível a transferência, por telepatia, para a médium. Se nos limitarmos ao efeito pós-cognitivo observado quando Aldred era o agente, pareceria que a imagem precisava esmaecer-se na mente consciente durante uns três segundos antes de alcançar um nível subconsciente favorável a transmissão para a mente de Shackleton. Os resultados no deslocamento (–2) indicam que o intervalo necessário para a imagem se aprofundar até o nível certo era extraordinariamente constante nesse agente. Pode ser que a média de esmaecimento até o nível ideal varie com o agente, o que poderia explicar por que não houve deslocamentos (–1) ou (–2) com os outros agentes bem-sucedidos, srta. Elliott e sra. Albert. Possivelmente com algumas pessoas esse aprofundamento da imagem no subconsciente é muito menos rápido que com outras. Poderiam ser precisos trinta segundos em

---

(*) VI, 4.

vez de três. Se algum dia surgir outro Shackleton em cena, seria de grande interesse fazer sistematicamente experiências com diversas pessoas como agentes e com intervalos entre os sucessivos lances, de 1.1/2 segundos até vários minutos. Naturalmente seria muito mais difícil explicar os efeitos precógnitos de tempo por meio de uma teoria semelhante. Poderíamos supor que o agente ficara sabendo da futura imagem do cartão em um nível subconsciente alguns segundos antes dessa imagem se tornar claramente focalizada no nível consciente. A imagem então precisa de tempo para passar através dos vários níveis do subconsciente a caminho consciente e, em algum estágio, fica no ponto de ser transferida para o subconsciente de Shackleton.

Entretanto, tal teoria não seria suficiente para remover a dificuldade fundamental, que é compreender como o inconsciente do agente pode registrar um acontecimento antes que este realmente se verifique. Estaríamos simplesmente supondo que o agente, e não Shackleton, fosse a pessoa a exercer a precognição. Pode ser que todos nós estejamos em contato com eventos futuros no subconsciente, mas que normalmente tal conhecimento nunca chegue a nossas mentes conscientes. (*) Talvez seja preciso uma faculdade telepática como a de Shackleton para trazê-lo à tona.

Talvez, no entanto, a hipótese mais plausível de espécie psicológica que tenha relevância com os efeitos de Shackleton seja a do "presente especioso", dada pelo falecido sr. H. F. Saltmarsh. (**) É geralmente aceito pelos psicólogos não existir uma experiência mental instantânea. Cada ato de percepção ou de imaginação ocupa um pequeno, mas finito intervalo de tempo. Não temos consciência plena de um acontecimento até que esmaeça um pouco no passado. Saltmarsh sugeriu que esse pequeno intervalo de tempo, sobre o qual se espalha cada ato de percepção, compreende não somente um fragmento do passado como também um pouco do futuro. A extensão verdadeira do "presente especioso" do indivíduo pode variar com seu estado de espírito. Quando ele está alerta, é menor do que quando sua atenção está espalhada. Em outras palavras, quanto mais consciente e desperto, tanto menor será a duração de um ato de percepção. Seria, portanto, razoável supor que o afastamento do estado

(*) Isso parece implicar que eventos físicos são realizações de eternos padrões mentais que não são criados nem destruídos.

(**) VI, 1.

completamente consciente para as camadas mais profundas do subconsciente corresponda a uma dispersão maior do que a que experimentamos no "momento presente", e essa dispersão abarcará mais do futuro e do passado. Existem boas razões para acreditar que a percepção extrassensorial acontece nos níveis abaixo da consciência. Portanto, é muito possível que um acontecimento mental que, para o consciente, está no passado ou no futuro, possa, no nível subconsciente, estar dentro dos limites do presente. Se imaginássemos que, em pessoas como Shackleton, existe um caminho ligando as partes conscientes as inconscientes, seria possível, segundo a hipótese de Saltmarsh, um acontecimento futuro ser conhecido na consciência presente. A teoria de Saltmarsh talvez seja de maior interesse para o psicólogo do que para o metafísico. Em verdade, ela explica bem pouco. Não diz como sabemos de um acontecimento que ainda não aconteceu. Não gostaríamos de supor que um acontecimento do futuro possa influenciar ou causar um acontecimento presente. Não seria, como sugere o dr. Wassermann, que os acontecimentos terrenos têm padrões mentais pré-existentes e que são esses padrões, e não os próprios acontecimentos, aqueles com que entramos em contato na precognição? Esses padrões, por si mesmos fora do tempo, estão em processo de se realizarem no tempo. Talvez, como sugere Wassermann, os padrões latentes de todos os acontecimentos possíveis preexistem, tanto aqueles que se verificarão como aqueles que jamais se concretizarão. Ele crê que uma infinidade de padrões mentais está associada não somente a partículas de matéria viva, como a cada partícula fundamental do universo.

O processo evolucionário sugere a pré-existência de padrões bem definidos que se realizam pouco a pouco nos momentos em que grupos moleculares apropriados ficam disponíveis. É difícil supor, por exemplo, que os neurões do centro da fala no homem foram somente resultado de mutações ocasionais. Wassermann acha que a seleção natural e as mutações de acaso são insuficientes para explicar a evolução; além disso, há uma tremenda força inerente aos próprios padrões que leva a criação física contra todos os obstáculos.

De acordo com Bergson o futuro está sendo criado em todos os momentos, mas Wassermann acredita que ele está latente no ventre do presente. Não há criação, mas somente um desenvolvimento de padrões que são eternos e indestrutíveis.

De conformidade com essa teoria, o comportamento das moléculas num corpo humano é somente em parte determinado pelas leis da teoria dos *quanta;* há sobrepostas nesses efeitos dos *quanta* influências psicocinéticas produzidas pela força dos padrões rivais.

A única significação que se poderia dar a liberdade humana é que nós somos livres quando nossos desejos estão em harmonia com a força inconsciente dos padrões em desenvolvimento.

Pode ser que estejamos inconscientemente em contato com os padrões mentais de todos os acontecimentos possíveis no universo, mas uma força impede que a vasta maioria de tais padrões se tome consciente. Os padrões que se realizam no tempo apresentam-se como memória, mas muito raramente os padrões de acontecimentos futuros não realizados escapam a vigilância da força contrária e alcançam o nível da consciência.

Naturalmente poderíamos perguntar por que Shackleton era capaz de separar da infinita quantidade de padrões existentes latentes aquele único que ia ser realizado dentro de alguns segundos na forma de um acontecimento específico, isto é, na virada de certo cartão pelo agente. Mas este é o velho problema da singularização que se tem encontrado tão frequentemente em clarividência e telepatia. A singularização também é um fator na recordação de lembranças. Como pode ser, por exemplo, que, por um mero ato de atenção, um de nós, S. G. S., pode, das miríades de lembranças inconscientes, separar as que se referem ao dia, vinte anos atrás, em que ele quebrou o machado na geleira de Blümlisalp, e ao dia seguinte em que fez uma escalada no First com o amigo Tom Jones, e aos outros em que choveu sem parar. Provavelmente a singularização é uma propriedade fundamental das forças psicológicas, uma lei da natureza para a qual seria inútil procurar explicação.

Parece que a ideia de precognição de Wassermann, em todo caso, esclarece um pouco a situação. Já não precisamos perguntar como pode a motivação voltar no tempo, ou como pode um evento futuro influenciar um evento presente. Também não precisamos postular dimensões extras de tempo para as quais não temos nenhuma prova empírica.

Teorias de Hinton Dunne e Broad

A maioria das teorias apresentadas para explicar o fato de precognição começam pelo postulado de que o tempo é uma espécie de espaço. Existem obviamente analogias que ocorrem a todos. Eventos no tempo podem ser dispostos em ordem como os marcos, as aldeias e as árvores ao longo de uma estrada reta. Ao viajarmos para a costa de Essex, partindo de Londres, Romford vem antes de Brentwood, e Billericay depois de Brentwood. Da mesma maneira, os romanos desembarcaram na Inglaterra antes dos saxões e os normandos depois deles. Em outras palavras, sem examinar a questão muito detalhadamente, podemos estabelecer uma correspondência, uma a uma, entre acontecimentos no tempo e os pontos numa linha reta. Os acontecimentos, entretanto, não são como pontos abstratos em uma linha porque possuem duração ou extensão no tempo. Até mesmo o clarão de um relâmpago não é instantâneo, porque dura a fração de um segundo. Aqui está uma casa, um objeto retangular em três dimensões, mas como foi observado pelo Viajante do Tempo no romance fantasista de H. G. Wells, ([4]) não tem sentido falar em uma casa *instantânea*. A casa está de pé talvez há cinquenta anos e pode durar outros vinte. Além das três dimensões de comprimento, largura e altura, tem outra dimensão que se estende pelo curso de tempo.

O matemático C. Hinton pensou em todos os objetos e acontecimentos passados, presentes e futuros como estando espalhados ao longo da dimensão-tempo. Nossos cérebros e corpos também estão estendidos no tempo. Em outras palavras, nossos corpos são objetos de quatro dimensões e nossa aparência, digamos, a idade de quarenta anos, é simplesmente uma seção tridimensional de nossa realidade de quatro dimensões.

Hinton ([5]) considerava nossa consciência não como uma coisa com extensão no tempo, como o ser material, mas como coisa não extensiva ou como um filme de duas dimensões que se movia ao longo da dimensão do tempo, desde o berço até o túmulo. Mais exatamente ele teria de considerar a consciência como movendo-se ao longo da extensão temporal do cérebro e escrutando este em seu caminho. (*)

Segundo essa teoria de Hinton, os eventos passados assim os futuros existem no presente eterno de um universo estático. Como observou Eddington: "Eventos não acontecem; nós os encontramos em nossa passagem."

Sem dúvida é pitoresco pensar em nossa consciência como sendo um carro com lanternas traseiras, mas sem os faróis dianteiros, correndo ao

(*) Parece haver alguma confusão aqui, pois consciência não é uma entidade. É simplesmente o estado empírico de um padrão mental, e os padrões mentais podem ser conscientes ou inconscientes. Um padrão mental não pode mover nem *examinar* coisa alguma.)

longo de uma estrada escura. Ficamos sentados dentro de um círculo de luz clara que chamamos o momento presente. Atrás de nós fica o pedaço de estrada que percorremos fracamente iluminado pela memória, mas na frente tudo é silêncio e trevas. Os eventos futuros de nossa vida já estão *lá* a espera de serem apanhados por nossos faróis. Tais imagens são românticas, mas ilusórias.

Foi provavelmente devido a essa errônea concepção de Hinton que J. W. Dunne (**) baseou sua célebre teoria sobre precognição. O professor C. D. Broad ([10]) e outros filósofos mostraram que a teoria de Dunne é uma construção lógica sem bases, mas que possivelmente poderia ser modificada para evitar o infinito regresso de tempos e de observadores que constitui o aspecto mais questionável. Em breves linhas, a teoria é a seguinte: Dunne começa com a ideia de Hinton sobre o foco de nossa consciência normal movendo-se na linha do cérebro em um mundo de quatro dimensões. As séries mutantes de seções tridimensionais que nossa consciência encontra dão a ilusão do tempo que passa e também a ilusão de movimento no mundo tridimensional. Dunne argumenta depois que essa mudança de atenção de um aspecto para outro do universo tridimensional aparentemente mutante deve dar-se no tempo real. Justamente como o tempo originário do ser desperto é, em realidade, uma dimensão do espaço, a introdução desse novo tempo deve ser justificada pela adição de uma quinta dimensão espacial ao universo e a criação de um segundo observador consciente que seja capaz de mover-se no mundo de cinco dimensões. O movimento na quinta dimensão dá a ilusão de tempo a essa nova consciência observadora que, de acordo com o sr. Dunne, segue cegamente a consciência normal desperta ao longo do caminho originário das impressões de sentidos enquanto essa última consciência está funcionando. Mas durante o sono ou depois da morte física, quando a consciência normal está fora de ação, esse segundo observador está livre para se mover para trás e para diante ao longo do caminho do cérebro, entre os pontos de nascimento e de morte. Esse caminho, que para a consciência normal é um tempo ilusório, aparece como uma quarta dimensão de espaço para o segundo observador. A segunda consciência, portanto, não somente é capaz de reviver a vida passada da consciência desperta como

(**) VI, 3.

também pode, voltando a atenção para aquele trecho do caminho que ainda está no futuro para a consciência normal, predizer eventos nesse futuro. Mas de acordo com o sr. Dunne ela pode fazer muito mais do que isso. A segunda consciência pode criar novas e significativas experiências mentais misturando pedaços de imaginação escolhidos de diferentes períodos da vida do indivíduo. Sem dúvida grande parte da atração que a teoria do sr. Dunne teve para o público em geral originou-se nessas sugestões fantasistas. Essa espécie de criação, segundo a teoria, acontece em sonhos, mas pessoas menos românticas veem nos sonhos – em sua maioria – somente o confuso trabalho da memória.

Mas a segunda consciência observadora deve também ter um tempo "real" no qual possa produzir seus truques mentais e, portanto, deve ser produzida uma sexta dimensão de espaço e um terceiro observador, e assim até o infinito. O processo jamais se completa até encontrarmos o "observador no infinito", mas como não existe último termo em uma progressão infinita, a teoria se desfaz.

Todos os observadores, exceto a consciência normal desperta, a qual termina na morte, são imortais. Cada tempo "real" torna-se uma dimensão de espaço para o próximo observador na hierarquia.

O professor Broad notou que, para explicar a precognição segundo o sr. Dunne, não é necessária a série infinita de tempos e de observadores. Na realidade são precisas tão-somente cinco dimensões de espaço.

As teorias que empregam quatro ou mais dimensões de espaço são de ocorrência frequente na física matemática, e nada haveria de anti-ortodoxo na aplicação do espaço multidimensional ao estudo da mente humana. Mas quando chegamos a teorias que postulam ter o tempo mais do que uma dimensão, estamos em terreno menos seguro.

Na opinião do professor Broad a precognição assemelha-se mais a memória que caminha para a frente em vez de para trás do que a uma percepção direta de eventos físicos. Ele mesmo sugeriu a hipótese de que o tempo tem uma segunda dimensão que fica em ângulo reto com a dimensão linear que experimentamos através de nossa consciência normal.

De acordo com essa teoria os acontecimentos seriam simbolizados não por pontos em uma linha, mas por linhas ou áreas em um plano. Um acontecimento que pode estar no futuro, em relação a dimensão de tempo de nossa consciência normal, já pode estar no passado em relação a segunda dimensão de tempo. Por conseguinte, se possuímos uma consciência extrassensorial capaz de apreciar os campos fantasmagóricos do tempo que ficam a direita ou a esquerda da linha, podemos tomar-nos cientes de um acontecimento antes que nossa consciência normal o tenha alcançado.

Podemos representar aproximadamente isso no diagrama que se segue:

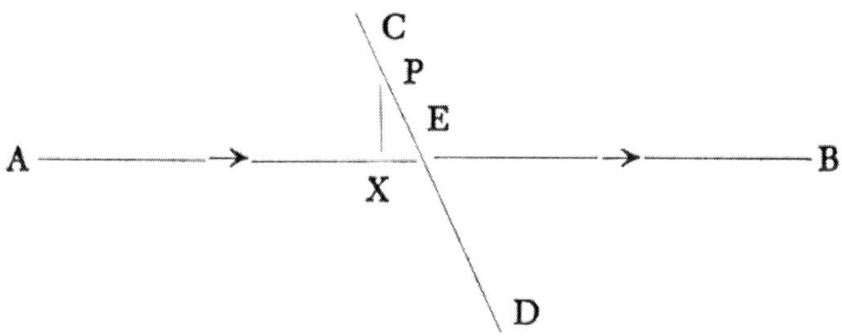

Que AB represente a linha terrena ao longo da qual se move nossa consciência normal, desde o nascimento até a morte, de acordo com Hinton. Que CED indique a extensão do evento E na segunda dimensão de tempo que fica em ângulo reto com AB. Normalmente não perceberíamos esse evento enquanto nossa consciência não chegasse até ao ponto E. No entanto, a consciência extrassensorial que pode ficar a direita ou a esquerda de AB pode perceber o evento P do ponto X, isto é, antes que a consciência normal chegue a E. Se então a faculdade extrassensorial, que não está presa a linha AB, puder comunicar-se com a consciência normal, esta última parecerá ter feito um ato de precognição.

Certamente essa é uma apresentação muito tosca da teoria, mas não supomos que o próprio professor Broad tenha muita fé nessa ideia de uma segunda dimensão de tempo em ângulo reto com a primeira. Sem dúvida, as tentativas de pensar no tempo em termos de geometria, ou como sendo uma espécie de espaço, são provavelmente tolices. É melhor abster-nos de teorizar do que permitir sermos levados pelas ideias de Hinton, Dunne e de seus seguidores. Dificilmente aparecerá uma teoria de valor até que seja feito grande número de experiências sobre previsão. Presentemente não há confirmação suficiente de experiências de que exista precognição não dedutiva, embora exista certa evidência de que seja uma possibilidade.

Como observou C. T. K. Chari, ([7]) quando os ocultistas falam voluvelmente de consciência "movendo-se" ao longo de linhas metafísicas terrenas, estendidas estaticamente em um superespaço, estão entregando-se a uma "vasta *ignoratio elenchi*". Em verdade, não há justificação filosófica para a introdução do "movimento presente" que tanto agradou a imaginação popular.

Alexander Home ([7]) observou que assim que introduzimos a ideia de "movimento", embora seja somente da consciência, o problema do tempo se impõe, pois sem tempo nenhum movimento é concebível. Para citar Chari novamente: "Toda a tentativa de assimilar o tempo no *movimento* (da consciência) é mal concebida e sinal de imaturidade filosófica.

Mesmo se a ideia de um universo que consista de rígidos fiapos materiais estendidos em um espaço de quatro dimensões fosse aceitável ao pensamento moderno, isso não justificaria Dunne em sua afirmação de que, por um ato de vontade, o observador, em movimento, pode alterar o futuro curso de eventos por meio do deslocamento lateral de linhas terrenas que ficam adiante de seu movimento "presente". Como indicou Home, tal deslocamento envolveria um movimento de tempo em uma direção *impossível e* violaria toda a concepção de Hinton, segundo a qual o tempo é simplesmente nossa experiência do movimento de nossa consciência ao longo da direção de linhas terrenas de partículas cerebrais. Mas esta é somente uma das trapalhadas que surgem do pensamento confuso de Hinton e Dunne.

CAPÍTULO XI

Descobertas Secundárias nas Experiências com Shackleton

Neste capítulo discutiremos sob vários títulos alguns dos resultados menos importantes derivados das experiências realizadas com Shackleton.

(a) O Material de Transmissão

Nas primeiras nove sessões com Shackleton o agente – srta. Elliott – olhou para imagens de animais, mas na sessão N.º 10, realizada em 28 de março de 1941, S. G. S., sem informar o paciente da mudança, substituiu as imagens por cinco cartões simples, brancos, onde estavam impressas em letras de fôrma as letras iniciais do nomes dos animais. Isso não afetou o sucesso das experiências, pois em 192 tentativas (+1) com fichas, em ritmo normal, houve 57 êxitos, enquanto que em ritmo rápido 173 tentativas (+2) deram 54 êxitos. Essas marcações que correspondem as proporções críticas de 3.18 e 3.88 respectivamente, são da mesma ordem de valor das que foram obtidas quando se empregaram as imagens.

As iniciais foram usadas com sucesso, durante todo o tempo, no trabalho com o agente J. Aldred.

Em sua visita ao atelier, em 6 de junho de 1941, o professor H. H. Price, de Oxford, sugeriu que seria interessante descobrir se a experiência teria sucesso se o material de transmissão consistisse de palavras que tivessem conexão com os cinco animais ao invés de imagens ou iniciais. Em 14 e 25 de agosto de 1941, S. G. S. arranjou, para uso do agente, cinco cartões brancos, no centro dos quais estavam impressas as palavras BICO, JUBA, PESCOÇO, LISTAS e TROMBA em letras maiúsculas – palavras que têm associação óbvia com pelicano, leão, girafa, zebra e elefante. Essas mesmas palavras foram gravadas em cima e embaixo dos cartões em caracteres menores para que a srta. Elliott pudesse reconhecer o cartão assim que fosse levantado da caixa. Nunca mostraram esses cartões a Shackleton, os quais S. G. S. levava para casa ao término de cada sessão.

Durante essas duas sessões, S. G. S. regularmente alternava os cartões comuns de "imagens" com os das palavras a elas associadas, em grupos de 50 lances. Em 14 de agosto, nas folhas 1, 3, 5 e 7, a agente olhou para as imagens e nas folhas 2, 4, 6 e 8 para as palavras a elas associadas. (PA) enunciava "primeira folha – imagem", "segunda folha – cartões brancos", fazendo com que Shackleton soubesse ter havido uma mudança, ignorando, porém, sua natureza. Os resultados foram os seguintes: Nas 336 tentativas (+1), em ritmo normal, com imagens, houve 94 êxitos, e com o mesmo número de tentativas com palavras a elas associadas, 89. Empregou-se o método de Fisher para pequenos exemplos a fim de calcular se a diferença entre as duas marcações era significativa. A diferença foi somente de cinco êxitos, e descobriu-se que poderia ser esperada uma diferença maior somente pela chance em duas de cada três experiências semelhantes.

Podemos concluir que as palavras associadas as imagens provaram alcançar o mesmo êxito destas últimas. Provavelmente qualquer símbolo que o agente interpretasse significando elefante, girafa, etc. serviria igualmente. Em trabalho subsequente com a sra. Stewart, descobrimos novas confirmações dessa conjetura.

(b) Percepção versus Memória

Fez-se uma série de experiências para provar se a vista do cartão em cada lance era uma ajuda para a transmissão ou se os resultados seriam igualmente bons se o agente simplesmente se lembrasse da ordem dos cinco cartões sem levantar e olhar o cartão quando o número ao acaso fosse mostrado na abertura. Em outras palavras, alcançaria sucesso a transferência quando fosse feita somente da memória do agente como quando havia, além disso, percepção de cada inicial em cada lance?

A primeira experiência dessa espécie foi feita, em 26 de agosto de 1942, com o sr. Aldred servindo de agente. Antes do teste explicamos a Shackleton o que estávamos tentando descobrir. Durante a primeira coluna ou coluna *(a)* de cada folha Aldred levantava os cartões um a um e olhava para eles como sempre, ficando assim conhecendo a ordem; mas durante a segunda coluna ou coluna *(b)* o agente simplesmente tocava as costas dos cartões à medida que eram mostrados os números ao acaso por (PA) sem levantá-los e sem olhá-los. A ordem dos cinco cartões dentro da caixa permaneceu a mesma até o final da coluna (*b*) quando os cartões foram embaralhados como de costume pelo agente. A experiência foi feita no ritmo normal e as marcações *combinadas* em tentativas (+1) e (–2) contadas.

Assim, em 192 tentativas (+1) e (–1) juntas em que Aldred levantava e olhava os cartões houve um total de 60 êxitos, enquanto que em 192 tentativas (+1) e (–1) em que ele simplesmente tocou os cartões houve um total de 53 êxitos.

Usando o método de Fisher deveríamos esperar uma diferença maior do que a diferença ocorrida ([7]) uma vez em cada duas experiências semelhantes. Pareceria que a percepção do cartão-símbolo em cada tentativa não aumenta o sucesso. O resultado foi confirmado em outra experiência realizada em 8 de abril de 1943, nas salas da Soc. Pesq. Psíquicas em Tavistock Square 31, Londres. O sr. Aldred atuou novamente como agente e as condições permaneceram as mesmas. Em 192 tentativas (–1) e (+1) juntas, em que Aldred olhou para os cartões individualmente, houve um total de 61 êxitos, e em 192 tentativas (–1) e (+1) em que ele tocou os cartões, um total de 62. Obviamente a diferença foi sem importância.

Uma Variação da Experiência de "Levantar e Tocar"

Em uma sessão feita nas salas da S. P. P., em 15 de abril de 1943, foi experimentada uma interessante variação da experiência acima. Aldred agiu novamente como agente e o sr. D. J. West foi convidado para assistir a experiência. Antes de terminar cada folha de 50 adivinhações, o agente embaralhava os cartões (iniciais) e virava-os para cima no fundo da caixa. Depois olhava para eles durante 15 segundos, estudando a ordem em que estavam. Os cartões eram depois virados para baixo sem alteração da ordem, e quando cada número ao acaso era mostrado na abertura pelo (PA), o agente simplesmente tocava as costas do cartão correspondente sem levantá-lo ou vê-lo. Durante todas as adivinhações, Aldred não teve percepção dos cartões, mas somente a lembrança da ordem em que estavam. Shackleton marcava suas próprias adivinhações a lápis. Todas as folhas foram assinadas pelos pesquisadores (sr. West e S. G. S.), mas a decifração, verificação, contagem de êxitos e cópias foram feitas pelo sr. West, sob observação de S. G. S. O sr. West pôs no correio as cópias para o professor Broad e levou consigo um registro de marcações particular nas três categorias (+1), (0) e (–1).

Os resultados foram altamente significativos nas marcações (+1) e (–1). Em 192 tentativas (–1) houve 60 êxitos, e no mesmo número de tentativas (–1) 53 êxitos. As proporções críticas foram de 3.86 e 2.65 respectivamente.

Essa experiência, que é a última citada na série Soal-Goldney, tomou-se a base de método de rotina dois anos após, em nosso trabalho com a sra. Stewart.

(c) Experiências com Sequências que eram de Acaso

O dr. C. A. Mace, agora professor de psicologia no Birkbeck College, Universidade de Londres, que assistiu as experiências de Shackleton em 21 de dezembro de 1941, sugeriu que seria interessante descobrir se Shackleton obteria êxito com uma série de números não preparados ao acaso, mas arranjados previamente em alguma ordem improvável. Nas três datas 15 de maio, 22 de maio e 12 de agosto de 1942, combinou-se que entre as folhas de números ao acaso seria inserida uma única coluna de 25 lances e que os primeiros 12 números seriam todos o mesmo dígito e os últimos 13 diferentes. Shackleton nada soube dessas colunas alteradas. Os resultados da experiência (com as adivinhações de Shackleton traduzidas em números de 1-5) são dados no quadro 6. A primeira coluna não alcançou tanto êxito quanto as outras duas:

QUADRO 6
Experiências com Dígitos Determinados

(I) 15 de maio de 1942 (ritmo normal) *Folha 1, Col. (b)*									
Cartão	555,	555,	555,	555;	333,	333,	333,	333,	3.
Adivinhação	233,	444,	332,	445;	413,	233,	454,	333,	1.
(II) 22 de maio de 1942 (ritmo normal) Folha 1, Col. (b)									
Cartão	111,	111,	111,	111;	333,	333,	333,	333,	3.
Adivinhação	335,	111,	531,	113;	145,	333,	433,	355,	2.
(III) 12 de agosto de 1942 (ritmo normal) Folha 2, Col. (a)									
Cartão	333,	333,	333,	333;	111,	111,	111,	111,	1.
Adivinhação	343,	125,	333,	312;	535,	211,	151,	121,	1.

Nas três ocasiões Aldred foi o agente. Número total de êxitos diretos (0):

7 (na primeira ocasião)
12 (na segunda ocasião)
13 (na terceira ocasião)

No exemplo (*I*) Shackleton só parece reagir na segunda metade da coluna.

Podemos examinar a matéria de duas maneiras. No exemplo (I) os dígitos relevantes são 5 e 3. Podemos contar quantos 5 e 3 existem na parte "correta" da coluna e quantos na parte "errada". Como 5 e 3 foram adivinhados 12 vezes, poderíamos esperar 6 dígitos relevantes como estando na parte correta e 6 na errada. O mesmo para os outros exemplos. Ao todo, existem 32 dígitos relevantes na parte "correta" e somente 13 na parte "errada" ao passo que a chance previa números iguais (22.5) em cada parte.

Uma simples tabela de contingência (com a correção de Yates) dá x^2 – 7.20, com probabilidades correspondentes de mais de 150 para 1 contra o resultado ser devido a chance.

Podemos, no entanto, proceder da seguinte maneira: Quando, como no caso (I), um 5 é apresentado grande número de vezes, podemos perguntar: Shackleton tende a adivinhar o dígito mais frequentemente do que nas ocasiões comuns? Dos totais dados para cada um dos cinco dígitos nas colunas de adivinhações de suas folhas de marcações, podemos, na suposição de que suas adivinhações são bem misturadas ao acaso, estimar o número de vezes em que o número 5 apareceria em uma coluna de 25 lances, e o mesmo no caso de todos os outros dígitos relevantes. Uma tabela de contingência baseada neste método de avaliação dá $X^2 = 23.19$, com probabilidades correspondentes de mais de 600.000 para 1.

Há pouca dúvida de que a repetição do mesmo símbolo grande número de vezes pelo agente faça com que Shackleton adivinhe esse símbolo com maior frequência.

(d) Determinação Múltipla

Vimos que, em 1936, Shackleton estava apresentando marcações significativas no cartão precógnito (+1) e no pós-cognitivo (–1). Surgiu uma questão interessante: Quando o cartão (0), isto é, o cartão "verdadeiro" estava entre dois cartões com o *mesmo* símbolo, a influência da imagem (+1) e da (–1) tenderia a reforçar uma e outra? Em outras palavras, deveríamos esperar maior proporção de êxitos (+1) e igualmente de (–1) quando o símbolo (0) ficava entre símbolos iguais? Desenvolveu-se um método ([1]) para tratar desse problema, e descobriu-se que, enquanto as marcações da sra. Stewart, de 1936, não mostravam sinais do efeito, as de Shackleton denunciavam que o reforço estava provavelmente operando levemente.

Visto que com a srta. Elliott houve somente efeitos de (+1), a questão só pôde ser reaberta em 1941, e foi somente quando Shackleton começou, um ano mais tarde, a produzir marcações significativas tanto nos cartões (+1) como (–1), é que pôde ser investigado o problema. Utilizaram-se dois métodos diferentes, um deles sugerido pelo professor H. Robbins (mencionado no Capítulo VIII) e o outro devido ao sr. A. M. Walker, ([1]) da Universidade de Manchester. (*) Os dois métodos, quando foram aplicados pelo dr. J. G. Pratt, da Universidade de Duke, em cooperação com o dr. T. N. E. Greville, de Washington, demonstraram concludentemente ([2]) que, nas experiências de 1942-1943, com Aldred, houve alto grau de reforço no caso das adivinhações múltiplo-determinadas (MD).

Para detalhes técnicos o leitor pode consultar dois relatórios no *Journal of Parapsichology*, da Universidade de Duke, vol. 15, 1951, de Pratt e Greville ([1, 2]) respectivamente.

Não somente havia maior proporção de êxitos (+1) e (–1) nos padrões

	O		+	
do tipo	+	do que nos padrões	O	quando a experiência foi feita no ritmo
	O		E	

normal, como também no ritmo rápido de lances que resultou em êxitos significativos (+2) e (–2) houve reforços altamente significativos nos padrões tais como

	L		L	L		L
	G		L	G		L
→	E	ou→	E ou	L	ou→	L
	P		G	L		L
	L		L	L		L

em contraste com padrões tais como

	L	
	G	
→	E	em que as adivinhações (+2) e (–2) não eram múl tiplo-determinadas.
	P	
	Z	

(A flecha horizontal marca o ponto em que Shackleton fez a adivinhação.)

(*) Dos dois métodos, o do dr. Walker parece mais seguro que o do professor Robbins, ao qual se fizeram objeções recentemente.

Assim, no "rápido ritmo" de lances foram as imagens (+2) e (−2) que se reforçaram para produzir maior proporção significativa de êxitos (+2) e (−2). É interessante notar que a evidência de reforço no caso dos padrões (+2) e (−2) foi mais forte do que no caso dos padrões (+1) e (−1). Em verdade o método Robbins aplicado ao deslocamento adiantado (+1) deu probabilidades a favor do reforço de quase 5.000 para 1, mas quando aplicado ao deslocamento adiantado de (+2), quando o ritmo era rápido, as probabilidades a favor do efeito de reforço no caso de adivinhações MD chegaram a 20.000 para 1.

O leitor pode estimar o valor do reforço no caso das adivinhações (+2) e (−2) ao saber que, em um total de 60 padrões múltiplo-determinados, não houve menos de 35 êxitos (+2), que é mais de 58 por cento, enquanto nos 170 padrões que não foram múltiplo-determinados houve somente 49 êxitos (+2), cerca de 29 por cento.

Como o dr. Pratt ([2]) escreveu no relatório acima citado:

"O efeito de reforço no deslocamento é um dos mais extraordinários casos de melhoramento na *performance* de percepção extrassensorial que já se observou. Se pudermos descobrir o que ocasionou a melhoria de Shackleton, quando ele tinha aquela situação especial na ordem de alvo apresentada por um padrão múltiplo-determinado, poderemos generalizar melhoramentos semelhantes na marcação de outros pacientes, mesmo daqueles para os quais o deslocamento não é o efeito primário de percepção extrassensorial."

O dr. Pratt diz ainda que o fenômeno de reforço indica que a percepção extrassensorial não é um ato de tudo ou nada de percepção comparável a, digamos, percepção visual sob condições muito favoráveis ou totalmente desfavoráveis a vista. Se a percepção extrassensorial fosse uma percepção completa do alvo correto, em cada caso em que ocorre, não haveria necessidade de reforço e nenhuma oportunidade de o reforço aparecer nos resultados.

O que é claro é que a percepção extrassensorial não se interessa inteiramente por alvos isolados; seus efeitos têm relação com padrões e configurações na sequência de alvos. Quando estudarmos os registros da sra. Stewart veremos como suas marcações se acham afetadas por padrões de uma espécie bastante diferente.

(e) Como Skackleton Prejulga seu Êxito ou Fracasso?

Talvez o aspecto mais desencorajador e perturbador do processo extrassensorial seja sua natureza inconsciente. Os frutos dessa faculdade são colhidos na consciência, mas o crescimento dos suportes de base é amadurecido na escuridão e aparentemente não é acessível a introspecção. Se houvesse alguma sensação peculiar ou alguma certeza que acompanhasse a emergência de impressões autênticas, o percipiente poderia conter suas adivinhações até que essa sensação aparecesse. Seria então possível discriminar entre êxitos devidos a percepção extrassensorial e os devidos a chance. No presente, PES não é no sentido verdadeiro uma forma de conhecimento porque o paciente não tem ideia de como chega a suas impressões; é mais uma adivinhação. Se pudéssemos encontrar um meio, uma droga talvez, que trouxesse o processo inteiro a luz da consciência, o progresso seria rápido.

Quando Shackleton expressou a opinião de que certas adivinhações pareciam melhores que as outras, foi importante verificar se sua crença correspondia a realidade. Devido ao ritmo rápido em que se faziam suas adivinhações, era quase impraticável para ele marcar as adivinhações A, B, C, D, de acordo com suas sensações de "muito boa", "boa", "indiferente" ou "ruim". Qualquer tentativa de impor essa graduação provavelmente teria prejudicado a experiência. De vez em quando Shackleton tecia comentários e marcava uma sequência de, digamos, cinco adivinhações, como sendo melhores que as outras. Algumas vezes marcava uma coluna inteira de 24 tentativas (+1) como "muito boa" ou "esta foi boa" ou "esta pareceu melhor que as outras", etc. Esses grupos marcados ocorrem na maioria das datas entre 24 de janeiro e 14 de agosto de 1941. Depois dessa última data, ele parou de marcar adivinhações e de expressar opiniões verbais sobre grupos especiais. Contamos todas as adivinhações marcadas (+1) em ritmo normal que foram registradas entre aquelas duas datas, se haviam ocorrido durante os testes de telepatia ou de clarividência, fosse qual fosse o agente (o trabalho com todos os agentes está incluído na contagem). Na ausência de uma graduação certa de todas as adivinhações, pode-se considerar o método muito tosco, se bem que não dê prova de que Shackleton podia prejulgar os êxitos.

Em verdade, de um total de 396 adivinhações marcadas (+1), ele teve 100 êxitos, em 4.683 tentativas não marcadas 1.331. Uma simples tabela de contingência (com a correção de Yates) mostra que não há diferença significativa entre as proporções de êxitos marcados e não marcados (x^2 = 1.66).

Shackleton, portanto, como a maioria dos outros pacientes de percepção extrassensorial, não tem conhecimento normal de que suas adivinhações estejam certas ou erradas.

(f) A Média de Marcações de Shackleton teria Relação com seu Estado de Saúde?

Já mencionamos que normalmente Shackleton não gozava de boa saúde e, devido a essa circunstância, não fizemos anotações sistemáticas de sua condição em cada sessão. Contudo, em certas ocasiões, ele queixou-se de sentir-se excepcionalmente mal, e uma anotação especial foi feita nessas datas. As pequenas informações que possuímos ficariam melhores em forma tabulada.

Marcações em Relação a Saúde

(*N. B.* – Por porcentagem de "verdadeiras cognições" referimo-nos (*) a porcentagem de êxitos mais provavelmente *não devidos a chance.* O trabalho (+1) em ritmo normal com a srta. Elliott tem uma porcentagem de 10.9 e com Aldred nas marcações (+1) e (–1) combinadas, 10.6.)

QUADRO 7

Data	*Observações de Shackleton*	*Porcentagem de verdadeiras cognições*
7. 2.41	O paciente queixou-se, no início, de forte ressaca da noite anterior em que fora a uma festa.	8.85
14. 3.41	Antes de iniciar, S. queixou-se de sentir-se mal e aconselhou que se deveria parar caso os resultados não fossem bons depois das duas primeiras folhas.	17.53

(*) Cf. Apêndice B, 12.

Data	*Observações de Shackleton*	*Porcentagem de verdadeiras cognições*
18. 4.41	Shackleton declarou que não teria bons resultados, porquanto se sentia cansado depois do grande bombardeio de dois dias antes, "mas naturalmente nunca se sabe com certeza".	Ritmo normal 8.51 Ritmo rápido 10.96
23. 5.41	Antes da experiência Shackleton queixou- se de que os rins iam mal nos últimos dias e de que ainda sentia dores.	15.34 com a srta. Elliott, agente 24.48 com a sra. Albert, agente.
10.10.41	Shackleton estava mal-humorado desde o início. Queixou-se de estar irritado depois de árduo dia de trabalho.	Somente resultados de chance
7.11.41	Depois que se descobriu serem os resultados somente de chance, Shackleton disse ser o primeiro dia em que se encontrava livre de dores.	Somente resultados de chance
14.11.41	Antes de iniciar Shackleton disse que estava sofrendo de fortes dores nos rins e que não esperava bons resultados.	10.16
16. 1.42	Shackleton estava mal-humorado e sentia-se doente. Queixou-se também de frio.	Resultados de chance, mas os agentes eram novos.
15. 5.42	Shackleton estava agitado. Antes do início da experiência, Shackleton que ficara esperando devido ao atraso de Aldred observou: "Vocês sabem que meus nervos estão péssimos, e fazer isto é uma tortura... Sinto-me completamente esgotado e vou viajar por uns dois dias."	(+1) 6.25 (–1) 12.20
5. 6.42	Shackleton estava muito irritado devido ao atraso de meia hora de Aldred. Antes da verificação declarou que estava tão perturbado que tinha certeza de que os resultados seriam somente de chance.	ritmo rápido (+2) 13.72 (–2) resultados de chance.

Um exame dos resultados acima (*) com as marcações correspondentes certamente sugere que, em várias ocasiões em que Shackleton se queixara da saúde, irritação, etc., fez boas marcações, tanto quanto permitem os limitados dados, não há razão para atribuir o fracasso a má saúde. As opiniões quanto a isso estão longe de ser unânimes. O sr. Tyrrell (**), por exemplo, comentou que, quando sua paciente, srta. Johnson, estava sofrendo de forte resfriado, sua marcação caiu drasticamente até o nível de simples adivinhação, e o mesmo parece ter acontecido nas experiências do dr. Rhine com a sra. Garrett. No caso da sra. Stewart não temos informações sobre a influência do estado de saúde porque ela jamais pareceu adoentada nas noites de sessão. Frequentemente fez marcações altas nos dias em que declarou sentir-se cansada. A conhecida médium, sra. Annie Brittain, contou uma vez a S. G. S. que frequentemente se saía melhor em suas funções quando se sentia cansada e depois de muito trabalho.

(g) Dois Agentes em Oposição

Em 23 de maio de 1941 foi iniciada nova linha de pesquisas que examinaremos com mais detalhes no Capítulo XIV.

Durante a primeira parte da sessão, na data acima, a srta. Elliott serviu de agente em 200 lances em ritmo normal, sendo usadas listas de números ao acaso. Nesses 200 lances o dr. Wiesner serviu como observador do paciente (AP) e S. G. S. como observador do agente (PA) enquanto que a sra. Albert ficava sentada junto a caixa em posição que não lhe permitia ver os cartões dentro da referida caixa.

Em 189 tentativas (+1) Shackleton obteve 61 êxitos, com probabilidades correspondentes contra a chance cerca de 10.000 para 1. Depois que esses resultados foram decifrados e verificados, fez-se uma experiência especial.

Foram entregues a srta. Elliott e a sra. Albert quatro pequenos cartões nos quais se achavam inscritos os códigos:

Srta. Rita Elliott	*Sra. G. Albert*
G L E P Z	L G P Z E
P E Z G L	L Z P E G
P E L G Z	Z G P L E
G E L P Z	Z P G L E

As letras foram dispostas de maneira que nenhuma nos quatro códigos da srta. Elliott correspondesse a letra em posição semelhante em nenhum dos quatro códigos da sra. Albert. Pediu-se aos agentes que escolhessem três dos quatro códigos em qualquer ordem desconhecida de S. G. S. e do dr. Wiesner. Shackleton, que ficara na sala de espera e nada sabia da nova experiência e dos arranjos feitos no atelier, soube unicamente que, nas três folhas seguintes, a sra. Albert seria a agente. Ele não teve um indício de que, enquanto a sra. Albert ficava atrás do biombo, na posição usual, a srta. Elliott ficava alguns pés para trás com um segundo grupo de cinco cartões com imagens de animais em sua frente. Pediu-se aos dois agentes que escolhessem os códigos, particularmente, em qualquer ordem, e para mudarem de um código para outro no final de cada folha de 50 lances. Sendo os dois grupos de códigos mutuamente exclusivos, seguiu-se que, quando (PA) mostrava o número 4 na abertura do biombo, ambos os agentes levantavam e olhavam o quarto cartão na fileira contando da esquerda para a direita, e, portanto, em cada lance, estariam olhando para imagens diferentes. Do lugar em que se encontrava, a srta. Elliott podia ver os números ao acaso quando apareciam no buraco do biombo. S. G. S. atuou como (PA).

Os dois agentes, tendo escolhido um código dos quatro existentes em seus cartões, dispunham os cinco cartões de imagens na ordem indicada pelo código; como sempre os cartões ficavam virados no fundo da caixa ou sobre a mesa. A experiência prosseguia de maneira comum e S. G. S. registrava os códigos para cada agente no final da folha. Foram completadas mais duas folhas, sendo usados códigos diferentes para as três folhas, e os resultados de todas foram decifrados, contados e verificados.

Em cada lance os agentes estavam competindo em oposição. O resultado da experiência foi que a srta. Elliott falhou em influenciar Shackleton que, por sua vez, fez contato feliz com a sra. Albert. Tinham-lhe dito que esta atuaria como agente e tudo aconteceu como se a srta. Elliott não estivesse presente.

A diferença entre as duas marcações é extraordinária. Para os êxitos (+1) temos:

Agente	*Folha N.º*	*5a*	*5b*	*6a*	*6b*	*7a*	*7b*	Total
Sra. G. E.	—	8	10	11	10	10	8	57
Srta. R. E.	—	4	3	4	3	5	6	25

Naturalmente não há dúvidas de quem tenha sido o verdadeiro agente. Para a sra. Albert, a proporção crítica é de 5.45, o que corresponde a probabilidades contra a chance que montam a mais de dois milhões para 1. A marcação com a srta. Elliott é de chance. Observa-se fenômeno semelhante quando duas pessoas estão sentadas a mesma mesa com um percipiente mediúnico. Se se diz ao médium, no início de uma sessão, que o visitante X é o anotador, ele fará contato com X e não com Y, e as informações que virão aplicam-se a circunstâncias de X e não de Y.

(h) Efeitos de Declínio e Marcação Negativa

Tem-se observado frequentemente em experiências com cartões ou dados que as primeiras adivinhações são melhores que as seguintes. Em uma sequência de 25 lances o paciente muitas vezes apresenta melhores resultados nos primeiros cinco ou dez lances do que nos restantes. Algumas vezes, no entanto, há uma melhoria no final da sequência depois de uma queda no meio, e o gráfico das marcações pode apresentar o aspecto de uma curva em forma de U. Tais efeitos de declínio e melhoria durante a sequência naturalmente podem ser investigados estatisticamente somente pela contagem da marcação total para cada uma das 25 posições em grande número de sequências. A srta. Jephson (*) pensou que o declínio que notou em suas próprias experiências fosse devido a uma espécie de fadiga mental, mas provavelmente resultasse de uma perda de interesse ou de espontaneidade da parte do adivinhador. Pode ser também que, quando o paciente está próximo do fim de sua tarefa – digamos, nas últimas cinco tentativas – haja uma renovação de interesse ou espontaneidade pelo trabalho, que estimula as adivinhações finais.

Esse declínio na coluna de 25 lances constitui um fator muito significativo do trabalho da sra. Stewart, mas – o que é curioso – está ausente em todo o trabalho com Shackleton. Realmente, se calcularmos a distribuição dos 1.755 êxitos (+1) que Shackleton obteve em todas as experiências de telepatia realizadas em ritmo normal com os agentes, srta. Elliott, sra. Albert, K. M. G. (?) e o dr. C. E. M. Joad, descobriremos que, dentro dos limites de escolha ao acaso, esses êxitos estão espalhados sobre as 24 posições da coluna. O mesmo acontece com os êxitos (+2) obtidos em ritmo rápido com a srta. Elliott e J. Aldred.

Há, entretanto, um declínio na média de marcação dentro da própria sessão de experiência. ([4]) Por exemplo, a primeira página mostra em média marcação maior (+1) do que a última. Assim, se juntarmos as experiências de telepatia feitas em ritmo normal com a srta. Elliott e J. Aldred, descobriremos que, em 46.08 sequências (*) de "primeira folha" a média de marcação (+1) é de 7.77 por sequência, enquanto que no mesmo número de sequências de "última folha" é só de 6.60 êxitos por sequência. As probabilidades contra a existência de tal diferença por chance são cerca de 200 para 1.

Igualmente as 90.24 sequências que pertencem a primeira parte da sessão mostram média mais alta de marcações do que as 90.24 sequências da segunda parte. Em verdade, a média de marcações (+1) por sequência declina de 7.38 para 6.62, sendo as probabilidades contra a chance de 100 para 1.

É curioso notar que, embora os dados acima, tomados em conjunto, não deem evidência de marcações significativas no cartão-alvo ou (O), ainda assim, mesmo nesse cartão, há um declínio sugestivo de uma média de 5.67 por 25 nas primeiras folhas para uma média de 4.65 nas últimas. Nesse caso, as probabilidades contra a chance não passam de 80 para 1. Seria de esperar que um declínio na marcação (+1) seria compensado por um aumento na marcação (O), mas tal não é o caso. ([4])

Novamente na marcação (–1), em ritmo normal com Aldred, embora o número total de sequências (11.52) seja pequeno, há um declínio significativo da primeira metade da sessão para a segunda. Cai de uma média de 7.81 para 6.01 por sequência, as probabilidades nesse caso sendo mais de 250 para 1. O declínio na marcação de (–1) da primeira para a última folha é sugestivo, mas sem muita significação. De modo geral podemos dizer que o declínio na marcação notado durante a sessão de experiência com Shackleton não deve ser explicado como uma mudança de atenção de uma categoria para outra, sugere mais um declínio geral em função de percepção extrassensorial.

Dissemos que o espaçamento de êxitos dentro da coluna de 25 ocorre com Shackleton de maneira ocasional. Ele não mostra tendência para acumular êxitos (+1) em regiões especiais da folha de marcações, e de conformidade com essa descoberta há o fato de que os números de sequência 1, 2, 3, 4, etc. de êxitos consecutivos (+1) estão em concordância com as expectativas de chance para tais sequências. Por exemplo, no caso dos

1.755 êxitos (+1) citados acima, o número de êxitos "isolados" é de 884, incrivelmente perto do número esperado, 883.29.

Um Caso de "Marcação Negativa" ([5])

Foi primeiramente notado pelo dr. Rhine e subsequentemente por outros pesquisadores que, quando os pacientes se tornavam cansados ou aborrecidos, as marcações caíam não só para o nível da chance como abaixo também. Isso quer dizer que o adivinhador fazia um número bem menor de êxitos do que seria de esperar se nenhum fator, a não ser a chance cega, estivesse operando. Se persistentemente tiver o cartão errado, parece razoável supor que, em algum nível de sua mente, possua algum conhecimento perfeito ou imperfeito em relação ao cartão que está conscientemente tentando adivinhar. Ele poderia saber subconscientemente que o cartão era um leão e depois, por algum motivo perverso, suprimia essa imagem e permitia que um dos outros quatro símbolos surgisse na consciência. Por outro lado, o adivinhador pode nada saber sobre o cartão exceto que não era o da imagem do elefante. Se, nesse caso, sua mente subconsciente desejasse evitar o cartão certo, poderia fazê-lo permitindo que o "elefante" emergisse. Há um exemplo extraordinário de marcação "negativa" no cartão-alvo ou (O) no trabalho de Shackleton com o agente J. Aldred. Esse efeito está ausente nas experiências de 1936 com esse agente, mas persiste nas sessões de 1942-1943, e ocorre não somente nos testes feitos em ritmo normal como também nos de ritmo rápido.

Omitindo a experiência realizada em 7 de agosto de 1942, em que não se achava presente nenhum agente, a de 26 de agosto desse mesmo ano, em que foram usados cartões Zener sendo que das três colunas não constavam listas de números ao acaso, temos ao todo 69 colunas de 25 adivinhações no cartão-alvo ou (O), o equivalente a 1.725 tentativas. Nesses alvos "diretos", o número esperado de êxitos era de 345, onde contamos somente 281. A *falta* de 64 êxitos é o equivalente de 3.85 desvios-padrões, e (como resultado isolado) as probabilidades contra a chance são cerca de 8.000 para 1. Como o grupo foi escolhido de um grande total de 11.852 tentativas (O), as probabilidades verdadeiras andariam por volta de mil para 1. Pensamos haver pouca dúvida de que o efeito é genuíno, mas sua interpretação é obscura. Sabemos que ocorreu nas últimas nove sessões com Shackleton, e pode ter anunciado o declínio de sua força que se manifestou em fins de 1943.

Das 69 colunas mencionadas acima, 23 foram adivinhadas em ritmo "rápido" e as outras 46 em ritmo "normal".

Deve-se lembrar que, durante todo o tempo dessas marcações abaixo da chance no cartão (O) Shackleton estava fazendo marcações altamente positivas nas tentativas de (+1) e (–1) em ritmo "normal" e (+2) e (–2) em ritmo "rápido". Não parece haver relação entre as marcações de deslocamento positivo e as marcações "negativas" no cartão-alvo.

S. G. S. ([7]) a princípio fora de opinião de que a marcação negativa no alvo principal fora devida a uma reação psicológica da parte de Shackleton, que o levou a mudar o lance depois de marcar um sucesso precógnito (+1). A mudança de lance foi de fato uma resposta de seu subconsciente a uma brilhante precognição. Evidencia-se do diagrama abaixo que, se Shackleton mudasse sua adivinhação depois de um êxito (+1), ele marcaria automaticamente um *fracasso* no alvo "direto" seguinte.

Assim:

Adivinhações		*Cartões*
Círculo		Estrela
+	——————→	Círculo

Outro exame da questão pelo dr. J. G. Pratt, (*) no entanto, mostrou que, mesmo depois de *fracassos* no alvo (+1), havia um significativo desvio no alvo principal seguinte. S. G. S., em sua análise preliminar, deixou de considerar a tendência individual do paciente de mudar seu lance nos dados considerados como um todo.

A interpretação mais razoável, pois, do desvio negativo, é que ele representa um efeito *psi* independente (ou grandemente independente) da marcação de êxitos nos alvos (+1) e (+2).

Em alguns casos Rhine descobriu que as marcações abaixo da chance podiam ser induzidas quando pedia a um paciente de marcações altas que errasse em todas as adivinhações. Assim, na ocasião em que seu melhor paciente Hubert Pearce () estava obtendo, em média, oito êxitos em 25 lances, em testes de telepatia, pediu-lhe que tentasse conscientemente conseguir marcações baixas em um grupo de 275 tentativas. Para essa curta série, Pearce obteve uma média de somente 1.81 êxitos por sequência de 25. Essa queda em nível de marcações é tremendamente significativa.

(*) III, 1.

Note-se que a média de marcações baixas (1.81) fica tão abaixo do nível de chance (5) quanto a prévia marcação alta está acima dela (8), e nisso vemos um curioso paradoxo. Quando um paciente marca acima do nível de chance, podemos razoavelmente pensar que ele conhece inteiramente, por telepatia ou clarividência, certo número de cartões, e que, além disso, acerta um quinto dos outros cartões, por chance. Desses cartões que restam, presumivelmente ele nada sabia. Ficamos tentados a imaginar que, quando a mesma pessoa está marcando significativamente abaixo da expectativa de chance, ela conhece certo número de cartões por percepção extrassensorial e não acerta pelo simples expediente de anunciar os símbolos errados em vez dos certos, de sorte que suas marcações serão de um quinto do que resta e do qual tudo ignora. É fácil ver que, se os efeitos abaixo da chance são produzidos pela rejeição dos símbolos cujos valores ela conhece exatamente, teria, usando cartões de cinco símbolos, que empregar quatro vezes mais capacidade de percepção extrassensorial para produzir certo desvio negativo do que normalmente empregaria para marcar um desvio positivo igual.

Isso será compreendido melhor por meio de um exemplo. Suponhamos que uma pessoa conheça cinco cartões por meio de percepção extrassensorial adivinhando um maço de 25 cartões Zener. Se disser corretamente os cinco cartões que conhece, sua marcação mais provável será de 5 mais um quinto de vinte, isto é, 9. Sua média de porcentagem de verdadeira marcação será de

$$\frac{\text{N.º de cartões conhecidos por PES}}{25} \times 100, \text{ i. é, } \frac{5}{25} \times 100, \text{ i. é, 20 por cento, e}$$

seu desvio positivo de 5 (a expectativa de chance) é 9–5, isto é, 4.

Suponhamos que essa pessoa esteja tentando marcar abaixo do nível de chance com outro maço de 25 cartões. Se o desvio dessa vez for de 4 abaixo da expectativa, sua verdadeira marcação será de 5–4, isto é, 1. Para obter esse 1, teria em média que fazer adivinhações as cegas de 5 cartões sobre os quais nada sabe. Segue-se, portanto, que se esteve trabalhando da mesma maneira que quando estava marcando acima da expectativa de chance, deve ter sabido por percepção extrassensorial, 25–5, isto é, 20 cartões e substituído símbolos errados para cada um desses 20. Isto é, sua média de porcentagem de verdadeira marcação é agora de $\frac{20}{25} \times 100$, que quando marcou o mesmo desvio ([4]) acima da expectativa de chance.

Se quisermos evitar a hipótese improvável de que a faculdade de percepção extrassensorial do paciente quadruplicou, deveremos imaginar que, quando ele está fazendo significativas marcações negativas, seu subconsciente não rejeita simplesmente os símbolos que conhece perfeitamente.

Possivelmente poderia saber que o cartão *não* é o de um círculo; enunciar um círculo significaria um fracasso. Isso implicaria um grau menor de PES do que seria necessário para um perfeito conhecimento. Rhine ([10]) expôs diversos fatores psicológicos e situações experimentais que parecem induzir marcação negativa ou abaixo da expectativa de chance em indivíduos e grupos. A evidência produzida pela relação de causa talvez seja frequentemente mais sugestiva que concludente. Diz-se que, quando se dão aos pacientes tarefas que eles julgam impossíveis, eles frequentemente produzem marcações negativas. Em certas experiências de precognição, feitas pelo dr. Rhine, ([9]) com cartões mecanicamente selecionados, um grupo de adultos produziu um desvio negativo de 239 em uma série de 27.700 tentativas, resultado bastante significativo. Experiência semelhante realizada com um grupo de crianças na mesma época deu um desvio positivo igualmente significativo. Pensaram que os adultos consideraram a tarefa impossível, enquanto que as crianças a consideraram como um jogo e ficaram assim livres de dúvidas intelectuais a respeito.

Também existe certa quantidade de evidência sugestiva de que testes de grupo com cartões fechados em envelopes quase sempre levam a resultados significativos ou quase significativos abaixo da chance, mais especialmente em casos em que os adivinhadores ficam frustrados pela demora em saberem dos resultados, como acontece quando os testes são feitos por meio do correio. Mas existem tantas exceções – as experiências com envelopes fechados de Jephson, por exemplo – que é difícil ter certeza a respeito dessas descobertas.

A dra. Gertrude Schmeidler, (*) nas experiências com "carneiros" e "cabras", produziu, entretanto, evidência rígida e concludente de que uma atitude mental hostil contra a percepção extrassensorial ou uma crença forte de que esta dificilmente se dará sob as condições existentes da experiência, leva, em geral, a marcações negativas. Mas, conforme já vimos, fatores de personalidade estão também envolvidos, e os "cabras" socialmente bem ajustados foram responsáveis pela maior porção de desvios negativos observada.

É de lembrar-se que nas experiências de clarividência com desenhos, a dra. Humphrey (**) descobriu que os pacientes "concisos" produziam um desvio negativo significativo enquanto que o mesmo teste com os expansivos tendia a marcar um pouco acima da expectativa de chance. No entanto, quando a condição telepática não era excluída, a situação ficava revertida, e eram os expansivos que faziam a marcação significativa abaixo da chance. (***)

Mas "expansão" e "concisão", como estimadas pelos testes empregados, não parece medirem traços de personalidade permanentes, visto que a dra. Humphrey descobriu que os pacientes, que haviam sido registrados como "expansivos" em uma experiência, eram marcados como "concisos" em teste posterior.

Quando examinarmos o trabalho da sra. Stewart, consideraremos uma espécie bem diferente de marcação negativa que não se manifesta como um grande total de êxitos significativamente abaixo da expectativa de chance, sendo dirigida para certos padrões-alvo e não para outros. Esse foi um dos aspectos mais diferentes e interessantes de suas adivinhações e parece o resultado de forte motivação pessoal.

Admitem, as Experiências de Shackleton uma Explicação Normal?

Quase dez anos se passaram depois que Soal-Goldney (*) publicaram o relatório sobre os poderes de Basil Shackleton, e era de esperar que alguns críticos hábeis tentassem encontrar explicações "normais" para seus extraordinários feitos. Por explicações "normais" queremos dizer tentativas para demonstrar que os resultados poderiam ser obtidos sem o postulado de percepção extrassensorial. Naturalmente é a aparente precognição do cartão seguinte ou do penúltimo que prova ser o empecilho dos críticos. No entanto, foram feitas umas duas tentativas dessa natureza com pequeno ou nenhum resultado.

Foi feita uma sugestão por correspondência a S. G. S. pelo sr. C. E. M. Hansel, estudante de psicologia de Cambridge, que se Shackleton e o agente estivessem em conluio, este último, se não fosse devidamente vigiado, poderia, durante a experiência, alterar a ordem dos cinco cartões de animais dentro da caixa. Se o agente (A) e o percipiente (P) concor-

(*) V, 22.
(**) V, 13
(***) IX, 1.

dassem previamente que os êxitos precógnitos (+ 1) deveriam ocorrer nas posições 9, 14, 19 e 24 da coluna de marcações, poderiam determinar que (P) anunciaria G, L, Z, P nessas posições. Tendo decorado a ordem dos cinco cartões durante as primeiras tentativas o agente, no lance N.º 10 mudaria o cartão de símbolo G para a posição indicada pelo pesquisador (PA) que controlava o agente (A) na abertura do biombo. No lance N.º 15 (A) mudaria o cartão L para a posição correspondente ao número ao acaso corrente, e assim por diante. Esse método, se não fosse habilmente executado, levaria a um acúmulo de "êxitos" em certas posições da folha de marcações e provavelmente a uma deficiência de êxitos nos primeiros cinco lugares, isto é, antes que o agente tivesse muita chance de decorar a ordem dos cinco cartões. Como resultado de prolongado exame das folhas de registro, o sr. R. C. Read, do St. Catharine's College, Cambridge, não encontrou evidência nenhuma de que esse método fora realmente empregado. Ele escreveu: "Nada se descobriu que fosse diferente do que se esperava, com exceção naturalmente do resultado final; (P) marcou significativamente alto no cartão seguinte e nada se encontrou como pista para uma explicação normal dos resultados obtidos." S. G. S. descobriu, sem dúvida, que não havia déficit significativo de êxitos mesmo nos primeiros dois lugares na coluna *(a)*.

Os pesquisadores não hesitam em afirmar que, em muitas das experiências felizes em que um observador vigiou o agente, esse método não seria possível. Falta de espaço impediu que a sra. Goldney e S. G. S. publicassem no relatório cada detalhe das experiências. Mas se o leitor verificar a página 127 do relatório verá que a srta. Ina Jephson ficou junto a mesa do pesquisador durante a marcação das folhas 1–3 e embaralhou os cartões antes de cada 50 lances, *fora das vistas do pesquisador e do agente.* A página 83, ela escreve: "Tenho a certeza de que a srta. Elliott virava o cartão certo indicado pelo número ao acaso impresso que S. G. S. apresentava na pequena abertura do biombo." De fato, o agente e S. G. S. que atuava como (PA) iam para um ponto distante da sala enquanto a srta. Jephson embaralhava os cartões e, portanto, não havia oportunidade *antes* ou *durante* a experiência para o agente alterar a ordem dos cartões.

A marcação (+ 1) dessas folhas foi equivalente a +3.74 desvios-padrões.

A "Chronicle" (*) das experiências de Shackleton mostra que o sr. Chibbett, por exemplo, observador em 14 de fevereiro de 1941, tomou precauções idênticas. Como as únicas funções do observador quando vigiava

(A) eram ouvir sinais e ter certeza de que ela virava os cartões certos, ele ficou sentado onde pudesse enxergar os cartões. (A proporção crítica para as marcações (+1) foi de 6.09 em 240 tentativas.)

Além disso, o método sugerido por Hansel não explica satisfatoriamente (I) a súbita e inesperada aparição de resultados precógnitos (+2) quando a média de lances foi duplicada sem aviso prévio para (P) ou (A) e (II) o fenômeno de determinação múltipla agora satisfatoriamente estabelecido por bons processos estatísticos. Era muito improvável uma combinação entre Shackleton e os três agentes porque eles eram muito conhecidos de um ou outro dos pesquisadores.

Nenhum crítico sugeriu que tudo fora combinado de antemão entre Shackleton, os pesquisadores e o agente. Esse suposto arranjo seria desfeito pelo fato de que, em muitas ocasiões, era o observador de fora quem embaralhava os cinco cartões, no início de cada folha de 50 lances. Além disso, em tais ocasiões, o observador ficava sentado ao lado de (A) e podia ver os cartões desde o instante do embaralhamento até o final da série de 150 lances. Resultados altamente significativos foram obtidos em tais circunstâncias. Conforme se mencionou, durante o embaralhamento pelo observador, (A) e (PA) iam para uma parte distante do atelier e voltavam somente quando o observador, que permanecia em seu lugar a mesa, indicava que os cartões estavam prontos.

O sr. Kenneth Richmond, ([12]) que foi redator do *Journal,* da Sociedade de Pesquisas Psíquicas, escreveu:

"Nas ocasiões em que fui testemunha do procedimento na mesa do pesquisador, eu mesmo embaralhei os cartões antes de cada experiência, longe das vistas do pesquisador, o qual não teve oportunidade de conhecer a ordem em que foram colocados na frente do agente até o final da experiência."

Para rebater a possível sugestão de que S. G. S., que preparava a lista de números ao acaso, pudesse estar em combinação com Shackleton e o agente, em três ocasiões foram as listas elaboradas por uma pessoa de fora que as enviaria diretamente pelo correio a sra. Goldney ou a sra. Woollard, membro da Sociedade de Pesquisas Psíquicas, que auxiliou nas experiên-

---

(*) A "Chronicle" não foi publicada, mas pode-se ver uma cópia dela nas salas da Sociedade de Pesquisas Psíquicas.

cias durante algum tempo. Os detalhes são dados nas páginas 83-84 do próprio relatório (*) Esses três testes obtiveram resultados brilhantes.

Sinais Auditivos e Visuais

Todos os observadores independentes testemunharam que os resultados não eram devidos a nenhuma espécie de sinal, direto ou indireto, entre o agente e Shackleton. Em primeiro lugar, o ritmo rápido e uniforme dos lances impede que se seja coroado de êxito no uso de tais sinais. Se Shackleton estivesse recebendo sinais visuais, isso logo se tomaria evidente ao pesquisador sentado a seu lado porque ele teria que levantar os olhos da folha de marcações constantemente. Além disso, não era o cartão virado pelo agente que seria assinalado, mas o que estivesse na frente. Shackleton não podia deixar claros em sua folha para serem preenchidos depois, porque o observador independente o vigiava sempre. Precisava preencher a cela N.º 11 após ouvir o lance N.º 11.

O sr. Kenneth Richmond (*) talvez tenha dito a última palavra sobre a impossibilidade de Shackleton receber qualquer sinal visual. Escreveu: "É óbvio que, mesmo que tivesse uma televisão em sua frente dando uma vista perfeita de cada cartão escolhido pelo agente, não poderia anotar os cartões sucessivos antes de serem selecionados."

O dr. B. P. Wiesner, (*) biólogo consultante, escreveu:

"Parece-me que as explicações óbvias (sinais) estão completamente excluídas pelas disposições tomadas e pela maneira consistente em que se fez a experiência."

Quanto a sinais *auditivos* pelo agente, todos os observadores que se sentaram ao lado de (A) enquanto virava os cartões testemunharam enfaticamente o fato de que o agente nunca falava, sussurrava, tampouco fazia qualquer movimento que até qualquer pessoa desconfiada pudesse notar ou que pudesse transmitir qualquer informação codificada. Cada observador independente foi especialmente avisado, no começo, para ficar de sobreaviso quanto a murmúrios e outros sons, mas nenhum deles teve algo a comunicar.

O sr. H. Chibbett, (*) um dos observadores mais cépticos, escreveu:

"A srta. E. (agente) ficou silenciosa durante todas as experiências. Não houve sussurros nem resmungos de parte dela ou de qualquer dos outros."

A srta. Ina Jephson, membro do conselho da Sociedade de Pesquisas Psíquicas, escreveu:

"Não vi sinal de código entre quaisquer das pessoas envolvidas e não ouvi palavras, tosses ou murmúrios desnecessários."

O professor C. A. Mace, (*) eminente psicólogo da Universidade de Londres, escreveu:

"Creio que sinais visuais e auditivos foram adequadamente eliminados."

O professor H. Habberley Price, (*) professor de lógica na Universidade de Oxford e ex-Presidente da Sociedade de Pesquisas, escreveu:

"Tanto quanto me é dado julgar, creio que os métodos adotados são perfeitamente seguros. Parece-me impossível que o paciente pudesse ter conhecimento do cartão, que estivesse sendo mostrado, por qualquer maneira *normal;* ainda menos do cartão que seria mostrado alguns segundos depois."

Sir Ernest Bennett, (*) membro do conselho da Sociedade de Pesquisas Psíquicas, escreveu:

"Estou convencido de que nenhuma troca de sinais, audíveis ou visuais, foi possível entre agente e paciente, e que sob as condições que prevaleceram toda forma de conluio era impossível."

Uma Teoria Insustentável

Agora trataremos ligeiramente de uma teoria tão absurda que nem devíamos dar-nos ao trabalho de refutá-la. É a teoria de "sussurros duplos", apresentada por um jovem, sr. D. H. Rawcliffe, ([13]) em um livro inadequado, (*) cheio de erros relativos a fatos e cheio de omissões com relação a importantes detalhes. Rawcliffe, obviamente um noviço em pesquisas psíquicas, recorre a desacreditada hiperestesia da hipótese de audição para explicar a telepatia.

Supõe que o pesquisador junto ao biombo, ao anunciar a série de números de "sinal" de 1 a 25, consegue ao mesmo tempo sussurrar o número seguinte da lista ou adicionar ao número de série a consoante inicial do número seguinte. O agente no outro lado do biombo apanharia subconscientemente o sussurro, traduzi-lo-ia para o nome do animal correspondente e murmuraria esse nome (ou a inicial). Shackleton, sentado a uns

(*) IX,1.

18 ou 20 pés de distância, na outra sala, subconscientemente receberia o sussurro e anotaria a letra correspondente. No ritmo rápido de lances, o pesquisador, por motivo desconhecido, sussurraria não o número seguinte, mas o segundo na lista, e a complicada série de mudanças, traduções e recepções seria feita em um segundo e meio!

Não é preciso dizer que o autor, que nunca assistiu a uma experiência de Shackleton, não se oferece para dar uma demonstração prática!

Vamos demolir sucintamente essa teoria mal considerada do sr. Rawcliffe.

Como acreditar que *sete* pesquisadores, alguns dos quais não tinham o menor conhecimento dos resultados a serem esperados quando visitaram pela primeira vez o atelier, sussurrassem os números seguintes ou adjacentes da lista? E todos os sete não perceberiam que estavam sussurrando? Shackleton teve êxito brilhante com as sete pessoas e, embora o autor admita em seu livro que os sussurradores inconscientes são raros, vê-se defrontado com a contradição de que quase todos exibem essa peculiaridade! E estariam todos inconscientes de estarem sussurrando?

Embora os sussurros do agente sejam tão fracos que os observadores sentados bem perto não os percebem, Shackleton na outra sala os recebe muito bem. Não há vestígio de evidência experimental satisfatória para hiperestesia auditiva tão extensa, e temos a certeza de que não seria revelada pelo mais sensível microfone.

Quando sequências de 50 tentativas foram alternadas no ritmo de um lance cada cinco segundos, com sequências em ritmo normal, as experiências em ritmo lento falharam completamente quando o intervalo maior deveria dar chance ao sussurro!

Por que, quando entrou em cena o novo agente, sr. Aldred, todos os pesquisadores, para quem ele era um completo estranho, começariam a sussurrar o número um ou dois lugares *atrás* bem como um ou dois lugares na frente?

Veremos que é absolutamente impossível harmonizar os resultados das experiências de Stewart com qualquer teoria de sussurros.

Se o agente sussurrasse fracamente as letras iniciais dos nomes dos cinco animais certamente deveríamos esperar, nas difíceis condições em que Shackleton trabalhava – o alto barulho do lance do pesquisador – que frequentemente ele confundisse P por E ou G. Se, por outro lado, o agente sussurrasse os nomes, certamente confundiria pelicano com elefante muitas vezes.

Um exame dos registros não revela nenhuma sistemática confusão de sons semelhantes.

O crítico deixou de notar que se declarou expressamente no relatório de Soal-Goldney, a página 39, (*) que durante as nove primeiras sessões com Shackleton as duas portas entre o atelier e a antessala estiveram completamente fechadas. Somente depois da décima é que se abriu ligeiramente uma das portas. Na teoria do sussurro deveríamos encontrar uma diferença marcante nos resultados depois da décima sessão. Um exame dos resultados mostra claramente que as oito primeiras sessões foram definitivamente mais felizes que as oito seguintes, feitas nas mesmas circunstâncias, exceto que a porta estava entreaberta. (**)

Mas toda essa teoria é tão grandemente improvável que não é preciso dar-lhe maiores atenções.

É razoável dizer que se qualquer parapsicólogo houvesse proposto uma teoria tão contraditória e sem bases para estabelecer um caso de percepção extrassensorial, como a do sr. Rawcliffe, teria sido ridicularizado.

(*) IX, 1.

(**) A sessão N.º 9 foi uma experiência com fichas e está fora de consideração. Para detalhes vide capítulo XX.

CAPÍTULO XII

Os Novos Trabalhos com Gloria Stewart

Durante a guerra a sra. Stewart foi obrigada a ir para Upton-on-Sevem, em Worcestershire, e foi impossível realizar experiências com ela até sua volta a Richmond, no verão de 1945. Quando foi publicado o relatório de Soal-Goldney, S. G. S. enviou-lhe um exemplar, e ela escreveu dizendo que estava disposta a fazer novas experiências quando voltasse para casa. A excelente crítica feita pelo professor C. D. Broad ([1]) sobre as experiências de Shackleton, em *Philosophy*, (novembro de 1944), e a grande publicidade recebida pelo relatório graças aos esforços do professor Ifor Evans, que era nessa ocasião diretor do Queen Mary College, mostraram que as descobertas haviam despertado considerável interesse nos círculos acadêmicos. S. G. S. achou, portanto, que era tempo de convidar conferencistas de seu próprio colégio para tomar parte nas novas experiências. Na série de Shackleton, os assistentes vieram quase que exclusivamente da Sociedade de Pesquisas Psíquicas, mas parecia muito aconselhável que as provas dependessem grandemente do testemunho de pessoas de academias diferentes. F. Bateman, antigo aluno de S. G. S., lera uma descrição das experiências e lhe escrevera a respeito. Como S. G. S. soubesse tratar-se de pessoa meticulosamente exata, de confiança e matemático muito competente, julgou-se que não se poderia fazer melhor escolha. S. G. S. escreveu ao sr. Bateman convidando-o a tomar parte na nova série de experiências que pretendia realizar. O convite foi aceito. Nas experiências de Shackleton, todo o trabalho da contagem de êxitos, a complicada classificação de dados, a aplicação de fórmulas estatísticas, etc. foram feitos inteiramente por S. G. S., e sua excelente colaboradora e pessoa de suas velhas relações, sra. K. M. Goldney, que participara de muitas outras experiências suas, não pôde auxiliá-lo muito no laborioso trabalho de computação estatística. Era mais importante do que nunca que S. G. S. tivesse um colega dessa espécie porque a preparação de seu trabalho profissional no Queen Mary College lhe dava menos tempo do que tivera durante a guerra.

Como as experiências, com poucas exceções, deviam ser feitas em casa da sra. Stewart, em Richmond, que fica a grande distância da estação, era preciso fazer uma viagem de duas horas e meia para cada uma das cento e vinte e tantas experiências que se realizaram em Richmond.

Além disso, como a sra. Stewart só estava livre tarde da noite. S. G. S. chegava a sua casa em Prittlewell geralmente de madrugada, e o esforço também era grande para F. B.

Plano Geral das Experiências

Ficou decidido em agosto de 1945 que o plano deveria ser muito semelhante ao da série de Shackleton. Com exceção de duas sessões feitas no Royal Free Hospital e cinco das seis experiências da série Londres-Antuérpia, as restantes (123 sessões) foram feitas em casa da sra. Stewart, em Marchmont Road, Richmond, Surrey. Geralmente ficavam a disposição três aposentos no andar térreo: uma grande sala, uma cozinha de tamanho razoável e um grande vestíbulo. Duas partes davam para a grande sala, uma da cozinha e a outra do vestíbulo (ver planta). A porta entre a sala e a cozinha era dupla, uma que se abria para a sala e a outra para a cozinha. Na maioria dos testes, a sra. Stewart permaneceu na cozinha com um pesquisador (AP) que a vigiava enquanto ela anotava suas adivinhações. Vez ou outra, quando não havia (AP), ela ficava sozinha. Em três ou quatro ocasiões, a sra. Stewart (P) ficava no vestíbulo com (AP). O agente ou agentes e um segundo pesquisador (PA) ficavam na sala com o biombo e os cartões. O biombo que tinha três pés quadrados e uma abertura de três polegadas quadradas no centro ficava sobre uma pequena mesa. Do lado do biombo, afastado da parede que separava a sala e a cozinha, ficava o agente (A) e, a sua frente, havia uma caixa de papelão colocada de lado para que a abertura o defrontasse. Dentro ficavam os cinco cartões de iniciais de animais; não foram usadas imagens de animais, o que constitui uma variação do método que geralmente se usou com Shackleton. As cinco letras E, G, L, P, Z, foram constantemente usadas até o outono de 1947. De meados de outubro daquele ano, a marcação da sra. Stewart permaneceu no nível de chance durante algumas semanas, e, no exame que se fez de suas adivinhações, verificou-se que estivera repetindo mecanicamente combinações como P E G, L E G, etc. Em novembro, os símbolos foram mudados para C (camelo), F (*fox*), (*) H (horse), (**) K (*kangaroo*) (***) e T (tigre), pois julgou-se que a ausência de vogais não permitiria a fácil formação de palavras e sílabas. Ainda assim a percipiente confessou ter preferência por certas sequências, tais como H C e H T. Do lado do biombo mais próximo da parede da cozinha ficava (PA) com cinco cartões em sua frente, nos quais estavam impressos os números de 1 a 5; estavam impressos nos dois lados para facilitar. O biombo ocupou três posições diferentes desde 1945, ficando algumas vezes perto do centro da sala, outras perto da parede exterior, mas nunca onde pudesse ser visto pela sra. Stewart, na cozinha, tampouco por (PA) ou o agente, mesmo que as portas entre as duas salas ficassem escancaradas. (****) Na realidade essas portas Di e D_3 ficavam ligeiramente abertas para facilitar a audição. A porta D_2 ficava sempre fechada. Uma terceira pessoa que marcava o tempo (TK) estava geralmente na sala sentada em um sofá de modo que não pudesse ver os cartões dentro da caixa. Com um cronômetro (TK) marcava o tempo levado para cada grupo de 25 lances e esse tempo era registrado por (PA) no final da coluna da folha de marcações. Em muitas ocasiões (AP) agia também como (TK), e menos frequentemente era essa função exercida por (PA). Uma pessoa trabalhando como agente durante os 200 primeiros lances frequentemente fazia as vezes de (TK) para os 200 lances seguintes e *vice-versa.*

S. G. S. não trabalhou como (AP) por motivos que serão explicados. A função desse pesquisador foi concebida para assegurar que o paciente não saísse do ritmo dos lances seriados feitos por (PA) e também para fazer observações sobre as adivinhações, etc. Mas logo tomou-se evidente que a sra. Stewart esperava que (AP) conversasse com ela durante as adivinhações, e S. G. S. achou que não dava para esse papel. Julgou que Bateman, L. A. Rozelaar e o dr. F. C. L. Brendel, do Queen Mary College, eram mais versados do que ele nessa arte, e a função de (AP) foi geralmente confiada a um desses três. Se o êxito das experiências dependesse da paciente sentir-se alegre e disposta, essa era uma boa precaução, pois os três senhores tinham muito boa prosa.

(*) Raposa

(**) Cavalo

(***) Canguru

(****) A distância entre a paciente (P) e o agente (A) era de 18 pés, mas em muitas ocasiões foi de 20.

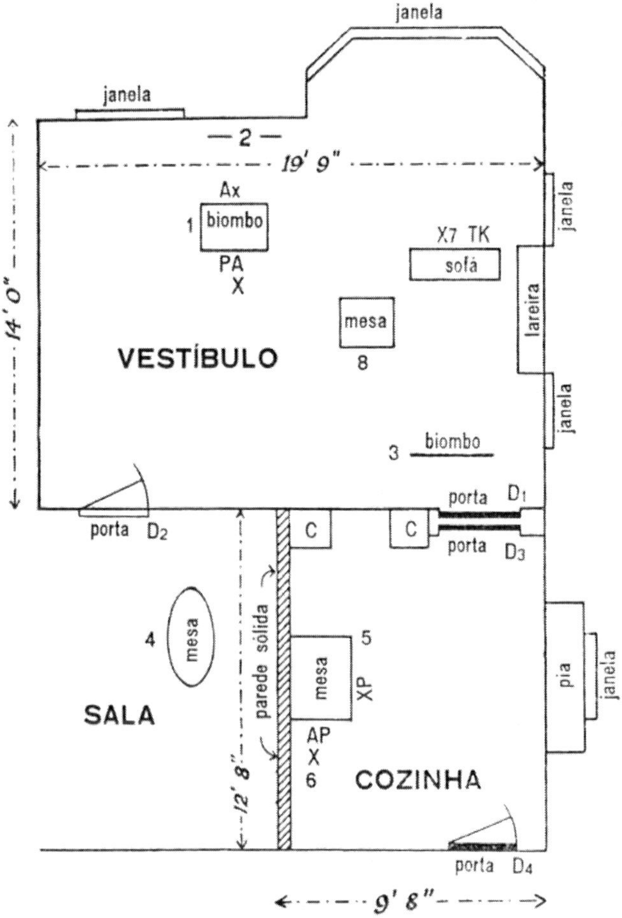

PLANTA DOS APOSENTOS NAS EXPERIÊNCIAS COM A SRA. STEWART

1 – Posição *usual* do biombo com (A) e (PA).

2 – Posição *ocasional* do biombo.

3 – Posição do biombo nas experiências TTN (x) L.

4 – Posição do "agente dos cartões" nas experiências T2SCTN.

5,6 – Posição usual do paciente (P) e (AP).

7,8 – Sofá e pequena mesa em que os agentes de "oposição" e (TK) (*time-keeper* – marcador de tempo) ficavam sentados.

C, C – Armários.

Durante o outono de 1949 fizemos algumas experiências para \ verificar se a paciente apresentava resultados significativamente mais altos enquanto (AP) conversava animadamente, comparado com o silêncio total (Capítulo XVII). Era de se esperar, segundo a hipótese do sussurro, que a paciente falhasse nos lances, mas isso não aconteceu. Quando a conversa era ininterrupta em sua mesa. suas marcações não eram nem mais nem menos brilhantes do que quando se mantinha completo silêncio.

A experiência mostrou definitivamente que a conversa, embora contínua e entremeada de risadas, não interferiu nas milhares de tentativas sob a ação da percepção extrassensorial, o que não apoia a teoria de sussurro subvocal.

Como Shackleton, a sra. Stewart escreve as iniciais quase automaticamente sem esperar que uma imagem visual lhe penetre a mente.

Objetivos das Experiências

O objetivo principal das novas experiências era algo muito diferente de mera demonstração da existência de telepatia; queríamos descobrir algo sobre esta. O trabalho de Shackleton estabelecera convincentemente a realidade da percepção extrassensorial, colocando acima de dúvida a validade de nossa técnica. Infelizmente existem certos pesquisadores psíquicos tão pouco imbuídos de espírito científico que não podem conceber nada além de intermináveis repetições da mesma experiência sob precauções cada vez mais severas e na presença de maior número de testemunhas.

Concordamos plenamente com o dr. Thouless que tal atitude é um empecilho para qualquer progresso verdadeiro. Tendo conseguido uma técnica que elimina satisfatoriamente os auxílios sensoriais, vamos segui-la naturalmente, mas depois disso não há razão para gastar um tempo precioso procurando convencer os cépticos que frequentemente não desejam ser convencidos, e cuja presença incomoda a todos. É muito melhor reunir um pequeno grupo de pessoas que trabalhe harmoniosamente em uma atmosfera livre de desconfiança e de constantes dúvidas sobre a honestidade dos companheiros.

A aceitação dos fatos sobre a percepção extrassensorial pelo mundo científico depende afinal da observação de fatos semelhantes por grande número de pesquisadores independentes e não da honestidade dos pesquisadores. Um exemplo é o fenômeno de deslocamento. Grande número de parapsicólogos, tanto na Inglaterra como nos Estados Unidos, encontrou essa peculiaridade da função de percepção extrassensorial e ela agora já está a caminho da aceitação geral.

Nessas novas experiências, portanto, não nos concentramos em precauções ultra rigorosas contra a fraude da parte de *pesquisadores,* porque afinal se não se pode confiar neles (acadêmicos) não há razão para fazer então as experiências. O futuro decidirá se o trabalho deles é honesto.

Tomou-se grande cuidado na verificação dos registros e na eliminação de ajuda sensorial, mas achamos que não valia a pena copiar as folhas e enviá-las pelo correio a terceiros, como fora feito antes, nas experiências com Shackleton. Nossa principal razão para fazê-lo nas primeiras experiências fora a apreensão razoável de que, se tivéssemos somente uma cópia, ela poderia ser destruída em um bombardeio. Por outro lado, mais tempo já foi gasto por F. B. e S. G. S. na repetida verificação das folhas de marcações e correção de anotações na decifração e contagem de êxitos do que com os registros de Shackleton.

Além disso, em certas sessões de Shackleton, este não registrou suas adivinhações, mas apontava para um dos cinco cartões ou anunciava a letra inicial em voz alta, sendo a anotação registrada por (AP). Naturalmente houve uma maioria de sessões em que ele mesmo anotou as adivinhações, mas no caso da sra. Stewart, ela mesmo registrou todas as adivinhações nas folhas de marcações.

Além dos numerosos agentes, as pessoas que nos ajudaram mais frequentemente foram o dr. F. C. L. Brendel e o sr. L. A. Rozelaar, ambos do Queen Mary College. O dr. H. S. Allen visitou-nos diversas vezes. Outros membros do Queen Mary College que nos auxiliaram foram o dr. Hugh Blaney, dr. G. E. Newell e o dr. W. J. Hickinbottom.

Um velho amigo e colega de S. G. S., sr. R. A. M. Keamey, bacharel em letras, ajudou-nos em várias ocasiões. Todos os nossos visitantes concordaram em que as experiências foram realizadas com o devido cuidado.

Nosso objetivo era observar os efeitos quando variávamos as condições da experiência e fazer inovações arrojadas. Ao mesmo tempo, quando uma nova condição nos conduzia a um êxito inesperado, continuávamos com ela tanto quanto possível, experimentando até que o valor estatístico dos resultados pairasse acima de qualquer dúvida.

Com raras exceções, eram feitas 400 tentativas em cada sessão. As folhas de marcações eram quase idênticas as das experiências com Shackleton. Cada folha dava espaço para duas colunas de 25 adivinhações, a da esquerda *(a)* para as da paciente e a da direita *(b)* para as verdadeiras apresentações dos cartões. Antes de uma experiência S. G. S. preenchia as colunas com uma série de dígitos de 1 a 5 ao acaso. Eram tirados de uma grande coleção feita no ano de 1941 pelo sr. Williams, de tábuas de logaritmos de sete algarismos. As instruções dadas a essa pessoa que se ofereceu para fazer esse trabalho e que não conhecia a sra. Stewart e jamais vira seus registros foram inteiramente descritas no começo deste livro.

Quanto a certo padrão (1, 2, 1) encontramos depois uma deficiência em sua frequência comparada com o que se esperava, o que será mencionado mais tarde, mas isso não alterou a expectativa ou a variação de êxitos diretos, nossa principal meta no trabalho com a sra. Stewart (vide Apêndice E). As folhas ficavam em poder de S. G. S. até o momento do início da experiência.

A primeira meia hora de cada sessão era geralmente dedicada a uma prosa geral que nada tinha a ver com parapsicologia, e a essa prática demos grande importância porque diminuía a tensão que muitos pesquisadores consideram prejudicial a emergência da percepção extrassensorial.

Vamos descrever uma experiência típica com um único agente.

Quando tudo está pronto entregam-se a paciente oito folhas de marcações e cinco cartões com iniciais dos animais ou cinco imagens dos animais para lembrar a escolha. Ela vai depois com (AP) para a cozinha, para junto de sua mesa habitual, e escreve seu nome e a data no alto de cada folha, a tinta, tendo numerado as folhas de 1 a 8. (PA), (TK) e qualquer outra pessoa presente, sentam-se na sala, e o agente, que é visível a (PA) somente pela abertura do biombo, embaralha seus cartões com os olhos fechados e coloca-os em fileira *voltados para cima* no fundo da caixa.

(TK) põe imediatamente o cronômetro a funcionar; diz-se ao agente (A) para começar a olhar para seus cartões. Pedem-lhe para não fazer esforço consciente para lembrar da ordem, embora aconteça que ele se lembre durante a marcação dos lances. Quando se passaram, digamos, uns 30 segundos, (TK) anuncia: "Vire" e o agente vira os cartões para baixo sem mexer na ordem. (PA) anuncia depois a sra. Stewart o nome do agente (a menos que por alguma razão ele deva permanecer secreto). (PA) diz então a sra. Stewart "Folha N.º 1". Olha para o primeiro registro em sua coluna, apresenta o correspondente número ao acaso na abertura do biombo, faz uma pausa de meio a um segundo, e diz em voz alta o número da série "um". Vendo o número na abertura, o agente toca as costas do cartão correspondente na fileira, contando da esquerda para a direita. O cartão não é levantado nem olhado como nas primeiras experiências com Shackleton. Muito cedo na nova série descobrimos que o método funcionava perfeitamente. Ouvindo o número na série "um", (P) escreve uma das cinco letras iniciais na primeira cela da coluna de adivinhações e imediatamente diz "certo". (PA) apresenta depois o próximo número da lista na abertura, faz a pausa de novo e anuncia o número de série "dois". (A) toca as costas do cartão apropriado e (P) anota a inicial na segunda cela da coluna e diz "certo". A experiência continua dessa forma até que a coluna de 25 adivinhações fique completa. Então há uma pausa de alguns segundos durante a qual (TK) anuncia o tempo levado para a coluna de 25 lances. Se a experiência é no ritmo normal, o tempo para uma coluna é, em média, de 58 segundos, mas pode variar entre 48 e 75 segundos como limites extremos. Esse processo chama-se TTN (30) significando: telepatia, toque, normal; 30 segundos de exposição dos cartões aos olhos do agente.

Tendo anotado o tempo, (PA) avisa para que se passe para a "coluna seguinte" e a experiência continua como antes.

No final de 50 lances, (PA) leva sua folha de números ao acaso para o outro lado do biombo e (A) vira seus cartões para cima.

(PA) *sempre vigiado pelo agente* registra o código na parte de cima de sua folha de marcações assim:

P	G	Z	E	L
1	2	3	4	5

Pede-se ao agente que verifique o registro.

Ao fim de cada folha o agente embaralha de novo os cartões com os olhos fechados. Tudo se repete como na primeira folha.

No final da última folha (AP) leva as oito folhas para a sala, e a sra. Stewart, que raramente vê a verificação, vai para a cozinha preparar o chá. Por meio do código em cada folha de números ao acaso as adivinhações da paciente, de nomes de animais, são decifradas para os números de 1 a 5 e anotadas a tinta na coluna de adivinhações. Três ou quatro pessoas tomam parte nessa decifração ou a observam; geralmente são os dois pesquisadores, o marcador de tempo e o agente. São feitos sinais ao lado dos êxitos no cartão-alvo ou (O) e a marcação total é escrita a tinta na folha com outros detalhes da experiência. Quando a sra. Stewart volta para a sala, geralmente fica sabendo qual a marcação e recebe elogios quando é significativa.

Como exemplo da decifração damos o relato de F. Bateman sobre a sessão de 9 de dezembro de 1946:

"Decifração por F. Bateman, verificada pela sra. J. O. Stewart (parente da paciente).

"O dr. Brendel verificou o trabalho de S. G. S. enquanto ele lia as adivinhações da sra. Stewart."

(A marcação total nessa ocasião foi de 118 em 400 tentativas.)

Durante grande parte dos quatro e meio anos de trabalho S. G. S. viajou de volta com F. B. para Liverpool Street, e no trem as folhas eram verificadas novamente e discutidas. Bateman levava-as para casa e verificava todas as marcações, contando e registrando os êxitos de deslocamento até (+2) e (–2). Eram registradas assim:

(a)	(b)
3/4/8/2/5	2/3/7/1/6

Em cada fileira de cinco o número do centro denota sucesso no alvo. O que fica à esquerda do centro é a marcação precógnita (+1) e o que fica na extrema esquerda a marcação precógnita (+2), enquanto que os números correspondentes da direita assinalam marcações pós-cognitivas (–1) e (–2) nessa ordem.

Em seguida as folhas eram devolvidas a S. G. S. que fazia uma segunda contagem. Voltavam depois para Bateman que fazia outra verificação rigorosa. Os vários detalhes e condições de cada sessão eram anotados por Bateman e, algumas vezes, por S. G. S. em consulta com Bateman, nas próprias folhas de registro durante a sessão ou, se o tempo fosse curto, no trem logo depois. Antes de saírem da casa, cada folha era assinada pelos pesquisadores e frequentemente por um dos assistentes principais.

Se F. Bateman ficava impossibilitado de comparecer, S. G. S. levava as folhas para casa e fazia nova verificação tão-somente dos êxitos no alvo direto. Depois ele as enviava a Bateman pelo correio que verificava de novo os êxitos no cartão-alvo e contava as marcações de deslocamento.

Bateman preparava uma descrição completa das experiências com os registros das folhas de marcações.

As Primeiras Experiências

Quando S. G. S. reiniciou os trabalhos com a sra. Stewart em 3 de agosto de 1945, esperava naturalmente obter o fenômeno de deslocamento que descobrira nos registros das experiências de 1936. Ansiava também por descobrir se a sra. Stewart, como Shackleton, falharia sob as condições de clarividência, isto é, quando o agente não tinha conhecimento da ordem dos cinco cartões até o final da experiência. Foi, portanto, um desapontamento verificar que a primeira sessão não deu prova clara de deslocamento precógnito, mas foi agradável a obtenção de alta marcação no cartão-alvo.

Atuou como agente, nessa ocasião, a srta. W. Hewson que, depois do anúncio de S. G. S. pelo rádio, em julho, escrevera dizendo que gostaria de comparecer a uma experiência de telepatia, pois acreditava possuir alguma faculdade de percepção extrassensorial. Esperando que ela comparecesse, S. G. S. mandou-lhe um convite para que viesse a sessão no dia 3 de agosto, as 7h30 da noite. Quando ele chegou a Marchmond Road, já ela se encontrava a espera, uma completa estranha para a sra. Stewart e para S. G. S. A única outra pessoa presente naquela noite era a sra. J. O. Stewart, que S. G. S. conhecera em 1936. Essa senhora trabalhou como (AP) da paciente. S. G. S. explicou-lhe que as iniciais representavam cinco animais, e deram-lhe cinco cartões com imagens para que não se esquecesse da escolha que teria de fazer. A mesa em que estava o biombo ficou mais ou menos no centro da sala. A srta. Hewson ficou sentada no lado mais distante da parede de divisão entre a cozinha e a sala. S. G. S. atuou como (PA). Não se usou a caixa nessa experiência. Os cartões, depois de embaralhados, pelo agente, foram colocados em fileira sobre a mesa, virados para baixo. Enquanto S. G. S. mostrava os números ao acaso na abertura, o agente levantava e olhava os cartões ou tocava-lhes nas costas, como na série de Shackleton.

Para as folhas 1, 3, 5, 7, o agente levantou e olhou os cartões, mas para as de números 2, 4, 6 e 8 embaralhou os cartões com os olhos fechados, somente tocando neles quando via o número na abertura. Não disseram a srta. Stewart se as condições de dadas folhas seriam de telepatia ou de clarividência. A palavra clarividência só foi mencionada no final da sessão.

Depois de terminar as oito folhas as adivinhações da sra. Stewart foram decifradas em números e anotadas na coluna de adivinhações das folhas de números ao acaso pela srta. Hewson S. G. S. não tomou parte ativa nisso, mas ficou como observador.

Verificamos somente a marcação direta (O) e os deslocamentos (+1) e (-1).

Os resultados foram bastante surpreendentes.

Para as folhas 1, 3, 5 e 7 os números de êxitos no cartão-alvo para as sequências sucessivas de 25 foram: 12, 12, 6, 6, 8, 9, 7, 7, dando um total de 67/200. O resultado é indubitavelmente significativo com probabilidades contra a chance – mesmo quando considerado como a melhor marcação em cinco categorias – cerca de 60.000 para 1. A outra única marcação de interesse foi pós-cognitiva (–1) de 55/192 que parecera promissora. Infelizmente na sessão seguinte e em outras que se realizaram depois os resultados pós-cognitivos não ficaram significativamente acima da chance.

Nessa primeira sessão a marcação de cartão-alvo ou (O) nos testes de "clarividência" (folhas 2, 4, 6, 8) aproximou-se do significante resultado (51/200), mas essa promissora marcação não foi conseguida em nenhuma das outras sessões. O ritmo não foi marcado na primeira ocasião, mas foi quase que normal.

A técnica de telepatia descrita acima será chamada de TLN, isto é, telepatia; levantar e olhar para cada cartão; ritmo normal de lance. O de clarividência será chamado de CTN, isto é clarividência; toque das costas dos cartões, ritmo normal de lance.

Na segunda sessão, feita na noite de 8 de agosto de 1945, a srta. Hewson atuou novamente como agente. Foi essa a ocasião da primeira visita de F. Bateman, e ele atuou como (AP), ficando com a sra. Stewart no vestíbulo. O biombo e a mesa de jogo ficaram na sala perto do centro. S. G. S. exerceu as funções de (PA), mostrava os números na abertura, e a sra. J. O. Stewart foi (TK), ficando na sala onde não podia ver a agente nem os cartões.

Dessa vez, as folhas de clarividência foram misturadas com as de telepatia e não houve rígida alternação como na primeira experiência. Novamente a sra. Stewart não ficou sabendo se iriam prevalecer as condições de telepatia ou clarividência durante uma folha.

No final de oito folhas a decifração e registro das marcações foram feitos por Bateman, observado pela srta. Hewson. A marcadora de tempo e a paciente ficaram perto esperando pelos resultados e vigiando. A marcação do cartão-alvo para as folhas de telepatia (1, 2, 5 e 6) foi novamente muito significativa (58/200), mas menor que na primeira sessão. Nenhum dos deslocamentos (+l), (–1), (+2) ou (–2) chegou a ter importância.

As folhas de clarividência (3, 4, 7 e 8) deram a marcação total no cartão-alvo de somente 42/200, o que a chance deveria produzir.

Embora classificado como normal, o ritmo dos lances foi excepcionalmente lento comparado com o de costume.

Parecia que a srta. Hewson estava mais interessada em suas experiências pessoais e espontâneas do que na adivinhação de cartões; ela não mais nos visitou. Foi uma pena porque parece ter sido excelente agente.

Com a continuação das sessões o fracasso dos resultados precógnitos que esperávamos obter foi um grande desapontamento. Na hipótese de sussurros involuntários de Rawcliffe, (*) é difícil ver por que S. G. S. não poderia tê-los produzido murmurando o número da lista que estava na frente do que era mostrado na abertura! Fomos, porém, amplamente compensados pela perseverança firme, semana após semana, ano após ano, da marcação acima da chance no cartão-alvo que tinha uma média incrivelmente constante, de quase sete êxitos por 25 em um período de 4 anos.

Telepatia e Clarividência

Em treze sessões espalhadas pelo período da série de experiências, misturamos quatro folhas de telepatia com quatro de clarividência. As primeiras cinco sessões foram dedicadas inteiramente a esse tipo de experiência. Não houve meio de a sra. Stewart adivinhar se uma folha era destinada a telepatia ou a clarividência, pois a única diferença era o fato de o agente levantar e olhar os cartões no primeiro tipo de experiência, e somente tocar as costas sem saber a ordem da fileira, no segundo. A sra. Stewart nem ficava sabendo que algumas das folhas seriam dedicadas a clarividência. Somente nas primeiras cinco sessões foram elas rigidamente alternadas, mas durante as quatro últimas as folhas de clarividência foram misturadas ao acaso entre as de telepatia, havendo quatro de cada espécie.

Nessas primeiras cinco sessões 1.000 tentativas de telepatia deram não menos de 305 êxitos no cartão-alvo (um excesso de 105 acima da expec-

(*) XI, 13.

tativa de chance) enquanto que as 1.000 tentativas de clarividência deram somente 207 êxitos diretos, somente 7 acima da expectativa de chance. Isso quer dizer que os testes de telepatia foram tremendamente significativos, enquanto que a marcação de clarividência foi simplesmente o que a chance deveria produzir.

Empregou-se a técnica de TLN em cada uma dessas cinco sessões, isto é, o agente levantava e olhava cada cartão quando o número ao acaso era mostrado na abertura. Mas nas outras oito seções usou-se o novo método de TTN (*x*) para as folhas de telepatia. Nesse método o agente olhava para os cinco cartões virados para cima, em fileira, antes de cada folha, durante *x* segundos, depois virava-os e simplesmente tocava-os quando o número aparecia na abertura.

Embora o mesmo intervalo de *x* segundos precedesse cada folha de clarividência, é possível que, em algumas ocasiões, a sra. Stewart, na outra sala, tenha ouvido S. G. S. dar instruções ao agente para começar a olhar para os cartões. Não se pode, portanto, ter certeza se, às vezes, a sra. Stewart sabia tratar-se de uma folha de telepatia.

Somente na sessão N.º 120 passou a sra. Stewart a ser informada, antes de cada folha, da natureza do teste. Nessa ocasião a marcação de telepatia foi de 51/200 e a de clarividência de 37/200; houve ainda, portanto, completo fracasso nas marcações sob as condições de clarividência.

Nas 13 sessões houve sete ocasiões em que telepatia e clarividência foram rigidamente alternadas e seis em que as duas condições foram misturadas ao acaso.

As 2.600 tentativas de telepatia deram um total de 707 êxitos no cartão-alvo – um excesso de 187 acima da expectativa, correspondendo a proporção crítica de 9.17 com probabilidades contra a chance da ordem de 10^{19} para 1.

Por outro lado, as 2.600 tentativas de clarividência apresentaram somente 509 êxitos contra o número esperado de 520. É evidentemente um resultado de chance. O leitor perceberá que é completamente impossível harmonizar resultados tão significativos com a teoria do sr. Spencer Brown de que a percepção extrassensorial é mero processo estatístico.

Nenhuma das marcações de deslocamento (+1), (–1), (–2) e (+2) nas experiências de clarividência foi significativa.

Por conseguinte, parece haver poucas dúvidas de que, como Shackleton, a sra. Stewart não tenha êxito nas experiências de clarividência, mas somente marque acima da expectativa de chance quando o agente conhece a ordem dos cartões.

Por que esses dois pacientes diferem da maioria dos que foram investigados na América que em geral parecem marcar igualmente bem sob condições de telepatia e de clarividência, é um mistério.

Vale a pena notar que um dos primeiros pacientes do dr. Rhine, George Zirkle, foi feliz nos testes de telepatia, mas não nos de clarividência. Não existe, entretanto, prova, tanto quanto sabemos, de que Zirkle tenha feito marcações de deslocamento significativas, como a sra. Stewart e Shackleton.

A Nova Técnica

Na concepção popular de uma experiência de telepatia, o agente fecha os olhos, imagina o objeto que deseja transmitir o mais vividamente possível, fecha as mãos, enrijece os músculos, contrai a testa e tenta com todas as forças projetar a imagem na direção do percipiente. Isso dá certo? Provavelmente não. É necessário que o agente esteja conscientemente pensando na imagem no momento da transmissão? Absolutamente. Nas primeiras sessões com a sra. Stewart, seguimos o método que se usou muito com Shackleton, conhecido aqui como método TNL. Nesse, o agente, ao ver o número ao acaso na abertura, levantava o cartão apropriado o suficiente para ver a letra impressa e, em seguida, deixava-o cair virado na posição primitiva.

Na sessão N.º 6 dessa série tentamos uma variação que descobrimos funcionar tão bem quanto o método antigo, e que se adotou como técnica de rotina. É a seguinte: o agente embaralha os cinco cartões e coloca-os virados no fundo da caixa. A um sinal do marcador de tempo, o agente vira os cartões para cima e olha-os durante certo período de tempo, digamos, 30 segundos. Não se esforça para lembrar a ordem dos cinco cartões, mas passados os 30 segundos, a um sinal de (TK), vira todos os cartões para baixo novamente sem mudar a ordem da fileira. Quando o pesquisador (PA) mostra, digamos, o dígito 4 na abertura do biombo, o agente simplesmente toca levemente com o dedo o quarto cartão, contando da esquerda para a direita. O pesquisador dá então o número de série do lance para a sra. Stewart registrar suas adivinhações. O agente, portanto, raramente está pensando conscientemente na letra do cartão no instante em que o toca. Descobrimos que ele, muitas vezes, era incapaz de repetir corretamente a ordem dos cinco cartões quando interrogado durante o intervalo entre as colunas *(a)* e *(b)* ou no final da folha especialmente se apanhado de surpresa.

Algumas vezes, porém, lembrava-se perfeitamente.

A primeira vez que tentamos essa nova técnica nas experiências da sra. Stewart foi na sessão N.º 6, em 29 de outubro de 1945, quando F. B. era o agente. Nessa ocasião, ele declarou lembrar-se dos cartões ao tocá-los. Os êxitos diretos não foram brilhantes (50/200). Contudo, na sessão N.º 7, quando se empregou a mesma técnica, obtivemos com a sra. Y. Hales, como agente, a marcação de 52/200, e com Bateman como agente a de 51/200, ficando claro que marcações significativas estavam sendo produzidas com o método.

As sessões 8, 9 e 10 foram dedicadas a comparação dos métodos TLN e TTN (30).

Em cada uma dessas sessões, as folhas 1, 3, 5 e 7 foram experiências de TLN e as folhas 2, 4, 6 e 8 do novo método TTN (30). A marcação total para o velho método (TLN) foi de 157/600, enquanto que o de TTN (30) produziu a marcação de 154/600. Não é preciso avaliação estatística para concluir que os métodos são igualmente efetivos.

O passo seguinte foi reduzir de 30 para 5 segundos o intervalo durante o qual o agente olhava para os cinco cartões virados para cima.

Nas sessões 11 e 12 o agente foi F. Bateman, tendo os cartões para as folhas 1, 3, 5 e 7 ficado expostos durante 5 segundos. Com relação as folhas 2, 4, 6 e 8 ele olhou a fileira de cartões durante 30 segundos. Bateman declarou que, durante as experiências com o método TTN (5), ***não*** se lembrou da ordem dos cartões. Para os testes de TTN (5) a marcação total foi de 111/400 e para os de TTN (30) 101/400. Aplicando o método Fisher para pequenos exemplos não encontramos diferença significativa entre as duas médias de marcações ($0.4>P>0.3$). (*)

Assim, mesmo quando é de 5 segundos, o tempo durante o qual os cartões estão expostos ao olhar do agente, não parece haver diminuição séria no sucesso da transmissão.

(*) Isso significa que poderia ser esperada maior diferença entre as duas marcações somente pela chance entre três e quatro vezes em cada dez.

Outras Experiências do Tempo

Nas sessões 48 e 49 introduzimos outra variação. Para as folhas 1, 3, 5 e 7 a sra. Y. Hales – agente – embaralhava os cartões com os olhos fechados e colocava-os virados em fileira no fundo da caixa. A um sinal do sr. Keamey (TK), ela levantava os cartões sucessivamente, olhando de relance para cada um deles e deixando-os cair de volta no lugar. A operação levava cerca de 5 segundos. A experiência prosseguia como no método TTN (30).

Chamaremos o novo método TTNS (5) onde S representa em *sucessão* e N, como sempre, o ritmo normal de lances.

Para as folhas 2, 4, 6 e 8, empregou-se o método TTN (30). A experiência de TTNS (5) deu um total de 108/400 enquanto que a marcação de TTN (30) deu 126/400. O método Fisher mostra que não há diferença significativa entre as duas médias de marcação (0.3>P>0.2).

Parece que as duas condições são necessárias para o êxito de tais experiências. A ordem dos cinco símbolos deve ter estado registrada no subconsciente do agente, e um sinal deve ser dado que permite a mente subconsciente do agente saber qual dos símbolos é o alvo.

Experiências que Malograram

Nas sessões 56 e 57 tentamos uma variação que pareceu ter criado certa confusão na mente do agente. Nesse período, outubro de 1948, estávamos empregando cartões que tinham as letras C, F, H, K e T, as letras iniciais de camelo, *fox* (raposa), *horse* (cavalo), *kangaroo* (canguru) e tigre. O método era o seguinte: o agente embaralhava os cartões com os olhos fechados e colo- cava-os virados no fundo da caixa. Depois olhava-os em sucessão, deixando-os cair rapidamente, levando a operação *x* segundos, em que *x* era 3 ou 4 segundos.

O pesquisador (PA) em sucessão rápida apresentava ao olhar do agente *y*-l outras permutações dos cinco símbolos; a apresentação de cada sequência levava *x* segundos. A experiência continuava depois como na técnica TTN, o agente tocando simplesmente as costas de um cartão quando o número ao acaso era mostrado na abertura. O método será chamado TTND *y (x)*, em que a letra D significa códigos *diferentes*.

Em 3 de setembro de 1948, as folhas 1, 3, 5 e 7 foram dedicadas a esse método [TTND4 (3)], mas infelizmente não foi guardado o registro dos três arranjos de código apresentados ao agente por (PA). As folhas 2, 4, 6 e 8 foram experiências comuns de TTN (30). O agente foi Bateman, e S. G. S. atuou como (PA).

Enquanto o teste comum com o método TTN (30) produziu a brilhante marcação de 60/200 no cartão-alvo, o teste de apresentação rápida deu somente um resultado de chance, de 36/200. Parece provável que a apresentação rápida dos três novos códigos em seguida ao código do agente (pelo qual os resultados foram marcados) causou confusão.

Na sessão 57, em l.° de outubro de 1948, para as folhas 2, 4, 6 e 8 seguimos a técnica TTND3 (3), ao passo que para as folhas 1, 3, 5 e 7 seguimos o método TTN (30). Nessa ocasião guardou-se o registro dos códigos apresentados rapidamente por (PA). A srta. J. Edis atuou como agente. Bateman foi (AP) e ficou na cozinha com (P). S. G. S. exerceu as funções de (PA) e permaneceu com (A) na sala. A decifração foi feita por F. Bateman e a srta. Edis. Primeiro, no código dado pela ordem dos cinco cartões na caixa, código (I), a marcação de TTND3 (3) foi somente de 37/200 enquanto que do método comum TTN (30) se conseguiu 56/200 que é significativo.

A marcação nas folhas 2, 4, 6 e 8 pelo primeiro dos códigos adicionais apresentados por (PA), código (II), foi somente de 38/200 e pelo segundo (ou último), código (III), foi de 49/200 que, embora não seja significativo, constitui uma melhoria. Não tivemos, entretanto, tempo para continuar com esse método. Nas duas sessões juntas, o método TTN (30) produziu uma marcação total de 116/400 (proporção crítica = 4.5), ao passo que marcado pelo código de "caixa", a rápida apresentação de diferentes códigos produziu somente marcação de chance de 73/400 que é somente 7 abaixo do número esperado, 80.

O que parece claro é que o código originário, do agente, é riscado de seu subconsciente pelo impacto imediato dos códigos sucessivos.

É necessário que (P) Mantenha o Ritmo de (PA)?

No início da nova série, a sra. Stewart sugeriu uma ou duas vezes aos pesquisadores que tinha certeza de ser coroada de êxito se escrevesse uma coluna de 25 adivinhações, depois que o agente embaralhasse os cinco cartões e os colocasse no fundo da caixa. Imediatamente após ter ela anotado suas adivinhações, (PA) deveria apresentar ao agente os números ao acaso no ritmo normal. Tivemos nossas dúvidas, mas tentamos fazê-lo na sessão 13, em 11 de janeiro de 1946.

A sra. Stewart ficou na cozinha com Bateman. Na sala ficaram a sra. Y. Hales, S. G. S. e a sra. J. O Stewart, que se sentou junto a lareira. Algum tempo depois de iniciada a sessão, a sra. M. Johnstone chegou acompanhada de um amigo, o sr. A. Costa. Os dois visitantes ficaram no sofá, onde não podiam ver o agente nem os cartões.

As folhas 1, 2, 3 e 4 foram feitas como se segue: A um sinal de S. G. S. a paciente anotava uma lista de 25 adivinhações muito rapidamente em cerca de 20 segundos. O agente embaralhara os cinco cartões colocando-os virados na caixa antes de começar. Imediatamente a sra. Stewart dava o sinal de que terminara, (PA) começava mostrando os números de sua *primeira* folha de marcações, na abertura. A sra. Hales levantava e olhava os cartões, deixando-os cair em seu lugar como no método usual de TLN. O código era registrado por S. G. S., e o agente tornava a embaralhar seus cinco cartões. A sra. Stewart anotava rapidamente outra coluna de 25 adivinhações e tudo se repetia. As folhas 5, 6, 7 e 8 foram uma série de controle feita pelo método TLN.

Esse método "especial" deu, como esperávamos, uma marcação de chance de 37/200 (número esperado = 40), mas o método comum de "levantar e olhar" em ritmo normal produziu o brilhante resultado de 59/200 (proporção crítica = 3.35 aproximadamente com probabilidades de cerca de 1.200 para 1).

A decifração foi feita por F. B., assistido pelas sras. Hales e Johnstone. F. Bateman atuou também como (TK).

Dois anos depois, no entanto, a sra. Stewart achou que obteria sucesso se, começando uma coluna com (PA), ela anotasse suas adivinhações no ritmo que quisesse, isto é, se não conseguisse manter o mesmo ritmo da apresentação de números ao acaso.

Bateman, quando atuava como (AP), notara, às vezes, que a sra. Stewart tendia a registrar sua adivinhação um pouco antes de (PA) anunciar o número de série da adivinhação, por exemplo, ela escrevia sua vigésima adivinhação quando (PA) estava anunciando "dezenove". Na opinião dele, a sra. Stewart ocasionalmente percebia as letras em grupos de três ou quatro por vez, e Bateman achou que ela poderia ter maior êxito se lhe permitissem fazer suas anotações quando quisesse.

Nas sessões 50 e 51, realizadas em l.° e 19 de março de 1948, fizemos experiências para testar essa ideia. Adotamos o seguinte procedimento: S. G. S., agindo como (PA), anunciava "um" no início de cada coluna e guardava depois silêncio até terminar de apresentar os 25 números na abertura do biombo. No último número, anunciava "certo". A sra. Stewart, na cozinha, quando (PA) anunciava "um", escrevia suas 25 adivinhações. Quando ela terminava, (AP) dizia "certo".

Em cada ocasião observou-se para as folhas 2, 4, 6 e 8 esse método, enquanto que para as de N.° 1, 3, 5 e 7 fizeram-se experiências comuns de TTN (30), em que (PA) anunciava em voz alta os números de série e a sra. Stewart mantinha o ritmo.

Vamos referir-nos a nova variação como TTN (30) OT, as duas últimas letras significando que a paciente fazia a experiência a seu alvitre. A significação do prefixo TTN (30) a esta altura já deve ser familiar ao leitor.

Na primeira das duas sessões, foi agente a sra. Y. F. Hales. F. Bateman atuou como (AP) e o sr. Kearney como marcador de tempo (TK). Nessa ocasião a sra. Stewart parecia nervosa; ela não esperava uma experiência, e havíamos feito o pedido com curto prazo.

Quando a paciente (P) acabara sua lista de 25 adivinhações, (PA) estava fazendo o 10.° lance na folha 2 (a), 15.° em 2 (*b*), 21.° em 4 (a), 19.° em 6 (a), 18.° em 6 (*b*), e já terminara as 25 em 8 (*a*) e 8 (*b*).

Na segunda sessão (N.° 51) o dr. R. A. M. Kearney foi o agente, e o dr. F. C. L. Brendel (AP). S. G. S. atuou como (PA). A paciente e (AP) ficaram na cozinha e os outros na sala. A decifração foi feita pelo dr. Brendel e verificada pelo sr. Kearney. Quando a paciente terminou suas 25 adivinhações, (PA) estava anunciando a 20.ª na folha 2 (*a*), a 18.ª em 2 (*b*), a 21ª em 4 (*a*), a 22.ª em 4 (*b*), a 24 em 6 (*b*), a 21ª em 8 (*b*) e já terminava um segundo antes da 8 (a).

Os resultados: a técnica comum TTN (30) deu 110 sucessos diretos em 400 tentativas (com probabilidades que excediam 5.000 para 1). Já o método TTN (30) OT, em que a paciente estava em fora de ritmo, deu somente 88 tentativas, um resultado de chance. Ficar no ritmo dos números de série anunciados por (PA), ao que parece, é uma condição essencial do sucesso. Nenhuma das categorias de deslocamento deu resultados significativos.

Na técnica de TTN (x) em que o agente olha para a fileira de cartões durante *x* segundos, vira-os e depois toca-lhes as costas quando os números são apresentados, obtivemos resultados muito significativos para *x* = 5, 10, 15 e 30, os únicos valores (*) que usamos. Os totais de êxitos e de tentativas para testes simples de TTN (x) são mostrados abaixo:

QUADRO 8

Valor de x	*Total de Tentativas*	*Êxitos Diretos*	*Proporção Critica*
5	600	165	+ 4.59
10	1.200	349	+ 7.86
15	1.000	294	+ 7.43
30	16.800	4.220	+ 16.59

Experiências em Ritmo Rápido

Será lembrado (Capítulo X) que, com a srta. Rita Elliott, como agente, quando aumentamos o ritmo de lances quase o dobro do normal, Shackleton cessou de fazer marcações significativas no cartão (+1) mas aparentemente mudou seu foco de PES para o cartão dois lugares adiante. Igualmente com o sr. J. Aldred Como agente, tanto as marcações precógnitas (+1) quanto as pós-cognitivas (–1) caíram até o nível de chance no ritmo rápido, e em seu lugar apareceram significativas marcações (+2) e (–2).

Estávamos, portanto, curiosos para descobrir o que aconteceria quando aumentássemos a rapidez da experiência com a sra. Stewart, cujas marcações acima da chance em ritmo normal limitavam-se aparentemente ao cartão (O).

As sessões 14-18 nos primeiros meses de 1946 foram dedicadas quase que inteiramente a essa questão.

Nas cinco ocasiões as folhas 1-4 foram feitas em ritmo rápido, de maneira que o tempo ocupado pelos 25 lances foi reduzido de 58 para 35.3 segundos. Manteve-se esse ritmo rápido por quarenta colunas com ex-

(*) Uma experiência isolada de TTN (3) na sessão 46a. deu resultados de chance.

traordinária consistência, e a flutuação normal da média foi somente de 2.9 segundos. Empregou-se sempre a técnica TTR (IO). R significa ritmo rápido. Com tal rapidez foi preciso dispensar a enunciação da palavra "certo" por parte da paciente depois de cada adivinhação. A sra. Y. Hales atuou como agente em cada sessão menos na última, quando F. Rateman tomou seu lugar.

Nas sessões 14-17, as folhas 5-8 foram dedicadas a experiências comuns de TTN (IO). O tempo normal para uma coluna de 25 lances foi de 58.97 segundos com uma flutuação normal de 3.7 segundos em mais de 32 colunas.

Agora os resultados: No ritmo rápido de lances a marcação extra chance no cartão (O) desapareceu, e, em seu lugar, observou-se marcação altamente significativa no cartão *um atrás,* isto é, o cartão pós-cognitivo. De fato, as 1.000 tentativas (O) em ritmo rápido deram somente a marcação de chance de 191 êxitos, cujo total é de somente 9 abaixo da expectativa de chance. Por outro lado, nas 960 tentativas pós-cognitivas (–1) não houve menos que 273 êxitos, o que dá um desvio positivo de 81 acima do número esperado (192). A proporção crítica é de 6.54 e se a marcação (–1) for considerada como a melhor das cinco categorias, as pro-habilidades contra esse resultado ser devido a chance excederão cem milhões para um. (*)

Se o efeito é resultado de uma pausa psicológica ou um verdadeiro deslocamento de tempo, é incerto. Poderia ser que a sra. Stewart registrasse a impressão do cartão em seu subconsciente no instante em que o agente o focalizasse, mas que essa impressão precisasse de cerca de um segundo ou mais para emergir na consciência normal. No entanto, como o deslocamento precógnito (+1) observado com ela em 1936 foi provavelmente de natureza de deslocamento de tempo, há pelo menos a possibilidade de que o efeito presente tem semelhança com o deslocamento para a frente (+1) que ela apresentou naquele ano.

Nenhuma das outras categorias de deslocamentos nessa série rápida mostra algum valor. Podemos dizer que as 32 colunas de experiências comuns de TTN (IO), feitas nas mesmas ocasiões em que as de ritmo rápido, deram para os êxitos diretos a marcação de 238/800 (um desvio positivo de 78, equivalente a mais de seis desvios-padrões), enquanto que a marcação pós-cognitiva (– 1) foi de 137/768, um resultado sem importância. (**)

Os agentes, srta. Hales e F. B., em 11 de março e 18 de março respectivamente, registraram que não se lembravam da ordem dos cartões ao tocar-lhes as costas, quando a experiência em ritmo rápido estava sendo realizada. A marcação total (–1) para essas duas ocasiões foi 101/384, um resultado bastante significativo (proporção crítica = 3.09).

(*) Vale a pena notar que se a sra. Stewart fosse bem-sucedida com as experiências de TTN (30) OT das sessões precedentes, os resultados estariam em contradição com os dos testes de TTR(IO). Mas temos aqui uma consistência que não seria de esperar se a percepção extrassensorial fosse um engenho.

(**) Essas mudanças altamente significativas e muito consistentes de (0) para (–1) não podem ser explicadas como sendo devidas a defeitos da teoria de probabilidade aceita. Obviamente são o resultado de mudanças nas condições das experiências e constituem um desafio à hipótese inadequada do sr. Spencer Brown. O mesmo sucede com as experiências de TTN (30) OT já descritas.

CAPÍTULO XIII

As Experiências de "Agente Separado"

O grande sucesso da técnica TTN sugeriu a S. G. S. uma nova experiência. O plano era usar dois agentes, cada um dos quais tivera êxito no trabalho com a sra. Stewart. Do plano geral de nossa experiência, é óbvio que duas informações são exigidas antes que se possa especificar o nome do animal que vai ser transmitido. Uma é a ordem dos cinco cartões de animais dentro da caixa, e a outra, o número ao acaso mostrado na abertura do biombo. A intenção era agora permitir a cada agente a posse somente de uma dessas informações. Quando ficou estandardizada, a experiência era feita da seguinte maneira: A sra. Stewart ficava na cozinha com (AP), como de costume; um dos agentes, conhecido como o "agente do biombo", ficava atrás do biombo na sala, mas os cartões com as iniciais dos animais eram removidos da caixa e substituídos por uma fileira de cinco cartões em branco.

O segundo agente, geralmente chamado "agente dos cartões", sentava-se sozinho no vestíbulo com os cinco cartões de iniciais. Pediam-lhe que os embaralhasse e os colocasse em fileira virados para baixo sobre a mesa. Em seguida ele os virava para cima e os olhava durante 10, 15 ou 30 segundos, conforme o caso. Terminado o prazo, ele os virava para baixo novamente e não mais tomava parte na experiência até o final da folha.

Quando o agente dos cartões terminava sua tarefa e a sra. Stewart estava pronta para começar, (PA) apresentava os números, como sempre, ao agente do biombo, anunciando em voz alta os números de 1 a 25. Quando cada número era apresentado na abertura, o agente simplesmente tocava com um dedo o cartão em branco correspondente, contando da esquerda para a direita. A sra. Stewart, ao ouvir o número de série, anotava como sempre a letra inicial do animal em sua folha, respondendo "certo" quando o fazia. No final da folha de 50 lances, (PA) entrava no vestíbulo e, observado pelo agente dos cartões registrava em sua folha a ordem das cinco iniciais. (PA) voltava para a sala, o agente dos cartões embaralhava-os novamente e (PA) apanhava sua folha seguinte, acompanhando a experiência como antes. A verificação era feita como antes, depois de preenchidas oito folhas.

Salvo em algumas ocasiões especiais, a sra. Stewart era informada da natureza da experiência, ficando sabendo dos nomes e funções de cada agente desde o início. Algumas vezes os agentes trocavam de lugares no final de 200 tentativas, ou um deles era substituído.

As experiências desse tipo nem sempre alcançaram êxito, mas em seu todo, as onze ocasiões, em que se empregou esse método, deram resultados significativos acima de qualquer dúvida.

Essa técnica será chamada T2SCTN (x), o que significa: telepatia com dois agentes, um agente de biombo e um agente de cartões; ritmo normal; com o agente dos cartões olhando os cinco cartões durante um período de *x* segundos e o do biombo *tocando* as costas dos cinco cartões em branco quando lhe eram mostrados os números ao acaso.

Como o agente dos cartões no vestíbulo nada tinha a ver com os números de série anunciados por (PA), a porta entre a sala e o vestíbulo ficava fechada (salvo numa ou noutra ocasião). Isso significava que a sra. Stewart ficava isolada do agente dos cartões por uma parede sólida, e uma hipótese de que houvesse sussurros é extremamente improvável.

As Experiências

Foi feito um teste preliminar do método em 18 de março de 1946. Nessa ocasião, os dois agentes ficaram na sala. A mesa do biombo foi colocada no centro da sala. F. Bateman atuou como o agente do biombo para as folhas 5-8 e a sra. Hales, dos cartões, ficou junto a uma mesinha perto da lareira, com as costas voltadas para o biombo, para que não pudesse ver os números apresentados na abertura por S. G. S. Como Bateman estava de costas para a sra. Hales, ele não podia ver seus cinco cartões. A sra. Stewart ficou sozinha na cozinha. A decifração foi feita por Bateman e verificada pela sra. Hales.

Foi uma experiência de T2SCTN (30) e a marcação direta foi de 62/200 (probabilidades de 10.000 para 1). Como os agentes se achavam na mesma sala vamos ignorar o resultado desse primeiro teste.

Na sessão seguinte, a de N.º 19, realizada em 1.º de abril de 1946, tentamos novamente o método em melhores condições. Durante as folhas 5-8, a sra. Stewart ficou na cozinha com (AP) que, nessa ocasião, era a srta. B. Jacobs, uma estudante de pesquisas científicas do Bedford College, Londres. A sra. Hales, o agente de cartões e (TK), ficara no vestíbulo. O agente do biombo, Bateman, ficou junto a mesa no meio da sala pela sra. Hales e a srta. Jacobs. Note-se especialmente que a porta entre a sala e a cozinha ficou fechada essa noite e podemos, portanto, ter certeza de que não houve sussurros involuntários.

Foi uma experiência de T2SCTN (10). As folhas 1-4 foram dedicadas a uma experiência comum de TTN (IO) em que a srta. Jacobs foi agente e Bateman (AP). O teste com dois agentes deu marcação, no alvo, de 54/200 enquanto que a com um só agente deu 53/200. Esses resultados considerados separadamente são de simples valor, mas tomados em conjunto (107/400) são definitivamente significativos (PC = 3.37). A srta. Jacobs era completamente estranha a sra. Stewart. Ela declarou que, durante as folhas 1-4, quando era agente, era incapaz de lembrar-se da ordem dos cinco cartões dentro da caixa.

Os Agentes Trocam de Papel

Nas experiências anteriores F. Bateman trabalhara como agente do biombo e a sra. Hales como agente dos cartões. Nas duas sessões seguintes, as de N.º 20 e 21, realizadas em 17 e 29 de abril de 1946, ambos trabalharam juntos com papéis trocados.

Na sessão 20 Bateman ficou sozinho no vestíbulo com os cinco cartões durante as folhas 5-8, enquanto a sra. Hales permaneceu junto ao biombo na sala. A sra. Stewart ficou na cozinha com o sr. Rozelaar que era (AP). A sra. J. O. Stewart que não tomou parte no trabalho, ficou junto a lareira. Os resultados foram decifrados por Bateman e verificados pela sra. Hales e o sr. Rozelaar.

A marcação, no entanto, foi somente de 49/200 e não tem verdadeiramente valor. Foi uma experiência de T2SCTN (10). As folhas 1-4 com o sr. Rozelaar como único agente deram uma marcação significativa de 58/200 (PC = 3.18).

Na sessão 21 as folhas 5-8 foram dedicadas a uma experiência de T2SCTN (30), na qual Bateman ficou sozinho com os cartões na *cozinha* enquanto que a sra. Hales ficou junto ao biombo na sala. A paciente ficou com o dr. J. H. Blaney no *vestíbulo*. A porta entre a *cozinha* e a sala ficou fechada e a do vestíbulo entreaberta para facilitar a audição. Bateman decifrou os resultados que foram verificados pelo dr. Blaney e a sra. Hales. Dessa vez a marcação foi de 56/200.

Durante as folhas 1-4, o dr. Blaney, que conhecera a sra. Stewart naquela noite, trabalhou como agente numa experiência comum de TTN (30) em que ela apresentou o brilhante resultado de 63/200 (probabilidades de 16.000 para 1). Blaney declarou que não se lembrou da ordem dos cartões exceto durante a primeira folha.

Tomando as sessões 20 e 21 juntas, temos para a experiência de dois agentes um total de 105/400 (que dá uma proporção crítica de 3.1). Existem razões para acreditar que com Bateman e a sra. Hales a experiência tem sucesso não importa quem faça o papel de agente do biombo, uma vez que a diferença entre as duas marcações 49/200 e 56/200 não é significativa.

Outra Combinação de Agentes

Na sessão 26, em 12 de junho de 1946, fizemos uma experiência de T2SCTN (30) com a sra. Hales como agente dos cartões, sozinha no vestíbulo, e o sr. Rozelaar como agente do biombo, na sala. A sra. Stewart ficou com o sr. F. Bateman na cozinha. Na verificação, ao final da folha 8, S. G. S. leu em voz alta as adivinhações, observado pelo sr. Rozelaar, enquanto Bateman decifrou e anotou os números, verificados pela sra. Hales. A marcação direta (folha 5-8) foi de 62/200, equivalente a melhor desse tipo de experiência (probabilidades de 10.000 para 1).

É de grande interesse acrescentar que as folhas 1-4 dessa noite foram dedicadas a uma experiência feita por telefone entre duas casas distantes uma da outra 150 jardas. O sr. Rozelaar foi o agente, e durante a experiência o agente e a paciente ficaram situados a distâncias de 10 e 8 pés respectivamente de seus aparelhos. A marcação foi novamente brilhante 60/200. (Quanto a outros detalhes, vide Cap. XVI.)

Rozelaar e a sra. Hales são inegavelmente dois agentes com os quais a sra. Stewart fez suas melhores marcações, e parece que, combinados, eles obtêm o mesmo sucesso.

Uma Variação

Até esse ponto a sra. Stewart fora avisada de que dois agentes seriam empregados e quais seriam. Na experiência seguinte de T2SCTN (sessão 39 realizada em 19 de maio de 1947) fizemos com que acreditasse que Bateman, no biombo, seria o único agente durante a marcação nas folhas 1-4. Ela não sabia que o dr. F. C. L. Brendel se esgueirara no vestíbulo com os cartões. Nem é provável que ela estivesse esperando T2SCTN, pois onze meses haviam passado desde que fizéramos testes dessa natureza. Bateman ficou na sala junto do biombo com os cartões em branco e a sra. Stewart na cozinha com o sr. David Makgill como (AP). No final de cada folha de 50 tentativas, S. G. S. escapava rápida e silenciosamente para o vestíbulo a fim de anotar o código do dr. Brendel.

Ao fim da folha 4 S. G. S. anunciou a sra. Stewart: "Esta é uma nova experiência com dois agentes. O sr. Bateman verá os números atrás do biombo e o dr. Brendel, no vestíbulo, verá os cinco cartões. Deve dividir sua atenção entre os dois."

A verificação foi feita no final da folha 8 por F. Bateman, tendo sido verificada pelo dr. Brendel. O método usado foi T2SCTN (15).

Descobriu-se que nas folhas 1-4, durante as quais a sra. Stewart não sabia que dois agentes estavam atuando, a marcação foi de somente 20/200, um resultado abaixo da expectativa de chance, enquanto que nas folhas 5-8, em que já fora informada, fez a brilhante marcação de 60/200 (probabilidades de 2.000 para 1 contra o resultado ser devido a chance).

Com essa experiência parece provável que, para ter sucesso, (P) deve saber que dois agentes estão operando, isto é, sua consciência deve ser orientada para os dois agentes. Infelizmente devido a um acidente não pudemos confirmar essa conjetura.

Como "controle", o sr. D. A. Stewart, sentado na sala junto a lareira, em posição em que não pudesse ver os cinco cartões em branco dentro da caixa, anotou suas adivinhações enquanto os números de série eram anunciados por (PA). O sr. Stewart não sabia exatamente o que o dr. Brendel estava fazendo no vestíbulo, pois ainda não assistira a uma experiência de T2SCTN. Sua marcação para as folhas 1-4 foi de 37/200 e para as folhas 5-8 de 41/200, dando um total de 78/400, somente dois abaixo da expectativa de chance.

Queríamos repetir essa variação na sessão 42, em 27 de outubro de 1947, mas infelizmente ocorreu um empecilho. Antes de iniciar a primeira folha, a sra. Stewart, na cozinha com o sr. David Makgill, tinha a impressão de que o único agente era a sra. Hales que ficara na sala. Ela não sabia que o dr. Brendel entrara silenciosamente no vestíbulo com os cinco cartões. Infelizmente, durante uma pausa no final da folha 2, S. G. S. querendo ter certeza de que Brendel terminara de olhar os cartões, perguntou-lhe se estava pronto. A sra. Stewart ouviu a pergunta e ficou naturalmente sabendo que dois agentes estavam atuando.

Continuamos, entretanto, com a experiência até ao final da folha 4. Antes de começar a folha 5, Bateman, que estivera até então na sala como (TK), foi para o vestíbulo substituir o dr. Brendel como agente dos cartões. O dr. Brendel tomou seu lugar como (TK) para as folhas 5-8. O sr. Makgill atuou como (AP) durante toda a sessão. A sra. Stewart não ficou sabendo da mudança de agentes embora o pudesse ter deduzido facilmente. A técnica foi de T2SCTN (30). A decifração foi feita por Bateman, tendo S. G. S. e a sra. Hales trabalhado juntos. A marcação para as folhas 1-4 foi somente de 48/200 e para as folhas 5-8 de 40/200, exatamente o número predito pela chance. Há, no entanto, boa razão para o malôgro total da experiência.

O trabalho da sra. Stewart caiu para o nível de chance durante várias semanas no outono de 1947. Assim, a sessão 41 de TTN (30) foi também um fracasso. Na 43 com TTN (30), ela fez marcações de chance. Um exame de suas folhas revelou que ela se habituara mecanicamente a repetir certas sequências de letras, tais como LEG, PLEG, GP, EG, LE, etc. Como exemplo, a sequência GP ocorreu não menos de 52 vezes em oito folhas na sessão 42, e LEGP, 15 vezes.

Decidimos, portanto, na sessão 43, usar as letras C, F, H, R, T, que representam camelo, raposa (*fox*), cavalo (*horse*), coelho (*rabbit*) e tigre. Mas na sessão 44 substituímos R por K (*kangaroo*), e as letras C, F, H, K e T foram usadas daí por diante. Houve melhoria imediata na sessão 44, em 24 de novembro, em que uma marcação altamente significativa de 116/400 foi produzida numa experiência de TTN (15), na qual a sra. Soal atuou como agente. Dali por diante as marcações caíram de novo para o nível de chance durante as três sessões seguintes; isso, porém, pode ter sido devido a introdução de um novo agente, sr. R. A. M. Keamey.

Na sessão 47, em 2 de fevereiro de 1948, tentamos novamente a variação com T2SCTN. Nas folhas 1-4, a sra. Stewart foi levada a crer que a sra. Hales, no biombo da sala, era a única agente, mas sem que soubesse, o sr. Kearney foi silenciosamente para o vestíbulo com os cinco cartões. A sra. Stewart ficou na cozinha com F. Bateman que atuou como (AP) e (TK), durante o decorrer da noite.

No final da folha 4, S. G. S. anunciou a sra. Stewart: "Vamos tentar agora uma experiência com dois agentes. A sra. Hales olhará para os cartões no vestíbulo e o sr. Kearney olhará os números através do biombo."

Os resultados foram verificados por Bateman, S. G. S. e sra. Hales, em trabalho conjunto. A técnica foi o método incomum de T2SCTN (5).

Infelizmente a experiência deu somente resultados de chance. As folhas 1-4 deram a marcação de 29/200 e as folhas 5-8 o resultado muito pouco significativo de 45/200. Pode muito bem ser que a combinação Keamey-Hales não fosse favorável.

As Experiências de Kearney-Morgan

Embora a sra. Stewart houvesse dito que tinha a impressão de que não obteria bons resultados com o sr. Kearney como agente, apresentou, entretanto, boa marcação com ele na sessão 51, em 19 de março de 1948, quando ele foi o único agente para as folhas 1, 3. 5 e 7 em experiência de TTN (30). Nessa ocasião a marcação foi de 58/200, bastante significativa. Vimos, no entanto, que ele falhou em cooperação com a sra. Hales, que é uma agente excelente. Keamev também falhara como agente em nossa única experiência de TTN (3), na sessão 46. em 19 de janeiro de 1948, em cuia ocasião a marcação para as folhas 1-4 foi de 40/200.

Na sessão 52 em 23 de abril de 1948, a dra. Louise Morgan, conhecida jornalista do *News Chronicle,* visitou-nos e tomou parte como agente em uma experiência comum de TTN (30). O dr. Brendel foi (AP) e ficou na cozinha com a sra. Stewart. O sr. Kearney, na sala, atuou como (TK). A decifração foi feita pelo dr. Brendel, assistido por Kearney e a dra. Morgan. Esta última provou ser excelente agente, pois a marcação foi de 109/400 (proporção crítica de 3.6).

Na sessão seguinte, em 30 de abril de 1948, a dra. Morgan apareceu novamente e dessa vez cooperou com Kearney numa experiência de T2SCTN (30).

Para as folhas 1-4, a dra. Morgan ficou junto ao biombo na sala e o sr. Kearney no vestíbulo. O dr. Brendel, (AP), permaneceu na cozinha com a sra. Stewart. O sr. Keamey agiu também como (TK).

Durante as folhas 5-8, eles trocaram de lugar. A dra. Morgan marcou o tempo olhando os cartões durante 30 segundos antes do início de cada folha. A decifração e anotação foram feitas pelo dr. Brendel e conferidas pelo sr. Keamey. A sra. Stewart sabia da natureza da experiência e dos nomes e funções dos agentes no início da sessão. Ela também foi informada da mudança de papéis no final da folha 4.

A marcação para as folhas 1-4 foi de 56/200 e para as folhas 5-8 de 59/200. A marcação total para o trabalho dessa noite foi de 115/400, um resultado altamente significativo (PC = 4.37) e obviamente não há diferença significativa na média de marcação provocada pela mudança de papéis por parte dos dois agentes.

Método T2SCLN

Nas duas experiências finais da série de "agentes separados" usamos uma ligeira modificação na técnica. O agente dos cartões, em vez de embaralhá-los e olhar para a fileira deles durante determinado número de segundos, embaralhou-os e colocou-os em fileira voltados para cima e olhou-os durante todo o período em que o pesquisador (PA) anunciou os números de série. O agente do biombo tocou os cinco cartões em branco como de costume. No final de cada folha, (PA) foi para a sala do agente dos cartões a fim de registrar o código em sua lista de números, e os cinco cartões foram embaralhados de novo antes de se iniciar a folha seguinte. Essa foi a única mudança.

O método acima foi empregado somente nas sessões 119 e 121, e nesse estágio tardio das pesquisas, as marcações da sra. Stewart haviam caído ao nível de chance em todas as técnicas. Só mencionaremos, portanto, os resultados sucintamente.

Na sessão 119, em 16 de setembro de 1949, os dois agentes foram o sr. e a sra. R. Whelan, amigos da sra. M. Holding (vide Cap. XIV). Para as folhas 1-4, o sr. Whelan atuou como agente do biombo, mas para as folhas 5-8 já o agente para essas funções foi a sra. Whelan. A sra. Stewart ficou sabendo os nomes e as funções dos agentes. A marcação para as folhas 1-4 foi de 36/200 e para as 5-8 de 45/200.

Na sessão 121, em 23 de setembro de 1949, os agentes foram a sra. M. Holding e o sr. R. Whelan. Nas quatro primeiras folhas, o agente do biombo foi a sra. Holding e nas quatro últimas o sr. Whelan tomou-lhe o lugar. A sra. Stewart novamente ficou sabendo quais os agentes e quais suas funções. Para as folhas 1-4, a marcação foi de 45/200 e para as folhas 5-8 de 46/200. Em verdade, as duas sessões foram um fracasso.

Resumo dos Resultados

Omitindo a primeira sessão que foi muito brilhante porque os dois agentes ficaram na mesma sala, temos ao todo 3.200 tentativas que deram 759 êxitos diretos (O). Isso significa um excesso de 119, acima da expectativa de chance, equivalente a 5.2 desvios-padrões, com probabilidades correspondentes que excedem dois milhões para um. Não há dúvida de que, apesar das sessões que somente deram resultados de chance, as experiências com dois agentes foram, em geral, um grande sucesso.

O mecanismo do próprio êxito está obscuro. Parece bem certo que envolve uma interação complexa entre as personalidades de três indivíduos.

A combinação Keamey-Hales foi um fracasso completo, enquanto que a associação Keamey-Morgan foi coroada de brilhante êxito. Por outro lado, as combinações Hales-Rozelaar e Hales-Bateman foram excelentes.

Desde a sessão 39 há evidência marcante de que a própria sra. Stewart devia estar cônscia da presença de dois agentes para que a experiência tivesse sucesso. Foi uma pena que não pudéssemos confirmar essa descoberta.

As últimas quatro folhas da sessão 39 mostram concludentemente que a experiência pode ter sucesso quando os dois agentes são homens. Pode ser mesmo que o subconsciente dos dois agentes combinem temporariamente, digamos, para formar uma mente única que apresenta a imagem do cartão ao subconsciente da sra. Stewart como entidade completada, de maneira que ela não tenha que juntar dois fragmentos de informações separados. Mas se esse for o caso, por que falharia quando ela não sabia que dois agentes estavam operando? Inútil tentar responder a essas perguntas, e dezenas de sessões dedicadas inteiramente a esse tipo de experiência seriam necessárias para obter o menor vislumbre de uma solução. Desnecessário dizer que, se a sra. Stewart continuasse produzindo marcações acima de chance, teríamos feito muito mais experiências desse fascinante tema. Mas enquanto ela esteve marcando muito bem, havia outras questões em que estávamos interessados e que reclamavam nosso tempo.

CAPÍTULO XIV

Agentes em Oposição e em Conjunto

Neste capítulo discutiremos as seguintes questões: Que acontece quando dois agentes se concentram, ao mesmo tempo, em cartões diferentes? O paciente recebe a imagem de um agente e depois a do outro? Ou ignora um dos agentes e recebe somente os pensamentos do outro? E no caso da última alternativa, que é que determina sua escolha de um agente em preferência ao outro?

De novo, quando dois ou mais agentes se concentram em cada tentativa no mesmo cartão-símbolo, são os resultados, em geral, melhores do que no caso em que somente um dos agentes o faz? Não temos respostas prontas para essas perguntas, e as conclusões que pudemos conseguir podem certamente aplicar-se somente no caso da sra. Stewart; é possível que descobertas diferentes poderiam ser encontradas em trabalhos com outros pacientes.

Essas experiências são, em verdade, uma continuação e ampliação de uma experiência que a sra. K. M. Goldney e S. G. S. (*) fizeram com Basil Shackleton, em 23 de maio de 1941. Relativamente a uma descrição dessa experiência queira o leitor referir-se ao Capítulo XI. A descoberta principal foi que, quando os dois agentes olhavam para cartões diferentes, em cada tentativa, Shackleton fazia contato com a pessoa que pensava ser o agente, e aparentemente ignorava a pessoa que estava operando sem que ele o soubesse.

Esse foi, portanto, o ponto de partida para a nova experiência com a sra. Stewart.

Na presente série, em que dois ou três agentes foram empregados simultaneamente, um ficava na sala longe do biombo, com os cinco cartões

(*) IX, 1.

dentro da caixa, e será referido como o agente do biombo. O segundo ficava com seus cinco cartões no sofá ou em uma mesa baixa do mesmo lado do biombo como (PA), onde pudesse ver os números apresentados por (PA) na abertura do biombo. Quando dois agentes eram empregados além do agente do biombo, tomávamos cuidado para colocá-los (especialmente na experiência de "oposição") de maneira que um não pudesse ver os cartões do outro. Se houvesse perigo disso, colocava-se um objeto opaco entre os agentes envolvidos.

Se existem dois agentes trabalhando em conjunção (isto é, con- centrando-se em cada tentativa no *mesmo* cartão-símbolo) o agente do biombo primeiramente embaralha e enfileira os cinco cartões dentro da caixa, e o segundo agente depois arranja seus cartões na mesma ordem sobre a mesa.

Se os agentes estão em oposição é entregue a eles um pequeno cartão em que estão escritas quatro disposições diferentes das cinco letras. (PA) diz a cada agente que disponha seus cartões para cada folha de tentativas de acordo com uma das quatro ordens mostradas no cartão de código. Essas disposições devem produzir códigos diferentes em qualquer dos casos, não importa qual seja a que o agente escolha. Quando cada disposição é usada, o agente risca-a de seu cartão, e deixa de ser usada novamente. Pede-se aos agentes que escolham o código na ordem que desejarem. A disposição poderia ser a seguinte:

	Agente do biombo					*Segundo agente*				
(I)	H	K	C	F	T	K	C	F	T	H
(II)	F	K	H	C	T	T	C	K	H	F
(III)	H	T	C	F	K	K	F	T	H	C
(IV)	F	T	H	C	K	T	F	K	H	C

Segue-se que, qualquer que seja o par de disposições escolhidas pelos agentes, como ordem de seus cinco cartões, quando o pesquisador (PA) mostra, na abertura, digamos, o número três, eles estarão se concentrando em letras *diferentes.*

No final de cada folha o agente do biombo em experiência de conjunto embaralha de novo seus cartões e o outro agente arranja seus cartões no mesmo grau que os do agente do biombo.

No caso de oposição cada agente escolhe outro código da lista e risca o que foi usado.

Empregou-se a técnica TTN (r) nessa série, sem exceção. Isto é, os agentes não levantaram e não olharam os cartões um por um, mas viravam-nos para cima no começo de cada folha, olhavam-nos por *x* segundos e viravam-nos novamente, tocando as costas quando os números eram mostrados na abertura.

No final de cada folha numa experiência de oposição (PA) marcava primeiro em sua lista de números o código do agente do biombo e depois o do segundo agente.

Quando as primeiras quatro folhas estavam completas havia geralmente uma mudança de técnica, e, via de regra, contavam a sra. Stewart a natureza dessa mudança antes de começarem as folhas 5-8.

Os resultados eram decifrados e verificados ao término da folha 8, e na decifração da experiência com dois ou mais agentes, em oposição, o código do agente do biombo era aplicado em primeiro lugar, cobrindo-se os códigos dos outros agentes com um papel para evitar confusão. Os números decifrados para o agente do biombo eram geralmente registrados na coluna de adivinhação e para os agentes 2 e 3 à direita do registro do agente do biombo, mas nem todos os que fizeram a decifração seguiram esse plano. As marcações totais para as cinco categorias foram escritas no topo de cada coluna, as do agente do biombo acima das do agente N.º 2, e assim por diante, conforme mostrado abaixo:

	(*a*)	(*b*)
Agente do biombo	3/4/8/2/5	2/3/7/1/6
Segundo agente	1/5/3/7/4	5/4/5/3/6

I. *Experiências de Oposição*

Uma experiência de oposição com dois agentes é designada como T20TN (x), o que significa: telepatia; 2 agentes em oposição; método de toque; ritmo normal; cartões expostos ao olhar do agente antes de cada folha durante *x* segundos. Da mesma maneira T30TN (x) significa experiência de oposição em que três agentes se concentram em cartões diferentes em cada tentativa.

Nossa primeira experiência com dois agentes em oposição deu-se na sessão 31, em 18 de novembro de 1946. Antes de começar, contamos a sra. Stewart – depois que ela fora para a cozinha com (AP) – que para as folhas 1-4 haveria dois agentes; ela, porém, não soube que estariam em oposição. Como não se lhe mencionara aquela ideia de agentes em oposição, é muito provável ter ela pensado que os dois agentes ficariam sentados junto ao biombo olhando para os mesmos cartões. Possivelmente imaginasse que estava programada uma experiência com agentes separados. Ficou sabendo os nomes dos dois agentes, F. Bateman e sra. Y. Ilales; em ocasiões anteriores ela havia apresentado bons resultados com os dois trabalhando separadamente ou em conjunto.

Ao final da folha quatro disseram-lhe que para as folhas 5-8 Bateman seria o agente, mas não a informaram de que a sra. Hales ainda estaria trabalhando em oposição a ele. A sra. Stewart naturalmente supunha que Bateman seria o único agente para as folhas 5-8.

A técnica foi T2OTN (30). O sr. David Makgill foi (AP) e (TK). O agente do biombo foi o sr. F. Bateman e o segundo agente ou de "oposição" a sra. Halles. A verificação e decifração foram feitas por Bateman, S. G. S., sra. Hales e sra. J. O. Stewart, que trabalharam juntos.

A sra. J. O. Stewart ficou junto a lareira enquanto se realizavam as experiências, sem nelas tomar parte, mas observou a verificação.

Agora os resultados: Para as folhas 1-4 a marcação (O) com o agente do biombo (Bateman) foi de 35/200, que é simplesmente um resultado de chance, ao passo que com o agente de oposição (sra. Hales) foi de 54/200 (PC = 2.47), o que é apenas sugestivo (probabilidades de 74 para 1).

Para as folhas 5-8 a marcação com o agente do biombo (F. B.) foi de 54/200, outra vez sugestivo, enquanto que com o agente de oposição (sra. Hales) foi de 43/200, um resultado puramente de chance.

A experiência foi sugestiva, mas não concludente. Parece provável que qualquer contato ou "rapport" feito com a sra. Halles durante as folhas 1-4 foi rompido pela sugestão de que Bateman seria o agente para as quatro últimas folhas. Mas por que a sra. Stewart teve "rapport" no início com a sra. Hales com preferência a Bateman? Muito provavelmente porque a sra. Hales era uma amiga mais antiga.

Na sessão seguinte, a de N.° 32, realizada em 25 de novembro de 1946, a sra. Stewart estava na cozinha quando (PA) a informou de que para as folhas 1-4 Bateman e Bozelaar seriam os agentes, mas não lhe contou que trabalhariam em oposição. Ela provavelmente adivinhou que os agentes, como na experiência da semana anterior, estariam em oposição. Em outras ocasiões ela obtivera ótimos resultados quando trabalhou com Rozelaar como único agente.

No final da folha 4, a paciente ficou sabendo que para as folhas 5-8 Rozelaar seria o agente, mas não se lhe mencionou que Bateman continuaria trabalhando em oposição. É muito possível, no entanto, que ela tivesse percebido esse detalhe.

Durante as folhas 1-4 ela ficou na cozinha com a sra. Hales que atuava como (AP) e (TK). O agente do biombo foi Rozelaar, o segundo agente Bateman.

Para as folhas 5-8 imperaram as mesmas condições das quatro primeiras. A verificação foi feita por Bateman, Rozelaar e S. G. S. trabalhando juntos.

Para as folhas 1-4 com Rozelaar a marcação foi de 49/200 e com o segundo agente ou agente de oposição (F. Bateman) 42/200. Mas para as folhas 5-8 a marcação de Rozelaar subiu para 59/200 e a de Bateman foi tão somente de 31/200.

Se combinarmos os resultados das sessões 31 e 32 veremos que com o agente do biombo a sra. Stewart marcou somente 84/400 nas folhas 1-4, isto é, um resultado de chance, ao passo que nas folhas 5-8 marcou para o agente do biombo, isto é, o agente para o qual fora dirigida sua atenção, 113/400 (com probabilidades contra a chance de mais de 6.000 para 1 quando a marcação é escolhida como a melhor das quatro).

Por outro lado, ela fez com o segundo agente a dúbia marcação de 96/400 nas folhas 1-4 (PC = 2.00), e nas folhas 5-8 o resultado de chance: 74/400.

O que é notável nessas duas sessões é que depois de a atenção da sra. Stewart ser dirigida pelo pesquisador para o agente do biombo, sua marcação subiu de marcação de chance de 84/400 para o nível muito significativo de 113/400.

Experiências de Continuidade

Descreveremos agora cinco experiências que deram resultados razoavelmente consistentes, o que é raro nesse campo. O método devia permitir a sra. Stewart trabalhar nas primeiras 200 tentativas com um só agente, que era salvo no caso do dr. Allen, muito conhecido dela, e com quem ela marcara significativos resultados no passado. No final da folha 4, um segundo agente, conhecido dela, foi trazido em oposição ao primeiro agente, e ambos operaram com códigos antagônicos durante as outras 200 tentativas (folhas 5-8). A sra. Stewart foi francamente informada antes de começar que a pessoa nomeada seria o único agente, e, no final da folha 4, disseram-lhe que para as folhas 5-8 um segundo agente seria trazido em oposição ao primeiro. Geralmente o primeiro agente ficava junto ao biombo durante toda a experiência e o segundo em uma mesinha de onde podia ver os números apresentados na abertura, sem que pudesse, entretanto, ver o agente do biombo tampouco os cartões dentro da caixa. Como já foi explicado, em cada tentativa durante as folhas 5-8, os dois agentes concentravam-se em diferentes cartões. Durante as folhas 1-4 usamos o método TTN (30) s durante as folhas 5-8 o método T20TN (30).

Os detalhes e resultados das cinco experiências são dados abaixo.

PRIMEIRA EXPERIÊNCIA, SESSÃO N.º 58, 4 DE OUTUBRO DE 1948:

Nessa experiência, contrariamente ao normal, o primeiro agente, sra. Hales, ficou junto ao biombo durante as folhas 1-4, que depois mudou para uma mesinha no trabalho com as folhas 5-8; o agente da oposição, sra. S. G. Soal, ficou junto ao biombo durante o trabalho com as folhas 5-8.

A sra. Stewart permaneceu na cozinha com F. Bateman que atuou como (AP) durante a sessão. Não se marcou tempo, mas o ritmo de lances foi aproximadamente normal. Para as folhas 5-8 cada agente recebeu quatro códigos em quatro pedaços de papel, para usá-los em qualquer ordem, sem usar o código mais de uma vez. A decifração e verificação foram feitas por Bateman, sra. Hales e S. G. S. trabalhando juntos. Para as folhas 1-4, a sra. Stewart marcou com o primeiro agente, sra. Hales, 56/200 (PC = 2.83) e para as folhas 5-8 com a sra. Hales 53/200 (PC = 2.30).

Mas com o agente de oposição, sra. Soal, ela marcou somente 41/200, um resultado de chance.

SEGUNDA EXPERIÊNCIA, SESSÃO N.º 62, 18 DE OUTUBRO DE 1948:

Nessa ocasião o primeiro agente, sra. Soal, permaneceu junto do biombo durante as oito folhas enquanto o agente de oposição, sra. Hales, ficou na mesinha, durante as folhas 5-8, com seus cinco cartões. F. Bateman, atuando como (AP), ficou com a sra. Stewart na cozinha. A sra. Hales marcou o tempo nas folhas 1-4 e foi substituída depois pela sra. J. O. Stewart.

A paciente ficou sabendo no início da experiência que a sra. Soal seria o único agente para as folhas 1-4, mas depois da sessão nos disse que estivera com a impressão de que a sra. Soal e a sra. Hales estavam em oposição o tempo todo.

A verificação foi feita por Bateman, sra. Hales e S. G. S. que trabalharam juntos.

Nas folhas 1-4 a sra. Stewart marcou com o primeiro agente, sra. Soal, 47/200, sem significação, mas nas folhas 5-8, com a sra. Soal, subiu ao brilhante nível de 61/200 (PC = 3.71).

Com o agente de oposição, a marcação foi só de 37/200 para as folhas 5-8, resultado de chance.

O contraste entre as "performances" dos dois agentes nas sessões 58 e 62 é bem grande. Quando a sra. Soal foi agente de oposição, a paciente não fez contato algum, e quanto a sra. Hales estava em oposição, ela também foi ignorada.

TERCEIRA EXPERIÊNCIA, SESSÃO N.° 64, 25 DE OUTUBRO DE 1948

Nessa experiência as sras. Hales e Soal foram novamente agentes. Nas folhas 1-4 a sra. Soal, no biombo da sala, foi a única a atuar como agente, e durante as folhas 5-8 a sra. Hales ficou em oposição a ela. A sra. Stewart permaneceu na cozinha com Bateman que agiu como (AP). Não se marcou o tempo dos lances, mas foi aproximadamente normal. A verificação foi feita por Bateman, sra. Hales e S. G. S. que trabalharam juntos.

A sra. Soal começou de novo com a marcação de 47/200 sem significação nas folhas 1-4 subindo para 51/200 nas folhas 5-8. A marcação total da sra. Stewart com a sra. Soal, como agente, foi somente de 98/400. Com a sra. Hales que atuou como agente de oposição nas folhas 5-8 foi somente de 36/200, e isso é um puramente um resultado de chance.

QUARTA EXPERIÊNCIA, SESSÃO N.º 65,
29 DE OUTUBRO DE 1948.

Nessa ocasião, além de S. G. S., estiveram presentes três membros do Queen Mary College. Durante as folhas 1-4, o dr. H. S. Allen foi o único agente, junto ao biombo, e nas folhas 5-8 o dr. F. C. L. Brendel ficou em oposição a Allen.

A sra. Stewart ficou na cozinha com o sr. Rozelaar que atuou como (AP). O dr. Brendel exerceu as funções de (TK). A verificação foi feita pelo dr. Allen, dr. Brendel, sr. Rozelaar e S. G. S. trabalhando juntos.

Por estranho que pareça, a sra. Stewart começou com marcação muito insignificante trabalhando com o dr. Allen nas folhas 1-4, mas aparentemente ela se animou durante as folhas 5-8, subindo para 56/200 (PC = 2.83).

A marcação com o agente de oposição, Dr. Brendel, de 42/200, foi simplesmente um resultado de chance.

QUINTA EXPERIÊNCIA, SESSÃO N.º 68,
10 DE DEZEMBRO DE 1948

Nessa última experiência da série, a sra. Edis, que aluga parte da casa da sra. Stewart, atuou como o único agente nas folhas 1-4, atrás do biombo. Nas folhas 5-8, o dr. Brendel ficou em oposição a sra. Edis. O sr. Rozelaar foi (AP) durante toda a sessão e permaneceu na cozinha. O dr. Brendel marcou o tempo. Os resultados foram decifrados e verificados pelo dr. Brendel, sr. Rozelaar e S. G. S. que trabalharam juntos.

Nas folhas 1-4 a marcação com a sra. Edis, como agente, foi de 50/200, subindo para 54/200 nas folhas 5-8. A marcação total foi de 104/400, com um desvio positivo de exatamente três desvios-padrões, sendo, portanto, significativa (probabilidades de 370 para 1).

Por outro lado, a marcação com o dr. Brendel nas folhas 5-8 foi somente de 38/200, resultado de chance.

Resumo dos Resultados

Nas cinco experiências juntas a marcação total no cartão-alvo com todos os agentes nas folhas 1-4 chega a 244/1.000, o que vai além da expectativa de chance em mais de 44; a proporção crítica é de 3.48, e as probabilidades correspondentes contra a chance são de 1.800 para 1.

Nas folhas 5-8 com os mesmos agentes a marcação é de 275/1.000, com um excesso sobre a chance, de 75, equivalente a 5.9 desvios-padrões, e as probabilidades correspondentes são da ordem de 10^8 para 1.

É preciso lembrar que a marcação de oposição não é independente da do primeiro agente, pois se a paciente marca um êxito com o primeiro agente, deve marcar outro com o agente de oposição. Se, entretanto, a paciente marca um fracasso com o primeiro agente, a probabilidade de marcar um êxito com o agente de oposição é de 1/4 e não de 1/5.

A marcação total no cartão-alvo com os agentes de oposição, nas folhas 5-8, foi de 194/1.000. Como a marcação com os primeiros agentes foi de 275/1.000 nas folhas 5-8, o número esperado de êxitos com os agentes de oposição é de 1/4 (1.000 – 275), isto é, 181.25, com desvio-padrão igual a $\sqrt{}$ (1/4 X 1/4 X 725), isto é 11.66. O desvio observado ou verdadeiro é de 194 – 181.25, isto é, 12.75.

Assim o excesso sobre a expectativa de chance para a marcação de oposição é pouco maior que o desvio-padrão, e é inteiramente sem significação. Vê-se facilmente que os resultados para os agentes em oposição são todos destituídos de significação.

O resultado dessa série é inequívoco. A sra. Stewart marcou significativamente acima da chance quando trabalhou com os primeiros agentes como únicos agentes e continuou a fazê-lo quando um segundo agente era trazido em oposição. Não há o menor sinal de que ela tenha feito contato com os agentes de oposição. O "rapport" estabelecido com o primeiro agente aparentemente faz com que ela ignore completamente o segundo. À primeira vista poderia parecer que ela estava trabalhando melhor ainda com o primeiro agente depois que fora introduzido o segundo, mas a diferença entre as marcações médias em 25 antes e depois da oposição é de 6.87–6.10, isto é, 0.77, que não é de forma alguma significativa. Há, no entanto, uma tendência discernível para a marcação com o primeiro agente começar mal e depois melhorar nas folhas 5-8.

Deve salientar-se que com cada um dos agentes de oposição a sra. Stewart fizera marcações muito significativas trabalhando sozinha com o agente; não era questão de eles serem maus transmissores; todos provaram ser excelentes.

É difícil harmonizar essas descobertas extraordinárias com a teoria de que a suposta telepatia nada mais é que involuntários sussurros do agente apanhados pelo paciente!

Se essa teoria fosse verdadeira, deveríamos ter encontrado prova de que a sra. Stewart ficara tão confusa com os sussurros dos dois agentes que fracassara ou então marcara pouco mais que acima da chance com cada um deles. Certamente não esperaríamos que um dos agentes ficasse completamente ignorado. A paciente esteve quase a mesma distância dos dois agentes, e nada havia que lhe permitisse ouvir um agente melhor que ao outro. Em verdade, os primeiros agentes sentados perto do biombo ficavam um pouquinho mais distantes da sra. Stewart que os de oposição na frente dele.

II. *Agentes em Oposição e em Conjunto*

Vamos descrever experiências em que dois, e algumas vezes três, agentes trabalharam parte do tempo em conjunto e o resto

do tempo em oposição. As condições de algumas das experiências não foram tão satisfatórias como seria desejado, pois quase sempre era impossível conseguir que dois *bons* agentes estivessem presentes na mesma sessão, e frequentemente um mau agente e um bom agente trabalhavam em conjunto ou em oposição, um ao outro. Por essa razão, os resultados não são tão claros como poderiam ser.

Primeiro descreveremos quatro experiências nas quais dois ou três agentes trabalharam em oposição durante quatro folhas e em conjunto nas outras quatro. As folhas de trabalho em conjunto e em oposição foram rigidamente alternadas. Como cada experiência tem características distintas e peculiares, descreveremos cada uma delas.

(I) SESSÃO 92, 18 DE MARÇO DE 1949

Os agentes foram a sra. M. Holding, que se colocou no lugar usual, atrás do biombo, e o sr. M. W. Harwood, que ficou junto a uma mesinha atrás do biombo, com este a sua esquerda, ficando ele de frente para a cozinha. A sra. Holding provara no passado ser excelente agente. Era a primeira visita do sr. Harwood a Marchmont Road; provou depois não ser um bom agente para as experiências com a sra. Stewart.

Nas folhas 1, 3, 5 e 7 os agentes trabalharam em conjunto. A técnica é designada como T2CTN (30), que significa: *telepatia;* dois agentes em *conjunto;* um agente *tocando* os cartões virados; ritmo *normal;* exposição de 30 segundos aos olhos do agente antes do início de cada folha.

Nas folhas 2, 4, 6 e 8, os dois agentes ficaram em oposição: T2OTN (30). Nessa ocasião a sra. Stewart ficou sozinha na cozinha. S. G. S. atuou como (PA) e (TK). Verificação feita por S. G. S., sr. Harwood e sra. Holding trabalhando juntos. Antes de cada folha (PA) informava a sra. Stewart se a experiência era um teste "em conjunto" ou "em oposição" e dizia-lhe os nomes dos agentes.

A marcação do teste em conjunto foi de 52/200, que não é muito significativa (PC = 2.12).

Na experiência "em oposição" (folhas 2, 4, 6 e 8), a sra. Stewart fez com a sra. Holding a brilhante marcação de 59/200 (PC = 3.36), mas com o sr. Harwood obteve somente 33/200, que é puramente um resultado de chance. Nas oito folhas o resultado com a sra. Holding foi de 111/400; as probabilidades correspondentes são acima de 8.000 para 1. Aparentemente a sra. Stewart não estabeleceu contato com o sr. Harwood.

(II) SESSÃO 99, 29 DE ABRIL DE 1949

Essa foi uma experiência muito interessante, mas problemática, em que três agentes tomaram parte. Foram eles: sr. W. Harwood, que ficou no lugar de sempre, atrás do biombo; o dr. Brendel, que ficou numa mesinha ligeiramente atrás do biombo, com este a sua esquerda; e a sra. Holding que ficou junto a outra mesa colocada em posição semelhante com o biombo a sua direita. A sra. Stewart permaneceu a sós na cozinha. Antes de cada folha ela ficou sabendo se os três agentes estariam trabalhando em conjunto ou em oposição, mas sua atenção não foi dirigida para nenhum agente em particular. Embora soubesse que os três visitantes eram agentes, seus nomes não foram mencionados por (PA).

Nas folhas 1, 3, 5 e 7 os três estavam em oposição, trabalhando com códigos que estavam sempre em conflito. Foi uma experiência de T3OTN (30). Nas folhas 2, 4, 6 e 8 os três agentes tinham os cartões dispostos na mesma ordem, para que em cada tentativa se concentrassem no mesmo símbolo. A técnica foi de T3CTN (30). Cada agente achava-se colocado de modo que pudesse ver os números ao aparecerem estes na abertura do biombo. Para evitar que o segundo e terceiro agentes vissem os cartões um do outro, colocou-se um biombo opaco entre eles. A verificação foi feita pelo dr. Brendel, assistido por S. G. S. e a sra. Holding.

Os resultados foram muito curiosos.

A marcação do trabalho "em conjunto" foi somente de 44/200, que é mero resultado de chance. Mas nas folhas de oposição (1, 3, 5 e 7), a sra. Stewart obteve com o dr. Brendel a brilhante marcação de 61/200 (PC = 3.71). Por outro lado, a marcação com a sra. Holding, que normalmente é ótimo agente, foi de 38/200 e com o sr. Harwood 35/200. Esses dois últimos resultados são simples marcações de chance.

O resultado do dr. Brendel é altamente significativo mesmo quando escolhido como o melhor de entre os quatro, pois as probabilidades contra a chance são ainda mais de 1.200 para 1. Essa foi a primeira visita dele depois de uma ausência de vários meses. A sra. Stewart manifestou grande contentamento com seu reaparecimento. Havia perguntado várias vezes a S. G. S. por que ele não aparecia mais nas experiências. No passado, ele fora muito útil instalando prateleiras, etc., na casa, pois era hábil carpinteiro. Essa reação a visita de surpresa talvez a tenha colocado *en rapport* com ele, excluindo a sra. Holding que normalmente é o melhor agente.

Inexplicável, entretanto, que esse *rapport* com Brendel pareça ter sido bruscamente cortado em cada folha de teste em conjunto e refeito novamente em cada folha de oposição. Em cada folha, em conjunto, a marcação caiu para o nível de chance. Parece que os esforços dos outros agentes temporariamente interrompiam o *rapport* entre o dr. Brendel e a sra. Stewart quando todos os três começavam a concentrar-se no mesmo símbolo.

Desnecessário dizer que essa curiosa observação é completamente incompatível com a hipótese de sussurros. Se Brendel fosse o único agente a fazê-lo, qual seria a razão de sussurrar somente em folhas *ímpares* e jamais em folhas *pares?* Mas se os outros também estivessem sussurrando ou se apenas o bom agente, sra. Holding, é que estivesse, então as folhas de teste em conjunto deveriam ter marcações acima da chance pelo menos aproximando-se de valor significativo. Mas esse resultado de teste em conjunto foi somente de 44/200 – isto 4 acima da chance! Nenhum dos agentes mudou de posição durante as oito folhas da experiência.

(III) SESSÃO 101, 6 DE MAIO DE 1949

Os agentes nessa ocasião foram a sra. M. Holding, que se sentou atrás do biombo e o sr. W. Harding que se colocou ligeiramente diante da mesa com o biombo a sua esquerda. Colocou-se um pequeno biombo vertical entre os agentes. S. G. S. atuou como (PA) e (TK). A sra. Stewart ficou a sós na cozinha. A verificação foi feita por S. G. S., sr. Harwood e sra. Holding, trabalhando juntos. Nas folhas 1, 3, 5 e 7, os agentes estiveram em oposição, munidos de códigos conflitantes. A técnica foi T2OTN (30).

Nas folhas 2, 4, 6 e 8 eles estiveram "em conjunto": T2CTN (30). A sra. Stewart foi informada por (PA), antes de começar cada folha, se os agentes iam fazer a experiência em conjunto ou em oposição, mas não foi despertada nenhuma atenção especial a qualquer deles com a citação de seus nomes.

A marcação do teste em conjunto foi de 60/200 (PC = 3.54). Em oposição, a marcação da sra. Stewart com a sra. Holding foi de 54/200 (PC = 2.47), ao passo que com o sr. Harwood atingiu apenas 31/200, que é meramente um resultado de chance.

A diferença entre o resultado do teste em conjunto e o obtido com a sra. Holding, quando em oposição, não é significativo quando se aplica o método Fisher para pequenos exemplos. Ele dá $0.7 > P > 0.6$. Parece provável, portanto, que o sr. Harwood nada contribuiu para a marcação em conjunto e que a paciente entrou em contato unicamente com a sra. Holding.

Algum céptico talvez insinuasse que, como não havia observador junto a sra. Stewart, ela podia ter deixado o lugar, espiado pela porta e visto os cartões dos agentes virados para cima e que poderia continuar vendo os números mostrados na abertura do biombo por (PA). Essa teoria não explica a marcação de oposição com a sra. Holding 54/200, que estava fora das vistas atrás do biombo com seus cartões dentro da caixa.

(IV) SESSÃO 103, 13 DE MAIO DE 1949

Foi uma experiência com três agentes: Sra. Holding, atrás do biombo, sr. Whelan junto a mesinha, ligeiramente de frente do biombo e a esquerda, e a sra. Ray Whelan, no sofá.

S. G. S. agiu como (PA) e (TK). A sra. Stewart ficou a sós na cozinha. Nas folhas 1, 3, 5 e 7 os três agentes estiveram em oposição: T3OTN (30), e nas folhas 2, 4, 6 e 8 "em conjunto": 73CTN (30).

Foi a primeira visita do sr. e sra. Whelan que são amigos da sra. Holding. (PA) informou a sra. Stewart quem eram os agentes e se estavam em oposição ou em conjunto, mas sua atenção não foi desviada para nenhum deles em particular.

A marcação no teste em conjunto foi de 53/200 (PC = 2.30).

Nas folhas de oposição houve a marcação significativa de 57/200 com a sra. Holding (PC = 3.01), ao passo que a dos Whelans foi respectivamente de 28/200 e 36/200.

A diferença entre as marcações no teste em conjunto e no de oposição, quando examinada pelo método Fisher com relação a pequenos exemplos, não é significativa ($0.7 > P > 0.6$). (*) Parece provável que em conjunto, a sra. Stewart fez contato somente com a sra. Holding. Quando sozinho, o sr. Whelan provou ser bom agente, já a sra. Whelan não teve êxito. Outrossim, embora a sra. Stewart estivesse só na cozinha seria impossível explicar a alta marcação de 57/200 com a sra. Holding que estava completamente oculta pelo biombo, mesmo que se admitisse ter a paciente ficado a espiar pela frente da porta o tempo todo!

Resumo dos Resultados

Se tomarmos o grande total das maiores marcações de oposição em cada uma das quatro ocasiões, teremos uma soma de 231/800 (PC = 6.28) e o total para o teste em conjunto é de 209/800 (PC = 4.33). Descobriremos que a diferença entre as duas médias de marcação não é significativa (P = 0.16). Parece provável que, tendo escolhido um dos agentes de oposição, a sra. Stewart continua a trabalhar somente com esse agente durante a experiência de conjunto. Certamente não há prova de que a marcação melhora quando os agentes estão em conjunto, como se poderia esperar na hipótese de sussurros.

Dois Excelentes Agentes em Conjunto

Na sessão 94, em 25 de março de 1949, obtivemos evidência surpreendente de que, mesmo quando dois agentes brilhantes estão "em conjunto", a marcação não melhora. Nessa ocasião o sr. A. M. Walker, um estatístico da Universidade de Manchester, ficou em companhia da sra. Stewart, na

---

(*) Isso significa que se podia esperar maior diferença entre os dois resultados tão-somente por chance, entre seis e sete vezes em cada 10.

cozinha, durante as folhas 1-4; ela, porém, permaneceu sozinha durante as folhas 5-8. Os agentes foram: sra. Hales e sra. M. Holding. S. G. S. agiu como (PA) e a sra. Holding como (TK).

Antes de começar as folhas 1-4, a sra. Stewart foi informada de que a sra. Hales seria o único agente. Antes do começo da folha 5, informaram-na de que os agentes seriam as sras. Hales e Holding, em conjunto. A sra. Hales sentou-se atrás do biombo o tempo todo e a sra. Holding junto a uma mesinha em frente do biombo, porém a esquerda.

Nas folhas 1-4 a sra. Stewart obteve brilhante marcação com a sia. Hales, 63/200 (PC = 4.06). A técnica foi TTN (30).

A marcação do teste em conjunto para as folhas 5-8 foi 50/200 (PC = 1.77).

Os resultados foram verificados pela sra. Holding e S. G. S. trabalhando juntos e novamente verificados depois por S. G. S. e Bateman.

O interessante nesse ponto é que tivemos dois excelentes agentes concentrando-se no mesmo cartão em cada tentativa, e a sra. Holding começando descansada na folha 5. Mas não há melhoria de marcações e a diferença entre elas não tem valor significativo (P = 0.1 aprox.).

Na hipótese de sussurro, poderíamos razoavelmente esperar que, nas folhas 5-8, a sra. Holding não sussurraria sempre nas mesmas posições da folha escolhida pela sra. Hales, e o resultado teria sido excepcionalmente alto. Em verdade, porém, não é tão alto do que quando a sra. Hales estava "sussurrando" sozinha!

Outras Experiências

SESSÃO 96, l.° DE ABRIL DE 1949

Foi decidido que, nas folhas 1-4, o sr. W. Harwood seria testado permitindo-se lhe que trabalhasse sozinho, como agente, com a sra. Stewart. A técnica foi TTN (30). A sra. Stewart permaneceu na cozinha com o filho da sra. Holding atuando como (AP), e a ela foi dito antes de começar que o sr. Harwood seria o único agente. S. G. S. agiu como (PA).

No começo da folha 5 ela ficou sabendo que nas folhas 5-8 Harwood trabalharia em conjunto com a sra. Holding, a qual ficou colocada atrás do biombo.

A marcação com o sr. Harwood, como único agente, foi de 31/200, um resultado puramente de chance. A marcação no teste em conjunto para as folhas 5-8 foi de 51/200 (PC = 1.94).

A melhoria na marcação, estimada pelo método Fisher, é apenas significativa (P = 0.01 aprox.). Parece provável que foi devida a introdução do bom agente, sra. Holding. Do resultado do teste e das sessões 92, 99 e 101 parece provável que o sr. Harwood não seja bom agente para a sra. Stewart.

SESSÃO 90, 11 DE MARÇO DE 1949

Não vamos considerar as folhas 1-4 nessa data, pois foram dedicadas a uma experiência a longa distância entre Richmond e Cambridge, cujos detalhes figurarão no Capítulo XVI. As folhas 5-8 [T2CTN (30) e 9-12 [T2OTN (30)] foram experiências em que dois agentes tomaram parte. Foram a sra. M. Holding, atrás do biombo, e o sr. Leonardi, um amigo da sra. Holding que se sentou a uma pequena mesa um pouco atrás do biombo e a sua esquerda.

O filho da sra. Stewart, sr. Alan Stewart, atuou como (AP) até o final e assistiu S. G. S. na verificação dos resultados. A sra. Stewart foi informada antes da folha 5 por (PA) que as folhas que se seguiriam a experiência com dois agentes em conjunto e antes da folha 9 que ambos estariam em oposição nas folhas 9-12.

A marcação em conjunto foi de 54/200 (PC = 2.47) e em oposição 49/20 com a sra. Holding e 34/200 com Leonardi. A diferença entre a marcação em conjunto e a que se obteve com a sra. Holding em oposição não é significativa ($P = 0.5$). Não há razão para pensar que o sr. Leonardi contribuísse significativamente na experiência em conjunto porque essa foi sua primeira e única visita.

SESSÃO 105, 20 DE MAIO DE 1949

Nosso objetive nas folhas 1-4 era descobrir se o sr. Ray Whelan teria êxito trabalhando sozinho com a sra. Stewart. Ela foi informada de que ele seria o único agente. Ficou na cozinha com o sr. W. Harwood que era (AP). A sra. Holding atuou o tempo todo como (TK), sentada no sofá e, a seu lado, colocou-se a sra. Whelan. S. G. S. exerceu as funções de (PA). A técnica foi TTN (30).

No final da folha 4, disseram a paciente que, nas folhas 5-8, três agentes estariam em conjunto, o sr. Whelan, atrás do biombo, a sra. Whelan no sofá e a sra. Holding junto a pequena mesa em frente do biombo, mas com este a sua esquerda. A técnica foi T3CTN (30). A verificação foi feita pela sra. Holding, sra. Whelan e S. G. S. trabalhando juntos.

Nas folhas 1-4 a marcação com o sr. Whelan foi de 55/200 (PC = 2.65). Essa é média usual de marcação com um agente de brilhantes resultados em uma série de somente 200 tentativas.

A marcação em conjunto para as folhas 5-8 foi de 48/200.

A diferença entre a marcação com o sr. Whelan, como único agente, e a em conjunto não é significativa (P = 0.38). Não há razão para supor que a sra. Holding tivesse contribuído para a marcação em conjunto.

A marcação total da sessão, 103/400, é significativa (PC = 2.87).

SESSÃO N.º 115, 8 DE JULHO DE 1949

A sra. Stewart regressara de Antuérpia no dia anterior. Os dois agentes foram o sr. Ray Whelan, junto ao biombo, e a sra. Whelan, no sofá. A sra. Stewart ficou na cozinha com a sra. Holding que atuou como (AP), e S. G. S. como (TK) e (PA).

Antes de começar disseram a sra. Stewart que os agentes estariam em conjunto nas folhas 1-4, e, no final, foi informada de que os mesmos agentes estariam em oposição para as quatro folhas restantes.

A verificação foi feita por S. G. S., sra. Holding, sr. e sra. Whelan trabalhando aos pares.

A marcação em conjunto foi de 52/200 (PC = 2.12). Na experiência de oposição a sra. Stewart mareou 49/200 com o sr. Whelan. A diferença entre a marcação em conjunto e a de oposição com sr. Whelan não é significativa, e é provável que a sra. Whelan em nada contribuiu para a marcação em conjunto. Isso foi confirmado pela marcação das duas sessões seguintes.

SESSÃO 116, 15 DE JULHO DE 1949

No início da experiência a sra. Stewart, que fora para a cozinha com o sr. Harwood (AP), foi informada de que a sra. Whelan seria agente nas folhas 1-4, mas não de que o sr. Whelan estaria em oposição a sra. Whelan.

No final da quarta folha, a sra. Stewart soube que o sr. Whelan, nas folhas 5-8, estaria em teste conjunto com a sra. Whelan.

A sra. Holding marcou o tempo durante a sessão. Havia também na sala um amigo da sra. Stewart, o sr. Saffery, o qual não tomou parte na experiência. A sra. Whelan ficou atrás do biombo e o sr. Whelan junto a uma pequena mesa um pouco na frente do biombo, com este, porém, a sua esquerda.

Verificação e decifração foram feitas por S. G. S., sra Holding, sr. e sra. Whelan trabalhando juntos.

Nas folhas 1-4 a sra. Stewart marcou com a sra. Whelan 41/200, resultado de chance, e com o sr. Whelan 44/200, que se deve também atribuir a chance.

Mas na experiência em conjunto o resultado foi de 56/200 (PC = 2.83) aliás significativo.

O resultado dessa sessão é de considerável interesse. Nas folhas 1-4 com os agentes em oposição, parece que a sra. Stewart não fez contato com nenhum deles. Provavelmente falhou com o sr. Whelan que é agente razoavelmente bom porque imaginou que a sra. Whelan era a única agente. Mas por que falhou igualmente com a sra. Whelan? Acreditamos que a sra. Whelan não seja bom agente para a sra. Stewart. Depois que a atenção da paciente foi desviada para o sr. Whelan, no final da folha 4, a marcação pulou para resultado de valor. Os resultados da sessão seguinte parecem confirmar nossa conjetura, sendo difícil que a sra. Whelan tivesse contribuído algo de significativo para a marcação em conjunto.

SESSÃO 117, 22 DE JULHO DE 1949

O motivo para essa sessão foi testar a hipótese de que a sra. Whelan não era bom agente. Nas folhas 1-4 ela foi o único agente, tendo-se colocado atrás do biombo. A sra. Stewart ficou na cozinha com a sra. Holding que exerceu as funções de (AP). O sr. Whelan no sofá agiu como (TK) e S. G. S. como (Af). Nas folhas 5-8, o sr. Whelan foi o único agente e a sra. Whelan (TK). Antes de começar cada série, a sra. Stewart foi informada do nome do agente, tendo-lhe sido assegurado que somente um agente estava em ação.

Para que a sra. Whelan tivesse todas as chances, permitiram-lhe que fosse o primeiro agente enquanto a sra. Stewart estava descansada. A técnica foi TTN (30). A verificação foi feita por S. G. S., sra. Holding, sr. e sra. Whelan trabalhando aos pares.

A marcação da sra. Stewart com a sra. Whelan foi de 39/200, pouco abaixo da expectativa de chance.

Mas trabalhando com o sr. Whelan sua marcação foi de 63/200, uma marcação muito alta (PC = 4.06). Se a considerarmos isoladamente, as probabilidades são cerca de 15.000 para 1 contra a chance.

Os resultados mostram claramente que a sra. Stewart não fez contato com a sra. Whelan, o sr. Whelan é excelente agente e a sra. Stewart estava em esplêndida forma nessa sessão. Essas descobertas confirmaram nossas conjeturas sobre os resultados da sessão anterior.

Além das experiências descritas em detalhe neste capítulo, outro teste em conjunto foi realizado na sessão 123, de 30 de setembro de 1949. Nesse período as marcações da sra. Stewart haviam caído ao nível de chance, e os resultados são dados aqui tão-somente para completar o trabalho.

A técnica foi T2CTN (30). Os agentes em conjunto foram a sra. Holding que ocupou a posição atrás do biombo e o sr. R. H. Whelan, numa pequena mesa a quatro pés distante do biombo, o biombo ficando dessa vez no centro da sala. A sra. Stewart ficou na cozinha com a sra. Whelan que agiu como (AP). A verificação foi feita pela sra. Holding, sr. Whelan, sra. Whelan e S. G. S. trabalhando aos pares. A sra. Stewart soube que os agentes estariam em conjunto.

A marcação direta total foi 78/400, somente 2 abaixo da expectativa de chance e sem nenhum valor.

Resumo dos Resultados

Vamos considerar os resultados combinados das dez seções em que dois ou mais agentes estiveram em conjunto durante 200 tentativas das 400 de cada experiência.

Em sete dessas sessões os mesmos agentes estiveram em oposição para as 200 tentativas restantes. Nas outras três sessões um único agente atuou sem oposição durante 200 tentativas e agiu em conjunto com um segundo agente nas outras 200 tentativas. Nas dez sessões temos para o total da marcação em conjunto 520/2.000 (PC = 6.71). A soma das mais altas marcações de testes em oposição e as dos agentes sozinhos é de 522/2.000.

Assim quase não há diferença entre os dois totais, que incluem as marcações em que houve rígida intercalação de condições de oposição e em conjunto, e aquelas em que ambas as condições não foram alternadas em blocos de 50. Todas essas evidências servem para mostrar que muito provavelmente somente o agente que marca significativamente na experiência de oposição ou o agente sozinho que obtém êxito, toma parte essencial no sucesso da sra. Stewart com as experiências de trabalho em conjunto.

Sem dúvida o efeito principal de todas essas experiências é levar-nos de volta a algo semelhante a velha ideia de "*rapport*" entre agente e paciente em experiências de telepatia. Mas quando usamos o termo "*rapport*" queremos apenas sugerir que a sra. Stewart, subconscientemente, dirige sua atenção exclusivamente para *um* dos agentes e ignora o outro *temporariamente.*

Quando dois agentes, igualmente bons, trabalham simultaneamente com a sra. Stewart, encontramos evidência nenhuma que apoie a sugestão de que ela apanha a imagem de um agente, depois a do outro. Pelo contrário, tudo indica a conclusão de que ela se apega temporariamente a um agente e ignora o outro. Não é o que seria de esperar se a telepatia nada mais fosse que o recebimento de sussurros casuais das pessoas que se concentram nos cartões. Em verdade, as condições das experiências não são de molde a encorajar o sussurro dos nomes ou iniciais dos cinco animais por parte dos agentes. Se uma pessoa se concentra conscienciosamente numa tarefa como a de olhar para imagem de um cartão, pode reforçar sua percepção visual com um acompanhamento subvocal, mas, sob a condição TTN, o agente, via de regra, nem mesmo forma imagens visuais ao tocar os cartões com intervalos de três segundos. Naturalmente o problema seria outro se o agente estivesse olhando firmemente para um diagrama com intervalos de cerca de um minuto. Tanto quanto sabemos não há evidencia de experiências em que sob as condições bem diferentes da técnica presente os agentes sussurrem. Contudo, mais adiante encontraremos fenômenos nos trabalhos da sra. Stewart completamente incompatíveis com qualquer hipótese de sussurro.

O "rapport" sobre o qual falamos como existente entre a sra. Stewart e determinado agente pode ser estabelecido, por exemplo, pelo fato de o pesquisador dizer-lhe que X é o agente, ficando ela na ignorância de que uma segunda pessoa Y esteja trabalhando em oposição a X. Quando a sra. Stewart sabe conscientemente da existência de dois agentes trabalhando em oposição, ela parece escolher um deles e ignorar totalmente o outro. Se ela esteve previamente trabalhando com X como único agente, o "rapport" temporariamente estabelecido com X persiste até mesmo depois que o segundo agente Y, igualmente bom, foi posto em oposição a X.

Quando o pesquisador não faz sugestão alguma de que X deva ser preferido a Y e Z, ela parece fazer sua própria escolha por meio de uma espécie de autossugestão. Isso emerge claramente na sessão 99 quando três agentes trabalharam juntos em oposição e em conjunto durante grupos alternados cinquenta tentativas. Normalmente a sra. Holding provou ser um agente mais consistente e de marcação mais alta do que o dr. Brendel, mas aparentemente a reação emocional a visita de surpresa de Brendel estabeleceu um "raport" com ele excluindo inteiramente a sra. Holding. O subconsciente da sra. Stewart não parece fazer escolha racional; obedece cegamente a sugestão do pesquisador ou a uma auto-sugestão.

Na sessão 116, simplesmente por ter o pesquisador sugerido que a sra. Whelan era a agente, a sra. Stewart parece que tentou, ineficazmente, porém, estabelecer contato com o agente fraco, ignorando inteiramente o fato de que um bom agente, sr. Whelan, estava a disposição. Depois, quando o nome do sr. Whelan foi mencionado, ela aparentemente abandonou a tentativa inútil de estabelecer contato com a sra. Whelan e estabeleceu um "rapport" feliz com o sr. Whelan.

Esses resultados não estão de acordo com as descobertas de Whately Carington, ([1]) em sua sétima experiência de adivinhação de desenhos. Ele diz em seu livro *Telepathy* (2, pág. 70): "Se diversas experiências trabalham concorrentemente, ou quase assim, como em minha sétima experiência, os pacientes não têm maior probabilidade de acertar nos originais preparados e apresentados por seus próprios pesquisadores do que naqueles preparados e apresentados por outros; o processo não depende de *rapport* no sentido em que o termo é geralmente compreendido. (...)"

Temos a maior admiração pelo trabalho de Carington nesse campo, mas não podemos deixar de imaginar que ele também frequentemente tirou suas conclusões de resultados estatísticos somente de valor marginal. Em seus esforços para extrair todas as informações de seus dados, ele algumas vezes passou por alto sobre a necessidade imperiosa de repetir um efeito muitas vezes antes de chegar a uma conclusão.

Em qualquer caso parece bem claro que, em nossas experiências, a sra. Stewart não apanhou imagens de cartões indiscriminadamente de certo número de agentes que se estavam concentrando simultaneamente no mesmo cartão ou em cartões diferentes. (*)

(*) Uma experiência em que dois agentes olhavam simultaneamente para cartões Zener de dois maços diferentes foi descrita por J. D. Mac- Farland, em *Journal of Parapsychology*, vol. 2, setembro de 1938. Um dos dois agentes, MacFarland, obtivera anteriormente grande êxito trabalhando sozinho com pacientes escolhidos, mas o outro, sr. Dale Hutchinson, obtivera unicamente resultados de chance com os mesmos pacientes. Combinara-se que os dois pesquisadores ficassem sentados na frente de um aparelho que consiste de cinco lâmpadas, por meio do qual, um adivinhador, numa sala situada dois andares acima, assinalava suas adivinhações. O paciente sabia que os agentes estavam usando dois maços diferentes. As séries de adivinhações foram registradas independentemente por J. F. e D. II. e cada um verificou de novo a série de alvos do outro. Em um total de 7.650 tentativas G. E. S. P. feitas por cinco bons pacientes, o desvio no alvo de D. H. foi somente de + 44, um resultado de chance, mas no J. F. foi de + 394, equivalente a 11 desvios-padrões. Essa diferença entre o "bom" e o "mau" agente nós apresentamos como um problema para o sr. Spencer Brown.

CAPÍTULO XV

Experiências para Demonstrar Telepatia Pura

Os primeiros pesquisadores, inclusive Frederick Myers, atribuíram a maioria de suas experiências paranormais a telepatia, termo pelo qual eles imaginavam a ação direta de uma mente sobre outra sem o intermédio de mecanismos sensoriais normais. Consideravam a mente como entidade imaterial, não sujeita às leis da física e encontraram poucas dificuldades em supor que uma mente encarnada pudesse afetar outra diretamente ou mesmo que uma mente desencarnada pudesse, algumas vezes, infiltrar-se em uma mente ainda ligada a um corpo humano. Tinha-se a impressão de que a ciência só podia tratar do que estivesse lagado ao mundo material, e a mente pertencia a província da metafísica ou da filosofia religiosa. Como a mente era, em sua essência, imaterial e não-espacial, não houve dificuldade fundamental em supor que uma pessoa pudesse ter alucinação telepática com relação a um amigo moribundo em outra parte do mundo.

Aconteceu assim que pesquisadores psíquicos, como Myers, Gumey, Hodgson e os Sidgwicks, deram pouca atenção a faculdade de clarividência para a qual se supunha haver pouca evidência satisfatória. Para fazer contato com o mundo físico, a mente tinha que fazer uso do mecanismo sensorial do sistema nervoso, e ninguém podia conceber como uma pessoa podia obter conhecimento direto de objetos materiais sem o uso de seus órgãos de sentidos ou dos de outra pessoa.

Se o pretenso-clarividente percebia, não as qualidades sensoriais dos objetos materiais, porem sua estrutura conforme é referida pelo físico nuclear, é quase impossível conceber como ele poderá possuir a experiência necessária para traduzir esse conhecimento recôndito para a descrições familiares pelas quais reconhecemos os objetos na vida comum.

Havia, naturalmente, dificuldades na suposição de que um padrão mental pudesse influenciar outro sem o uso de canais sensoriais comuns de comunicação, mas os primeiros pesquisadores não julgaram houvesse impossibilidade lógica ou material em tal ideia. Um homem era capaz de pensar mesmo quando perdesse o uso de um ou mais sentidos. Um cego ainda podia ver em pensamento coisas que vira antes de ficar cego. Afirmava-se que uma pessoa que perdesse os sentidos da visão, audição, olfato e paladar, ainda poderia pensar sobre uma proposição de Euclides, embora fosse incapaz de transmitir seus pensamentos a outra pessoa. O cérebro humano, conforme ensinou Bergson ([1]) não era um gerador de consciência, porém um agente canalizador cujo propósito era inibir o fluxo de pensamentos concentrando-os em determinados pontos segundo a necessidade que houvesse para a solução de nossos problemas práticos e imediatos.

Seria verdadeiro dizer que a maior parte das provas recolhidas do paranormal pelos pioneiros dos estudos psíquicos indicava mais uma interpretação telepática do que de clarividência. Era difícil supor que uma faculdade objetiva de clarividência fosse responsável pelos inúmeros casos em que o percipiente tinha a viva impressão de que um amigo ou parente distante estava envolvido em uma crise física ou passando por uma experiência dolorosa. Por que deveria a faculdade restringir-se tão estreitamente ao desastre ocorrido com o amigo e ignorar completamente outros fatos que estavam acontecendo nas vizinhanças? Por que o percipiente não podia ver o que estava acontecendo na casa ao lado?

Não era muito mais provável que, em sua agonia, o amigo distante subconscientemente dirigisse para o percipiente um impulso telepático tão forte que fosse capaz de romper-lhe as barreiras normais de resistência na mente e forçar assim sua atenção?

Até o final da década de vinte e começo da de trinta deste século poucos pesquisadores, que fizeram experiências de telepatia, pensaram valer a pena tomar precauções sérias para excluir a possibilidade de seus resultados poderem ser explicados pela clarividência. Vimos que Coover (*) (1912-1917) não percebeu que sua experiência de "controle", em que ninguém olhava para os cartões, podiam ser deturpados pelo possível uso de clarividência por parte de seus adivinhadores. Quase sem exceções, os

---

(*) II, 1.

pesquisadores de telepatia deixavam seus pacientes olhar para objetos materiais, tais como cartas de baralho, números impressos, etc.

A prova de clarividência estava fadada a ser muito frágil de maneira a tomar absurda qualquer precaução para excluí-la. A publicação das experiências de clarividência de Jephson (*) com cartas de baralho foi perturbadora, mas quando Besterman, Jephson e S. G. (**) fizeram uma extensa série de experiências com as cartas fechadas em envelopes sem obter nenhuma prova dessa faculdade, pareceu provável que certos percipientes da srta. Jephson, trabalhando em casa e talvez empregando cartas velhas, haviam mandado suas melhores marcações ou haviam, sem querer, identificado certas cartas por meio de marcas no verso. Foi somente por ocasião da série cuidadosamente controlada de Pearce-Pratt (***) e das experiências de Martin e Stribic, (****) que foram registradas, que tudo mudou. A questão da clarividência já não podia ser posta de lado. Como, por exemplo, se poderia explicar por telepatia os feitos do paciente C. J., de Martin e Stribic, que adivinhou um maço de cartas de cima para baixo e apresentou constantemente resultados acima da chance, embora o maço estivesse escondido atrás de um biombo? Na América, experiências felizes de clarividência tornaram-se regra em vez de exceção.

Como último recurso um crítico talvez supusesse que, nas experiências de Martin e Stribic, o pesquisador identificasse a carta *superior* (*****) do maço por meio de alguma irregularidade em suas costas, transferindo a imagem, por meio de telepatia, ao percipiente no outro lado do biombo. Ou ele poderia insinuar que o pesquisador *sussurrava o* nome da carta superior. Mesmo que isso acontecesse com perfeita regularidade, não explicaria a média de *sete* êxitos em 25 lances conseguida por C. J. Além disso, demonstrou-se concludentemente que esses êxitos foram distribuídos mais ou menos uniformemente através do maço, e que os resultados significativos não deviam ser atribuídos a marcações boas no topo e no fim do maço. Tal sugestão não se aplicaria a todas as experiências de Pearce-Pratt, em que pesquisador e adivinhador ficaram em prédios diferentes.

(*) II, 9.

(**) II, 11.

(***) III, 2.

(****) III, 4, 5.

(*****) Os pesquisadores afirmam categoricamente que foram muito cautelosos a fim de assegurar-se de que a carta do *fim* não fosse vista.

Hipótese de Telepatia Precógnita

As experiências de Carington (*) e as de Soal e Goldney (**) sugeriram fortemente, embora não provassem, que uma pessoa podería saber do conteúdo futuro da mente de outra pessoa sem o uso de inferência racional baseada em conhecimento presente, Ali estava uma explicação que nos poderia permitir contornar as imensas dificuldades filosóficas que qualquer crença na clarividência parecia acarretar. Em verdade, a aceitação de precognição não-racional significaria novas dificuldades quase tão grandes, mas a hipótese de uma única faculdade de telepatia que operasse independentemente do espaço e do tempo certamente seria preferível a ideia de que havia duas espécies destinadas de cognição normal: uma que abrangesse acontecimentos mentais e a outra objetos físicos. Além disso, parecia talvez menos incongruente supor que a mente pudesse apreender diretamente uma imagem mental pertencente a outra mente do que imaginar que uma mente era capaz de apreender um objeto físico sem a intervenção do sistema nervoso.

A maioria das experiências de clarividência com cartões Zener poderia então ser explicada na hipótese de haver um ato de telepatia precógnita por parte do adivinhador. Poderia ser sugerido que ele não apreendia diretamente os desenhos físicos dos cartões; ao invés, tornava-se ciente de *futuros* acontecimentos mentais que se dariam na mente de quem comparasse a ordem dos cartões com a das adivinhações do percipiente.

Essa hipótese, porém, tinha suas dificuldades peculiares. Se os pacientes de clarividentes eram capazes de realizar feitos tão extraordinários de telepatia enquanto faziam o que era ostensivamente experiência de clarividência, seria razoável esperar que obtivesse êxito quando lhes pedissem para predizer a futura ordem dos maços que seriam embaralhados e vistos em um minuto. No entanto, embora pacientes de alta marcação em clarividência fossem comuns na América, aqueles que faziam altas marcações em testes especialmente feitos para provar a precognição eram muito raros.

Mais importante ainda, prepararam-se testes de clarividência que pareciam eliminar a possibilidade de que o adivinhador se adiantava no tempo até o instante em que o pesquisador verificasse os registros. Será lembrado

(*) VI, 22.
(**) IX, 1.

(capítulo VI) que, nas experiências do sr. Tyrrell (*) com seu aparelho elétrico, o adivinhador marcava muito significativamente acima da expectativa de chance mesmo quando a possibilidade de telepatia precógnita parecia ter sido eliminada. Com o comutador em ação, o agente nunca sabia qual das cinco lâmpadas estava acendendo quando apertava um botão. Além disso, o marcador automático simplesmente registrava êxitos e fracassos na fita, sem registrar *qual* das caixas era responsável pelo êxito ou fracasso. A mente do adivinhador, portanto, não receberia informação útil adiantando-se no tempo (**) até o momento em que o pesquisador examinasse a fita de registro. Ele saberia unicamente se a adivinhação que ia fazer seria certa ou errada; não teria indicação de qual das caixas deveria abrir para obter um êxito.

À primeira vista é possível argumentar que o adivinhador poderia marcar um êxito adiantando-se no tempo até o instante em que ele mesmo percebesse a lâmpada acesa em uma das caixas. Mas o adivinhador tem que *fazer* sua escolha antes de o resultado poder ser predito. Assim, tanto quanto podemos julgar, ele não pode ser guiado por nenhum conhecimento presente do resultado de sua escolha. Aparentemente o próprio dr. Tyrrell não se contentara com esse argumento, pois sugerira que, para tornar a experiência concludente, as lâmpadas devem ficar completamente ocultas dos olhos do adivinhador a fim de que, após cada tentativa, ele continue na ignorância de ter marcado ou não um êxito. Mas, se como Broad ([2]) parece pensar, o argumento é válido, precisamos concordar que Tyrrell demonstrou a clarividência em alto grau expressivo e por um método que exclui a possibilidade de telepatia precógnita.

O sr. Denys Parsons construiu uma máquina para testar a clarividência pura. Empregam-se, nesse engenho, fichas de cinco cores. As fichas são misturadas as escondidas e despejadas na máquina, de maneira que fiquem dentro de um tubo vertical, uma em cima de outra, em ordem desconhecida. O adivinhador manobra uma chave de cinco combinações e aperta uma alavanca que permite a ficha interior cair em um dos cinco compartimentos ocultos, de acordo com a posição em que ele coloca a chave. Os cinco compartimentos são de cor e a ficha que cai no compartimento de sua cor marca um êxito.

(*) VI, 13.

(**) O leitor compreenderá que estamos empregando linguagem metafórica.

No final de 100 tentativas os compartimentos são abertos e o número de fichas de cor correta é contado. Sendo impossível aos verificadores ter indícios da ordem em que caem as fichas, não parece possível que os resultados possam ser explicados por telepatia precógnita.

Até agora, porém, ninguém obteve resultados significativos com essa máquina.

Outra experiência com o propósito de eliminar a possibilidade de telepatia precógnita é a de "escorregadores", registrada pelos drs. Humphrey e Pratt ([4]) no *Journal of Parapsychology*, dezembro de 1941. Nela, grande número de cartões Zener foi usado e cada cartão fechado em um envelope opaco. Havia cinco escorregadores, cada um com uma espécie de abertura de caixa de cartas e, em cada caixa, estava preso um dos cinco símbolos Zener. Pedia-se ao adivinhador para colocar cada envelope no "escorregador" cujo símbolo ele julgasse corresponder ao cartão incluso. Os envelopes caíam pelos "escorregadores" para dentro das cinco caixas, mas na queda a ordem em que os envelopes eram lançados não era preservada. As caixas ficavam em outra sala, onde não eram observadas pelo adivinhador ou pelos pesquisadores. Para verificar o êxito da experiência, o pesquisador precisava somente contar o número de cartões corretos que caía em cada caixa.

Em verdade, a prova de clarividência era indireta, pois houve significativamente menor número de adivinhações corretas do que o predito pela chance. Houve um desvio negativo que, escolhido como o melhor dos cinco resultados de experiências, deu probabilidades de 1.000 para 1 contra a chance. A ideia era que o adivinhador, digamos no momento de deixar cair o décimo envelope no escorregador, seria incapaz de obter da mente da pessoa, que eventualmente abrisse o envelope, o fato de que esse décimo envelope continha um círculo, pois, quando o abrisse, não poderia saber que era o décimo envelope devido a mudança na ordem originária. Tudo o que o adivinhador podia obter, por meio de telepatia precógnita, da mente do verificador era que eventualmente cada caixa conteria tantos quadrados, círculos etc., e isso seria de pequena ou nenhuma importância na identificação do cartão em dado envelope que estivesse segurando. Mas a ideia de que os envelopes não podiam ser identificados não parece ter sido verdadeira nessa experiência, pois cada envelope tinha uma tira de papel marrom em que uma combinação de código estava escrita. Por conseguinte, se o adivinhador notasse a combinação Q^{12} em um envelope antes de deixá-lo cair em um dos escorregadores, poderia obter, por telepatia precógnita, da mente do verificador que iria abrir o envelope o fato de que Q^{12} continha, digamos, um círculo. Mesmo que os envelopes não tivessem números de código, alguns deles poderiam ser identificados talvez por meio de sinais proeminentes. Temos inúmeros testemunhos de que pessoas com boa visão e boa memória visual podem reconhecer um cartão postal simples e novo depois de terem sido misturados com outros iguais. Até cartas de baralho novas podem ser identificadas por meio de manchinhas e irregularidades. Para tornar a experiência completamente satisfatória em uma demonstração de clarividência pura, ela deveria ser feita no escuro e os envelopes colocados no "escorregador" por adivinhadores que usassem luvas.

No outono de 1945, o dr. Rhine ([5]) fez a surpreendente declaração de que a evidência experimental de telepatia era muito menor que a da clarividência. Em sua opinião a telepatia propriamente dita não ficara estabelecida. É, naturalmente, verdade que sempre que as representações materiais, como cartões, desenhos, etc. dos pensamentos a serem transmitidos fossem empregadas, poder-se-ia atribuir a experiência bem-sucedida a ação da telepatia ou da clarividência. Mas Rhine foi muito além disso. Mesmo que o agente não olhe para cartões ou outros objetos físicos, ao tentar transmitir os pensamentos, a experiência ainda poderá ser altamente inconcludente. Vamos considerar uma experiência feita pela sra. Stewart na sessão 27, em 18 de junho de 1946. Nessa ocasião o sr. L. A. Rozelaar foi o agente. Nas folhas 2, 4, 6 e 8 os cinco cartões com letras estavam dentro da caixa e a experiência foi um teste comum de TTN (15). Antes, porém, do início de cada uma das folhas 1, 3, 5 e 7, os cartões com as iniciais dos nomes dos animais foram substituídos por cinco cartões em branco. Pediram ao sr. Rozelaar que fizesse mentalmente uma disposição das cinco letras que fosse fácil de decorar, por exemplo, P, E, L, G, Z. Na ocasião não se fez registro do código escolhido; este também não foi sussurrado nem falado em voz alta. O agente simplesmente imaginou as cinco letras a serem impressas nos cinco cartões em branco. Por exemplo, quando o 3 era apresentado por (PA) na abertura do biombo, o agente tocava o terceiro cartão em branco referente a imaginária letra L. Somente quando a sra. Stewart terminou as 50 adivinhações o agente comunicou a (PA) o código, que o registrou em sua primeira folha de números ao acaso. O agente em seguida imaginou novo código, digamos, L, E, G, P,

Z. A sra. Stewart ficou na cozinha com F. Rateman que servia de (PA). A sra. Y. Hales esteve presente na sala.

A decifração foi feita por F. Rateman e verificada pela sra. Hales. O sr. Rozelaar acompanhou S. G. S. em sua leitura em voz alta das adivinhações da sra. Stewart. Chamamos esse novo método de TN (telepatia em ritmo normal).

Nas folhas 1, 3, 5 e 7 (TN), a marcação foi de 60/200 e as probabilidades correspondentes contra a chance são de 2.000 para 1.

Nas folhas 2, 4, 6 e 8, em que foram usados cartões verdadeiros a marcação foi de 58/200. Quase não há diferença entre as duas marcações.

Mas a experiência de TN exclui a possibilidade de clarividência? O dr. Rhine responderia que não porque a *clarividência precógnita é* ainda uma possibilidade, pois o registro do código escrito por S. G. S., no final do bloco de 50 tentativas era um objeto físico *futuro* para a sra. Stewart. Enquanto ela estava adivinhando, digamos, o sétimo cartão, poderia ter obtido o número mostrado na abertura *por meio de clarividência no presente,* e o código *por meio de clarividência precógnita;* juntando esses dois itens em sua mente, poderia ter descoberto qual a letra pensada pelo agente na sétima tentativa. Tudo isto pode parecer muito remoto – tanto mais que a sra. Stewart não alcançou êxito algum com os testes comuns de clarividência. Podemos estar razoavelmente certos de que ela estava, em verdade, obtendo informações da mente de Rozelaar, mas o dr. Rhine ainda alegaria que a experiência, estritamente falando, não fora concludente.

O próximo passo era inventar um método que assegurasse que a mente do percipiente não avançasse no tempo futuro, por assim dizer, para fazer uso de um registro escrito ou falado.

O dr. R. H. Thouless sugeriu o uso de uma lista de números ao acaso de 1 a 5. O agente associa *mentalmente* a cada dígito um dos cinco símbolos Zener ou o nome de um animal. Antes de iniciar a experiência ele pensa em um número entre 0 e 4 inclusive, sem registrá-lo por escrito e sem anunciá-lo em voz alta. Em cada tentativa, adiciona-o ao número ao acaso de sua lista, *mentalmente,* e se a soma exceder cinco, subtrai cinco também mentalmente. O dígito resultante determina o símbolo em que pensará em cada tentativa. A decifração subsequente dos símbolos do percipiente em números deve ser feita mentalmente pelo agente sem colocar marcas junto aos êxitos. O agente também não pode hesitar nem fazer pausa ao encontrar um êxito, caso contrário pode produzir uma série objetiva de sinais de que o adivinhador se serviria por meio de clarividência precógnita. O agente guarda o número de êxitos na cabeça até o final da coluna e registra somente o total. Desnecessário dizer que o dígito somado mentalmente a cada número ao acaso nunca deve ser registrado tampouco divulgado a qualquer pessoa em tempo futuro.

A primeira objeção ao método descrito é que os resultados de uma experiência dependeriam inteiramente da exatidão e honestidade de uma única pessoa – do agente. Para a verificação independente das marcações, o número que se somou a cada dígito deve ser comunicado a outra pessoa. Transpõe-se, no entanto, facilmente essa dificuldade se o agente tem um amigo com o qual divida certas lembranças. Por exemplo, ele pode dizer a esse amigo: "O número a ser somado é dado pelo número de membros da família que você lembrará quando eu disser a palavra *nozes*". O amigo, se se lembrar do incidente, poderá responder: "Compreendo perfeitamente", ou frase semelhante que nada divulgue. Naturalmente a referência não deve dar indício algum ao adivinhador.

O mérito de uma experiência pioneira desse gênero deve ser dado a srta. Elizabeth McMahan, ([8]) do laboratório de parapsicologia da Universidade de Duke. As precauções que ela tomou para eliminar a possibilidade de clarividência precógnita foram completas, como foram também seus cuidados para evitar sussurros involuntários. Julgados simplesmente pelo desvio total, que foi somente de + 16 em uma série de 6.500 tentativas com símbolos Zener imaginados pelo agente, que foi a própria srta. McMahan, os resultados foram sem importância.

Mas a quinta e última experiência da série foi de tipo diferente das outras e deu resultados muito sugestivos da operação de telepatia. Os pacientes dessa experiência haviam sido previamente divididos em dois grupos, A e B. No grupo A estavam os que haviam marcado acima do nível da chance em um teste anterior de clarividência e que foram considerados "expansivos" de acordo com a técnica de Elkisch (*) e classificados como psicologicamente "seguros" pelo teste de Maslow. No grupo B estavam os que, no mesmo teste de clarividência, fizeram marcações baixas, eram "concisos" e psicologicamente "inseguros". Como fora descoberto que os "expansivos" com o tempo podem mudar para "concisos", a srta. McMahan examinou de novo seus pacientes quanto a essas duas características e fez as modificações necessárias na composição dos grupos A e B.

(*) V, 8.

No novo teste de telepatia descobriu-se que 700 tentativas feitas pelo grupo A deram um desvio *negativo* de 14, enquanto que as 1.000 tentativas feitas pelo grupo B mostraram um desvio *positivo* de 34. As probabilidades contra a existência de uma diferença tão marcante entre os dois grupos é cerca de 300 para 1.

Quando se combina o resultado dessa última experiência com o das quatro primeiras, um teste do quadrado de que mostra que as probabilidades contra a ocorrência pela chance de tão alto valor para a soma dos cinco valores são cerca de cem para 1. O valor, no entanto, é quase que inteiramente devido ao êxito da quinta experiência. É interessante notar que o grupo A, que marcara *acima* do nível da chance, no teste de clarividência, deu um desvio negativo no teste de telepatia pura. Isso está de acordo com as descobertas da dra. Humphrey em seu trabalho sobre os "expansivos" e "concisos".

A experiência da srta. McMahan, conquanto fosse sugestiva, está longe de ser concludente. Isso era de se esperar porque ela trabalhou com pessoas que possuíam fracos poderes de percepção extrassensorial ou nenhum. Pareceu-nos valer a pena fazer experiência semelhante com a sra. Stewart, nossa paciente de marcações altas.

Descrição da Experiência

Como nosso objetivo principal era eliminar a clarividência pre- cógnita, cumpria disfarçar alguns detalhes do código, sem o que poderíamos prejudicar tudo. Acontece que F. Bateman e S. G. S. haviam pertencido a certa sociedade. Dos membros da sociedade que mencionaremos abaixo temos a certeza de que a sra. Stewart nada sabia. Entre os membros de destaque havia cinco homens, quatro dos quais bem conhecidos de F. Bateman e S. G. S. e o outro somente de S. G. S. Os cinco homens foram comparados por S. G. S. – devido a certas características físicas e mentais muito marcantes – aos cinco animais usados nas experiências. S. G. S. sabia sem dúvida alguma que F. Bateman, como agente, fazendo uso de alusões veladas, poderia identificar facilmente quatro dos homens e descobrir o outro pelo processo de eliminação.

Em agosto de 1946, S. G. S. mandou a F. Bateman um pacote contendo cópia de um artigo do dr. Bhine, ([8]) "Reconsideram-se a Telepatia e a

Clarividência", juntamente com os comentários publicados pelo professor Broad, dr. Thouless e outros. (7) O pacote continha também um envelope selado. S. G. S. pediu a F. Bateman para estudar cuidadosamente os artigos impressos sobre a eliminação da clarividência antes de abrir o envelope. Neste havia uma lista de cinco nomes, cada um tendo conexão com o sobrenome de um dos cinco homens; a ordem dos nomes foi feita ao acaso. Os sobrenomes verdadeiros ficariam assim disfarçados, mas de maneira que Bateman pudesse reconhecê-los. Para dar um exemplo fictício, o sr. Rosa poderia ser chamado de sr. Flor. Não se fez menção da sociedade a que os homens pertenciam.

Em uma folha separada de papel havia indicações veladas sobre os hábitos dos representantes humanos dos animais. Por exemplo: "Este pelicano adorava esportes aquáticos." A ordem de indicação para os quatro animais também fora feita ao acaso. Bateman devia identificar o quinto animal por eliminação. Quando identificasse os cinco deveria ter o cuidado de não fazer registro algum por escrito e nada mencionar a outras pessoas até mesmo aos membros de sua família. Enviaria depois uma breve nota a S. G. S. dizendo: "Fui coroado de êxito" ou algo semelhante.

Alguns dias depois de ter enviado o pacote, S. G. S. recebeu um bilhete de Bateman dizendo que tinha certeza quanto a suas adivinhações e que o processo o divertira, sem acrescentar mais detalhes.

Pouco antes da experiência S. G. S. imprimira a tinta em cinco cartões em branco as letras iniciais ou as primeiras duas letras dos sobrenomes dos cinco homens. Esses cartões foram substituídos pelos cartões comuns dos "animais" nas experiências que se realizaram nas três primeiras sessões feitas no outono de 1946.

Foi somente usada a técnica de TTN (30) e esse tipo de teste foi chamado de TTN (30) E, a letra E significando *eliminação* da clarividência.

No início de cada teste de TTN (30) E, a sra. Stewart nada ficou sabendo sobre a natureza especial da experiência; deixamo-la acreditar que estávamos fazendo uma experiência de TTN (30) com um único agente. Ela também não ficou sabendo que cartões com as iniciais dos nomes dos homens estavam sendo empregados ao invés das iniciais dos *cinco* animais.

Na primeira experiência feita em 10 de outubro de 1946 a sra. Stewart permaneceu na cozinha com o sr. Rozelaar que trabalhou como (AP). A sra. Y. Hales, como (TK), ficou na sala sentada onde não pudesse enxergar o agente nem os cartões dentro da caixa. F. Bateman foi agente nas folhas 1-8 e S. G. S. (PA).

Como sempre acontecia, nos testes de TNT (30), o agente olhou para os cartões durante 30 segundos e depois virou-os para baixo. Em seguida tocou os cartões indicados pelos números ao acaso, mostrados na abertura do biombo.

Quando terminaram as 400 adivinhações, a sra. Stewart e os outros membros do grupo ficaram sabendo por S. G. S. que fora uma experiência especial, que requeria um método diferente de verificação, mas nada além disso. Bateman recebeu as oito folhas de números ao acaso, de 1 a 5, bem como as oito folhas em que a sra. Stewart fizera suas adivinhações nas iniciais E, G, L, P e Z dos nomes dos cinco animais. Bateman foi para o vestíbulo com S. G. S. onde verificou mentalmente as adivinhações da sra. Stewart com a lista de números ao acaso, fazendo uso do código que fora registrado na folha por S. G. S. da maneira comum. Bateman nada escreveu na folha de números ao acaso exceto o total de êxitos para cada coluna. Os êxitos de deslocamento foram ignorados. No entanto, na primeira sessão Bateman fez ligeiros movimentos com os dedos para ajudá-lo na contagem dos êxitos. Nas duas sessões seguintes, dedicadas aos testes, Bateman não fez movimento com os dedos. Não foram feitos sinais a margem dos êxitos.

S. G. S. levou depois todas as folhas para casa, verificou novamente a decifração e a contagem, usando o mesmo método laborioso. Os totais para cada quatro colunas entre dezesseis diferiram ligeiramente dos fornecidos por Bateman. As folhas em que havia discordância foram enviadas de volta a Bateman pelo correio que fez então nova verificação de decifração e contagem.

Na segunda sessão, em 21 de outubro de 1946, somente as folhas 5-8 foram dedicadas a TTN (30) E. A sra. Stewart permaneceu novamente na cozinha com o sr. R. Devereux agindo como (AP). A sra. Y. Hales, na sala, atuou como (TK). O sr. David Makgill ficou lendo na sala, não tomou parte na experiência. F. Bateman foi mais uma vez o agente e S. G. S. (PA).

F. Bateman e S. G. S. retiraram-se para o vestíbulo no final da folha 8 e, como antes, Bateman decifrou as adivinhações e contou os êxitos mentalmente, nada escrevendo nas folhas de números ao acaso exceto a marcação total para cada coluna.

Nessa ocasião, tendo sido avisado, Bateman teve o cuidado de não fazer movimentos com os dedos. O processo foi depois verificado por S. G. S. que usou os mesmos métodos e, dessa vez, houve perfeita concordância em todas as colunas.

A sessão 30, em 4 de novembro de 1948, foi também inteiramente dedicada a TTN (30) E. Dessa vez o sr. Rozelaar foi (AP), ficando na cozinha com a sra. Stewart. Como antes, F. Bateman fez a primeira decifração e contagem de êxitos no vestíbulo. S. G. S. que foi observá-lo não descobriu movimentos de dedos nem outra indicação de que um êxito estava sendo contado. Os resultados foram verificados independentemente por S. G. S., e três colunas, em dezesseis delas, mostraram totais diferentes. Foram decifradas e contadas novamente por F. Bateman e alcançou-se concordância. Durante essa sessão o sr. Rozelaar conversou com a sra. Stewart para distrair sua atenção enquanto ela anotava as adivinhações. Pensou-se que a distração daria marcações melhores. Essa foi a primeira ocasião em que um pesquisador deliberadamente procurou desviar a atenção de um percipiente.

Cumpre finalmente notar que, ao fim da última folha de TTN (30) E, S. G. S. sempre recolhia da caixa os cinco cartões com os nomes dos homens e colocava-os em seu bolso. Nunca os cartões eram deixados na casa.

Depois que fora atingida a concordância entre Bateman e S. G. S., as marcações das três experiências foram as seguintes (I) 112/400, (II) 53/200 e (III) 127/400.

Nas três sessões, números 28, 29 e 30, a marcação total foi de 292/1.000. Isso corresponde à média de 7.3 êxitos diretos por 25 tentativas feitas em 1.000 tentativas ou 40 sequências. O excesso sobre a expectativa de chance é de 92, e as probabilidades contra a existência de tal desvio pela chance são mais de 10^{11} para 1.

Deveria ser observado que a marcação mais alta foi feita na última ocasião depois que F. Bateman controlara seus movimentos a fim de suprimir sinais objetivos de que se notara um êxito. Sem dúvida a última marcação é a mais alta que a sra. Stewart fez durante o decorrer de nossas experiências com ela.

Não parece desarrazoado supor que as possibilidades de clarividência contemporânea e precógnita foram excluídas nesse teste e que a fonte de informações obtidas pela sra. Stewart foi a mente consciente ou inconsciente de Bateman.

Posição da Telepatia

Frederick Myers ([13]) julgava ser a telepatia uma comunicação direta entre uma mente e outra, mas hoje em dia não estamos tão certos de que haja uma entidade chamada mente que possa funcionar como unidade isolada do cérebro. As últimas pesquisas em fisiologia do cérebro ensinam-nos que os processos mentais que resultam da consciência são acompanhados por padrões complexos de impulsos elétricos que irradiam através de vasta rede de fibras dentro do córtex cerebral. Por meio do eletroencefalograma podem-se perceber mudanças características no ritmo desses impulsos quando uma pessoa faz, digamos, um problema de aritmética mental. Quando o problema é resolvido, os ritmos normais são restaurados. No entanto, ainda estamos longe de qualquer prova que exista uma correspondência una entre padrões no cérebro e pensamentos específicos. Atualmente ninguém poderia deduzir que uma pessoa está pensando, por exemplo, em Snowdon, por meio da inspeção de um eletroencefalograma. Também não existem boas razões para imaginar que, quando duas pessoas meditam sobre a prova do teorema de Pitágoras, os circuitos traçados pelos distúrbios elétricos em seus cérebros sejam semelhantes mesmo que remotamente.

Sabemos que na percepção dos sentidos o aparecimento de padrões mentais é acompanhado pelo disparo de neurônios na rede cortical. Não é apropriado usar linguagem causal aqui porque nossas noções de causa são derivadas da atuação de um sistema físico sobre outro. Eventos causais são expressos na linguagem de equações diferenciais de espaço-tempo. Mas uma experiência mental e um acontecimento físico, tais como um impulso elétrico no cérebro, pertencem a ordens diferentes de existência que não podem agir entre si. Um padrão mental é essencialmente qualificativo e não quantitativo como fenômeno físico. Não podemos imaginar nenhuma linguagem em que interação entre ambos possa ser descrita. Tudo que podemos dizer é que a experiência mental e a atividade cortical são correlatas e essa correlação parece ser um dos fatos irredutíveis da natureza que desafiam qualquer análise. Apresentamos no Capítulo XX alguns argumentos contra a hipótese de que haja isoformismo rígido entre acontecimentos mentais e corticais. No entanto, pelo menos na percepção dos sentidos, a correspondência deve ser bastante completa sem o que o caos reinaria em nossas vidas.

Thouless e Wiesner([11]) sugeriram que a percepção dos sentidos é um caso universalmente familiar, embora especial, de correlação entre padrões mentais e eventos físicos que ocorrem em casos de clarividência. Existe esta diferença: a percepção dos sentidos passa através do sistema nervoso enquanto que na clarividência o sistema nervoso é dispensado. Mas a correlação é tão difícil de explicar em um caso quanto no outro. Se essa teoria é verdadeira, significa que é inútil procurar um mecanismo capaz de explicar a clarividência. Mesmo que consigamos postular um mecanismo físico ou mental, chegaremos no fim à divisão intransponível entre o mental e o material.

Além disso, como a percepção dos sentidos, a clarividência é um meio não-ilativo de obter conhecimento sobre eventos físicos. Recolhemos informações úteis sobre o mundo exterior sem saber o que se passa em nossos cérebros.

Mas Thouless e Wiesner ([11]) também sugeriram que a telepatia pode ser um caso particular de clarividência e não uma correlação direta de estados mentais.

Assim como eu tenho padrões mentais que correspondem a meus próprios estados cerebrais, posso, em certas ocasiões, receber padrões mentais que estão em relação com a atividade cerebral de outra pessoa. Em outras palavras, a clarividência não-ilativa pode estar operando e seu objetivo pode ser um cérebro estranho.

Se isso for uma possibilidade, significa que as experiências descritas neste Capítulo, feitas para eliminar a clarividência, não eliminam de fato uma espécie particular de clarividência.

Se PQ é um fato na natureza, apresentam-se outras possibilidades. Os padrões mentais do agente podem excitar neurões no cérebro do paciente e as imagens correspondentes podem ser semelhantes is do agente. Isso pode ser considerado improvável, mas pelo menos é uma possibilidade.

Para mencionarmos uma possibilidade ainda mais remota, os padrões mentais do agente poderiam ativar seu próprio córtex e essa excitação poderia ser acompanhada por padrões semelhantes na mente do *percipiente.*

Tanto quanto sabemos essas teorias não poderiam ser testadas por meio de experiências.

Embora não tenhamos conhecimento algum da maneira pela qual os processos mentais de A possam afetar os de B sem o uso de canais comuns de comunicação sensorial, consideramos útil reter o termo *telepatia* para cobrir todos os casos em que A obtém conhecimento extrassensorial do conteúdo mental de B, que não possa ser explicado pela ideia de que A tenha acesso paranormal a algum registro objetivo no tempo passado, presente ou futuro.

Tem-se que admitir que muitos casos mediúnicos sugerem a operação de telepatia em vez de clarividência.

Um bom exemplo é o caso de *John Ferguson,* (*) registrado por S. G. S. em 1921 e publicado em *Proceedings* da Sociedade, vol. XXXV, 1926, p. 523. Em suas sessões com o médium sra. Branche Cooper, realizadas no começo de novembro de 1921, manifestou-se um comunicante que deu o nome de John Ferguson; declarou ter conexão com um endereço em *"Westcott" Road,* na cidade de Brentwood (Essex). S. G. S. jamais visitara Brentwood, embora houvesse passado de trem pela estação quase diariamente durante muitos anos. Em outras sessões com o mesmo médium "John Ferguson" disse que morrera de um resfriado contraído num acidente de barco em 3 de março de 1912, à idade de 33 anos. Mencionou também que tinha um irmão, Jim, dez anos mais moço do que ele, que ainda vivia. Descreveu uma casa em Brentwood situada em uma rua com árvores dos dois lados, cujo nome começava por H. As casas dessa rua eram bem grandes, com portões pintados de vermelho escuro. A família que lá vivia gostava de música e criava aves. Depois da sessão em que "Jim" foi mencionado, S. G. S. subitamente lembrou-se de que, quando tinha 13 anos, conhecera um rapaz de sua idade e de sua classe, na Southendon-Sea High School, cujo nome era Jimmy Ferguson. S. G. S. pouco sabia da família de Jimmy, exceto que o pai era professor do Exército em Shoeburyness, sem jamais ter tido conhecimento de um irmão chamado John. Uma comparação de idades e datas convenceu S. G. S. de que não era impossível o Jimmy Ferguson da sessão ser o mesmo que ele conhecera. Na sessão seguinte essas conjeturas foram surpreendentemente confirmadas pelo "guia" do médium, "Nada", e pelo próprio John Ferguson. Este informou que o pai não era um soldado, mas costumava auxiliar soldados com "mapas e bússolas". "Nada" identificou Shoeburyiness dizendo "Bum, bum... Faz um barulho como grandes canhões... O barulho podia quebrar todas as vidraças. Grandes canhões no mar. Como artilheiro na Primeira Guerra Mundial, S. G. S. bem sabia que os deveres de um professor do Exército incluíam preleções sobre leitura de mapas e o uso de bússola prismática. Desde então S. G. S. ficou certo de que estava na pista do John Ferguson que conhecera em Southend.

(*) VI, 4.

Uma ou duas semanas depois, em 28 de novembro, S. G. S. visitou Brentwood pela primeira vez e descobriu que havia a cerca de uma milha do centro da cidade uma avenida chamada Highland Avenue em que grandes casas rodeadas de jardins tinham portões pintados de vermelho escuro. Ali perto, no sopé de uma colina avia uma rua de casas de operários chamada Warescott Road (pronuncia-se *Wesscott Road).* S. G. S., entretanto, nessa ocasião não fez indagações em Brentwood a respeito de John Ferguson. Começou a imaginar qual seria a conexão entre as duas ruas. Na sessão seguinte "John Ferguson" disse que já era capaz de dar o nome da rua que começava com H e enunciou o nome *Highland* que foi ouvido claramente por S. G. S. e pelo sr. A. L. Gregson que se achava presente. S. G. S. perguntou qual era a ligação entre Warescott Road e Highland Avenue. Responderam-lhe: "Pergunte por Ethel. Ethel é o elo."

Depois de meditar alguns dias, S. G. S. conjeturou que "Ethel" era provavelmente uma empregada que trabalhava em uma das grandes casas da Highland Avenue, mas que vivia com a família em uma pequena casa de Warescott Road. Na seção seguinte "John Ferguson", falando como sempre concisamente, tartamudeou as palavras: "Ethel Lloyd... Jovem de Warescott Road... Empregada da família em Highlands... Ia lá ajudar todos os dias", etc. Outro detalhe dado foi a existência de dois lampiões de gás diferentes no topo de Warescott Road, que haviam sido notados por S. G. S. em sua visita.

Em 12 de dezembro de 1921, S. G. S. que já estava ficando cansado do caso fez uma segunda visita a Brentwood e soube pelo agente do correio que nenhum John Fergunson morara na Highland Avenue, pelo menos naqueles últimos dez anos; isso foi confirmado por uma visita ao registro civil. Parecia não haver Fergusons ligados a Brentwood. Contudo, por curiosidade, S. G. S. visitou novamente a Highland Avenue e notou o nome de uma das casas – "Paglesham" – que estava vazia. Esse era o nome de uma aldeia de pescadores que ficava a poucas milhas de Southend, muito conhecida dele. Consultando um velho guia de Brentwood, S. G. S. descobriu que a casa fora ocupada em 1914 por certo "capitão Shoesmith" (pseudônimo) da Reserva da Marinha Real. Na sessão seguinte S. G. S. acusou "Ferguson" de não ter dito a verdade sobre o fato de ter vivido em Brentwood, mas "Ferguson" habilmente negou ter empregado as palavras "vivido ali" afirmando ter falado "pergunte em Brentwood". Disse que ele e seu irmão Jim haviam visitado um amigo em Highland Avenue, com o qual faziam sessões de música como amadores.

Um pouco mais tarde "Ferguson" informou que esse amigo era um "homem da marinha", confirmando outra conjetura de S. G. S. de que John Ferguson pudesse ter encontrado "Shoesmith" em Shoeburyness, pois a Marinha trabalha em colaboração com a Defesa Costeira.

Melhor ainda, foi dado o nome de "Shoeshine" – uma aproximação de "Shoesmith". Quando S. G. S. exigiu que dissesse o nome da casa de Shoeshine, a voz respondeu: "É onde a primavera cresce nos bancos de conchas." Isso era muito extraordinário porque S. G. S. vira frequentemente os bancos de conchas em Paglesham e o próprio nome significa "prado de primaveras". S. G. S. sempre imaginara onde pudessem crescer as primaveras, embora encontrasse muitas conchas nos bancos deixados em seco pela maré vazante.

S. G. S. enviou uma carta ao antigo endereço do capitão Shoesmith, em Highland Avenue. Nessa carta fez ligeira descrição das sessões e perguntou ao capitão se ele podia dar alguma indicação. No devido tempo, o capitão respondeu de Plymouth dizendo que jamais conhecera John Ferguson e que aqueles detalhes nada significavam para ele.

"John Ferguson" que insistia ter passado alguns anos em Pol- lockshields, Glasgow, trabalhando com seu irmão Jim como engenheiro, declarou depois de muitas perguntas que estava enterrado em um grande cemitério perto da cidade. S. G. S. comprou um mapa de Glasgow e descobriu que havia uns catorze cemitérios na cidade e seus arredores. Os dois mais próximos a Pollockshields chamavam-se "Janefield Street" e "South Necropolis". Uns dois dias depois de ter comprado o mapa, S. G. S. teve outra sessão com a sra. Cooper durante a qual perguntou novamente a "Ferguson" o nome do cemitério. A princípio este último não foi capaz de dá-lo, passados uns minutos, quando S. G. S. já não estava retendo mentalmente os nomes "Janefield Street" e "South Necropolis", o comunicante anunciou: "South Necrop".

S. G. S. escreveu ao zelador do cemitério pedindo-lhe que fizesse uma lista de todos os John Fergusons que lá haviam sido enterrados desde o ano de 1890, com as datas do falecimento, e notar particularmente se alguma criança chamada Amy Ferguson estava enterrada na mesma cova. "John Ferguson" dissera numa das primeiras sessões que tivera uma filha, Amy, que morrera aos cinco anos, e que tanto ele como ela estavam na mesma cova. Quando a lista chegou, parecia que os John Fergusons em "South Necropolis" eram mais numerosos do que as amoras no outono, mas não havia homem desse nome que morrera em 3 de março de 1912 e nenhuma Amy Ferguson. S. G. S. jamais identificou o "John Ferguson" das sessões e tampouco foi capaz de descobrir o paradeiro de Jimmy Ferguson que conhecera na escola.

À parte o mistério de o médium obter o nome de uma rua obscura de Brentwood e o que depois provou ser uma descrição correta da Highland Avenue, a interpretação mais satisfatória desse caso extraordinário é supor que foi uma composição conjunta no nível subconsciente da mente da sra. Cooper e da de S. G. S. A clarividência por parte da sra. Cooper não é uma hipótese satisfatória porque S. G. S. não falou em voz alta e só escreveu suas conjeturas depois de elas terem sido verificadas pelo médium em uma sessão subsequente. Até mesmo a clarividência precógnita é improvável porque se não houvesse nenhuma confirmação das coisas que imaginara a respeito de John Ferguson, S. G. S. certamente não se daria ao trabalho de fazer registros ou mencioná-lo: a alguém. Por conseguinte, a conjetura tinha que estar "certa" antes mesmo de poder tornar-se o alvo de clarividência precógnita.

A colaboração telepática teve enorme êxito porque S. G. S. durante algum tempo, pelo menos, acreditou sinceramente que a entidade comunicante era, na realidade, o irmão do jovem que conhecera na escola. S. G. S. estava, na ocasião, ansioso por obter uma comunicação "espírita" genuína que não pudesse ser explicada como um caso de telepatia de sua própria mente. O caso "Ferguson" – se eventualmente provasse estar baseado em fatos – forneceria justamente a espécie de testemunho de que ele precisava, pois, muitos detalhes dados pelo comunicante estavam realmente fora do conteúdo da memória de S. G. S. A mente subconsciente da sra. Cooper estava sem dúvida ansiosa por fornecer o tipo de caso pedido por S. G. S. Evidentemente, se o que se revelou nas sessões não podia ser comprovado, S. G. S. havia de perder interesse. A pequena chama de interesse na mente do pesquisador não devia apagar-se por falta de combustível. O pouco fluido fornecido pelo médium consistiu de suas confirmações de conjeturas sucessivas feitas pelo pesquisador. Cada confirmação assegurava-o de que afinal estava na pista certa. Tanto o médium quanto o pesquisador tinham fortes motivos para continuar o jogo telepático o mais tempo possível.

O caso é uma mina de provas, todas tentando mostrar que os nomes e incidentes dados pela sra. Cooper, quando não eram puras invenções do médium, tinham sua fonte principal na mente do pesquisador. Assim o nome do cemitério, o da casa em Highland Avenue, o do "amigo" de Ferguson e até mesmo o nome "Highland" não foram apresentados antes de S. G. S. adquirir a informação.

Depois de rompida a bolha, quando ficou claro para a mente de S. G. S. que John Ferguson aparentemente não era "espírito", mas simplesmente invenção do inconsciente, ele desapareceu tão subitamente como aparecera. Semana após semana aparecera, forte e confiante, em cada sessão, nunca fazendo declarações contrárias is anteriores. Tinha uma resposta sutil pronta para qualquer tentativa de confundi-lo. O objetivo de toda essa colaboração subconsciente era claramente enganar a mente *consciente* do pesquisador. Quando afinal isso se tomou impossível "John Ferguson" desabou imediatamente como um fraco e confuso fantasma.

Durante essa série de sessões S. G. S. notou repetidamente que os nomes dados pela sra. Cooper raramente vinham nos momentos em que o pesquisador os estava retendo conscientemente. O nome era geralmente dado quando ele estava pensando em algo bem diferente e se achava desprevenido. Isso apoiaria a crença de que os complexos da mente do pesquisador são mais facilmente transmitidos quando permanecem no subconsciente. Possivelmente, ao tornarem-se conscientes as ideias perdem a energia potencial que deveria ser gasta ao passarem para outra mente.

Ehrenwald, (*) em sua exposição sobre telepatia e deterioração esquizofrênica, parece ter chegado a conclusão semelhante. Ele escreveu: "Salientei que as condições para a origem da telepatia estão além do controle do pesquisador. Elas podem ocorrer quando ele está distraído e não preparado para dar-lhes a atenção necessária. Por outro lado, o fenômeno deixará de materializar-se quando a atenção estiver concentrada nelas. Esse comportamento peculiar e enganoso dos eventos telepáticos é especialmente marcante em pacientes esquizofrênicos sob condições clínicas, e quem esperar encontrá-los em sua ronda diária no hospital, como rotina, poderá ficar muito desapontado."

Existem vários outros casos notáveis descritos pelo dr. Osty em que um percipiente não obtém sucesso para descobrir os fatos objetivos sobre uma joia perdida, ou um parente desaparecido, que seu cliente procu-

(*) V, 7.

ra tão ansiosamente, mas simplesmente um reflexo das crenças secretas e conjeturas do próprio cliente quanto ao que aconteceu.

Seria verdadeiro dizer que os médiuns profissionais e os clarividentes em 90 por cento dos casos "leem" a mente de seus clientes e muito raramente lhes dizem algo que não conheçam ou que não esteja em sua memória. No estudo dos médiuns é a telepatia que força a atenção; a clarividência verdadeira é uma faculdade muito mais rara.

Talvez seja uma pena que o dr. Rhine tenha tido pouca ou nenhuma experiência com percipientes psíquicos de alto nível antes de iniciar seu trabalho com os cartões Zener. Ele poderia ter sentido a força do caso da telepatia em uma perspectiva mais verdadeira.

Shackleton e Telepatia

Há poucas dúvidas de que a telepatia vinda do agente seja a interpretação mais plausível assim como a mais simples das experiências de Shackleton. O dr. Rhine, ([5]) no entanto, discordou a esse respeito. Sua primeira sugestão foi que Shackleton podia ter falhado nos testes de clarividência (Capítulo X) porque estava inibido por sua própria crença de que a clarividência era impossível. Mas quando foi observado pelos que assistiram is experiências que Shackleton tinham tanta confiança na clarividência quanto na telepatia, o dr. Rhine acertadamente abandonou sua afirmação. De fato, Shackleton e os pesquisadores não favoreciam a telepatia. K. M. G. e S. G. S. estão convictos de que Shackleton teria certeza de êxito em qualquer experiência paranormal por mais desanimadora que pudesse parecer a outros. Ele tentou experiências com a máquina de clarividência do sr. Denys Parsons com o mesmo entusiasmo que mostrara nos testes anteriores com S. G. S., mas sem êxito.

O dr. Rhine([6]) sugeriu então que em nossos testes comuns de clarividência deveria ter faltado algum elemento pessoal que fosse vital para o êxito. Isto é, pensou que a presença de um agente que olhasse para os cartões talvez fosse, no caso de Shackleton, uma condição indispensável. O argumento parece-nos algo artificial. Mesmo nas experiências de clarividência o agente ficava em sua posição usual na frente dos cartões; tocava as costas dos cartões quando os números ao acaso eram mostrados na abertura. A única diferença era que o agente não conhecia a ordem das cinco figuras de animais.

Além disso, se Shackleton estava obtendo êxito por meio de clarividência, nas experiências em que o agente olhava para os cartões, por que obteria êxito com apenas três agentes entre cerca de uma dúzia?

Vimos que, ao substituirmos o primeiro agente, srta. Rita Elliott, por outro novo agente, sr. J. Aldred, todo o caráter de deslocamento mudou bruscamente. Com a srta. Elliott, Shackleton marcava significativamente só nos cartões (+1) ou (+2) enquanto que com o sr. Aldred marcava igualmente bem nos cartões (–1) e (–2). Somente esse fato salienta a parte representada pela personalidade do agente, apoiando a teoria telepática de que a mente do agente e não as figuras dos cartões era a verdadeira fonte das informações de Shackleton.

É um obstáculo formidável para a hipótese do sr. Spencer Rrown de que a percepção extrassensorial é devida a um defeito até então desconhecido da teoria da probabilidade. Se o sr. Brown houvesse apresentado essa hipótese um quarto de século atrás, ela poderia ser digna de séria atenção. Mas a percepção extrassensorial já não é mero efeito de importância marginal. Tem havido tantos pacientes de valor que produziram persistentemente marcações altas durante longos períodos, e tantos casos em que mudanças de condições físicas ou psicológicas da experiência foram acompanhadas de mudanças consistentes na média ou caráter da marcação que não é possível atribuir percepção extrassensorial a qualquer espécie de processo estatístico.

CAPÍTULO XVI

Experiências a Longa Distância

As experiências de telepatia em que o agente e o percipiente ficam separados por centenas de milhas não têm alcançado êxito apreciável. Provavelmente devido a causas psicológicas. O adivinhador pode sentir que está isolado e fora do alcance do agente ou que perdeu a sensação de "rapport". Isso é especialmente verdadeiro quando ele precisa esperar vários dias antes de saber o resultado do teste. George Zirkle, um dos mais brilhantes pacientes do dr. Rhine, em telepatia pura, confessou, quando estava tentando um teste à distância de 165 milhas com a srta. Sarah Ownbey, que sua sensação costumeira de "rapport" com essa senhorita desaparecera completamente. Zirkle sentiu que não teria êxito e os resultados justificaram seu pessimismo.

No entanto, no verão de 1933, um dos pacientes do dr. Rhine, srta. May Turner, (*) fez três marcações extraordinárias em uma experiência de telepatia pura com a srta. Ownbey, 250 milhas distante. A srta. Turner, no lago Janaluska, combinara adivinhar símbolos Zener pensados pela srta. Ownbey, que permaneceria em Durham, Carolina do Norte. Não foram usados cartões verdadeiros, e o agente escolheu os símbolos mentalmente em grupos de cinco, concentrando-se em cada símbolo durante cinco minutos. Quando o grupo de cinco símbolos era "transmitido", ela registrava-o por escrito e formava outro grupo em sua cabeça. Os pesquisadores, que sincronizaram seus relógios, concordaram em fazer 25 tentativas em hora especificada durante oito dias. Combinaram que o agente e a paciente mandariam seus registros ao dr. Rhine diariamente, mas infelizmente parece ter havido um mal-entendido. A srta. Ownbey enviou sua lista de símbolos ao dr. Rhine sem demora, ao passo que a srta. Turner enviou

(*) III, I, 2.

suas adivinhações dos três primeiros dias à srta. Ownbey. As marcações dessa sequência foram fenomenais: 19, 16 e 16. Devemos salientar que a srta. Ownbey só recebeu a lista de adivinhações da srta. Turner depois de remeter seus próprios registros ao dr. Rhine. E quando ela deu ao dr. Rhine as listas recebidas da srta. Turner, essas listas haviam sido feitas, sem dúvida alguma, na caligrafia da última e com sua própria tinta, contendo além disso informações adicionais também na caligrafia da srta. Turner. Por conseguinte, como a srta. Ownbey despachou seus registros antes de receber os da srta. Turner, devemos aceitar os resultados da experiência ou imaginar que ambas estavam em conluio.

A srta. Ownbey era, na época, assistente que gozava de excelente reputação no departamento de psicologia da Universidade de Duke; não é comum uma jovem dessa categoria falsificar experiências no início de sua carreira.

Depois da terceira sessão, a srta. Turner enviou seus registros ao dr. Rhine, mas infelizmente as marcações subsequentes de 7, 7, 8, 6 e 2 não têm significação. Nas últimas cinco sequências o intervalo entre símbolos sucessivos foi reduzido de cinco para três minutos, mas parece não ter havido mudanças óbvias nas condições dos testes.

Um mês depois organizou-se uma segunda série de experiências de telepatia pura, ficando as srtas. Ownbey e Turner separadas por uma distância de 300 milhas.

As marcações das cinco sequências não foram muito diferentes do que a chance poderia produzir, sendo 6, 4, 6, 3 e 5.

As listas detalhadas dos símbolos usados pelo agente nessas experiências foram publicadas^[1]) as verificações empíricas não revelam indicações de que as pesquisadoras tivessem preferências mentais semelhantes na disposição de seus grupos de cinco símbolos.

As marcações muito altas obtidas nas três primeiras sequências da experiência de Janaluska continuam sendo um mistério. Dificilmente poder-se-ia atribuir ao acaso esse evento.

Convém notar que o professor Gardner Murphy ([2],[3]) registrou um caso semelhante. Uma aluna do Hunter College, chamada Lillian Levine, visitou a Sociedade Americana de Pesquisas Psíquicas, em Nova York, a fim de tomar parte em testes com cartões Zener. Numa sala, ficou sentada a sra. Laura Dale com maços de cartões que haviam sido preparados por meio de tabelas de números e com ela permaneceu o dr. Ernest Taves, que testemunhou a experiência. A srta. Levine ficou em outra sala em frente de um aparelho de sinalização com cinco chaves. Enquanto a sra. Dale expunha os cartões um a um, a adivinhadora pressionava uma chave que indicava aos pesquisadores, em outra sala, qual dos símbolos ela escolhera.

Numa sequência de 25, a sra. Levine acertou em cheio os primeiros 15 cartões, e as probabilidades contra esse resultado ser devido à chance são de trinta bilhões para um (*) Nada mais houve de extraordinário nas adivinhações da srta. Levine além dessa única sequência.

A paciente passou por um exame psicológico para determinar seus sentimentos e atitude mental enquanto fazia essa notável sequência, mas pouca coisa de interesse foi revelada. De acordo com a descrição que fez, viu cruzes e ondas nas protuberâncias do aquecedor e nos desenhos do tapete, assim como uma pessoa vê rostos nas chamas ou visões no cristal, embora ela não estivesse em estado de transe ou em profunda abstração. Ela também fez um teste Rorschach de borrões de tinta, mas nada diferente foi descoberto sobre suas motivações ou inibições pessoais. Nada se descobriu sobre o que sucedera à srta. Levine naqueles poucos momentos, mas quem pode duvidar que alguma mudança em sua orientação mental havia ocorrido sem que ela fosse capaz de descrever ou lembrar?

Pode ser, como sugeriu o professor Gardner Murphy ([3]) que a percepção extrassensorial não seja primariamente uma função da personalidade individual, mas algo que emerge essencialmente de uma relação intrapessoal. Isso quer dizer que ela resulta de relações peculiares que existem no nível subconsciente entre as personalidades do percipiente, do agente e dos pesquisadores. Pode ser que, a menos que o grupo com o qual o percipiente está trabalhando favoreça o desenvolvimento da espécie certa de relações intrapessoais, a percepção extrassensorial não se manifesta. Depois que se estabelecem essas relações provavelmente será inútil afastar o paciente desse ambiente intrapessoal, colocá-lo entre estranhos e ainda esperar que a percepção extrassensorial funcione como antes. Assim é possível que a srta. Turner, à semelhança da srta. Levine, conseguiu estabelecer, durante curto prazo, contato subconsciente com o agente que estava mais próximo e era mais vital que as relações normais de cada dia.

(*) Ao usarmos uma fórmula dada em "Teoria de Probabilidades e sua Aplicação", de W. Feller, (página 267), descobrimos que a probabilidade de obter uma sequência de 15 êxitos em qualquer ponto de uma sequência de 25 tentativas é de 2.9 X $1O^{-10}$.

Em uma terceira série de treze sequências feitas em agosto e setembro de 1933, a srta. Ownbey foi agente e George Zirkle o paciente; os dois ficaram separados por uma distância de 165 milhas. Empregou-se novamente o método de telepatia pura descrito acima, e fez-se, em cada dia, tão somente uma sequência de 25 tentativas. Ainda uma vez a experiência malogrou. As 325 tentativas apresentaram 72 êxitos que representam apenas 7 êxitos acima da expectativa.

As Experiências Zagreb-Durham (4)

O dr. Karl Marchesi, médico residente em Zagreb, Iugoslávia, comunicou ao dr. Rhine, no ano de 1939, os resultados de alguns testes de clarividência em que ele mesmo fora o paciente. Nos testes os maços foram adivinhados de cima para baixo, com o adivinhador a uma distância de dez pés dos cartões.

Uma série de 5.000 tentativas com a técnica DT deu um excesso de êxitos acima da chance de 279, equivalente a 9.86 desvios-padrões. Rhine ficou tão impressionado com a tremenda importância desses resultados que combinou com o dr. Marchesi que adivinhasse em Zagreb a ordem de maços de cartões organizada na Universidade de Duke, a umas 4.000 milhas distante. Provavelmente essa foi a experiência de clarividência na maior distância.

Cada experiência consistiu de dez sequências de 25 adivinhações, e na preparação os pesquisadores da Universidade de Duke, no dia anterior ao teste, embaralhavam cuidadosamente dez maços de cartões Zener, colocando-os em caixas. As dez caixas eram colocadas em ordem ao longo de uma da linha norte-sul de sorte que o maço n.° 1 ficasse na ponta sul da linha. Os maços estavam em posição às 5 horas da tarde, hora local, no dia anterior à experiência, e ficavam ali até a uma hora da tarde do dia seguinte. A ordem dos cartões de cada maço era então registrada e os cartões embaralhados para a experiência seguinte. Como havia uma diferença de seis horas entre o tempo de Durham e o de Zagreb esse arranjo permitia ao dr. Marchesi registrar suas adivinhações até 7 horas da noite do dia da experiência. Ele não foi informado da orientação precisa dos dez maços e possivelmente devia descobrir por percepção extrassensorial a ordem em que seriam colocados. O primeiro grupo de 125 sequências foi feito em agosto de 1939 e depois disso houve uma interrupção de quatro meses.

Outros dois grupos de 90 e 103 sequências foram adivinhados em janeiro e fevereiro de 1940 respectivamente, enquanto o último grupo de 35 sequências foi feito em maio de 1940. Depois disso houve a ameaça de guerra na Iugoslávia, e as experiências foram

abandonadas. O dr. Marchesi só enviou suas adivinhações para o dr. Rhine no final das séries.

No grande total de 353 sequências ou 8.825 tentativas individuais, o número de êxitos (O) chegou a mais de 23 acima da expectativa de chance. Isso não é muito significativo, sendo menos de um desvio-padrão. É curioso, no entanto, que a última subsérie de 35 sequências desse a proporção crítica de + 2.87 que, *como resultado isolado,* é significativa. ([4])

E, entretanto, no todo, a experiência não forneceu evidência direta de percepção extrassensorial. Há, contudo, certa evidência de caráter mais profundo de que algum fator, além da chance, estava em operação. Isso depende da comparação de duas estatísticas conhecidas como saliência de "sequência" e saliência de "segmento". A primeira dá uma estimativa que nos diz se o adivinhador está marcando em média mais alta (ou mais baixa) nas cinco primeiras e cinco últimas tentativas da sequência de 15 do que nas 15 do meio. Se está marcando em média significativamente mais alta nas cinco primeiras e cinco últimas tentativas tomadas em conjunto do que no grupo do centro, a marcação é considerada como mostrando saliência *terminal.* Isso quer dizer que sua percepção extrassensorial funciona melhor no início e no fim da sequência de 25, caindo no meio. Por outro lado, se ele marcar média mais alta no centro da sequência, diz-se que mostra saliência *mediana.*

Via de regra os adivinhadores de cartões consideram uma sequência de 25 tentativas como cinco grupos de cinco tentativas. Na realidade, a maioria das folhas de marcações têm uma grossa linha desenhada depois das tentativas números 5, 10, 15, 20 e 25. Assim o adivinhador tende a considerar sua tarefa de adivinhar os 25 alvos como uma sucessão de tarefas, menores, cada uma de cinco tentativas. Descobriu-se em muitos casos que a saliência *terminal* na sequência completa é frequentemente acompanhada de saliência terminal dentro dos segmentos de cinco. Da mesma maneira, a saliência mediana na sequência e no segmento acham-se frequentemente associadas, isto é, se uma pessoa tende a fazer marcações maiores no início e no final da sequência, marcará também melhor na primeira e na última adivinhação do segmento do que nas três do meio.

Assim podemos calcular duas estatísticas, uma chamada RSR (*salience ratio for the run)(*)* e a outra SSR([5,6,7]) (*salience ratio for the segment*(**).

Só se podem atribuir tão somente à chance cega os êxitos marcados pelo adivinhador, essas duas proporções são independentes uma da outra. Uma tendência de fazer marcações mais altas no início e no final da sequência não produziria, por si mesma, efeito semelhante na unidade menor, o segmento, e vice-versa. Em outras palavras, os dois efeitos não mostrariam correlação significativa. Uma RSR excepcionalmente alta não seria geralmente seguida por uma SSR correspondentemente alta. Mas se descobríssemos que as duas proporções subiam e desciam juntas consistentemente, isso evidenciaria que algum fator, além da chance, estava atuando. Mostraria que as peculiaridades do adivinhador na distribuição de êxitos, na sequência de 25, estavam também refletidas no segmento de 5.

Por conseguinte, além disso, para computar RSR e SSR, precisamos calcular outra estatística conhecida como proporção de covariância. Com ela podemos avaliar até que ponto as duas primeiras proporções variam.

As 353 sequências adivinhadas pelo dr. Marchesi mostraram, no todo, o que se chamou de saliência mediana. Isto é, o índice de marcação nas quinze tentativas do meio foi maior que nas cinco primeiras e cinco últimas tentativas, exceto em algumas sequências no começo da série de experiências.

O importante, porém, é o alto grau de correlação positiva entre os valores de RSR e SSR que prevalece nas quatro subséries. Se as duas estatísticas forem comparadas para cada subsérie a proporção de covariância é de + 4.05, e as probabilidades contra a obtenção de tão alto grau de dependência pela chance são cerca de 7.000 para 1.

O leitor perguntará naturalmente: Como podemos argumentar que a percepção extrassensorial esteve atuando durante a experiência a longa distância, quando o número total de êxitos está insignificantemente acima da expectativa de chance? Que significado verdadeiro pode ser dado ao efeito remoto que acabamos de descrever? Para explicar esses fatos precisamos imaginar a possibilidade de marcações positivas e negativas alternadas que acontecem *dentro da própria sequência.* Temos provas esmagadoras de

---

(*) Proporção da saliência para a sequência. (Nota do trad.)
(**) Proporção da saliência para o segmento. (Nota do trad.)

que nossa paciente, sra. Stewart, marcava abaixo da expectativa da chance em algumas espécies de padrão-alvo e acima do nível da chance em outros. Em seu caso, a marcação positiva era, sem dúvida, superior, prevalecendo facilmente contra a marcação negativa. Mas com pacientes que mostram um grau bem menor de percepção extrassensorial, as duas sequências que operam dentro da sequência podem ser mais facilmente igualadas e podem cancelar-se mutuamente, de modo que no total não há desvio significativo extra chance. Essa oscilação de marcação positiva para negativa, fraca como pode ser, talvez possa ser descoberta em casos onde exista na marcação de sequência e de segmento, mesmo quando a saliência de sequência e a saliência de segmento são separadamente muito pequenas para serem significativas.

Além de atuar como paciente, o dr. Marchesi sugeriu ao dr. Rhine que dez pacientes da Universidade de Duke tentassem adivinhar, em Durham, maços de cartões PES preparados em datas fixadas por ele em Zegreb. Em cada um de dez dias, o dr. Marchesi dispôs em seu consultório dez maços de cartões Zener em duas fileiras de cinco, e cada um dos dez adivinhadores, na Universidade de Duke, registrou suas adivinhações. Assim em cada uma das dez ocasiões, os diferentes pacientes adivinharam os mesmos maços, e esse fato complica a rígida avaliação estatística dos resultados. O dr. Marchesi enviou ao dr. Rhine os registros de suas listas de alvo e a verificação foi feita na Universidade de Duke. Uma estimativa aproximada dos resultados mostra que nenhum dos pacientes obteve um PC significativo em suas 2.500 tentativas, e o grande total de 25.000 adivinhações feitas por todos eles deu um excesso de somente 88 êxitos acima da expectativa de chance, o que é quase nada mais que o próprio desvio-padrão. Também não houve covariância significativa entre RSR e SSR. Assim a experiência em direção contrária deve ser considerada um fracasso. Uma avaliação mais cuidadosa que provavelmente daria pequena diferença no resultado.

A Segunda Experiência Zagreb-Durham ([8])

Sete anos depois, ao fim da Segunda Guerra Mundial, os pesquisadores da Universidade de Duke puderam continuar a correspondência com o dr. Marchesi. Por sugestão dele, planejaram-se três séries de testes; em duas delas, os cartões seriam adivinhados pelo dr. Marchesi, ficando os cartões no laboratório de Durham, mas na terceira série ele registraria as adivinhações um dia antes dos cartões serem embaralhados e arrumados. A terceira série seria, portanto, de tipo precógnito. As três séries foram levadas a efeito entre 18 de novembro de 1946 e 16 de janeiro de 1947, com intervalos de alguns dias entre as séries.

Em cada dia, às 5 da tarde, cada um dos dez maços de cartões Zener era embaralhado e a ordem dos cartões registrada em uma folha de marcações pela srta. McMahan. Cada maço era depois recolocado virado para baixo dentro de sua caixa, e as dez caixas, tampadas, ficavam dispostas de pé em fileira contra uma parede de maneira que os cartões ficassem virados para leste na direção da Iugoslávia. As caixas eram numeradas de 1 a 10. Acima de cada caixa ficava a folha de marcações correspondente aos cartões que continha. Os cartões ali permaneciam até a uma hora da tarde do dia seguinte, quando eram embaralhados novamente para a próxima experiência. As duas primeiras séries abrangiam um total de 244 sequências (6.100 tentativas) enquanto que a série precógnita, em que o dr. Marchesi fez suas adivinhações para maços que seriam embaralhados e arrumados no dia seguinte, consistia de 110 sequências (2.750 tentativas). O paciente enviou as listas de adivinhações, no final da última série, para a Universidade de Duke.

Os resultados das séries tomadas separadamente não chegaram a ter valor significativo, mas no grande total de 354 sequências (8.850 tentativas) houve um excesso de êxitos no cartão-alvo de 89, equivalente a 2.37 desvios-padrões e correspondente a probabilidades contra a chance cerca de 50 para 1.

Portanto, esses resultados somente de significado marginal estão longe de serem concludentes. ([8])

Tanto as sequências como os segmentos mostraram saliência mediana, mas em nenhum caso acima do nível de chance. Também não houve covariância significativa entre RSR e SSR, que foi um aspecto tão marcante nas experiências anteriores.

De acordo com o dr. Marchesi as pesquisas psíquicas na Iugoslávia eram, nesse tempo, desaconselhadas pelo governo, e foi precisa muita coragem para lutar com êxito contra os inúmeros obstáculos que encontrou em seu caminho.

Experiências a Distância com Desenhos

Em experiências a grandes distâncias pareceria que a transmissão de materiais, como desenhos, aos quais o adivinhador pudesse reagir livremente, seria geralmente mais feliz do que tentativas com cartões ou números, onde a escolha do paciente é limitada. Já fizemos uma descrição das brilhantes experiências de grupos feitas por Carington (*) com desenhos pendurados numa sala em Cambridge. Nesses testes 68 adivinhadores estavam na Holanda, 31 em Edimburgo e 12 na Universidade de Duke, na Carolina do Norte. Interessante notar que a maior média de marcações foi conseguida pelo pequeno grupo de Carolina do Norte, que se achava mais distante de Cambridge. Será lembrado que as probabilidades finais contra a chance nessas experiências foram dadas por Carington como sendo aproximadamente de 7.000 para 1.

As Experiências Austin-Dallas (9)

Outra experiência muito feliz foi feita com desenhos em 1940 por um jovem físico, sr. J. H. Rush, da Universidade de Duke, que, na época, se preparava para sua formatura. Foi sua colaboradora a sra. A. Jensen, residente em Dallas, Texas. Em 1938, os dois não alcançaram êxito em testes de percepção extrassensorial com cartões Zener. As novas experiências foram realizadas entre abril e agosto de 1940, em que o sr. Rush ficou em Austin, Texas, e a sra. Jensen geralmente em Dallas, a 200 milhas de distância. Em certos testes a sra. Jensen ficava a 500 milhas de Austin. As experiências foram feitas em quatro noites consecutivas de cada semana entre 10h30 e 11 horas da noite; durante o primeiro quarto de hora, o sr. Rush era o agente e a sra. Jensen a paciente, mas durante os últimos quinze minutos trocavam-se os papéis. Cada um, ao fazer de agente, desenhava um objeto simples, como um vaso com uma tulipa vermelha ou um frasco rotulado "Cone. Ácido Nítrico, $HN0_2$; ou ocasionalmente era o alvo verbalmente especificado por uma frase como esta: "Estou enviando você à *lua.*"

Cada agente usava o que lhe viesse à fantasia no momento, e uma fraqueza no processo era que os alvos – diferentemente dos testes de Caring-

(*) VI, 22.

ton – não eram escolhidos ao acaso. No final de cada semana de trabalho, o sr. Rush e a sra. Jensen trocavam suas folhas de desenhos e os resultados, enviando-os pelo correio. Na transmissão, o sr. Rush tentava reter em sua mente uma imagem nítida do objeto do teste, ao mesmo tempo "desejando" que ele alcançasse o paciente. Recebendo a transmissão, o sr. Rush frequentemente ficava sentado no escuro e esperava que as impressões se desenvolvessem em sua mente. Confessou que sua maior dificuldade era evitar que ele mesmo interferisse por meio de raciocínio consciente no desenvolvimento autônomo das primeiras impressões vagas que penetravam sua mente.

A sra. Jensen foi incapaz de descrever seu estado subjetivo com clareza, mas insistiu na necessidade de estar calma e de certa concentração de atenção durante as experiências.

Em algumas ocasiões o paciente não conseguiu corresponder ou deixou de participar no teste, mas, no todo, houve 50 tentativas em que o paciente produziu um desenho ou uma impressão verbal sem ambiguidade. Em 21 dessas 50 tentativas o agente foi a sra. Jensen e nos outros o sr. Rush.

O sr. Rush copiou os desenhos e alvos em fichas que foram enviadas à Universidade de Duke. Duas precisaram ser postas de lado e as restantes foram divididas cronologicamente em 12 grupos de quatro desenhos-alvo e quatro reações a esses alvos.

Os juízes, que não sabiam qual reação correspondia a determinado desenho, deviam separá-los na ordem de semelhança, cada reação com cada um dos quatro alvos do grupo e novamente cada alvo com cada uma das quatro reações. De conformidade com o grau de semelhança foi dado um "peso" a cada par, de um a quatro. Os "pesos" dados a cada uma das duas operações, "alvos contrarreações" e "reações contra alvos" teriam uma expectativa total de chance de 10, isto é, de 20 para as duas operações. Quando calculados por meio do teste *t* de "de Estudante", as probabilidades contra a hipótese de que as semelhanças observadas entre alvo e reação foram devidas à chance são de 500 para 1.

Os dois grupos de julgamentos envolvidos no emparelhamento mostraram uma correlação de + 0.67, o que indica boa concordância (P = 0.02).

Muito interessante notar que a grande maioria de semelhanças foram quanto à forma ao invés de conteúdo e significado. Em um único caso – o da tulipa no caso – a sra. Jensen desenhou inconfundivelmente um vaso com uma flor de duas pétalas emergindo de dentro dele, mas na maioria dos outros casos o conceito verdadeiro escapou à paciente, que obteve somente uma impressão mais ou menos marcante da linha geométrica ou forma do original. Por exemplo, quando o alvo foi um par de óculos, a sra. Jensen desenhou um trenzinho de criança com duas rodas *ovais*. Para uma roda de engrenagem com muitos dentes desenhou certo número de linhas cônicas semelhantes a um "V" invertido. Para um relógio com um círculo concêntrico no mostrador desenhou o que parecia uma fileira de quatro alvos de rifle com anéis, além de um pedaço de corrente curvada.

Tem-se a ideia de que a paciente recebia uma impressão fragmentária de forma, a que sua mente consciente dava uma interpretação errada, o que evitou o pleno desenvolvimento da imagem em sua mente. Essa tendência de registrar a forma em vez do significado foi um traço marcante das experiências de Usher e Burt (Capítulo U). Nos testes presentes, a preocupação quase exclusiva com a linha e a forma torna menos sério o método não-ao-acaso pelo qual os alvos foram escolhidos. Num sentido restrito, não podemos chamar o teste de experiência de laboratório, mas os resultados foram calculados por uma sólida concepção científica e não há razão para suspeitar da boa-fé das duas pessoas nele envolvidas.

Experiências a Distância com a sra. Stewart

(I) TESTES PELO TELEFONE

As experiências americanas a longas distâncias com cartões Zener conseguiram êxito pequeno e limitado, parecendo, portanto, valer a pena tentar experiências semelhantes com a sra. Stewart para obter, se possível, testemunhos mais concludentes. Para começar, pensamos que seria sensato tentar primeiro uma experiência pelo telefone, durante a qual ela poderia ouvir a voz do pesquisador anunciando os números de série de 1 a 25.

Nas sessões 24, 25 e 26 o agente ficou na casa da sra. Y. Hales que distava 100 jardas em linha reta da casa da sra. Stewart, em Marchmont Road. No primeiro teste, realizado em 22 de maio de 1946, não se empregou o biombo, e a sra. Y. Hales, como agente, ficou com seus cinco cartões no vestíbulo junto a uma pequena mesa em frente de S. G. S. Bateman permaneceu junto ao telefone, distante três pés da mesa. A experiência foi do tipo TTN (30) e antes de cada folha S. G. S. saía do vestíbulo e Bateman ficava de costas enquanto a sra. Hales embaralhava os cartões, olhava-os durante os 30 segundos prescritos e virava-os em fileira. Depois ela tocava-os à medida que S. G. S. lhe mostrava os números ao acaso. Quando S. G. S. mostrava um número, Bateman fazia uma pausa de meio segundo e transmitia o número de série pelo telefone. A sra. Stewart estava sozinha em casa segurando o fone com uma mão e registrando suas adivinhações com a outra. A sra. Hales trabalhou também como marcadora de tempo (TK). No final de oito folhas, os pesquisadores voltaram para casa da sra. Stewart e os resultados foram decifrados e verificados por Bateman, sra. Hales e S. G. S., todos sentados à mesma mesa.

A experiência foi um fracasso, pois a marcação do alvo foi somente de 83/400 em comparação com a expectativa de chance que é de 80.

A falta de sucesso foi provavelmente devida ao fato de que a paciente precisava manipular o telefone e registrar as adivinhações ao mesmo tempo, o que pode ter produzido alguma perturbação mental. Essa conjetura foi sustentada pelas experiências subsequentes que obtiveram grande sucesso.

No segundo teste, em 29 de maio de 1946, o sr. L. A. Rozelaar foi o agente; ficou sentado em casa da sra. Hales atrás do biombo com os cinco cartões dentro da caixa como de costume. S. G. S. atuou como (PA) e a sra. Hales sentou-se a cerca de três pés de distância do biombo, no mesmo lado em que se encontrava S. G. S. quando esse anunciava os números de série pelo telefone à medida que eram apresentados pelo sr. Rozelaar. Nessa ocasião, F. Bateman ficou encarregado do telefone em casa da sra. Stewart, e, a uma distância de oito pés, registrava suas adivinhações. Enquanto ela trabalhava, Bateman encarregava-se de anunciar pelo telefone a palavra "certo". No final da folha N.° 8, os pesquisadores e o agente voltaram para a casa da sra. Stewart com as folhas de números tomados ao acaso. A decifração e verificação foram feitas da seguinte maneira: S. G. S. lia em voz alta as adivinhações da sra. Stewart, sob a observação do sr. Rozelaar, enquanto Bateman decifrava as adivinhações e registrava os números verificados pela sra. Hales. A marcação nessa ocasião foi de 103/400 (proporção crítica = 2.88).

Na terceira e última experiência por telefone, feita em 12 de junho de 1946, o sr. Rozelaar foi novamente o agente; sentou-se atrás do biombo com os cartões dentro da caixa, em casa da sra. Hales. S. G. S. agiu como

(PA), mas dessa vez a sra. Hales ficou sentada na escada com o telefone, a dez pés de distância do sr. Rozelaar. Isso foi cuidadosamente medido por S. G. S. antes de sair da casa. Como antes, Bateman ficou na casa de Marchmont Road com o telefone a uma distância de oito pés da sra. Stewart e segurou o instrumento de modo que ela pudesse ouvir os números seriados. Quando ela anotava uma adivinhação, Bateman anunciava "certo" pelo telefone. Somente as folhas 1-4 foram dedicadas a essa espécie de experiência; a decifração e verificação foram feitas em Marchmont Road. Como na ocasião precedente, S. G. S. leu em voz alta as adivinhações, verificadas por Rozelaar, enquanto Bateman decifrava e registrava os números, este por sua vez sob a observação da sra. Hales. A marcação foi de 60/200: as probabilidades contra a chance foram de 2.000 para 1. S. G. S., em sua conferência em Meyers Memorial (*) declarou erroneamente que nos dois últimos testes a sra. Stewart estava a 10 pés de distância do fone de F. Bateman. Na época da conferência, o registro de Bateman não se achava em seu poder, mas Bateman afirmou depois a S. G. S. que a distância fora de oito pés.

Do total de 1.000 tentativas para as três experiências pelo telefone, a paciente marcou 246 êxitos. As probabilidades contra a chance foram cerca de 3.400 para 1.

É de grande interesse notar que na última ocasião, quando a distância entre agente e telefone foi aumentada de três para dez pés, a média de marcação foi ainda mais alta do que na segunda experiência. Com o agente e a paciente a distância de 10 e 8 pés respectivamente de seus telefones, a marcação obtida (60/200) representa a sra. Stewart em sua melhor forma. Isso é bem contrário ao que se esperaria se sussurros inconscientes por parte do agente fossem a fonte de seu êxito. É bastante sabido que os sussurros, mesmo quando são audíveis e bastante distintos, são extremamente difíceis de transmitir pelo telefone. Mas quando a pessoa está a dez pés do aparelho em que outra pessoa está berrando números em série, e a pessoa que tenta apanhar os sussurros está a oito pés de seu aparelho no outro lado da linha, pode-se considerar a hipótese de sussurros senão como um absurdo invocado pelos que farão qualquer coisa para desacreditar a percepção extrassensorial?

(*) XV, 10.

(2) AS EXPERIÊNCIAS DE CAMBRIDGE-RICHMOND ([10])

Nossa primeira série de experiências a longa distância em que o agente estava em Cambridge e a paciente em Richmond, Surrey – uma distância de mais de 50 milhas – foi um fracasso para o qual se podem sugerir obviamente algumas razões. Os testes foram arranjados com a assistência do sr. C. E. M. Hansel, na época secretário da Sociedade de Pesquisas Psíquicas da Universidade de Cambridge. A sincronização foi feita por meio do sinal de 7 horas da noite (O programa da Luz da B. B. C.) e o uso de cronômetros. O material de transmissão consistiu das letras iniciais C, F, H, K e T dos nomes de cinco animais: camelo, *fox* (raposa), *horse* (cavalo), *kangaroo* (canguru) e tigre, impressas em cinco cartões tirados de um maço de abecedário. Antes de cada sessão, o sr. Hansel, em Cambridge, preenchia as colunas A de quatro de nossas folhas de marcações comuns com números ao acaso, de 0 a 5, obtidos, da maneira usual, das tabelas. Quatro folhas, ou 200 adivinhações, foram feitas em cada uma das oito sessões semanais.

O método empregado foi semelhante ao descrito no Capítulo XU, com a diferença de que não foi preciso separar o agente e o pesquisador por meio de um biombo. Pelo menos três pessoas estiveram presentes em cada teste. Elas eram o agente, que olhava para os cartões, o marcador de tempo (TK) que anunciava em voz alta os números de série de 1-25, em intervalos de dois segundos, e o pesquisador que indicava ao agente qual dos cartões devia ser levantado e olhado. Em algumas ocasiões achava-se também presente um observador. Os cinco cartões alfabéticos foram colocados em fileira na frente do agente e junto a cada um deles ficou um pequeno cartão com os dígitos de 1-5; os pequenos cartões foram dispostos de maneira que o agente os via em ordem numérica crescente, contando da esquerda para a direita. O observador do agente (PA) tinha uma lista de números ao acaso e uma régua com a qual apontava para o número do cartão que o agente devia levantar e observar durante alguns momentos.

No início de cada sessão o agente embaralhava seus cinco cartões, colocava-os virados para baixo, em fileira. Combinou-se que a hora "zero" coincidiria com o último sinal da B. B. C. O pesquisador colocava o dedo no primeiro dígito de acaso de sua primeira folha e em "zero" mais sessenta segundos indicava com a régua o cartão que devia ser levantado e olhado pelo agente. O pesquisador baixava depois o dedo para o segundo número da lista e em "zero" mais 62 segundos apontava com a régua o cartão que correspondesse ao segundo número. Assim os cartões foram expostos a intervalos de 2 segundos e o agente olhava para a letra inicial durante pouco menos de 2 segundos antes de deixar o cartão cair de volta a seu lugar. No final da vigésima-quinta exposição, havia um intervalo de 10 segundos e, quando o ponteiro de segundos do relógio alcançara 60 novamente, o pesquisador indicava o primeiro número ao acaso na segunda coluna de sua folha. e as exposições eram feitas com intervalos de dois segundos. Havia assim um intervalo de 10 segundos entre colunas e entre as folhas. No final da quarta folha o pesquisador ou o agente registrava na primeira folha de marcações a ordem dos cinco cartões, que permanecera a mesma durante a experiência, assim:

T	H	F	C	K
1	2	3	4	5

As listas de números ao acaso eram feitas em triplicata. Uma cópia era despachada para S. G. S. o mais breve possível depois da experiência e outra ao professor C. D. Broad, ficando a terceira com o sr. Hansel.

A sra. Stewart recebeu folhas de marcações já numeradas de 0 a 8, cada folha triplicada por meio de carbono. Em "zero" mais 60 segundos S. G. S. anunciou "um" e a sra. Stewart escreveu no primeiro espaço da coluna de adivinhação de sua primeira folha a letra que ela julgava estar sendo vista pelo agente. Em zero e 62 segundos. S. G. S. anunciou "dois" e a sra. Stewart anotou outra letra no espaço apropriado. Durante o intervalo de dez segundos depois do final da vigésima quinta adivinhação, ela foi avisada para que ficasse preparada paia a coluna seguinte ou para que apronntasse a folha seguinte, segundo o caso.

Uns minutos depois de terminada a quarta folha (200 adivinhações) pediu-se à sra. Stewart para fazer uma experiência de "controle" de 200 tentativas com a sra. Holding, como agente, com o fito de se fazer comparação. Elas permaneceram em aposentos adjacentes, ficando a porta ligeiramente aberta para facilitar a audição. Durante a experiência de controle S. G. S. trabalhou como (PA) e, como era costume, ficou separado do agente pelo biombo com a abertura em que os números ao acaso eram apresentados em ritmo normal. O principal objetivo foi descobrir se a faculdade da sra. Stewart estava atuando nesse dia.

No final da verificação dos resultados da experiência de controle S. G. S. saiu da casa e enviou pelo correio uma cópia das adivinhações ao sr. Hansel e outra cópia ao professor Broad, guardando a terceira. A verificação da experiência à distância foi feita, portanto, independentemente por S. G. S. e pelo sr. Hansel. As folhas de números ao acaso eram geralmente recebidas por S. G. S. (enviadas pelo sr. Hansel) às 5 horas da tarde do dia seguinte.

Nas duas últimas sessões o intervalo entre exposições sucessivas foi aumentado de dois para três segundos em combinação com o sr. Hansel, com intervalo de 45 segundos entre cada duas colunas de 25 tentativas.

F. Bateman esteve muito atarefado e não compareceu às sessões, mas verificou novamente todos os resultados em outra ocasião.

As Condições das Experiências

Vamos descrever as condições das oito experiências.

Todas as sessões de Cambridge foram realizadas em Park Street, 59, no apartamento do sr. Hansel, e as de Richmond, como sempre, em Marchmont Road, 18.

No primeiro teste, em 21 de janeiro de 1949, o agente foi o sr. V. Idelson; o nome do agente e a localização precisa da experiência, em Cambridge, não foram dados a conhecer à sra. Stewart nem a S. G. S.

No segundo teste, em 28 de janeiro de 1949, devido à ausência do sr. Idelson, o agente foi a sra. Molyneux, senhoria do sr. Hansel, mas essa troca era desconhecida de todos os presentes em Richmond na hora da experiência.

Antes da terceira experiência, em 4 de fevereiro, disseram à sra. Stewart que o agente seria a sra. Molyneux, ficando ela sabendo também qual era o endereço em Cambridge. Além disso, mostraram-lhe uma fotografia da sra. Molyneux que foi colocada sobre a lareira durante a experiência para que pudesse vê-la, nessa ocasião, se o desejasse. Na quarta, quinta e sexta experiências, a sra. Molyneux ainda foi agente e a fotografia permaneceu em casa da sra. Stewart. Alguns minutos antes da quinta experiência, em 17 de fevereiro, mostraram à sra. Stewart uma fotografia da mesa de jogo em Cambridge com um velho violino em cima.

Antes da sexta experiência, em 24 de fevereiro, deram-lhe um desenho da sala em Park Street e uma descrição, por escrito, dos múltiplos objetos ali existentes. Ela pareceu demonstrar pouco interesse e também não olhou muitas vezes para a fotografia da sra. Molyneux.

O objetivo de familiarizar a sra. Stewart com as condições reinantes em Cambridge era testar a teoria de associação em telepatia de Whately Carington.

Carington (*) supunha que eventos mentais, tais como ideias e imagens existem por si mesmos, não sendo sinônimos de eventos químicos e elétricos que sucedem nos cérebros humanos. Ele considerava a mente como formada de grande número de constituintes elementares – dados de sentidos e imagens. As imagens são da mesma natureza dos dados de sentidos, embora menos vividas e constantes, e Carington usava a palavra "psychon" para descrever tantos os dados de sentidos como as imagens.

Existem certas tensões e relações entre os membros de um sistema "psychon" e é isso a que nos referimos ao dizer que o sistema é consciente. Os grupos de "psychons" em que as tensões são especialmente fortes em dado momento constituiriam a consciência normal da mente, ao passo que os grupos mais tranquilos constituiriam o subconsciente.

Carington supunha que os sistemas "psychons" subconscientes de mentes diferentes não têm relação com o espaço físico e que eles formam um grande sistema ou mente comum. Esse conceito de uma mente subconsciente que tudo envolve, composta de mentes individuais, é naturalmente muito antigo, tem raízes no misticismo da velha Índia, mas Carington tornou-o mais plausível em sentido científico baseando-o na teoria atômica da consciência exposta por Bertrand Russell.

Carington imaginou depois (**) que as leis de associação de ideias operam dentro da mente comum subconsciente assim como o fazem nas mentes individuais. Em uma experiência de telepatia, o agente associa o objeto que está tentando transmitir com a ideia geral da experiência. Essa ideia da organização da experiência está, no entanto, presente, na mente do percipiente ou recebedor distante. Por conseguinte, essa ideia mútua por associação poderá levar do subconscientemente comum para a consciência do adivinhador a impressão que o agente está tentando transmitir.

Carington (***) sugeriu que quanto mais o agente e o percipiente partilhassem ideias associadas na consciência do agente com o objeto a ser transmitido, tanto maior seria o êxito da experiência.

(*) XIV, 1.
(**) XIV, 1.
(***) XV, 1.

Se a teoria for verdadeira, deveremos descobrir que, quando fornecemos ao percipiente a maior quantidade de imagens e de ideias com as quais o objeto a ser transmitido está associado na mente do agente, mais provável será que uma ou outra dessas ideias fará surgir, por associação, o objeto na mente do percipiente. Suponhamos que o agente esteja tentando transmitir a ideia de um coelho. Talvez esteja olhando para um coelho de brinquedo e. perto dele, sobre a mesa, esteja um vidro de remédio. Os dois objetos ficam momentaneamente associados em sua mente e também, de acordo com Carington, no subconsciente maior formado pelos sistemas "psychons" do agente e percipiente. Se fornecermos ao percipiente um vidro semelhante de remédio isso deverá dar a sua mente consciente a ideia de "coelho". E se o coelho for associado na mente do agente não somente com o vidro, mas com um par de óculos sobre a mesa e com uma laranja, e arranjarmos para que o percipiente tenha esses objetos diante de seus olhos, haverá uma chance ainda maior de que ele pense em "coelho".

Foi por essa razão que demos à sra. Stewart primeiro a fotografia do agente depois a do violino sobre a mesa de jogo em Cambridge e finalmente um desenho detalhado dos outros objetos da sala.

Devemos informar o leitor sem mais demora que não houve êxito. As marcações da sra. Stewart não se elevaram dos níveis da chance para as regiões mais altas e significativas. Começaram no nível da chance e lá permaneceram durante as oito experiências. Acreditamos que a associação poderia ter poucas probabilidades de atuar em casos como o presente em que os símbolos focalizados pelo agente estão sendo mudados cada dois ou três segundos.

Depois que, digamos, cem cartões foram anunciados é difícil acreditar que a associação teria muita eficácia em fazer com que o percipiente pensasse, por exemplo, em uma raposa com preferência a qualquer outro dos símbolos. O violino forjaria elos associativos na mente do agente, da mesma força que os cinco nomes de animais. Quando o agente está se concentrando durante minutos ou horas em um único objeto a teoria de associação torna-se mais plausível.

No entanto, talvez valesse a pena tentar uma experiência em que cinco objetos *diferentes,* cada um destinado a um dos cartões-símbolos, fossem apresentados na mesma ordem do adivinhador. Isso poderia dar à associação uma probabilidade maior de agir. Contudo, se resultados altamente significativos podem ser obtidos em experiências de adivinhação de cartões feitas em ritmo rápido, de maneira que a associação dificilmente possa ser fator de muita importância, isso parece lançar sérias dúvidas quanto à verdade da teoria de Carington.

Sem dúvida existem outras influências, tão potentes quanto a associação contígua, que governam o levantamento das imagens do subconsciente. As ideias que emergem mais frequentemente em nossa mente consciente são as que vêm cercadas por nossos interesses emocionais. Se vemos uma torre de igreja, ela está associada em nossa mente a muitas coisas – sinos de igreja, cerimônias religiosas, história, e assim por diante; mas se formos alpinistas entusiastas pensaremos mais facilmente no Matterhom. Isso sugere que deveríamos escolher para agente uma pessoa com cinco interesses dominantes que também interessassem ao percipiente e que deveríamos empregar cartões com símbolos que representassem esses interesses.

Resumo dos Resultados

Depois da sexta experiência S. G. S. sugeriu ao sr. Hansel que era aconselhável uma mudança de agente, pois a sra. Stewart não alcançara êxito com a sra. Molyneux. Nas duas últimas experiências. em 4 e 11 de março, o sr. J. C. Reynolds atuou como agente. S. G. S. só soube do nome do novo agente depois da sétima experiência, ao passo que a sra. Stewart não o soube nessa ocasião.

As marcações nas oito experiências de 200 tentativas cada uma foram: 31, 31, 40, 39, 35, 43, 39, 40. Dão um total de 298/1.600, um resultado de 22 abaixo da expectativa de chance e sem valor (PC = 1.38).

Não duvidamos que a faculdade da sra. Stewart estivesse funcionando pelo menos em quatro das oito ocasiões nas experiências de controle com a sra. Holding trabalhando como agente na sala ao lado. As marcações das oito experiências de controle de 200 tentativas cada foram: 53, 53, 55, 45, 49, 43. 47, 54. A marcação total é de 399/1.600, 79 acima da expectativa de chance (320) e corresponde à PC de 4.94, com probabilidades contra a chance cerca de um milhão para 1.

É evidente, portanto, que a sra. Stewart obteve êxito com a sra. Holding, mas falhou completamente com os três agentes de Cambridge. Uma diferença óbvia e provavelmente vital entre os testes de Cambridge-Richmond e os de controle com a sra. Holding é que a sra. Stewart já conhecia a sra. Holding desde o outono de 1947 e gostava dela, ao passo que não tivera contato algum com os três agentes de Cambridge e com o pesquisador sr. Hansel. Houve também a desastrada mudança de agente depois da primeira experiência que não fora prevista pelo grupo de Richmond. É verdade que a sra. Molyneux foi agente durante quatro sessões sucessivas, mas talvez tivesse sido mau agente. Quando o sr. Reynolds foi substituído pela sra. Molyneux na sétima sessão ninguém sabia seu nome em Richmond.

Deixando de lado a questão do agente, há outro fator que pode ter descontrolado essa série de experiências. Por descuido infeliz, os pesquisadores não testaram os dois cronômetros. Mais tarde S. G. S. descobriu que, a menos que os relógios sejam da melhor qualidade, um deles pode adiantar-se ao outro até dois ou três segundos no intervalo de doze minutos, tempo levado pela experiência. Isso significa que o agente e a paciente podem ter ficado fora de compasso. Não houve deslocamentos significativos de –1, +1, –2 ou +2, embora em uma única ocasião uma das colunas tivesse apresentado um total de 13/24 de êxitos precógnitos (4-1).

Parece claro que as condições de experiência em Cambridge foram desfavoráveis ao sucesso. Desde o início e durante os trabalhos, a sra. Stewart e os outros membros do grupo de Richmond não entraram em contato pessoal com os agentes de Cambridge, e talvez seja esta a razão decisiva do malogro da experiência.

(3) AS EXPERIÊNCIAS DE LONDRES-ANTUÉRPIA ([10])
(Inclusive as sessões 109-114)

Quando soubemos que a sra. Stewart iria passar cinco semanas de férias na Bélgica, em 1949, decidimos aproveitar ao máximo a oportunidade e fazer experiências a longa distância. A sra. Stewart deveria partir em 3 de junho, mas informou-nos que, durante a primeira quinzena, ficaria hospedada em hotéis, onde poderia ter grande dificuldade em obter ajudantes ou um quarto tranquilo com um aparelho de rádio. Mas em 17 de junho, ela estaria instalada em casa de um amigo, sr. J. Beyleman, em Merksem, perto de Antuérpia. Afirmou que esse senhor estava muito interessado em pesquisas psíquicas e que, se lhe enviássemos instruções escritas, ele poderia ajudar com o cronômetro. A época do ano não era muito boa, pois Bateman e S. G. S. estavam ocupados com outro trabalho urgente. A Bateman foi impossível comparecer e S. G. S. só pôde fazê-lo enfrentando grandes inconveniências e sacrifícios de tempo. Além disso, ele gastou muitas horas tentando obter dois cronômetros que sincronizassem eficientemente nos doze minutos que cada experiência duraria. Depois de muito trabalho, encontrou dois relógios de boa marca científica que, ao serem testados repetidamente num período de doze minutos, diferiram um do outro aproximadamente meio segundo. Os relógios foram testados antes e depois das experiências.

O fracasso dos testes de Cambridge-Richmond ([10]) convenceu-nos da importância de empregar agentes com os quais a sra. Stewart obtivera êxito brilhante no passado e com os quais estivesse em relações amigáveis. Decidimos empregar como agentes a sra. Yvonne Hales e a sra. M. Holding, pois ambas haviam provado serem agentes excelentes. A sra. Hales, uma pianista profissional, era amiga íntima da sra. Stewart e fora um esteio das experiências desde 1945. A sra. Holding escrevera em 1945 oferecendo seus préstimos a S. G. S., mas somente nos visitou no outono de 1947 quando, em duas ocasiões, serviu de agente, mas sem êxito. No entanto, naquela ocasião, os poderes da sra. Stewart estavam em eclipse temporário. Era óbvio que a sra. Stewart a apreciava e a sua vivacidade. A sra. Holding fez uma terceira visita e posou para uma fotografia que aparece na edição da Myers Memorial Lecture, (*) de 1947. Nessa visita não houve sessão. Quando S. G. S. pediu sua assistência em janeiro de 1949 a sra. Holding já conhecia bem a sra. Stewart. Ela mostrou imediatamente ser bom agente e tornou-se uma das maiores entusiastas das experiências. Regularmente toda sexta-feira, depois de um dia de trabalho de escritório, ela viajava diversas milhas para ajudar-nos. Como agente, consideramos a sra. Holding como estando no mesmo plano da sra. Hales.

Foi decidido que a primeira sessão seria feita às 7 horas da noite de 17 de junho de 1949 e todas as outras foram marcadas para a mesma hora em cada segunda e sexta-feira até o regresso da sra. Stewart à Inglaterra. A sra. Hales seria agente nas noites de segunda-feira, sentar-se-ia em sua casa em 22 Denbigh Gardens, 22, Richmond, a cerca de 100 jardas de distância, em linha reta, da casa da sra. Stewart em Marchmont Road. Com a per-

---

(*) XV, 10.

missão do sr. e sra. W. Harwood, amigos da sra. Holding, as experiências de sexta-feira seriam feitas no apartamento do sr. Harwood em Jermyn Street, 71, Londres, S. W. 1; a sra. Holding seria agente. A sra. Stewart nunca visitara esse endereço, embora houvesse visitado frequentemente a casa da sra. Hales.

Seriam feitas exatamente 200 adivinhações em cada noite; achamos que as 400 costumeiras cansariam muito os pesquisadores.

Em seguida foi decidido que haveria um intervalo de três segundos entre lances sucessivos. S. G. S. se encarregaria do cronômetro em Londres, enquanto o sr. Beyleman, em Merksem, usaria o segundo relógio que fora cuidadosamente sincronizado com o primeiro. Resolveu-se também que voltaríamos ao antigo método TLN, (*) em que o agente, tendo embaralhado os cinco cartões e virado e colocado os cinco em fileira, levanta cada cartão ao ver o número ao acaso, olha para o cartão e imediatamente o deixa cair de volta em seu lugar na fileira.

S. G. S. trabalharia como marcador de tempo (TK). Anunciaria os números 1-25 em intervalos de três segundos. Uma segunda pessoa, (PA), ficaria sentada junto a (TK) e o agente teria em sua frente cinco cartões em que se viam impressos em tipos grossos os números 1, 2, 3, 4 e 5. O observador colocaria um dedo da mão esquerda (ou uma tira de cartão) logo abaixo do número ao acaso da folha de marcação a ser usada no próximo lance da série. Ouvindo o lance do (TK), (PA) tocaria o cartão correspondente com a mão direita e, vendo esse número, o agente levantaria, olharia e deixaria cair o cartão na fileira que correspondesse a esse número, contando da esquerda para a direita. Depois de fazer seu toque, (PA) desviaria imediatamente o dedo ou a tira de cartão uma cela abaixo na folha de marcações, de maneira que descansasse logo abaixo do número seguinte a ser usado. O intervalo entre o último lance de uma coluna e o primeiro da seguinte seria de 18 segundos para que o ritmo dos lances fosse facilitado.

Depois de uma função preliminar descobriu-se que as duas operações, a do (PA) e a do agente, se fossem feitas devidamente, levariam juntas menos de dois segundos.

Para se ter certeza de que a sra. Stewart, em Merksam, não anotaria sua letra inicial antes de o agente ter olhado para o cartão, era preciso

(*) Designou-se essa série como TLNA, em que A significa Antuérpia.

deixar margem para a demora de dois segundos. A hora zero seria no último toque das 7 horas do Programa da Luz da B. B. B., e pediu-se à sra. Stewart que ligasse para esse programa vários minutos antes das 7 horas. Na hora zero, S. G. S. anunciaria "um" e o sr. Beyleman anunciaria "um" em zero e 30 segundos. A sra. Stewart anotaria a primeira adivinhação *imediatamente* após ouvir o lance da série. Se isso ocupasse um segundo, as condições assegurariam que ela não fizesse a adivinhação antes de o agente em Londres ou Richmond levantar o cartão. Em zero e 31 segundos S. G. S. anunciava "dois", o sr. Beyleman em zero e 33 segundos e assim por diante.

Tudo dependia de a operação ser feita corretamente. Com exceção de um lapso muito importante, a ser mencionado depois, não houve complicações em Londres. Não podemos dizer com certeza como se desenrolou a experiência em Merksam, mas os resultados dão a entender que tudo correu bem.

As Experiências

Na primeira experiência, em 17 de junho, estiveram presentes a sra. Holing (agente), sra. W. Harwood (PA) e S. G. S. (TK). O grupo reuniu-se às 6h30, no apartamento de Jermyn Street e passou algum tempo fazendo uns exercícios preliminares. S. G. S. exercitara previamente muitas vezes com o cronômetro a fim de familiarizar-se com ele. Naquele dia, S. G. S. preparou com a ajuda de tabelas quatro folhas de números ao acaso escritos a tinta por ele mesmo.

Uns minutos antes de começar, a sra. Holding embaralhou os cartões quatro vezes seguidas com os olhos fechados, obtendo assim quatro "códigos", um dos quais foi escrito em cada uma das folhas dos números ao acaso. Os quatro códigos foram também copiados em ordem em um pequeno cartão que foi entregue ao agente.

Durante o intervalo de 18 segundos entre duas folhas a sra. Holding mudou a ordem de seus cinco cartões em concordância com o código da folha seguinte. A experiência decorreu sem incidentes – as operações de lances, toque e levantamento foram feitas com precisão perfeita. Feitas as 200 tentativas, o agente e (TK) assinaram seus nomes a tinta no pé de cada folha de números ao acaso, e a sra. Harwood escreveu a data a tinta sob seu nome. Adotou-se rigorosamente essa prática em cada uma das seis experiências. As folhas de adivinhação da sra. Stewart traziam seu nome e data a tinta em sua própria caligrafia e eram assinadas, no pé, pelo sr. Beyleman. As adivinhações eram anotadas a tinta, e ela colocava as quatro folhas em um envelope reforçado com uma nota de explicação e endereçava o envelope a S. G. S. Soai, no Queen Mary College. O envelope era enviado por via aérea, registrado, para a Inglaterra. Ao receber cada um deles, S. G. S. fechava-o a chave, intacto, em uma gaveta de sua escrivaninha no Queen Mary College, da qual não era removido até a hora de ser levado diretamente ao escritório de F. Bateman para verificação.

A segunda experiência foi realizada em 20 de junho em casa da sra. Hales, em Richmond, Surrey. Nesse dia, o dr. H. S. Allen, matemático do Queen Mary College, ditou a S. G. S. quatro folhas de números ao acaso. O dr. Allen escreveu em cada folha, a tinta: "Preparada por H. S. Allen, 20 de junho de 1949", mas os números, também a tinta, foram escritos por S. G. S.

Nessa ocasião o sr. T. Hales trabalhou como (PA) e a sra. Hales como agente. Foi feito um exercício preliminar com o sr. Hales. A experiência decorreu novamente sem tropeços. Cada folha foi assinada por T. Hales, Y. Hales e S. G. Soai; o sr. e a sra. Hales escreveram a data a tinta sob suas assinaturas. Durante a experiência o sr. e a sra. Hales e S. G. S. sentaram-se à mesma mesa e, como no teste anterior, a sra. Hales embaralhou e dispôs os cartões quatro vezes antes do início para obter seus quatro códigos que ela copiou na ordem em um pedaço de papel. O sr. Hales usou um pedaço de cartão para deslizar pelas folhas de números ao acaso. Os outros detalhes foram semelhantes aos descritos no planejamento das experiências.

Depois que S. G. S. recebeu os envelopes contendo os resultados das duas primeiras experiências da sra. Stewart, retirou-os da gaveta na primeira oportunidade e levou-os ao escritório de F. Bateman em Burlington Gardens juntamente com as folhas de números ao acaso. Os envelopes foram primeiramente inspecionados e depois abertos por Bateman. Cada folha de adivinhações foi colocada ao lado da folha correspondente de números ao acaso sobre uma mesa e as adivinhações decifradas por Bateman para os números 1-5 por meio do código escrito na folha de números ao acaso, e esses números foram registrados na coluna de adivinhações em branco. S. G. S. nisso não tomou parte, mas ficou sentado observando

Bateman. Quando todos os êxitos (O) foram contados e verificados, e calculados os totais de cada experiência, Bateman cuidou das folhas de números ao acaso bem como das que continham as adivinhações da sra. Stewart. Levou-as para casa a fim de contar os êxitos de +1, –1, +2 e –2 com mais vagar.

Na primeira experiência com a sra. Holding como agente a marcação (O) foi de 63/200, o que representa a sra. Stewart em sua melhor forma.

Na segunda experiência, com a sra. Hales, foi de 58/200.

Temos, portanto, para as duas experiências em conjunto uma marcação total de 121/400, o que corresponde à proporção crítica de 5.12 com probabilidades contra o resultado ser devido à chance na ordem de dois milhões para 1.

Depois desse resultado inesperado ficamos animados e enviamos à sra. Stewart um telegrama de congratulações e mais tarde uma carta.

A terceira experiência foi feita em Jermyn Street, 71, S. W. 1, em 24 de junho, ocasião em que a sra. Holding foi agente e a sra. Harwood (PA). S. G. S. encarregou-se da cronometragem. O procedimento foi o mesmo, em todos os seus detalhes, que se observou na primeira experiência, mas imediatamente após terminarmos a sra. Holding declarou ter a certeza de que os resultados não seriam muito bons. Tinha a impressão de que algo saíra errado e, quando mais tarde Bateman verificou o resultado, descobriu-se que o total era somente de 46/200, marcação de chance.

Mudança de Localização do Agente ([10,11])

Antes de sair da Inglaterra, a sra. Stewart fora informada de que nas noites de segunda-feira o agente seria a sra. Hales, moradora em Denbigh Gardens 22, Richmond, e que nas sextas a sra. Holding faria a transmissão de Jermyn Street. Decidimos – sem participar à sra. Stewart – fazer a quarta experiência de 27 de junho em sua própria casa de Marchmont Road, a sra. Hales atuando como agente. Como o sr. T. Hales não poderia estar presente, combinamos com a sra. Holding para que trabalhasse como (PA).

Quatro folhas de números ao acaso haviam sido preparadas por meio de tabelas no dia da experiência por Bateman, a tinta, em sua própria letra, e em cada folha escrevera: "Números ao acaso escolhidos por F. Bateman". Cada uma delas foi assinada pela sra. Holding e pela sra. Hales; esta última escreveu a data por extenso sob sua assinatura. Como sempre, a sra. Hales escolheu quatro códigos antes do início, e embaralhou os cinco cartões com os olhos fechados. Esses códigos foram registrados imediatamente nas folhas de marcações e copiados em um cartãozinho. Foram verificados pela própria sra. Hales.

Quando o envelope que continha as adivinhações dessa sessão foi recebido da sra. Stewart, foi levado juntamente com o anterior para Bateman em seu escritório. Como antes, os resultados foram decifrados e registrados a tinta por Bateman na folha de números ao acaso sem assistência de S. G. S.

A marcação da quarta experiência foi de 59/200 contra 58/200 obtidos na segunda quando a sra. Hales se achava em Denbigh Gardens. Evidentemente a pequena mudança em localização, desconhecida da sra. Stewart, não afetou a marcação.

Como já se mencionou, a marcação da terceira experiência foi somente de 46/200, um resultado de chance.

Em seguida, sem informar a sra. Stewart, decidimos mudar a quinta experiência de 1.° de julho, de Jermyn Street onde ela esperava que fosse feita, para a casa da sra. Holding em The Crescent, Dollis Hill Lane, Londres, N. W. 2, que fica a uma distância de 5 milhas de Jermyn Street. Nessa ocasião atuou como agente o sr. Holding e como (PA) o sr. Ray Whelan. Quatro folhas de números ao acaso haviam sido preparadas em 29 de junho pelo dr. Hugh Blaney, matemático do Queen Mary College. Os números foram tirados de tabelas e anotados pelo dr. Blaney a tinta. Ele também escreveu em cada folha: "Lista preparada por mim. 29/6/49. Hugh Blaney". A sra. Stewart e S. G. S. ainda não conheciam a casa de Dollis Hill. O sr. Whelan embaralhou os cinco cartões e fez os quatro códigos a serem usados; fê-lo uns minutos antes de começarmos a experiência. Pedimos que verificasse os registros de código nas folhas de números ao acaso. A predição dessa noite por parte da sra. Holding foi: "Não muito om, uns 50."

Cada folha foi assinada pela sra. Holding e o sr. Whelan, e este último registrou, sob sua assinatura, a data a tinta, 1-7-49.

Dessa vez a predição da sra. Holding não deu certo; quando F. Bateman verificou a marcação, esta foi de 63/200 exatamente como na primeira experiência com a sra. Holding em Jermyn Street. Vemos novamente que a mudança de localização, mesmo para um ponto completamente desconhecido à percipiente, não teve efeito sobre a marcação.

Uma Experiência em Oposição a Longa Distância ([10])

No Capítulo XIV descrevemos um considerável número de testes em que dois agentes estavam em oposição (isto é, em cada lance eles estavam olhando cartões diferentes ou neles se concentrando). Decidimos na sexta e última experiência de longa distância tentar um teste em oposição com a sra. Holding e a sra. Hales atuando como os dois agentes, sem nada dizer à sra. Stewart. A experiência caira em uma segunda-feira, 4 de julho, e a sra. Stewart naturalmente supunha que a sra. Hales seria agente, e, para firmar essa crença em sua mente, S. G. S. enviou-lhe uma carta dois dias antes lembrando que o agente no dia 4 seria a sra. Hales.

Os dois agentes foram postos em oposição por meio de códigos opostos conforme se descreveu no Capítulo XIV. Assim, um agente poderia colocar os cartões na ordem H T K C F, enquanto os do outro poderiam ser F C H K T. Consequentemente, quando (PA) estivesse apontando para o número 3, por exemplo, o primeiro agente olharia para K e o segundo para H. A experiência realizou-se em Denbigh Gardens 22, o lugar esperado pela sra. Stewart.

Infelizmente nessa ocasião não houve ninguém para trabalhar como (PA) e S. G. S. teve que ser marcador de tempo (TK) e observador ao mesmo tempo. Conseguiu fazê-lo lendo cada três segundos um número, *ao acaso,* da folha em vez de um número *de série.* Para fazê-lo com êxito conservou o indicador da mão esquerda logo abaixo do número que seria anunciado em seguida. Ouvindo, digamos, "cinco", o agente simplesmente levantava o quinto cartão de sua fileira e olhava-o momentaneamente. Os dois agentes ficaram em lados opostos da mesa com seus grupos de cinco cartões dispostos em códigos opostos. Antes de iniciar a experiência, S. G. S. embaralhou os cinco cartões quatro vezes com os olhos fechados, para obter os códigos que seriam usados pela sra. Hales. Desses quatro arranjos foram construídos códigos opostos para a sra. Holding. Cada agente recebeu um pequeno cartão em que estavam escritos seus códigos para as quatro folhas. Fez-se a mudança de código, como de costume, durante o intervalo de 18 segundos entre as folhas. Para levar em conta o segundo que se economizou pelo uso dessa variação do método usual, S. G. S. fez o primeiro lance em zero e 29 segundos em vez de em zero e 28 segundos.

Ocorreu um incidente que poderia ter sido sério não fosse a pronta ação da sra. Hales. No início da folha n.° 2, S. G. S., num momento de distração, começou a anunciar os números de série 1, 2, 3 . . . A sra. Hales gritou imediatamente "Leia os números!" Sua mente alerta percebera o que estava acontecendo. S. G. S. emendou e fez o quarto lance corretamente com o número certo *ao acaso.*

As folhas de números ao acaso para essa experiência haviam sido compiladas por S. G. S. por meio de tabelas e registradas a tinta nas colunas apropriadas com sua própria letra. Cada folha foi assinada por S. G. S., sra. Holding e sra. Hales que marcou a data 4/7/49 sob as assinaturas.

A sra. Stewart trouxe consigo para a Inglaterra as adivinhações da última experiência e entregou-as a S. G. S. em envelope fechado, no dia 8 de julho, em que foi feita uma sessão em sua casa. Esse envelope, juntamente com o precedente, foi levado ainda fechado ao escritório de Bateman onde este os decifrou e registrou os números nas colunas de adivinhação, sob a observação de S. G. S. As marcações da última (sexta) sessão foram:

Agente	*Marcação*	*Proporção Crítica*
Sra. Hales	56/200	2.83
Sra. Holding	29/200	-1.35

É um resultado típico para um teste em oposição. A mente da percipiente estava conscientemente dirigida para a sra. Hales e, aparentemente, o "rapport" foi estabelecido com ela e não com a sra. Holding, embora esta última normalmente seja um agente quase tão bom quanto a sra. Hales.

À primeira vista a marcação de 29/200 obtida com a sra. Holding pode parecer muito baixa, mas conforme foi dito no Capítulo XI isso é uma consequência lógica da alta marcação – 56/200 – obtida pela sra. Hales. De fato, a marcação esperada com a sra. Holding não é

$\frac{1}{5}$ X 200, isto é, 40, mas $\frac{1}{4}$(200-56), isto é, 36. Assim a marcação

verdadeira com a sra. Holding (29) é somente da expectativa de chance,

comparada com um desvio-padrão de $\sqrt{\frac{1}{4} \text{ X } \frac{3}{4} \text{ X } 144}$, isto é, 5.2.

Assim, o desvio negativo não é significativo.

Totais das Seis Experiências

Consideradas como um todo essas seis experiências são extremamente significativas. Se incluirmos a marcação de 29/200 obtida com a sra. Holding como agente, no teste final, temos no cartão (O) a marcação total de 374/1.400 e, portanto, um desvio positivo da expectativa de chance de 04. Isso corresponde a probabilidades contra a chance que excedem cem milhões para 1. Estritamente falando, a sexta experiência, em que duas marcações em oposição não são independentes, deveria ser excluída do total. Se isso for feito, o desvio no número total de êxitos (O) , nas primeiras cinco experiências, é equivalente a 7.03 desvios-padrões, de modo que as probabilidades contra a chance excedem 10^{11} para 1.

As proporções críticas para as cinco categorias são as seguintes – a marcação em oposição da sra. Holding está incluída:

Pós-cognitiva		*Direta*		*Precógnita*
(-2)	(-1)	(0)	(+1)	(+2)
-2.4	-0.80	+6.3	+1.6	-1.8

Fora a marcação (O) a única marcação que se aproxima de valor significativo é a precógnita (–2). Está abaixo da chance, mas como foi escolhida de quatro deslocamentos as probabilidades contra a existência de pelo menos *um* dos quatro valores tão alto quanto 2.4 não excedem 15 para 1.

O leitor poderá perguntar: Como é que essas marcações de Londres--Antuérpia, obtidas à distância de 200 milhas, comparam com as que a sra. Stewart produz quando ela e o agente se encontram em aposentos contíguos?

Para responder a essa pergunta vejamos as marcações feitas por ela nas seis noites de segunda-feira, nas vésperas de sua visita à Bélgica, quando a sra. Hales, na sala vizinha, foi o agente. Essas marcações, começando com a sessão de 25 de abril de 1949 e acabando com a de 30 de maio de 1949 foram: 62/200; 59/200; 58/200; 57/200; 35/200; 78/250.

As marcações da série de Londres-Antuérpia com a sra. Hales como agente foram: 63/200; 46/200; 63/200; 29/200.

Não é preciso um matemático para decidir, e corretamente, que essas marcações são da mesma ordem daquelas feitas pela sra. Stewart com o agente na sala ao lado. De fato, se omitirmos a marcação em oposição da sra. Holding, de 29/200, as marcações totais dos testes a longa e a curta distâncias são de 345/1.200 e 349/1.200 respectivamente. Os resultados são quase idênticos. Podemos concluir com segurança que, quando a distância entre agente e percipiente é aumentada de 200 milhas, a marcação da sra. Stewart não é afetada. Não precisamos considerar seriamente a hipótese de sussurro porque evidentemente ela não pode explicar as experiências de Londres-Antuérpia e seria absurdo seu postulado especialmente para explicar os resultados obtidos com o agente no aposento vizinho.

Finalmente vamos aproveitar a oportunidade para tratar de uma possível crítica. Poderia ser sugerido que, como a sra. Stewart enviara seus registros para S. G. S., ele houvesse aberto os envelopes com vapor, fechando-os depois novamente. Poderia, portanto, ter alterado as listas de adivinhações da sra. Stewart ou as listas de números ao acaso antes de levá-las a Bateman para serem verificadas. Essas listas todas foram mostradas a cinco membros do Conselho da Sociedade de Pesquisas Psíquicas e todos concordaram que tanto as letras como os números estavam excepcionalmente claros e livres de alterações. Para obter um desvio total positivo de 94 S. G. S. seria obrigado a fazer um número muito grande de alterações se os êxitos da sra. Stewart fossem devidos à chance, e teria sido impossível conseguir isso sem deixar traços muito óbvios.

Além disso será lembrado que na quarta e quinta sessões as listas de números ao acaso mostram a letra de Bateman e do dr. Blaney respectivamente e, em cada página, os compiladores fizeram uma declaração em suas próprias letras. Mais ainda, cada folha foi assinada e datada pelos dois assistentes que tomaram parte nas experiências. A marcação dessas duas sessões é de 122/400, equivalente a 5.2 desvios-padrões, com probabilidades correspondentes de quase cinco milhões para 1. Para *refazer* essas folhas tão perfeitamente, de maneira a enganar os que compilaram e assinaram as listas ou mandar refazer as listas da sra. Stewart seria, no mínimo, um extraordinário feito de falsificação.

Cada algarismo nas listas de números ao acaso está perfeitamente claro. Há somente um número riscado, um "sete" escrito errado pelo dr. Blaney que foi corrigido para "quatro" e que leva suas iniciais. As adivinhações da sra. Stewart também são perfeitamente claras não havendo uma única alteração. Houve quatro ou cinco erros de decifração descobertos por Bateman na segunda verificação, tendo ele colocado suas iniciais em cada alteração na coluna de adivinhações. Somente um deles registrou um êxito direto onde não havia êxito antes. Qualquer pessoa que se aventurar a sugerir que S. G. S. poderia ter alterado os registros antes de serem verificados por Bateman encontrará dificuldade em provar a afirmação, pois os dois compiladores das listas e a sra. Stewart testemunhariam que não houvera alteração dos registros ou assinaturas. Também não seria aconselhável a tal crítico sugerir que S. G. S. e Bateman estavam em entendimento fraudulento porque existe o registro de alta marcação "Blaney" (63/200) a ser explicado assim como as inconfundíveis assinaturas em cada folha das pessoas que assistiram às experiências.

De fato, o crítico seria levado a supor que S. G. S. estaria em entendimento com a sra. Stewart, que por sua vez estaria em entendimento com o sr. Beleyman. Como a sra. Stewart fez marcações acima da chance em dezenas de ocasiões, em que um entendimento assim de nada adiantaria, a suposição de um único ato de conluio com o propósito de dar testemunho de telepatia a longa distância seria altamente improvável.

Segundo os resultados dessa experiência a distância de 200 milhas não é empecilho para o êxito de um teste de telepatia. Não sabemos se o êxito diminuiria ou desapareceria completamente em distâncias muito maiores. Certamente não estamos na posição de dizer que a telepatia seja independente da distância porque não existe trabalho experimental sistemático e suficiente para decidir a questão.

No entanto, o completo fracasso dos testes de Cambridge-Ri- chmond sugere que as ligações de personalidade são mais importantes que uma separação espacial moderada.

CAPÍTULO XVII

Experiências Variadas com a Sra. Stewart

(1) *Cartas de Baralho e Cartões com Cinco Símbolos*

(SESSÕES N.º 91, 93, 95, 97, 98, 100, 102, 104, 106 e 108)

Conforme vimos nos primeiros capítulos deste livro, grande parte do trabalho pioneiro de percepção extrassensorial foi feito com o uso de cartas de baralho e debatemos detalhadamente as desvantagens das experiências com esse tipo de material (vide Capítulo III). No entanto, do ponto de vista estatístico, os testes com cartas de baralho são mais sensíveis do que os feitos com cartões de cinco símbolos. A pequena chance ($p = 1/52$) de que a carta será adivinhada corretamente em qualquer tentativa toma o desvio-padrão para dado número de tentativas muito baixo comparado com o dos cartões de cinco símbolos ($p - 1/5$). Por conseguinte, se o paciente marcasse na mesma média intrínseca com cartas de baralho e com cartões Zener, precisaria de número muito maior de adivinhações para obter o mesmo grau de valor.

Seria, portanto, interessante descobrir se a sra. Stewart marcaria a mesma média intrínseca com cartas de baralho que marcara com os cinco cartões de animais.

O MÉTODO

Para cada noite de trabalho as colunas-V de quatro folhas foram preenchidas de números ao acaso, 1-52, tirados das tabelas Fisher, e as de outras quatro folhas com números ao acaso compilados como era o costume. Números de código foram dados arbitrariamente a cada uma das 52 cartas de baralho e os códigos anotados em um livro. De um grande estoque de cartas de baralho, todas da mesma fabricação e estilo, foram feitos quatro maços de 50 cartas cada um – um para cada uma das quatro folhas – e os maços foram ordenados de cima para baixo de acordo com as listas de números ao acaso. Cada maço foi colocado em um envelope, e os envelopes numerados de 1 a 4 para indicar a ordem em que deveriam ser usados pelo agente.

O plano era alternar as cartas com cartões de cinco símbolos em folhas de cinquenta. Em quatro de dez sessões as folhas 2, 4, 6 e 8 foram dedicadas às cartas e as de N.º 1, 3, 5 e 7 aos cartões. Nas outras seis vezes, as folhas ímpares foram dedicadas a testes com cartas de baralho.

A sra. Hales foi agente em todos os testes, exceto na sessão 98, de 25 de abril de 1949, quando esteve ausente e o dr. H. S. Allen foi o agente.

A princípio a sra. Stewart achou difícil adaptar-se às cartas e precisava pensar antes de anotar a adivinhação. Nas primeiras quatro ocasiões (sessões 91, 93, 95 e 97) ela mesma controlou o ritmo de maneira que o agente não levantasse a carta seguinte, do maço, antes que ela anunciasse "certo" – o sinal de que já anotara a adivinhação. Na primeira sessão, levou algumas vezes 127 ou 128 segundos para fazer uma coluna de 25 adivinhações. Quando se acostumou com os símbolos das cartas de baralho, conseguiu reduzir o tempo para 80 segundos. Começando com a sessão 98 adotamos a seguinte técnica. (P A) anunciava os números de série 1-25 com intervalo de 3 segundos, marcados por um cronômetro. Antes de iniciar uma folha de 50, o agente tirava o maço certo do envelope e colocava-o virado no fundo da caixa. Enquanto (P A) anunciava os números de série, o agente levantava as cartas uma a uma, olhava-as e depositava-as viradas em outra pilha. Uma coluna de 25 tentativas passou a levar exatamente 75 segundos.

Na sessão 98 e nas que se seguiram o biombo ficou na posição 2, perto da janela (vide planta da sala) e o agente ficou por detrás do biombo do lado da janela. As folhas alternadas de cinco símbolos foram experiências comuns de TTN (30).

A verificação dos testes de cartas de baralho foi feita da seguinte maneira: Uma pessoa lia em voz alta as adivinhações da sra. Stewart, dando o nome todo de cada símbolo. Uma segunda pessoa anunciava o número de código correspondente da lista de códigos que conservava em sua frente. Bateman registrava o número de código da adivinhação na cela apropriada da coluna de adivinhações da folha de marcações. A decifração era verificada novamente quando houvesse tempo.

OS RESULTADOS

Nas 2.000 tentativas com cartas de baralho houve 78 adivinhações corretas comparadas com uma expectativa de chance de 1/52 X 2.000, isto é, 38.46. A sra. Stewart obteve cerca do dobro do número de êxitos que poderia obter se somente a chance estivesse atuando.

Com $p = 1/52$, o desvio-padrão é de 6.14 com probabilidades correspondentes de mais de 500 milhões para 1 contra a hipótese de chance. Nesse caso, devido ao grande significado do desvio não há razão para aplicar correção a qualquer erro que surja do uso de tabelas "normais", como fizemos na experiência de Coover.

Nas 2.000 tentativas com os cartões de cinco símbolos ela marcou 549 êxitos, o que dá um excesso de 149 sobre o número de chance. O desvio-padrão, nesse caso, é de 17.89 e temos uma proporção crítica de 8.33 com probabilidades correspondentes acima de 10^{15} para 1. Tendo marcado magnificamente com as cartas de baralho, ela marcou ainda melhor com os cartões de cinco símbolos.

Quando uma pessoa adivinha cartas poderíamos supor que a marcação verdadeira obtida consistisse dos êxitos que são o resultado da chance e dos que são devidos à percepção extrassensorial. Contudo, essa hipótese pressupõe certa teoria de como funciona a percepção extrassensorial. Pressupõe que certas cartas são completamente conhecidas pela faculdade que chamamos de percepção extrassensorial e que outras não são, mas que algumas delas são êxitos causados pela chance. A teoria pode ser investigada, como aliás já foi. Sem dúvida, é fácil imaginar uma possibilidade de alternativa. Por exemplo, poderia ser que a percepção extrassensorial não se restringe a certas ocasiões e opera em todas as adivinhações da sequência. Se em cada tentativa a percepção extrassensorial dissesse ao paciente que o cartão *não era,* digamos, um elefante, isso aumentaria sua probabilidade de adivinhar o cartão corretamente de um quinto para um quarto. Ele ainda marcaria significativamente acima da chance sem conhecer completamente nenhum dos alvos.

Mas supondo que a *primeira* teoria seja correta, embora não possamos dizer em nenhuma experiência quantos êxitos são devidos unicamente à percepção extrassensorial, podemos estimar o valor provável do número de êxitos devidos a ela. Chamamos esse número de marcação "intrínseca". No Apêndice B, 12, mostramos como calcular essa marcação intrínseca, embora, conforme sugerimos, a lógica do processo esteja cheia de falhas; usamos a fórmula tão simplesmente por falta de método melhor.

Podemos definir a porcentagem intrínseca, I, como

$$\frac{100 \text{ X marcação intrínseca}}{\text{Número total de adivinhações}}$$

Aplicando a fórmula do Apêndice descobrimos, na experiência acima, que para as 2.000 tentativas de cinco símbolos a porcentagem intrínseca é de 9.31, e nas 2.000 com cartas de baralho é somente de 2.02.

Isso significa, por alto, que quando a sra. Stewart está adivinhando as iniciais dos cinco animais (C, F, H, K e T) ela *conhece* por percepção extrassensorial cerca de um cartão em cada onze, mas quando está adivinhando cartas ela conhece cerca de uma carta em cinquenta. (*) Em outras palavras, sua verdadeira média de marcações é cerca de quatro vezes mais alta do que com os cartões.

Ainda precisamos mostrar que a diferença entre 9.31 por cento e 2.02 por cento, embora pareça grande, não é uma simples flutuação de exemplo. Para fazer isso calculamos dos próprios dados a variância observada por 25 tentativas das porcentagens de marcação intrínseca para cartões e cartas. A variância para os cartões é relativamente grande, de 139.7, mas a das cartas é, em comparação, pequena, 8.41.

Portanto, a variância da diferença das duas médias de porcentagem é (139.7 + 8.41) /80, isto é, 1.85. O desvio-padrão da diferença é *y*/ 1.85, isto é, 1.36. Por conseguinte, a diferença real 9.31-2.02, isto é, 7.29, equi-

(*) O número de êxitos em um maço de 50 cartas de baralho variou entre 0 (19 vezes) e 3 (duas vezes).

vale a 5.3 desvio-padrões, e as probabilidades contra a existência de tal diferença pela chance são cerca de dez milhões para um. Não pode haver dúvida de que a sra. Stewart marcou melhor com os cartões do que com as cartas de baralho, e o dr. Rhine estava certo ao substituir as cartas de baralho por cartões Zener em experiências de percepção extrassensorial.

DIVERSOS ASPECTOS DAS CARTAS DE BARALHO ([3])

Quando uma pessoa adivinha cartões com cinco símbolos geométricos ou com as iniciais de cinco nomes de animais, ela está certa ou errada, mas no caso de cartas de baralho, escolhidas ao acaso de um maço de 52, pode estar somente em parte certa, como ao dizer, por exemplo, rei de espadas em vez de rei de copas. Ou pode errar o valor e o naipe, mas adivinhar corretamente que a carta é vermelha e não preta.

A probabilidade de adivinhar corretamente o valor é de 1/13, o naipe 1/4 e a cor 1/2. Um aspecto interessante do trabalho da sra. Stewart com cartas é que sua faculdade de percepção extrassensorial parece sentir a carta como um objeto unitário. Em outras palavras, quando ela está empregando percepção extrassensorial e não simplesmente adivinhando, ela acerta a carta inteiramente. Não há significativo excesso de casos em que a carta seja corretamente percebida, digamos, somente na cor e no naipe, mas não em seu todo.

A análise simples que se segue tomará isso claro. Em suas 2.000 tentativas, a sra. Stewart acertou a carta em cheio 78 vezes, mas alguns desses êxitos foram produzidos pela chance e não por PES. Usando o método descrito no Apêndice B, 12 com $p = 1/52$ em vez de $p - 1/5$ descobrimos que o número mais provável de êxitos devidos a PES é 40.3. Eles estão realmente certos quanto à cor, naipe e valor, e é nas 2.000 – 40.3 restantes, isto é, 1.959.7 tentativas, que devemos basear nossas expectativas de chance quanto à cor, naipe e valor, tomados separadamente. As expectativas são: cor, 979.8; naipe 489.9 e valor 150.7.

Contaram-se os êxitos reais em todas as 2.000 tentativas: cor, 1024; naipe, 516; valor, 176. Depois de subtrair 40.3 de cada um desses totais, obtemos a seguinte comparação de valores esperados e observados mais próximos do número inteiro:

	cor	*naipe*	*valor*
Esperado	980	490	151
Observado	984	476	136

Os desvios da expectativa de chance são +4, –14, e –15 respectivamente. Os desvios-padrões para cores, naipes e valores são aproximados dos números inteiros, 22, 19 e 12 respectivamente, e, portanto, nenhum dos desvios observados se aproxima de valor significativo. Não há, pois, evidência no trabalho da sra. Stewart de que ela obtenha êxito parcial nos componentes isolados de cor, naipe e valor.

Entretanto, esse não tem sido o caso em experiências felizes quando é empregado material de dois ou mais aspectos. Exemplo contrário é o trabalho de Brugmans (*) que se discutiu no Capítulo U. Será lembrado que o paciente ficou sentado em frente de uma espécie de tabuleiro de xadrez com oito fileiras de pequenos quadrados. As colunas foram marcadas de A a H e as fileiras numeradas de 1 a 6 de maneira que os pesquisadores, no aposento de cima, podiam escolher qualquer quadrado ao acaso, retirando uma letra e um número de duas caixas ou sacolas. Depois eles tentavam influenciar o paciente telepaticamente de modo a fazê-lo tocar esse determinado quadrado.

Em 187 tentativas, o paciente, Van Dam, obteve 60 êxitos completos, quando a expectativa era de somente 1/48 X 187 ou quase 4. O paciente, no entanto, podia escolher a fileira certa ou coluna certa sem acertar o quadrado preciso. Ao todo, ele obteve 92 êxitos em 8 letras e 102 êxitos em seis números, mas eles incluem 60 casos em que o próprio quadrado foi acertado. O número provável de êxitos no quadrado devido a percepção extrassensorial é de 57. Isso nos deixa com 130 tentativas, em que deveríamos esperar uma letra certa pela chance cerca de 16 vezes, e um número 22 vezes, ao passo que Van Dam marcou 32 êxitos nas letras e 42 nos números. Assim seu desvio da expectativa de chance nas letras foi +16 e nos números –1–20. Equivalem a 4.2 e 4.7 desvios-padrões respectivamente e não têm, portanto, significação. Em seu caso, portanto, temos abundante testemunho de que mesmo quando o adivinhador não acertou o quadrado determinado pelos pesquisadores, ainda pôde frequentemente acertar a fileira ou a coluna em que o quadrado estava situado.

(*) II,6.

Se sua percepção extrassensorial não era suficientemente precisa para localizar o quadrado exato, podia, entretanto, dizer-lhe somente que o quadrado estava certas vezes em determinada fileira da coluna e, nesse caso deveríamos esperar que ele acertasse o quadrado exato por meio de uma combinação de chance e telepatia $\frac{92 \times 102}{187}$, isto é, 50 vezes, mas como vimos ele obteve êxito completo em não menos de 60 vezes. Há alguma evidência, embora não concludente, de que houve mais que uma associação de chance entre o êxito nas fileiras e nas colunas.

Nas experiências de Coover (*) com cartas de baralho, por outro lado, não há evidência de que, além dos êxitos completos de cartas, seus pacientes estivessem marcando significativamente nos aspectos isolados de naipe ou valor.

(2) *Cartões de Dois e de Cinco Símbolos*

(SESSÕES 69-76, 78, 80, 82, 84, 86 e 88)

Entre 13 de dezembro de 1948 e 28 de fevereiro de 1949, catorze sessões foram dedicadas a uma tentativa de descobrir se a marcação intrínseca da sra. Stewart era mais alta com uma escolha de cinco símbolos do que com escolha de somente dois símbolos. Para tomar as outras condições o mais uniformes possíveis, empregamos as mesmas letras iniciais (C, F, H, K, T) de nomes de animais nos dois tipos de testes. Nas experiências com dois símbolos foi essencial assegurar que cada uma das cinco letras fosse apresentada ao agente o mesmo número de vezes para eliminar o efeito de diferenças na média de marcação entre os próprios cinco símbolos. Isso foi conseguido inserindo nas quatro folhas de testes de cinco símbolos dez blocos de 20 tentativas de dois símbolos e usando para cada bloco um par diferente de letras escolhidas das dez seleções binárias possíveis das cinco letras.

Para citarmos um caso, na sessão 69, em 13 de dezembro, as folhas 1, 3, 6 e 9 foram experiências comuns de TTN (30) com os cinco cartões

(*) II, 6.

dentro da caixa e o agente embaralhando os cartões no final de cada folha de cinquenta tentativas. Antes do início de cada *coluna* das folhas 2, 4, 5, 7 e 8, (PA) disse à sra. Stewart qual seria o par de letras que o agente usaria para aquela coluna. Os pares para as dez colunas foram: FC, KH, FT, HC, KT, KC, TH, KF, CT e FH nessa ordem. Vê-se que cada letra ocorre somente quatro vezes. Houve variações na ordem das dez escolhas em diferentes ocasiões e também no arranjo das folhas. Por exemplo, em 31 de janeiro de 1949, as folhas 1, 3, 5 e 7 foram testes de cinco símbolos, e as folhas 2, 4, 6 e 8 experiências de dois símbolos.

O agente para dez das catorze sessões foi a sra. Hales, para duas outras a srta. J. Edis, enquanto que a sra. Holding e a sra. S. A. Edis foram agentes em uma sessão cada uma.

Antes de cada experiência, escolheu-se ao acaso uma sequência dos dígitos 1 e 2, nas tabelas Tippett de números ao acaso. 200 dígitos escolhidos dessa maneira foram escritos nas primeiras 20 celas das colunas de números de cinco folhas. Uma sequência ao acaso de dígitos 1-5 escolhidos igualmente das tabelas Tippett foi escrita de maneira usual nas 25 celas das oito colunas de números das outras quatro folhas.

Empregou-se a técnica de TTN (30) nas duas espécies de testes, e a única diferença foi que nos testes de dois símbolos o agente embaralhou seu par de cartões e os olhou durante 30 segundos no início de cada *coluna.*

Na primeira sessão da série a sra. Stewart nos disse que não esperava obter êxito na adivinhação de somente dois símbolos.

OS RESULTADOS

Nas 2.800 tentativas de dois símbolos houve 1.467 êxitos contra uma expectativa de 1.400. Temos assim um desvio de +67 que equivale a 2.53 desvios-padrões, e as probabilidades contra a chance são cerca de 87 para 1, um resultado de significado marginal.

Nas 2.800 tentativas de cinco símbolos não houve não menos que 702 êxitos diretos, o que dá um excesso de 142 acima do número que a chance poderia produzir. A proporção crítica é 6.71 e as probabilidades contra a chance são de mais de 10^{10} para 1.

As médias de porcentagem intrínseca para os testes de dois símbolos e de cinco são 4.78 e 6.34 por cento respectivamente. Mas a diferença entre as duas médias intrínsecas de marcação não é nada significativa. A variância de I_2, porcentagem intrínseca para dois símbolos, é muito grande e dá 713.1 por 25 tentativas, enquanto que para I5, porcentagem intrínseca para cinco símbolos, é somente 103.6 por 25 tentativas. Por conseguinte, a variância da diferença das duas médias de porcentagem é (713.1+103.6) 112, isto é, 7.29. Isso dá um erro normal para a diferença de 2.7 que é maior do que a diferença observada (6.24-4.78), isto é, 1.56. Realmente, embora somente apareça um significado marginal nos resultados das 2.800 tentativas com dois símbolos, o número provável de êxitos devidos à percepção extrassensorial é 134 que se apresenta favoravelmente ante 177, o número provável obtido pela percepção extrassensorial com os cinco símbolos. É bem possível que um número muito maior de tentativas revelasse que os cartões de cinco símbolos mostram um valor superior sobre os cartões de dois símbolos, mas na presente escala de experiências a grande variância das tentativas de dois símbolos oculta completamente qualquer diferença real que possa haver.

Certamente o teste de percepção extrassensorial é, do ponto de vista estatístico, um método desperdiçado e insensível; a sra. Stewart, pelo menos, considerou-o incrivelmente monótono.

Experiências de Distração

(SESSÕES 60, 61, 63, 66 e 67)

Entre 11 de outubro e 6 de dezembro de 1948 foram feitas experiências para testar se a sra. Stewart obteria maior êxito quando (AP) conversasse com ela durante as anotações de suas adivinhações do que quando reinasse o silêncio. Durante a marcação das folhas 1, 3, 5, 7, a paciente e (AP) puderam rir e conversar à vontade, e (AP) procurou manter uma prosa alegre. Em algumas ocasiões a paciente dispensou o aviso de "certo" depois de cada adivinhação. Para as folhas 2, 4, 6 e 8, entretanto, a paciente e (AP) permaneceram em silêncio durantes 50 tentativas exceto quando a paciente anunciava "certo". Isto é, no que concerne à paciente e a (AP), a atmosfera foi rígida e formal durante as folhas pares, mas alegre e informal nas folhas ímpares. Desnecessário dizer que não se permitia ao agente, na sala, falar durante a apresentação dos cartões em nenhuma ocasião. As experiências informais foram chamadas de TTN (30) D e as formais TTN (30) S, em que D e S representam *distração* e *silêncio* respectivamente.

O mesmo método foi usado em duas outras sessões, N.º 64 e 65, mas como se empregaram agentes em oposições nelas, achamos melhor excluí-las da contagem. As pessoas que trabalharam como (AP) nessa série foram F. Bateman, dr. Brendel e srta. J. Edis, todos ótimos conversadores. Na sessão N.º 63, o dr. Brendel tentou ver o efeito da leitura em voz alta do *Daily Telegraph* e leu também algumas poesias. A sra. Stewart, porém, declarou que detestava leitura em voz alta, e abandonaram então essa prática. Os agentes empregados nessa série foram: srta. J. Edis, dr. Allen, sr. e sra. J. Hazell, dr. Brendel e sra. Hales, cada um em uma única ocasião.

Na série TTND ou de "conversação", a marcação total foi de 279/1.000, enquanto na série de "silêncio" foi de 268/1.000. Os dois resultados foram altamente significativos com probabilidades contra a chance que excederam 500 milhões para 1 no primeiro caso e 5 milhões para 1 no segundo. Mas a diferença de 11 entre as duas marcações não é nada significativa. Talvez não devêssemos esperar tanto da experiência. Por ter estado a sra. Stewart distraída e alegre durante dois minutos e meio não era de esperar que seu mercúrio espiritual caísse a zero durante os dois minutos e meio seguintes de silêncio formal. Talvez ela ainda estivesse gozando as brincadeiras do período anterior ou antecipando o próximo intervalo de brincadeiras.

O que a experiência parece mostrar é que a conversação não interfere na atuação de sua faculdade de percepção extrassensorial, mas isso era de esperar porque ela não se esforçou para concentrar-se durante as adivinhações. Como Shackleton, ela escreve suas letras quase automaticamente sem esperar que qualquer imagem visual penetre sua mente. Se o sussurro involuntário do agente na sala ao lado fosse a fonte de seu êxito, deveríamos ter descoberto uma queda considerável nas marcações quando uma pessoa próxima estivesse bombardeando-a com conversa contínua e acessos de riso. A condição de "silêncio" seria mais favorável para captar os fracos sussurros, mas os resultados nada mostram sobre isso. Embora a marcação do total de 2.000 tentativas, D e S, seja de 547, com a proporção crítica de 8.2, não é possível concluir que a tentativa de divertir a sra. Stewart afetara sua percepção extrassensorial. Lembrem-se que nos 2.000 testes de cinco símbolos que foram alternados em grupos de 50 com cartas de baralho houve uma marcação quase idêntica de 549 êxitos diretos e, nesse caso, não houve esforços especiais de (AP) para sustentar uma conversa alegre. No entanto, a comparação é complicada pelo fato de que, na última série, estávamos empregando quase que exclusivamente um de nossos melhores agentes, a sra. Hales.

Experiências com Biombos de Chumbo

(SESSÕES 22, 23, 34 e 35)

Sugeriu-se frequentemente ([1,2]) que a telepatia pode operar através de alguma espécie de radiação física que emana do cérebro do agente e invade o cérebro do paciente. O fenômeno de telepatia precógnita, se fosse plenamente estabelecido, naturalmente tornaria a teoria de radiação muito improvável, visto que na física um efeito nunca pode preceder a causa. Há muitas provas de que o pensamento é acompanhado de distúrbios elétricos dentro do córtex cerebral, mas tanto quanto sabemos pouco se sabe sobre a emissão de radiação eletromagnética pelo cérebro humano. Mesmo que fosse demonstrado que, quando formamos imagens mentais, ondas-padrões complexas se propagam no espaço, não seria fácil entender como esses padrões, invadindo outro cérebro, poderiam gerar imagens semelhantes que lhe fossem inteligíveis. Além disso, milhões de padrões diferentes de sem-número de cérebros humanos estariam todos invadindo o cérebro do paciente ao mesmo tempo, sendo difícil acreditar que isso não resultasse em uma incrível confusão. No momento não há razões para supor que o cérebro contenha algo semelhante a um aparelho de rádio. A verdade é que nossa total ignorância com relação à ligação, se é que há, entre a atividade cerebral e pensamentos específicos, toma qualquer teoria de onda de telepatia uma hipótese inútil hoje em dia. Antes que algum progresso possa ser alcançado nesse sentido, precisaremos de um conhecimento muito mais detalhado dos padrões de impulso elétrico produzidos no cérebro quando fazemos tipos definidos de operações mentais. Cremos ser um erro insistir, como tantos autores preeminentes em questões de telepatia fizeram, que as teorias de radiação física são impossíveis ou mesmo absurdas. O dr. A. J. Robertson ([1]) salientou que muitas das objeções usuais, tais como a necessidade de um código pelo qual o paciente descobre a significação das ondas-padrões que invadem seu córtex, ou o fato de que a telepatia não parece obedecer a leis dos quadrados inversos, não são, por análise, tão insuperáveis como podem parecer à primeira vista.

Por exemplo, Robertson observa que se conhecem sistemas físicos e biológicos em que o efeito produzido por dado estímulo não depende do tamanho do estímulo, contanto que esteja acima de certo valor limiar. Assim, quando uma única fibra nervosa é estimulada, o resultante distúrbio elétrico transmitido ao longo da fibra é independente do tamanho do estímulo. Um declínio na intensidade da radiação não significaria necessariamente uma perda de inteligibilidade. Ou poderia mesmo haver no cérebro um mecanismo receptor que tenha uma reação proporcional ao logaritmo da magnitude do estímulo, de modo que um grande declínio em intensidade de radiação produziria somente uma pequena mudança na magnitude da reação.

Se houvesse algum meio pelo qual os padrões de ondas no cérebro do agente produzissem padrões semelhantes no cérebro do paciente, tais padrões poderiam ser interpretados pelo último sem uso de nenhum código.

A telepatia poderia, em sua função, assemelhar-se a um aparelho de televisão. As figuras mentais constituem uma linguagem universal.

Existem, no entanto, sérias objeções a tais argumentos. Em seu recente livro *The Living Brain* (O Cérebro Vivo), (Duckworth, 1953), W. Grey Walter ([4]) mostrou que a produção de energia do córtex cerebral seria inadequada para qualquer radiação em longas distâncias. O raio deveria ser estreitamente focalizado visto que deve produzir um padrão geométrico específico no córtex do paciente. Lashley e outros mostraram que a contagem de células do córtex varia enormemente de uma pessoa para outra. É difícil, portanto, ver como o padrão de radiação do agente poderia igualar exatamente a área de recepção do paciente. Além disso, supondo que um padrão espacial seja transmitido, a frente de cada onda (*) deve possuir precisamente a curvatura correta e o cérebro do receptor deve ser orientado muito exatamente em relação a essa frente de onda. E mesmo que o padrão irradiado não seja espacial, mas tempo-modulado, ainda resta a deficiência de energia mencionada por Grey Walter.

(*) Devemos ao dr. G. D. Wassermann os argumentos do último parágrafo.

Experiências com Câmara de Raio-X

As experiências com anteparo que se seguem somente podem ter pequeno valor científico e vamos descrevê-las simplesmente para fazer trabalho completo.

Foram feitas duas experiências com a sra. Stewart sentada dentro da câmara de raio-X do Royal Free Hospital. Na primeira, em 6 de maio de 1946 (sessão 22) estiveram presentes o dr. E. Ulysses Williams, radiologista, e sua assistente, srta. McCluskey. A sra. Y. Hales foi agente, Bateman atuou como (AP) e S. G. S. como (PA). A sra. Stewart ficou com Bateman junto a uma mesinha dentro da câmara que tinha um forro de chumbo de 2 milímetros de espessura e quatro janelas de vidro de chumbo. Os outros ficaram do lado de fora da câmara, e o painel de acesso ficou completamente fechado durante a experiência. A paciente ficou sentada a um pé da parede fronteira, e a três pés a sua direita ficava a única janela de vidro de chumbo dessa parede. O agente ficou sentado do lado de fora em frente da paciente a três pés da parede, de maneira que a linha ligando suas cabeças era perpendicular à parede de chumbo. O agente e (PA) ficaram junto a uma mesa com o biombo de madeira compensada e a caixa contendo os cinco cartões. O dr. Williams vigiou S. G. S. que apresentou os números ao acaso na abertura, e a srta. McCluskey vigiou a sra. Hales que tocava os cartões em resposta aos números ao acaso. O método usado foi de TTN (30) e chamou-se a experiência TTN (30) X, em que X representa sala de raio-X. A sra. Stewart anunciava "certo" depois de cada adivinhação.

No final de oito folhas, a paciente e (AP) saíram da câmara e (AP) entregou a S. G. S. a lista de adivinhações. S. G. S. leu em voz alta as adivinhações da sra. Stewart; o dr. Williams verificou-as, e Bateman decifrou e registrou os números das folhas de números ao acaso, que a sra. Hales verificou. O registro do código depois de cada folha foi testemunhado pela srta. McCluskey.

A marcação total foi de 116/400 e as probabilidades correspondentes contra a chance de mais de 140.000 para 1.

Na sessão seguinte (N.° 23), em 15 de maio de 1946, o dr. Williams não compareceu, mas a srta. McCluskey estava presente. Nessa ocasião F. Bateman foi o agente e a sra. Hales atuou como (AP) e S. G. S. como (PA). O paciente e (AP) ficaram novamente dentro da câmara fechada, a cabeça da paciente a uma distância de um pé da parede fronteira, na mesma posição da sessão anterior. O agente ficou sentado de costas para a câmara a cerca de três pés de distância. O biombo de sempre estava sobre uma mesa entre o agente e (PA). Os cinco cartões estavam dentro da caixa. Um anteparo de borracha impregnado de chumbo foi preso à parede dentro da câmara de modo que ficasse entre a cabeça do agente e a da paciente. A srta. McCluskey permaneceu do mesmo lado do biombo que S. G. S. O método usado foi de TTN(30)X. A sra. Stewart anunciou "certo" depois de cada adivinhação. No final de oito folhas as adivinhações foram lidas em voz alta por S. G. S.; a srta. McCluskey verificou-as, enquanto Bateman decifrava e registrava os números nas folhas de números ao acaso, e nisso a sra. Hales procedeu à verificação.

A marcação em êxitos diretos foi de 126/400 com probabilidades contra a chance de mais de cem milhões para um.

É bastante evidente que as marcações dessas duas sessões mostram a sra. Stewart em sua melhor forma e que a parede de chumbo entre o agente a paciente não afetou os resultados. Por outro lado, o forro de chumbo tinha somente dois milímetros de espessura e pode ter havido vazamento através das janelas de vidro de chumbo, de modo que a experiência afinal de contas não teve muito valor. Mostrou, entretanto, que a sra. Stewart podia produzir bons resultados em lugar estranho e sob a observação de duas testemunhas atentas.

Experiências com um Único Anteparo de Chumbo

Em janeiro de 1947, S. G. S. conseguiu, graças à amabilidade do coronel Langley, da Lead Sheet and Pipe Manufacturers Federation, seis folhas de chumbo cada uma de três pés quadrados e 1/4 de polegada de espessura. Essas folhas foram empilhadas e colocadas em armação de madeira sobre um suporte que o dr. Brendel gentilmente construiu. O suporte tinha dois pegadores, podendo ser movido por dois homens com certa dificuldade. Assim a massa de chumbo de 1.1/4 polegadas de espessura foi fixada na posição vertical.

Esse biombo foi usado pela primeira vez na sessão 34, em 27 de janeiro de 1947. A sra. Stewart ficou sentada na sala perto da lareira com a cabeça à distância perpendicular de cinco pés do centro do biombo. Em uma das beiradas do biombo foi colocada a mesa de jogo com o biombo comum e a caixa de cartões. O agente, F. Bateman, permaneceu sentado com a cabeça perto do biombo de chumbo e, do outro lado do biombo de madeira compensada, ficou S. G. S. mostrando, na abertura, os números ao acaso. Estiveram também presentes a sra. Y. Hales que marcou o tempo, o dr. Brendel e os srs. D. A. Stewart, D. Makgill e A. Stewart que ficaram sentados perto da lareira. Não podiam ver o agente nem a caixa de cartões.

Dedicaram-se somente cinco folhas a essa experiência, sendo o método TTN (30). A essa experiência foi dada a designação de TTN (30) L, em que L representa *lead screen* (biombo de chumbo). F. Bateman e o dr. Brendel fizeram a decifração e a verificação. A marcação direta foi de 74/250 e as probabilidades contra a chance mais de 6.000 para 1. Não há dúvida de que a média de marcações – 7.4 êxitos por sequência de 25 – está próxima do nível normal da sra. Stewart e não há evidência de inibição causada pelas folhas de chumbo. Havia, entretanto, possibilidades de reflexo de objetos, na sala, de qualquer radiação que emanasse do cérebro do agente, não podendo a experiência ser considerada concludente. Naturalmente não há também certeza de que a radiação, se existia, seria absorvida pelo chumbo.

As folhas 6-8 foram de TTN (30) comum sem o anteparo de chumbo. Esses testes não foram de "controle" porque se fosse essa nossa intenção deveríamos ter alternado os dois tipos de experiência em grupos de 50 tentativas como de costume. Estávamos querendo saber se poderia ser obtida uma marcação alta com o agente e a paciente separados por uma distância de 5 ou 6 pés. Para que a paciente junto à lareira não pudesse ver o rosto do agente nem os cartões, o agente e (PA) mudaram de lugar, de maneira que a sra. Stewart poderia ver os números ao acaso, se quisesse olhar, além das pernas do agente sob a mesa de jogo.

A marcação de 39/150 está acima da expectativa de chance (30) mas não muito significativamente. A interpretação mais provável é que ela representa um declínio de sessão da alta marcação anterior, como notamos frequentemente com Shackleton nas últimas duas folhas.

Na sessão seguinte, de N.º 35, em 3 de fevereiro de 1947, usou-se novamente o mesmo anteparo de chumbo, mas desta vez ele foi colocado na cozinha. A sra. Stewart ficou perto da lareira na sala com a cabeça a uma distância perpendicular de dez pés do centro do anteparo. Diretamente atrás do anteparo achava-se a mesa de jogo com o biombo de madeira compensada e a caixa de cartões.

O agente, dr. Brendel, sentou-se perto do centro do anteparo de chumbo enquanto S. G. S. que atuava como (PA) ficou junto à beirada mais distante do biombo. A sra. Stewart, David Makgill e A. Stewart, todos sentados junto à lareira. F. Bateman agiu como (AP), sentou-se ao lado da sra. Stewart e anunciava "certo" depois de cada adivinhação. As folhas 1-5 foram dedicadas a TTN (30) L. Como na sessão anterior, a decifração e verificação foram feitas por F. Bateman e dr. Brendel. A marcação direta atingiu 72/250 e as probabilidades contra a chance excederam de 1.700 para 1.

Para as folhas 6-8 o anteparo foi removido; empregamos o método comum de TTN (30) continuando como agente o dr. Brendel. Durante os trabalhos a porta entre a sala e a cozinha ficou entreaberta. Durante as três ou quatro últimas folhas, a sra. Stewart fez palavras cruzadas entre uma coluna e outra. Ela declarou não sentir-se cansada. A marcação das folhas 6-8 foi de 33/150, um resultado de chance. Ainda uma vez observamos um curioso declínio depois da remoção do anteparo de chumbo.

Mas se combinarmos os resultados das sessões 34 e 35 e usarmos a variância observada, veremos que a diferença 7.3-6.0, isto é, 1.3, entre as médias de marcações por 25 tentativas para as folhas 1-5 e 6-8, não se aproxima de valor significativo.

Teria sido mais satisfatório se a paciente ficasse completamente fechada em uma espessa câmara de chumbo, mas isso não era possível e a construção de tal câmara na época seria um projeto dificilmente exequível.

Experiências com Cartões Zener

Nas duas últimas sessões, as de N.º 129 e 130, com a sra. Stewart, empregamos cartões Zener em vez de cartões com nomes de animais. Nessa época sua adivinhação caíra até o nível de chance e, na esperança de que a novidade estimulasse seus poderes enfraquecidos, mudamos para os símbolos usados pelo dr. Rhine, com os quais ela obtivera grande êxito em 1936. Empregou-se o método comum de TTN (30) e no registro das adivinhações ela escreveu 0 (zero) para o círculo, o sinal + para soma, R para retângulo, E para estreia e LO para linhas ondulantes. Em ambas as experiências a sra. Holding foi o agente, e a sra. Stewart permaneceu na cozinha com F. Bateman que atuou como (AP) e (TK).

No dia 16 de janeiro de 1950 a marcação direta foi de 86/400, e na de 23 de janeiro, de 78/400. São meros resultados de chance. As marcações de deslocamento também não foram significativas.

CAPÍTULO XVIII

Apreciação Geral dos Dados

Entre agosto de 1945 e janeiro de 1950 realizaram-se 130 sessões com a sra. Stewart. Com exceção de duas experiências feitas no Royal Free Hospital e das seis sessões da série Londres-Antuérpia, (*) os trabalhos foram feitos em sua própria casa em Marchmont Road, Richmond, Surrey. Dado o fato de que S. G. S. e F. Rateman estavam inteiramente ocupados por trabalhos profissionais não foi possível fazer as experiências regularmente. Em 1945, fizeram-se 12 sessões; em 1946, 21; em 1947, 12, e nos anos de 1948 e 1949, 27 e 56 respectivamente; as últimas duas experiências foram feitas em janeiro de 1950. Executou-se mais de metade do trabalho em 1948 e 1949, período em que S. G. S. teve uma bolsa de estudos para pesquisas psíquicas no Trinity College, Cambridge. Esses foram os anos mais trabalhosos, e durante meses duas noites da semana eram dedicadas a experiências. Até o verão de 1947, a sra. Stewart não recebeu remuneração por seus serviços, mas no outono daquele ano, ela nos disse que as circunstâncias financeiras não lhe permitiriam continuar o trabalho sem algum pagamento pela perda de tempo. Felizmente nessa época S. G. S. recebeu uma doação da Comissão Central de Pesquisas da Universidade de Londres que foi usada para a continuação das experiências, se bem que a intervalos irregulares. Uma soma maior, fornecida pela bolsa de estudos, permitiu que se prosseguissem os trabalhos em ritmo mais rápido em 1948 e 1949.

Infelizmente, quando reiniciamos o trabalho depois das férias de verão de 1949, descobrimos que as marcações da sra. Stewart haviam caído para o nível de chance e, embora continuássemos por mais 13 sessões, ela não recuperou sua habilidade de produzir resultados significativos. Somente

(*) XVI, 10.

em uma ocasião, em 31 de outubro de 1949, quando o sr. Ritchie Calder, redator de ciência do *News Chronicle,* (*) nos fez uma visita, ela conseguiu uma marcação marginal de 97/400 (probabilidades cerca de trinta para um contra a chance). Foi um teste de TTN (30) em que a sra. Holding foi o agente. Aparentemente, foi somente um fraco brilho de chama que se extingue.

No fim de janeiro de 1950, F. Bateman e S. G. S. julgaram que não poderiam continuar pagando a sra. Stewart sem a esperança de outros resultados positivos, e as experiências foram abandonadas, embora relutantemente. A sra. Stewart mantivera alto nível de marcações durante quatro anos, mas nem Shackleton nem outro paciente americano, nem mesmo os melhores pacientes de Martin (**) e Stribic ([28,29]) conseguiram êxito durante tanto tempo. Não encontramos explicação para esse colapso de seus poderes. Mesmo sob as condições mais favoráveis a adivinhação dos nomes de cinco animais ano após ano deve levar a uma monotonia mortal que cedo ou tarde só pode terminar como "triste exercício mecânico" destituído de toda espontaneidade. O assombroso não é que a percepção extrassensorial tenha desaparecido com o tempo, mas que tenha durado tanto. Mesmo que ela nunca faça outra marcação significativa, sua variada contribuição para o estudo de telepatia permanece sui-generis e inigualada por outro paciente.

Nos quatro anos de experiências o grande total é de 50.300 lances. O termo "lance" neste contexto significa uma única apresentação de número ao acaso pelo observador do agente (AP). Assim, quando vários agentes se concentram ao mesmo tempo no mesmo cartão ou em cartões diferentes, somente um lance é contado. O total acima compreende testes de telepatia e de clarividência feitos em ritmo normal e ritmo rápido, e experiências com cartões de dois símbolos, cartas de baralho e cartões Zener.

Totais de Telepatia (Experiências de Cinco Símbolos)

Nos grandes totais que se seguem foi considerado aconselhável deixar de lado as contagens:

(*) *Cf. News Chronicle,* 28 de novembro de 1949.
(**) III, 4, 5.

(a) todas as experiências em que dois ou três agentes estiveram em oposição porquanto as marcações dos agentes diferentes não são independentes conforme foi explicado no Capítulo XIV;

(b) os testes TTN (30) E designados para eliminar a possibilidade de clarividência precógnita, visto que o método de verificação não permitiu calcular os êxitos de deslocamento (Cap. XV);

(c) todas as experiências, em ritmo rápido, nos lances (Cap. XU);

(d) todos os testes de "clarividência" (CTN) (Cap. XU); *(e)* as folhas 1, 3, 5 e 7 da sessão N.° 56 e 2, 4, 6, 8 da sessão N.° 57, onde vários arranjos de códigos foram apresentados ao agente em rápida sucessão, isto é, TTND4 (3) e TTND3 (3) (Cap. XU). Todas as outras experiências de cinco símbolos estão incluídas, com a participação de um ou mais agentes atuando simultaneamente.

Ficamos com um grande total de 37.100 (O) tentativas que deram a marcação de 9.410 êxitos diretos, isto é, em (O) ou cartão-alvo] comparados com uma expectativa de 7.420. Temos, portanto, um desvio de 1.990 e uma proporção crítica de 25.8. É um tanto difícil calcular exatamente as probabilidades contra a chance para uma proporção crítica tão grande porque as curvas normais e binômicas não coincidem muito bem no final da distribuição, mas em cálculo extremamente conservador essas probabilidades devem ser da ordem de 10^{70} para 1. Devemos ao professor Evelyn Hutchinson, ([1]) de Yale, as úteis comparações que se seguem. Ele nota que se o *todo* desse trabalho fosse repetido uma vez em cada minuto durante toda a história da terra, que se originou a cerca de três mil milhões de anos atrás, ou 1.57 X 10^{15} minutos passados, ainda seria fantasticamente improvável que resultados do valor dos que foram obtidos fossem encontrados pela chance. Se pudéssemos incluir as marcações em oposição e as experiências de TTN (30). E o valor ficaria mais evidente ainda e as probabilidades provavelmente estariam perto de 10^{100} para 1. Os 2.600 testes de clarividência que deram somente resultados de chance reduziriam ligeiramente a proporção crítica.

As Marcações de Deslocamento (+1) e (–1)

Correspondentes is 37.100 tentativas (O) ou de alvo consideradas acima, existem 24/25 deste número, isto é, 35.616 tentativas (+1) que dão a marcação de somente 6.775 êxitos (+1) contra a expectativa de chance, 7.123.2. Isso dá um desvio *negativo* de 348.2 equivalente a –4.61 desvios-padrões.

A sra. Stewart obteve, portanto, muito menos êxitos precógnitos (+1) do que poderíamos esperar que ela obtivesse somente pela chance.

Da mesma maneira, as 35.616 tentativas pós-cognitivas (–1) deram somente 6.863 êxitos (–1) contra o número esperado, 7.123.2. Novamente temos um desvio *negativo* de 260.2 que corresponde à proporção crítica de –3.45.

Esses desvios abaixo da chance nos cartões (+1) e (– 1) são pequenos comparados com o considerável desvio positivo no cartão-alvo, mas mostram assim mesmo tendências muito significativas e exigem outras pesquisas que serão empreendidas mais tarde. (Vide Cap. XIX). Não existem dúvidas de que a deficiência de êxitos (+1) é grandemente devida a forte tendência do paciente de não acertar nas primeiras tentativas de alvos duplos. A marcação média da sra. Stewart no cartão-alvo ou (O) para as 37.100 tentativas é de 6.34 êxitos por sequência de 25 lances, e sua porcentagem de marcação "intrínseca" (vide Apêndice B, 12) é de 6.70 por cento. Isto é, ela conhece por meio de percepção extrassensorial quase sete cartões em cada centena, em média. Pode não parecer muito, mas como essa média é mantida em quase quarenta mil tentativas, constitui, em verdade, um feito tremendo.

Os Agentes

Incluindo os que tomaram parte nas experiências de Cambridge-Richmond, exatamente trinta pessoas trabalharam na capacidade de agente com a sra. Stewart. Suas marcações com 15 delas, isto é, 50 por cento, mostraram desvios positivos que, com cada pessoa, excedem três desvios-padrões. Se imaginarmos uma proporção crítica de três como nosso critério para um agente brilhante, poderemos dizer que a sra. Stewart obteve êxito com 50 por cento de seus agentes contra 27 por cento observados no caso de Shackleton.

Deve-se, no entanto, observar que dos trinta agentes com os quais ela fez experiências, treze compareceram a uma única sessão e 11 dos treze foram agentes somente para 200 lances. Com três dos últimos onze, ela atingiu nosso nível de valor e com dois outros fez marcações de 55/200 e 53/200 (correspondendo a proporções críticas de 2.65 e 2.30 respectivamente). É possível, pois, que se a sra. Stewart pudesse ter continuado com algumas das pessoas que apareceram somente em uma sessão, a porcentagem de agentes brilhantes poderia ter ultrapassado os 50 por cento.

No cálculo de suas performances com agentes individuais precisamos ignorar todas as experiências com dois ou mais agentes em conjunto ou em oposição. As experiências de agentes "separar dos" foram contadas, pois tais experiências não poderiam ter êxito se os dois agentes não mostrassem faculdade de percepção extrassensorial. Também excluímos *(a)* todos os testes com dois ou cinquenta e dois símbolos, (*b*) testes em ritmo rápido, (c) experiências em que o paciente anotou suas adivinhações com o vagar que quisesse, *(d)* aquelas em que vários códigos foram apresentados ao agente em sucessão rápida, e (e) testes de clarividência.

Com as omissões acima, houve onze agentes com cada um dos quais a sra. Stewart trabalhou em mil lances ou mais. Seus nomes e marcações são dados no quadro seguinte:

QUADRO 9

Nome	*Tentativas*	*Marcação*	*PC*	*Porcentagem Marcação Intrínseca*
Ilales, sra. Y. C.	11.000	2.923	17.2	8.2
Bateman, F.	6.800	1.839	14.5	8.8
Holding, sra. E. M.	4.200	997	6.1	4.7
Brendel, dr. F. C. L.	1.800	440	4.7	5.6
Rozelaar, L. A.	1.600	466	6.4	11.4
Soai, sra. S. G.	1.400	354	9.1	6.6
Morgan, dra. Louise	1.300	353	4.9	8.9
Kearney, R. A. M.	1.200	287	3.4	4.9
Whelan, R. H.	1.200	290	3.6	5.2
Edis, srta. j.	1.000	279	6.2	9.9
Molyneux, sra.	1.000	188	—	—

A melhor performance é, sem dúvida, a da sra. Hales com a qual a sra. Stewart manteve a média intrínseca de 8.2 por cento no grande total de 11.000 tentativas e durante um período de mais de quatro anos. Mas a palma para a mais alta média de marcações deve ir para o sr. Rozelaar, embora sua média (11.4) seja estimada de um total de somente 1.600 tentativas. Com a sra. Holding, ela marcou melhor o que aparece no quadro porque com esse agente obteve grande êxito em experiências de conjunto e oposição que não foram incluídas.

A sra. Stewart marcou abaixo do nível de chance com S. G. S. e a marcação (66/400) com PC de –1.7 não é significativa. Frequentemente ela fez altas marcações alguns minutos depois de ser apresentada a um agente. Quando encontrou pela primeira vez a srta. W. Hewson, os drs. J. H. Balney e F. C. L. Brendel e a sra. M. Longmate, as marcações (de 200) foram 67, 63, 60 e 58 respectivamente, enquanto que com a dra. Louise Morgan e o dr. H. S. Allen que também lhe eram estranhos fez marcações (de 400) de 109 e 113 respectivamente.

Via de regra, quando um agente não alcançava êxito depois de duas ou três tentativas, não continuávamos com ele. Segue-se que, com exceção da sra. Molyneux, principal agente nas experiências de Cambridge, a sra. Stewart conseguiu marcações significativas com todas as pessoas que fizeram com ela pelo menos mil tentativas.

Difícil chegar a uma conclusão quanto ao tipo de agente com o qual ela alcançou maior êxito. Nossa impressão geral é que ela produzia marcações excepcionais com as pessoas com as quais simpatizasse. Por outro lado, foi moderadamente feliz com uns dois agentes pelos quais manifestara desagrado ou até mesmo um antagonismo ativo. Será lembrado que com Shackleton o tipo de deslocamento produzido variava com o agente. Pelo que pudemos descobrir, os fatores principais e as características menores do fenômeno da sra. Stewart permaneceram os mesmos para todos os agentes com os quais fez marcações significativas.

Efeitos de Declínio (*)

Os resultados da sra. Stewart mostram uma queda muito acentuada na média de marcações dos dois últimos segmentos da sequência, isto

(*) Vide Apêndice H para análise mais detalhada.

é, nas tentativas 16-25, comparados com os obtidos nos primeiros três segmentos, isto é, nas tentativas 1-15. Esse efeito esteve ausente nos trabalhos com Shackleton. Na suposição de média uniforme de marcação, deveríamos esperar que os 9.410 êxitos diretos nas 37.100 tentativas fossem igualmente distribuídos entre os cinco segmentos, isto é, deveríamos esperar a média de 1.882 êxitos por segmento. Os números observados são dados no quadro seguinte:

QUADRO 10

Distribuição de 9.410 êxitos diretos

Tentativas	(1-5)	(6-10)	(11-15)	(16-20)	(21-25)
Êxitos	1.953	2.050	1.907	1.745	1.775
Média de marcação por 25	6.58	6.91	6.43	5.88	5.91

A queda característica na média de marcações para as tentativas 16-25 será óbvia para o leitor. Em verdade, a média de marcações para cada 25 tentativas nas adivinhações 1-15 é de 6.64 e das adivinhações 16-25 somente 5.90. Há uma diferença de 0.74. Usando o desvio-padrão observado, 2.32 por 25 tentativas, descobrimos que o erro padrão da diferença é de 0.1229 de modo que a diferença verdadeira, 0.74, é mais do que seis vezes o erro padrão. Portanto, a probabilidade de que a queda na média de marcações tenha sido devida à chance é muito pequena; as probabilidades contra isso excedem cinquenta milhões para um mesmo quando se leva em conta o fato de que dois segmentos podem ser escolhidos entre cinco em dez maneiras diferentes. A sra. Stewart sobe rapidamente para seu cume nas tentativas 6-10 e depois começa a descer lentamente a princípio e depois com uma queda súbita em seguida à décima quinta tentativa. Mas mesmo no nadir (1.745) sua marcação ainda fica enormemente além do nível da expectativa de chance.

Esse acúmulo de êxitos nos três primeiros segmentos da sequência sem dúvida é o responsável pela grande divergência dos números de sequências de 1, 2, 3, 4 ou mais êxitos consecutivos dos valores esperados. Os números observados e esperados de tais sequências são dados no Apêndice

D. Veremos que há um grande déficit de sucessos isolados ou "solitários" e um excesso considerável de sequências de três, quatro ou mais êxitos consecutivos. Por exemplo, existem 12 sequências inteiras de sete êxitos contra uma expectativa de somente 1.4. A maior sequência inteira é de 9, feita em duas ocasiões.

Efeitos de Posição em Percepção Extrassensorial

Ultimamente os parapsicólogos vêm percebendo cada vez mais que a adivinhação de cartões envolve algo mais do que a obtenção de êxitos ocasionais em alvos isolados. Estamos começando a ver que o funcionamento da percepção extrassensorial de acordo com a lei de proximidade na psicologia de Gestalt está relacionado de maneira peculiar a padrões e configurações na sequência de alvos. Isso foi notado pela primeira vez nos trabalhos de Shackleton que marcou média mais alta nos deslocamentos de (+1) e (–1) quando o cartão a ser adivinhado estava entre dois cartões da mesma denominação. Isto é, em certos padrões ele fez marcações maiores do que em outros. Muito recentemente o dr. J. G. Pratt e a sra. E. Bond Foster, da Universidade de Duke, descobriram efeitos extraordinários na marcação de posição em novo exame do trabalho feito doze anos antes por Dorothy H. Martin e Francês Stribic, feito originariamente na Universidade do Colorado antes do ano de 1938. Essas pesquisadoras (Cap. V) fizeram extensa série de testes de clarividência com diversos pacientes. Conforme assinalamos, as experiências figuram entre as melhores da adivinhação de cartões na América. Até agora Pratt e Foster só trataram do trabalho dos dois melhores pacientes de Martin e Stribic, sr. C. Jencks e srta. D. W. Ambos os pacientes, na série estudada, trabalharam em condições semelhantes. Um maço de 25 cartões era embaralhado por detrás de um biombo, e o paciente adivinhava a ordem dos cartões de cima para baixo no maço, que permanecia o mesmo até o final da adivinhação. As médias de adivinhações correntes no alvo ou cartão (O) obtidas por C. J. e a srta. D. W. foram quase idênticas, respectivamente 7.3 e 7.5 para um maço de 25. Esses resultados são extremamente significativos. Pratt ([2,3,4]) e Foster descobriram depois um efeito que permanecera oculto durante 12 anos. Descobriram que os dois pacientes produziram deslocamentos para a frente muito significativos, de uma espécie ***negativa***. Isto é, cada um tendia a evitar a marcação que se seguia ao cartão-alvo para o qual o paciente estava dirigindo a atenção. No caso de D. W. o total de desvios negativos (+1) chega a 3.36 desvios-padrões, mas com o sr. C. J. alcança o alto número de 9.1 desvios-padrões. O registro do sr. C. J. constitui, portanto, o caso mais extraordinário de deslocamento encontrado desde as experiências de Shackleton.

O diagrama da figura (I) tornará óbvio ao leitor que, se um adivinhador, que está marcando alto no cartão-alvo ou (O), muda seu símbolo de adivinhação muito mais frequentemente do que ocorreria em uma sequência de símbolos ao acaso, esse fato por si mesmo criará automaticamente a ilusão de deslocamentos negativos significativos (+1) e (–1) em uma série extensa de tentativas.

Adivinhação		*Alvo*
B		D
A	⟶	A
C		E

Fig. (I)

No exemplo acima o paciente marca um êxito direto no alvo A. Fez duas mudanças de adivinhação em três tentativas consecutivas. Sua adivinhação B sendo diferente de A, não acerta (+1) em A que se segue imediatamente ao alvo D, e a adivinhação C não acerta (–1) em A que precede o alvo E. Para considerarmos um caso extremo: se ele muda seu símbolo de adivinhação em cada tentativa, é claro que não acertará (+1) e (–1) para quase cada êxito direto que fizer. Portanto, se sua marcação em alvos "diretos" está bem acima da expectativa de chance, suas marcações em alvos (+1) e (–1) serão ligeiramente acima da chance no final das contas.

A não ser que o paciente tenha uma tendência acentuada de evitar a repetição de adivinhações e esteja marcando bem acima da expectativa de chance no cartão-alvo, não há nada incomum na descoberta de que suas marcações (+1) e (–1) fiquem nas séries longas significativamente abaixo do nível de chance. Isso é de se esperar.

O extraordinário nos dois pacientes de Martin e Stribic é que eles produziram deslocamentos *negativos* para a frente (+1) muito significativos, mesmo nas regiões da folha de marcações onde não havia êxitos diretos. Os deslocamentos para trás (–1) de tais regiões foi normal, o que aliás seria esperado pela chance.

A descoberta fascinante feita por Pratt e Foster foi que a tendência de *evitar* o cartão seguinte não se limitou aos casos como os da figura (I); constituiu um fator dominante nos casos onde não houve êxito no cartão-alvo, como na fig. (II):

Adivinhação	*Alvo*
A	B
C	D

Fig. (II)

Nisso foi encontrada uma tendência altamente significativa para a adivinhação A que não acertou em seu próprio alvo direto, não acertando também no alvo D (+1) sempre que não se acertava em D em seu próprio lance direto. Isto é, no caso de dois fracassos diretos e sucessivos, o segundo fracasso era muito frequentemente precedido por um fracasso precógnito no mesmo cartão-alvo. Isso poderia sugerir que, quando a percepção extrassensorial não está funcionando de maneira a produzir êxitos diretos, há algumas vezes, uma espécie de PES secundária em operação que toma a forma de uma força de evasão.

Num mundo adaptado primariamente à percepção de sentidos a percepção extrassensorial é uma influência perturbadora que deve ser suprimida no interesse da eficiência de percepção. Surge, por conseguinte, uma força de evasão inconsciente que tende a cancelar a força de PES. Na percepção normal supõe-se que a força de PES seja apenas compensada pela força de evasão, de maneira que a percepção normal não é influenciada por PES. Por outro lado, qualquer aumento da força de PES tenderá a aumentar a força de evasão e a produzir, portanto, marcação negativa prolongada.

Na primeira das duas adivinhações, na fig. (II), o alvo D é uma impressão de percepção extrassensorial pronta a aparecer. Portanto, a força de evasão faz um símbolo diferente A tomar-se consciente. Na segunda das duas adivinhações D tende a emergir conscientemente como alvo direto, o que é de novo inibido pela substituição de um símbolo diferente, C.

Outra maneira pela qual poderemos descrever o efeito estatístico mencionado acima é dizer que, no caso de fracassos consecutivos, nos alvos diretos, o total da marcação de deslocamentos para a frente (+1) é grandemente excedido pela marcação total de deslocamentos para trás (–1) calculados para esses dois e que isso acontece com ambos os pacientes, srta. D. W. e sr. C. J.

Surge uma situação diferente no caso de pares que consistem de um fracasso seguido ou precedido por um êxito direto. Tais casos são representados esquematicamente por (a) e (b) respectivamente na fig. (III)

(a) Adivinhação	*Alvo*	
A	B	Fracasso
C	C	Êxito

(b) Adivinhação	*Alvo*	
A	A	Êxito
B	C	Fracasso

Fig. (III)

A tendência agora é para a marcação de deslocamentos para a frente (+1) no caso *(a)* ser maior do que a marcação do deslocamento para trás (–1) no caso (*b*). Essa diferença, no entanto, é significativa somente no caso da paciente, srta. D. W., mas ainda é sugestiva no caso do sr. C. Jencks.

Em verdade, a tendência geral no caso *(a)* é para um deslocamento ***positivo*** para a frente (+1), o que é o reverso do deslocamento ***negativo*** para a frente notado com o par de fracassos.

Há, realmente, uma tendência do paciente para antecipar um êxito direto precognitamente, uma adivinhação antes de alcançá-lo na sequência.

Assim, o caso (a) na fig. (III) toma-se:

Adivinhação	*Alvo*
C	B
C	C

Fig. (IV)

Muito possivelmente o percipiente é incapaz de distinguir subconscientemente uma impressão correta precógnita e outra direta. Ele pode, por exemplo, em casos como o que foi mostrado na fig. (IV) acreditar que está adivinhando diretamente dois cartões consecutivos que tenham o mesmo símbolo.

Como Pratt e Foster cuidadosamente salientam, atualmente não é possível dizer qual a interpretação correta de um número de possibilidades que os autores sugerem para abranger essas descobertas interessantes. Nossa própria sugestão de que existem regiões na folha de marcação em que a percepção extrassensorial esteja funcionando tão fortemente que o censor deixa os êxitos diretos e êxitos (+1) escaparem para a consciência, e outras regiões em que a percepção extrassensorial é tão fraca que o censor dá conta dos êxitos diretos e precógnitos, pode provavelmente ser inaceitável à luz de novas pesquisas. O trabalho de Pratt e Foster não é apresentado como um estudo completo, porém como um programa progressivo de pesquisas em que um número sempre maior de registros será examinado e difundido depois de ter sido submetido a análise semelhante à que se empregou nos trabalhos da srta. D. W. e do sr. Jencks.

Embora as condições experimentais em que eles trabalharam sejam muito semelhantes, os resultados desses dois pacientes mostram algumas diferenças curiosas. Isso, porém, é de se esperar quando consideramos a qualidade de singularidade que é uma característica dos fenômenos extra-sensoriais.

Os fenômenos físicos caracterizam-se por sua uniformidade e os psicológicos, em geral, por sua variabilidade maior. Quando passamos da física para a biologia, daí para a psicologia clássica, através da psicoterapia para a pesquisa psíquica, encontramos um grau sempre maior de variabilidade nos resultados de experiência. Na parapsicologia, cada performance de paciente representa a reação de sua própria personalidade à situação experimental, e essa reação é modificada pelas reações extra pessoais do grupo com que está trabalhando. Por exemplo, descobriu-se com o sr. C. J. que, enquanto o número de êxitos corretos no cartão-alvo aumentava dentro da sequência, o deslocamento negativo médio para a frente (+1) em dois fracassos consecutivos também aumentava numericamente em uma correlação significativa. Houve um aumento numérico semelhante embora mais lento no deslocamento médio positivo para trás (–1) em pares de fracassos consecutivos, paralelos ao aumento do número de êxitos diretos na sequência. Essa relação entre marcação direta e de deslocamento não foi observada no caso da srta. D. W.

Os autores descobriram que a marcação negativa em deslocamento para a frente (+1) era, com o sr. C. J., especialmente acentuada em pares de fracassos consecutivos imediatamente anos êxitos diretos; isto, porém, não se deu com a srta. D. W. Pratt e Foster sugerem que o forte deslocamento negativo para a frente do sr. C. J., depois de um êxito direto, podia ser sua reação pessoal a um êxito no cartão-alvo em que se estivesse concentrando conscientemente. Isso significaria que o sr. Jencks estava em nível inconsciente certo de ter sido coroado de êxito por meio de percepção extrassensorial e reagia de maneira peculiar a sua própria formação psicológica. Outro paciente poderia produzir uma reação bem diferente. Realmente, encontramos várias vezes variações (*) cronológicas em tipos de percepção extrassensorial que funciona até no mesmo indivíduo quando seus registros são estudados por um período suficientemente longo. Em outras séries do sr. C. J., anteriores e posteriores à que estamos considerando, deslocamento negativo para a frente em pares de fracassos consecutivos está ausente, embora o paciente mantenha sua marcação alta no cartão-alvo. Isso não significa que, escolhendo a série (DT) do sr. C. J. para exame especial da massa de seus outros trabalhos, os autores criaram mero artefato estatístico. Eles mostram por meio de um teste "*t*"que, se calcularmos a diferença média por sequência de marcações (+1) e (−1) obtidas de pares de fracassos consecutivos, o valor "*t*"correspondente é de 7.5 em vez do esperado valor zero, com 299 graus de liberdade. Tal valor deveria ocorrer pela chance somente uma vez em cerca de 10^{11} de séries semelhantes.

O aparecimento de deslocamento positivo e negativo em diferentes regiões da folha de marcação apresenta possibilidades interessantes. Pode ser o caso de que o deslocamento em adivinhação de cartões seja menos uma exceção do que um acompanhamento normal de marcação em uma sequência de alvos, como os trabalhos de Carington pareciam sugerir. Muito possivelmente em séries que não mostram deslocamento geral algumas vezes poderá existir deslocamento positivo e negativo relacionados a certos aspectos da sequência de alvo que são, separadamente, significativos, mas que se cancelam no todo.

As descobertas de Pratt e Foster são certamente interessantíssimas, embora muito enigmáticas, e, até que mais casos de alta marcação sejam analisados, para tais efeitos, precisamos de cautela em nossas tentativas para explicá-las.

(*) Mas em geomagnetismo também encontramos variações cronológicas da terra que, embora típicas, não são muito regulares.

CAPÍTULO XIX

Efeitos de Posição com a sra. Stewart ([1,2])

Podemos fazer no caso da sra. Stewart as mesmas perguntas fundamentais que fizemos no caso dos percipientes de Martin-Stribic: É a média de êxitos da paciente em atingir um alvo PES afetada de maneira significativa pelo padrão ou sequência de alvos em que ocorre? Embora a resposta seja afirmativa, veremos que a sra. Stewart tem suas maneiras peculiares de reagir a variações na sequência de alvos.

Já observamos que em suas 35.616 tentativas (+1) e (–1) ela mostra deficits altamente significativos nos números de êxitos de (+1) e (–1). Além disso, em todo o seu trabalho, mostra uma tendência muito acentuada de evitar a repetição do mesmo lance em par de adivinhações consecutivas. Se dividirmos a sequência de adivinhações de um grupo de 25 em 12 pares consecutivos, deveremos esperar, em média, se a distribuição for ao acaso, 20 por cento ou 2.4 pares nos quais os dois símbolos são os mesmos. Tais repetições serão chamadas de "lances duplos". Pares de adivinhações em que os símbolos sejam diferentes designaremos como "não duplos". Em números redondos, em vez de produzir 20 por cento de "lances duplos", a sra. Stewart produz somente 14 por cento no todo de suas adivinhações. Segue-se, portanto, pelo que declaramos anteriormente, que aparentemente temos uma explicação à mão para a marcação de deslocamento "negativo". Poderia ser simplesmente um efeito artificial devido à deficiência de "repetições" nas adivinhações aliada à alta marcação no cartão-alvo. Mas F. Bateman e S. G. S. suspeitaram que havia mais na estória do que isso. Por exemplo, já em 1946, havíamos notado um curioso efeito de posição que foi muito marcante nas primeiras sessões. Tratava-se de um reforço pelo segundo membro de um "alvo duplo". Em configurações do tipo ilustrado na fig. (V), houve, durante largo período, uma tendência altamente significativa de marcar um êxito direto no segundo membro de alvo duplo depois de fracasso no primeiro membro.

Assim:

Adivinhação		*Alvo*
A		B
B	⟶	B

Fig. (V)

A média de marcação em tal configuração era significativamente mais alta do que no segundo membro de um "não-duplo" na sequência de alvos mostrada na fig. (VI).

Adivinhação		*Alvo*
A		B
C	⟶	C

Fig. (VI)

Quando S. G. S. visitou a Universidade de Duke, na primavera de 1951, um de seus objetivos principais era discutir os registros de Stewart com o dr. J. G. Pratt, que fizera descobertas tão interessantes em conexão com os trabalhos de Martin e Stribic. Com a assistência do dr. Pratt e outro jovem e entusiasta parapsicólogo, sr. Kenneth Bates, S. G. S. trabalhou em nossos registros durante cinco semanas.

Foi decidido no início descartar as dez últimas sessões, N.º 121-130, durante as quais a faculdade da sra. Stewart não estava atuando. Em verdade, não faria a menor diferença em nossas conclusões se os resultados dessas dez sessões fossem incluídos na contagem.

O grande total de 37.100 tentativas diretas em que foram baseadas nossas primeiras descobertas ficaram reduzidas a 33.500, isto é, 670 folhas de 50 adivinhações cada.

Quando chegou ao Laboratório de Parapsicologia, S. G. S. encontrou uma das paredes quase completamente forrada por gráficos desenhados pelo infatigável dr. Pratt, destinados a elucidar os efeitos de declínio na sequência que discutimos sucintamente.

Nossa primeira tarefa foi tabular os 16.080 pares de alvos consecutivos não sobrepostos, dos quais cada uma das 1.340 sequências continha exatamente doze. Desses pares, descobriu-se que 3.270 eram duplos (AA) e os restantes 12.810, não-duplos (AB). O último alvo de cada sequência de 25 foi descartado nessa contagem. O número de êxitos diretos foi contado no primeiro membro de cada "dupla" e de cada "não-dupla". Essas contagens, feitas primeiramente por K. Bates e S. G. S., foram verificadas novamente pela srta. M. Newton. Descobriu-se que, nos primeiros membros dos "não-duplos" do alvo 26.8 por cento dos lances do paciente foram êxitos, mas nos primeiros membros das "duplas" de alvo somente 17.2 por cento dos lances o foram. Unicamente pela chance naturalmente esperaríamos, em cada caso, cerca de 20 por cento de êxitos. Fizemos, portanto, nossa primeira descoberta, que a sra. Stewart estivera marcando bem acima da chance nas primeiras tentativas de "duplas". Em outras palavras, sua tendência era errar um alvo quando esse alvo era imediatamente seguido de outro do *mesmo* símbolo. Isso implicava em alguma espécie de aparente capacidade precógnita de sua parte, embora ela não devesse estar realmente antecipando um futuro acontecimento. Obviamente, para errar no primeiro membro do alvo duplo sistematicamente ela deveria saber que o par era de fato um "duplo", o que significaria conhecer o segundo cartão no duplo antes que o agente nele se concentrasse.

Para mostrar que havia uma diferença altamente significativa entre os dois casos mostrados nas figs. (VII) e (VIII)

Adivinhação		*Alvo*
B	⟶	A
C ou A		B

Fig. (VII) (dupla)

Adivinhação		*Alvo*
A	⟶	A
C ou B		B

Fig. (VIII) (dupla)

fizemos uma tabela de contingência simples que deu $X^2 = 127.7$ com um grau de liberdade, sendo as probabilidades correspondentes contra a chance da ordem de 10^{27} para 1. Isso não deixa margem para dúvidas de que o efeito seja genuíno.

É importante que seja notado pelo leitor que esta baixa marcação nas primeiras tentativas de "duplas" de alvos não é meramente um fracasso na demonstração de percepção extrassensorial em tais alvos. O alvo foi deliberadamente evitado. De fato, o desvio chega a quase quatro desvios-padrões com probabilidades correspondentes contra a chance cerca de dez mil para um. Parece mesmo que a motivação inconsciente esteve operando. O motivo da sra. Stewart somente pode ser conjeturado. Se o leitor olhar para a fig. (VII), observará que, marcando um fracasso no primeiro de um duplo de alvo, a sra. Stewart automaticamente, ao mesmo tempo, registra um fracasso precógnito (+1). Quando ela iniciou a nova série de experiências em 1945, havia boas razões para pensar que estivesse algo invejosa da performance de Shackleton e da publicidade que a performance recebeu. O fator principal que distinguiu os trabalhos de Shackleton dos outros pacientes telepáticos foi o fato de que, em longo período, ele adivinhou corretamente o cartão seguinte. A sra. Stewart pode ter sido motivada inconscientemente a evitar a produção de deslocamento (+1) que obtivera em 1936, talvez por não querer imitar Shackleton. Seria, portanto, mais original se ela evitasse o cartão (+1) e produzisse uma marcação de deslocamento negativa. É verdade que, marcando altamente no cartão-alvo (O) e frequentemente mudando seu lance, ela automaticamente obteria uma marcação significativa nos cartões (+1) e (–1) com o correr das experiências, mas possivelmente (julgamos que certamente) ela não percebeu isso. Se a conjetura for correta, poderemos perguntar: Por que então ela evitou o cartão seguinte somente quando era o segundo uma dupla de alvos? Talvez a resposta seja que seus poderes precógnitos diminuíram muito depois de 1936 e que em 1945 ela era capaz unicamente de reconhecer o cartão (+1) quando sua imagem estava reforçada, isto é, quando era o segundo de uma dupla de alvos. Mas se ela marcasse um êxito na primeira tentativa de um não-duplo, ela teria automaticamente um fracasso no cartão (-(-1). Atingiria, portanto, seu objetivo errando deliberadamente as primeiras tentativas de duplas de alvos. Naturalmente tudo isso é mera conjetura, mas pensamos haver poucas dúvidas de que nossa paciente estivesse um pouco invejosa de Shackleton, pelo menos subconscientemente, pois todas as vezes que o nome dele era mencionado mudava de conversa.

Uma divisão dos dados em oito amostras cronológicas consecutivas de número quase igual de folhas revela que o efeito descrito acima foi notavelmente constante durante todo o período das adivinhações da sra. Stewart.

Na análise acima a sequência de alvos foi dividida em pares consecutivos não-sobrepostos; isso foi feito para facilitar independência estatística. Mas é claro que certa proporção do material fica perdida com esse método de tratamento. Em uma sequência de 25 tentativas houve realmente 24 pares consecutivos de alvos em vez de doze, se removermos a restrição de que os pares não podem ficar sobrepostos. Era de interesse observar se a marcação baixa no primeiro membro dos duplos de alvos seria acentuada quando examinássemos o primeiro de triplos de alvos (AAA) ou de quádruplos (AAAA), etc. Se o reforço tomasse parte em permitir à sra. Stewart reconhecer que um alvo era o primeiro de uma sequência dupla, tripla ou mais longa do mesmo símbolo, poderíamos esperar que ela obtivesse maior êxito ao reconhecer quando a sequência era tripla ou quádrupla do que quando fosse dupla, pois naqueles casos diversas imagens precógnitas do mesmo símbolo poderiam combinar para produzir uma impressão mais forte em seu subconsciente.

Foi provado ser esse o caso. Em alvos únicos ou isolados ela marcou 29.4 por cento de êxitos, 18.8 por cento nos primeiros membros de duplas de alvos e 13,2 por cento nas primeiras tentativas de triplos de alvos. Houve, em geral, declínio maior nos primeiros membros de quádruplos e de sequências mais longas. De fato, a porcentagem de êxitos das primeiras tentativas dessas sequências mais longas e combinadas é de 15.9, um pouco maior que a dos triplos. Nessas contagens abandonamos o método de dividir os dados em pares não sobrepostos, e como limitamos nossa atenção aos êxitos das primeiras tentativas de duplos, triplos, etc., não pode haver objeções a esse processo.

Se considerarmos uma sequência de alvos, todos do mesmo símbolo, tais como um alvo triplo ou quádruplo, é claro que a média de marcação no segundo membro ou nos seguintes da sequência não é independente da do primeiro membro. Por exemplo, se o adivinhador marca baixo na primeira tentativa da sequência e tende a mudar o lance, marcará mais alto na segunda tentativa.

Apesar desse ligeiro grau de interdependência de marcação dos membros de uma sequência de símbolos semelhantes, é interessante notar que, se calcularmos as médias de marcação, não somente nas primeiras tentativas dos vários tipos de sequências, mas em todas as tentativas da sequência, obteremos um declínio consistentemente regular com o crescimento da sequência. Realmente, as médias de marcação de grupos para únicos, duplos, triplos, quádruplos, quíntuplos e sêxtuplos são respectivamente de 29.4, 20.9, 16.5, 13.8, 13.3 e 4.2 por cento. Não há sequências do mesmo símbolo de comprimento maior que seis na sequência de alvos. Pareceria então que nas sequências mais longas o primeiro cartão é deliberadamente evitado, o mesmo acontecendo a alguns dos que o seguem.

De passagem, podemos observar como seria absurdo tentar explicar tais fenômenos pela suposição de que a percepção extrassensorial seja somente outro nome para sussurro involuntário, pois o pesquisador que mostrasse os números ao acaso na abertura do biombo teria, no início de uma sequência do mesmo dígito, não somente que sussurrar esse dígito como também indicar ao agente, do outro lado do biombo, se era membro inicial de um duplo ou triplo de alvos. O agente, por sua vez, tendo decifrado o número para o nome do animal correspondente, teria que indicar à sra. Stewart, na outra sala, se era o primeiro de um duplo ou triplo. A sra. Stewart, obtendo esse conhecimento, teria que substituir o número por um dos outros quatro símbolos. Tudo isso deveria ser realizado em dois segundos e meio.

Parece altamente provável que o deslocamento negativo (+1) é, em parte, motivado e implica em alguma espécie de capacidade precógnita no paciente.

Essa não é, porém, a história completa. Descobrimos depois que a tendência da sra. Stewart de marcar abaixo da expectativa de chance estava confinada aos alvos duplos, nos quais não repetia o lance, isto é, aqueles casos para os quais as adivinhações no primeiro e segundo membros dos alvos duplos eram símbolos diferentes como nas figuras (IX) e (X).

Adivinhação	*Alvo*
B	A
C	A

Fig. (IX)

Adivinhação	*Alvo*
A	A
B	A

Fig. (X)

Por outro lado, nos casos em que o alvo duplo foi acompanhado de um "duplo lance", ela marcou alto, acima da expectativa de chance no primeiro membro de tal alvo duplo. De fato, não houve diferença significativa entre sua média de marcação nos primeiros membros dessa classe de alvos duplos e nos primeiros membros de alvos não-duplos. Isto é, as primeiras tentativas de alvos duplos associadas a lances duplos comportaram-se exatamente como nos primeiros casos de alvos não-duplos. As figuras (IX) e (XII) ilustram os casos em que um lance duplo acompanha um alvo duplo.

Adivinhação	*Alvo*
B	A
B	A

Fig. (XI)

Adivinhação	*Alvo*
A	A
A	A

Fig. (XII)

O primeiro passo a dar para descobrir se a sequência de lances tinha algo a ver com o efeito de marcação negativa que notamos nas primeiras tentativas de alvos duplos era separar os 3.270 pares não sobrepostos de alvos duplos em dois grupos, os que tinham e os que não tinham lances duplos. Os dois grupos foram dispostos em tabela de quatro divisões para mostrar o número de êxitos e o número de fracassos nos primeiros alvos, no caso de cada grupo. Um teste de que ao quadrado aplicado a essa tabela de contingência simples deu X^2 = 19.22, e com um grau de liberdade, a diferença observada entre as médias de marcações para o grupo com lances duplos e para o grupo sem lances duplos deveria ocorrer, pela chance, somente uma vez em 100.000 casos.

Mencionamos que a porcentagem de êxitos nos primeiros membros de todos os alvos duplos era de 17.2. Mas nossa tabela mostra que a porcentagem de êxitos nas primeiras tentativas dos 386 pares com lances duplos chega a 25.1 por cento. Por outro lado, a porcentagem de êxitos nas primeiras tentativas dos 2.884 pares sem lances duplos é de 16,2 por cento.

Temos, portanto, claro testemunho de que somente as primeiras tentativas dos alvos duplos que estão sem lances duplos dão marcação abaixo da chance. Para completar o estudo do efeito de lances duplos fizemos uma comparação semelhante entre médias de marcação nos primeiros membros de alvos não-duplos (I) quando eram acompanhados por lances duplos e (II) quando não havia lances duplos. Descobrimos que, nas primeiras tentativas dos 1.321 pares de alvos não-duplos não sobrepostos que eram associados a lances duplos, 26.8 por cento eram sucessos, e, o que é curioso, a porcentagem de êxitos nas primeiras tentativas dos 11.489 alvos não-duplos, que não tinham lances duplos, era também de 26.8. Portanto, no caso de alvos que são não-duplos, a média de marcação na primeira tentativa não é afetada pela repetição ou mudança do lance do paciente. Além disso, os 25.1 por cento de êxitos encontrados quando um par contém lances duplos e alvos duplos não é significativamente diferente dos 26.8 por cento encontrados quando os alvos são não-duplos.

Devemos perguntar: Qual seria a interpretação possível para a sra. Stewart ter marcado significativamente abaixo da expectativa de chance no primeiro membro de um alvo duplo somente quando os dois lances (ou adivinhações) do par eram diferentes um do outro (ou não-duplos)?

Vimos que, como regra geral, nossa paciente usou sua faculdade de percepção extrassensorial para errar o primeiro alvo quando se apresentavam dois ou mais alvos idênticos em sucessão. Para consegui-lo, porém, era preciso que ela descobrisse por percepção extrassensorial que os dois alvos eram idênticos. Precisava sentir (precognitamente em certo sentido) que não estava tratando com um alvo isolado, porém com alvo duplo, triplo, etc. Podemos supor razoavelmente que sua faculdade de percepção extrassensorial não atuava infalivelmente nesse sentido assim como não servia sem falta para identificar os alvos únicos isolados em que ela fez marcações positivas e significativas.

No entanto, quando a faculdade de percepção extrassensorial da paciente não 0 informava de que seu alvo era o primeiro de uma sequência dupla ou mais longa, isso não significava que seus poderes extra-sensoriais não tinham oportunidade de atuar. Ela ainda podia usar sua faculdade de PES em cada alvo separado como se fosse um alvo isolado. Sem dúvida, o próprio fato de que os dados que lhe permitiam formar a marcação "negativa" motivada estavam faltando deixava-a livre de reagir positivamente a cada alvo como se este estivesse completamente isolado.

Ora, se a sra. Stewart deixou de apreciar o fato de que dois alvos consecutivos formavam uma dupla e que, portanto, ela deveria evitar o êxito no primeiro deles, estaria tratando cada um deles como alvo único, e a ação de sua tendência natural de acertar em alvos únicos resultaria em lances duplos. Isolando os casos em que duplas nos lances estão associadas com duplas nos alvos, juntamos em um grupo os casos em que a paciente deixou de reconhecer por percepção extrassensorial que os alvos eram duplos, o que nos dá uma classe especial de alvos duplos em que suas tendências de marcação positiva comuns prevaleceram.

Se estivermos certos nessa interpretação, temos aí exemplo de um padrão particular em que a sequência; de alvos geralmente produzia marcação negativa, se bem que em sempre. Parece estarmos tratando de um desses raros casos em que podemos demonstrar estatisticamente o que os pesquisadores sugeriram muitas vezes com base em impressões clínicas, que existe muito mais evidência de percepção extrassensorial em nossos resultados do que aparece por métodos comuns. Comumente temos que aceitar um resultado líquido em que tendências de marcação positiva e negativa podem, em parte, anular-se mutuamente. Nesse caso, aparentemente separamos com êxito as tendências opostas e descobrimos uma condição especial (chamemo-la duplas) que foi acompanhada por marcação acima do nível de chance nos primeiros cartões de alvos duplos, embora a percipiente geralmente marcasse abaixo do nível de chance nos primeiros membros de alvos duplos.

Mudança de Lance em Relação ao Êxito ou ao Fracasso da Percepção Extrassensorial

Em palestras pelo rádio (setembro e outubro de 1951) sobre o "Valor da Parapsicologia", o sr. Antony Flew, ([3,4]) do Departamento de Filosofia da Moral, da Universidade de Aberdeen, sugeriu que a percepção extrassensorial devia ser considerada não como forma de percepção ou cognição, porém como uma espécie de quebra-cabeça. A espécie de perguntas que o sr. Flew tinha em mente eram: As pessoas que consistentemente marcam no nível de chance, na adivinhação de cartões, colocam suas adivinhações em padrões diferentes das pessoas que, como Shackleton ou sra. Stewart, marcam muito acima da expectativa durante longos períodos? à parte qualquer consideração da sequência de alvos, a adivinhação de brilhantes pacientes de percepção extrassensorial apresenta características que a distingam da adivinhação de pessoas normais? Esses pacientes, por exemplo, tendem a mudar de um símbolo para outro mais frequentemente do que sucede com adivinhadores normais? E não seríamos capazes, pelo estudo de padrões de adivinhações de brilhantes pacientes de percepção extrassensorial e comparando-os com os das pessoas comuns, obter conhecimento do processo extrassensorial?

Naturalmente podemos concordar com o sr. Flew que a percepção extrassensorial não tem semelhança com a percepção de sentidos ou cognição normal. Quando declaramos saber alguma coisa na vida de todos os dias, podemos comumente dar razões para essa declaração; podemos ter tido demonstração ocular ou ter lembrado um acontecimento ou chegado à conclusão por meio de argumentos, ou ter ouvido alguma coisa de alguém. Mas o adivinhador de cartões que acerta no alvo geralmente não pode dar razões por ter anotado um símbolo em vez de outro. Até que os resultados sejam verificados, ele via de regra não tem certeza de que a adivinhação esteja certa. Não se pode, portanto, dizer que ele esteja percebendo algo no sentido comum do termo. Em geral, também não parece estar sentindo coisa alguma. Tudo que parece estar fazendo é a anotação de uma sequência de símbolos sem fazer nenhum esforço para controlar ou dirigir seus processos associativos.

Contudo, não conseguimos entender como um simples estudo de padrões de adivinhação, por si, pode esclarecer a percepção extrassensorial. Temos todas as razões para acreditar que, com sequências ao acaso, ou mesmo aproximadamente ao acaso, padrões de adivinhação *não destinados aquelas sequências,* não produzam, com o passar do tempo, marcações extra chance. Isso ficou estabelecido pelas inúmeras verificações aplicadas a séries de adivinhações de cartões coroadas de êxito. Esse fato único deveria lançar dúvidas sobre a utilidade da sugestão do sr. Flew.

Parece-nos muito mais provável que um estudo dos hábitos de adivinhação feito em relação a tipos especiais de padrões de alvos dará um indício, não do processo da percepção extrassensorial, mas de certos mistérios menores ligados à sua operação.

Na esperança de que algo pudesse ser conseguido, o dr. Pratt e S. G. S. iniciaram a investigação dos dados da sra. Stewart que passaremos a descrever.

A questão de que trataremos nesta seção tem a ver com a extensão até onde o paciente precisa afastar-se de suas sequências de lances habituais a fim de fazer um êxito pela percepção extrassensorial. Sabemos que, se pedirmos a uma pessoa para compilar mentalmente uma longa lista de símbolos escolhidos, digamos, de cinco tipos diferentes, essa sequência subjetivamente formada não será normalmente nem aproximadamente uma distribuição ao acaso dos cinco símbolos. Isso será verdadeiro se o compilador tentou conscientemente fazer uma série ao acaso ou usou o método de livre associação. Por mais vigilante que seja o compilador mais cedo ou mais tarde cai em hábitos de sequência que persistirão durante algum tempo, sendo talvez substituídos por outros padrões. Hábitos de sequências, portanto, serão encontrados em qualquer teste de adivinhação de cartões que não produza alta proporção de êxitos. A presença desses padrões de lances não ao acaso significa uma tendência de cada lance ser determinado pelas reações precedentes ao invés de pelo alvo ESP ao qual se destina o lance para o adivinhador obter um êxito fazendo um lance que corresponda ao alvo, em vez de um que simplesmente segue pelo hábito dos lances precedentes, é lógico supor que ele deve romper suas tendências normais de associação.

No entanto, estamos supondo que o rompimento dos hábitos de sequências do paciente ocorre precisamente no ponto onde ele marca um êxito de PES. A suposição de que ele continua seguindo seus hábitos associativos até receber uma impressão de PES que seja bastante forte para romper os padrões comuns de sequência, talvez seja a mais fácil de ser feita. Devemos reconhecer, no entanto, que esta não é a única maneira pela qual as impressões de fora poderiam ser sobrepostas nos padrões peculiares do paciente de fazer os lances. É concebível que o alvo de PES seja capaz de influenciar a escolha de lances do paciente uma, duas ou mais tentativas antes do ponto onde o êxito de PES é marcado. De fato, o adivinhador poderia saber antecipadamente que certo símbolo vai aparecer, digamos, na terceira tentativa a vir, e esse conhecimento de PES poderia influenciá-lo a escolher, nesse ponto, um de seus padrões habituais de sequência que terminará no terceiro lance da sequência com o símbolo que marcará um êxito. Se PES atuasse dessa maneira antecipada, afetando a escolha do paciente entre seus padrões habituais de lances, tais escolhas poderiam ser feitas mais facilmente nos pontos de sua cadeia de reações associativas onde os elos são mais fracos. Teríamos então o processo de PES atuando de maneira a tirar vantagem das sequências habituais do adivinhador sem ter que separá-las por vir atuar somente no momento em que o alvo é apresentado.

Nesta investigação limitamo-nos a um único aspecto da sequência de lances, isto é, a frequência de *duplos* na série de adivinhações; portanto, este estudo é somente uma introdução ao problema mais geral da relação da performance de PES com os hábitos pessoais de associação do paciente. Queremos ver se há testemunho para apoiar a primeira, isto é, a mais simples das duas hipóteses que delineamos acima, olhando para um único aspecto – repetição de lances. Perguntamos: Quando a sra. Stewart faz sua adivinhação no segundo símbolo de um par de alvos, ela completa um lance duplo com maior frequência quando essa segunda adivinhação marca um êxito do que quando erra o alvo? Para responder a essa pergunta foi necessário classificar os 16.080 pares de tentativas não-sobrepostas de duas maneiras. Primeiro, a segunda tentativa do par marcou um êxito ou um fracasso? Segundo o segundo lance da paciente, o que estava envolvido na segunda tentativa, ficou com o primeiro lance um duplo ou não-duplo? Por meio dessas dicotomias construímos uma tabela de quatro contingências para a qual o que ao quadro deu 1.11. Com um grau de liberdade isto não é nada significativo. De fato, esses pares com um êxito na segunda tentativa incluíam 11.0 por cento de lances duplos enquanto que os com um fracasso na segunda tentativa continham 10.5 por cento de lances duplos. A diferença não é significativa, e à primeira vista parece que a sra. Stewart produziu tantas duplas ao fazer êxitos quantas ao errar, apesar de que sua marcação total nessas 16.080 tentativas tivesse sido altamente significativa.

Como essa análise não concordou com nossa primeira hipótese, examinamos os resultados para descobrir se existia um efeito genuíno que estivesse de certo modo obscurecido e cancelado pela reunião dos dados da paciente no período de quatro anos.

Os resultados mencionados abaixo mostram no todo que a sra. Stewart tinha forte aversão pelo lance de duplas, pois a frequência esperada em uma distribuição ao acaso é de 20 por cento em vez dos 11 por cento que era sua verdadeira frequência. Foi surpreendente que a sra. Stewart pudesse marcar, em alto nível, como fazia sem aproximar-se mais da expectativa teórica em seus números de duplas.

Decidimos, portanto, dividir os dados em oito exemplos cronológicos consecutivos de número quase igual de folhas. Quando isso foi feito, tornou-se óbvio que havia uma mudança acentuada na tendência da paciente de fazer lances de duplas entre o primeiro e o último desses exemplos.

Na maior parte de suas adivinhações deu menos lances de duplas do que seu número médio para a série inteira, mas na última amostra adivinhou mais duplas do que seria de esperar em uma distribuição ao acaso. Na primeira amostra existem 6.9 por cento de duplas, e na última 23.7 por cento, ao passo que a média para a série inteira é de 10.6 por cento.

Para cada uma dessas oito amostras construímos uma tabela de quatro contingências, análoga à que fizemos para a série de 16.080 pares de tentativas. Quer isto dizer que as amostras separadas foram classificadas como lances duplos e não-duplos e novamente como êxitos ou fracassos nas segundas tentativas de lances duplos e não-duplos. O qui-quadrado foi computado para cada uma das oito amostras, e, no caso de três amostras (N.º 4, 5 e 8), os valores de qui-quadrado foram significativos, de 10.53, 9.47 e 8.37 respectivamente. Os valores das outras cinco amostras nem chegaram a ser significativos. Em cada uma das amostras com alto valor de qui-quadrado, a importância é devida ao fato de que o número de duplas formadas por esses pares, em que o segundo lance foi um êxito, chegou mais perto do valor esperado de 20 por cento do que foi o caso com as outras cinco amostras.

Podemos calcular o efeito total levando em conta a mudança de frequência de lances duplos (que ocorreu na amostra 7), somando os valores de qui-quadrado para as oito amostras individuais. Isso dá um valor total de qui-quadrado igual a 32.31 com oito graus de liberdade. Um valor tão alto ocorreria pela chance somente uma vez em 5.000 séries dessas.

Interessante observar, por sua inspeção da tabela, a tendência consistente da sra. Stewart de adivinhar mais duplas ao fazer um êxito durante a primeira parte de seu trabalho em que ela estava fazendo menos duplas, e menos duplas quando estava marcando um êxito no final da série, na ocasião em que mostrava uma tendência geral de fazer mais duplas. Para cada amostra, exceto a última, há proporção maior de duplas para não-duplas nos pares em que a segunda adivinhação marcou um êxito do que naqueles em que a segunda tentativa falhou.

O estudo cronológico parece, portanto, indicar que a paciente até certo ponto conseguia modificar suas tendências correntes de fazer menos duplas ou mais a fim de fazer os lances que marcavam seus êxitos de percepção extrassensorial. Esse rompimento de suas preferências habituais, como esperávamos, trouxe a frequência de duplas nos lances para mais perto da frequência ao acaso do que prevaleceu na série de alvos. É surpreendente, no entanto, que a diferença entre os números de lances duplos associados aos êxitos e fracassos respectivamente não tenha sido maior do que foi. Quatro das oito amostras cronológicas praticamente não mostraram diferença. É concebível, se não for provável, que a tendência para duplas seja o padrão associativo mais forte com o qual o processo de percepção extrassensorial tenha de lutar. Isso toma mais importante ainda o estudo de outras sequências de lances em relação a êxitos e fracassos.

A interpretação das descobertas que sugerimos pode parecer óbvia. No entanto, antes de poder ser oferecida como a explicação psicológica correta dos resultados, é necessário imaginar outra maneira em que o excesso de lances duplos com o segundo membro fazendo um êxito correto poderia ser produzido. Se a sra. Stewart mostrasse uma tendência geral para fazer marcações positivas extra chance no deslocamento (+1) para a frente assim como no alvo direto, isso teria produzido o efeito de duplas sob consideração. Isso ficará claro com a figura que se segue:

Adivinhação	*Alvo*
A	B
A	A

Fig. (XIII)

Poder-se-ia interpretar essa configuração de duas maneiras. Poderíamos supor que nossa paciente, na primeira tentativa, fizera um êxito precógnito (+1) no alvo A e na segunda marcasse um êxito direto no mesmo alvo. Ou poderíamos supor que, para marcar um êxito direto na segunda tentativa, ela duplicasse o lance e que o aparente êxito precógnito fora devido à chance.

Vimos que na série completa a marcação de deslocamento (+1) total da expectativa está *abaixo* da expectativa em grau significativo, mas é concebível que, em certas áreas definidas da sequência de alvos, poderia haver marcação (+1) significativamente acima da expectativa de chance e marcação negativa (+1) em outras regiões.

Era, portanto, necessário examinar os dados da sra. Stewart para encontrar prova de deslocamento positivo para a frente e fazer isso nas regiões dos registros onde qualquer tendência genuína de acertar o alvo um passo adiantado, por percepção extrassensorial, pudesse ser testada independentemente de sua marcação de alvo direto e dos efeitos secundários a ela relacionados. Examinamos, portanto, os pares de tentativas que deram dois fracassos diretos nos alvos para ver se havia tendência significativa de o primeiro lance acertar o segundo alvo do par; para tornar essa verificação o mais livre possível de todos os fatores e peculiaridades nos registros que pudessem afetar a marcação de deslocamento, deixamos de lado os pares de fracassos com uma dupla nos lances ou nos alvos.

Para surpresa nossa, essa análise aparentemente demonstrou um deslocamento positivo (+1) em nível bastante significativo, mas vamos omitir aqui os resultados detalhados. Como explicamos no Apêndice E, descobrimos um elemento não de acaso na distribuição de alvos que, embora não tenha afetado a expectativa de êxitos diretos (O), concebivelmente pode ter tido algum efeito na expectativa de êxitos (+1) e (–1), mesmo nas áreas de fracasso da sequência de alvos. Até que a matéria tenha sido aprofundada, acreditamos não ser seguro afirmar que há um deslocamento genuíno (+1) (positivo) nessas regiões da folha de marcação. Não se segue, entretanto, como conclusão definitiva, que a presença de uma tendência genuína para deslocamento positivo (+1), nas áreas de fracasso das colunas da sra. Stewart explique o excesso de lances duplos dos quais o segundo membro deu um êxito direto. O efeito anterior ***poderia explicar*** o último; mas se de fato ele o explica, nós só poderemos saber verificando como as duas descobertas estão relacionadas.

Podemos obter um quadro da relação entre as duas descobertas que possa mostrar se estamos tratando com *um* efeito ou com *dois* efeitos distintos, vendo como os dois grupos de observações se comparam em valor através das oito seções cronológicas dos dados. Se os dois fazem parte de um efeito de deslocamento geral, os resultados deveriam variar em valor, mas se não variam juntos, são evidentemente efeitos diferentes. O deslocamento positivo (+1) nas áreas de fracasso foi calculado por um teste de qui-quadrado para cada uma das oito amostras cronológicas, e esse grupo de valores de qui-quadrado foi comparado com o grupo obtido para as oito amostras de dados de lance duplo. A quarta amostra de dados, que deu o mais alto qui-quadrado (10.53, com um grau de liberdade), em verdade deu o mais baixo (1.0, com um grau de liberdade) para deslocamento (+1), enquanto que a sexta amostra deu o maior valor de qui-quadrado para deslocamento (+1) (10.9) e o mais baixo (0.01) para os dados de lance duplo. Um teste de regressão das relações entre os dois grupos de valores de qui-quadrado deu um coeficiente de regressão com valor negativo, mostrando que os dois grupos de observações claramente não são baseados em efeito de deslocamento (+1) *geral*.

Naturalmente isso não quer dizer que o excesso observado de lances duplos com o segundo lance, um êxito direto sobre aqueles com fracasso em segundo lance, não possa ser descrito como uma espécie de deslocamento positivo (+1) combinado com um êxito direto no mesmo alvo. Essa interpretação requer a suposição de que duas tendências de deslocamento de alta marcação (+1) estavam operando em concorrência, mas independentemente, em diferentes regiões da folha de marcações. Preferimos a que nos parece a explicação mais simples, que a sra. Stewart conseguia dominar até certo ponto sua aversão por lances duplos a fim de marcar alguns dos êxitos no alvo direto.

O Problema Inversão

A questão que vamos discutir agora é, em certo sentido, o inverso da que acabamos de tratar. É a seguinte: Um êxito de percepção extrassensorial tem tal efeito nas tendências de associação do paciente que há uma diferença entre o número de símbolos de lances repetidos *depois* dos êxitos e o número repetido *depois* de fracassos? Em outras palavras, o adivinhador tende a duplicar o lance que faz um êxito direto significativamente mais vezes ou menos vezes do que tende a duplicar o lance que faz um fracasso direto?

Nos casos dos dois pacientes, o sr. C. J. e a srta. D. W., das experiências do Colorado, houve testemunho sugestivo, embora não concludente, de que um êxito tinha algum efeito real sobre o lance seguinte. Era importante, portanto, procurar efeito semelhante nos dados da sra. Stewart.

Para esse propósito separamos os 16.080 pares não-sobrepostos em dois grupos de acordo com o paciente, se tinha ou não feito um êxito ou fracasso no *primeiro* alvo de um par. Cada um desses dois grupos foi subdividido de acordo com o segundo lance de cada par, se era igual ou diferente do primeiro. Construímos uma tabela de quatro contingências. Esperávamos a mesma proporção de lances duplos para não-duplos quando houvesse um êxito no primeiro alvo como quando houvesse um fracasso, se as duas situações fossem independentes. A tabela deu um valor de qui--quadrado igual a 2.56 com um grau de liberdade. Não parece, portanto, haver diferença significativa entre as duas proporções, e à primeira vista tal efeito não foi revelado.

Como na primeira pesquisa, porém, surge a questão da possibilidade de ter havido uma variação cronológica de efeito que fica obscurecida quando os dados dos quatro anos de trabalhos são calculados como um todo. Para testar se era esse o caso, calculamos a mudança de lance depois dos êxitos e fracassos para as oito amostras cronológicas separadas que usamos anteriormente. A primeira e a sextas amostras produziram valores muito significativos de qui-quadrado, de 11.67 e 9.48 respectivamente, mas os valores das outras seis amostras foram menos de 4. A soma dos oito valores de qui-quadrado é 29.42 com oito graus de liberdade, e um valor alto como esse ocorreria pela chance somente uma vez em 3.000 séries semelhantes. Podemos concluir que existem fatores nas diferentes seções cronológicas da experiência que estão produzindo uma diferença genuína na proporção de duplas depois de sucessos e de fracassos, e temos motivo para fazer novas pesquisas a fim de saber como interpretar essa descoberta.

Em apenas quatro das oito amostras houve maior proporção de repetições depois de êxitos e fracassos, mas os dois valores de qui-quadrado mais significativos – os das amostras N.º 1 e 6 – indicam que a paciente repetia seu lance mais frequentemente depois de um êxito direto.

Ora, esse efeito surgiria como artefato estatístico se a sra. Stewart fizesse marcação de deslocamento positivo e para trás (–1) imediatamente após um êxito direto no mesmo alvo, como na fig. (XIV):

Adivinhação	*Alvo*
A	A
A	B

Fig. (XIV)

É claro que essa configuração admite duas interpretações. Poderíamos supor que a adivinhação com êxito no cartão-alvo fez a paciente repetir o lance ou que, imediatamente depois de seu êxito direto, ela marcou um êxito pós-cognitivo.

Sabemos que a sra. Stewart marcou muito acima da expectativa de chance no alvo direto ou (O). Se, além disso, ocorreu deslocamento positivo para trás (–1) na série, e se sucessos dessas duas espécies foram feitos independentemente um do outro no sentido estatístico, deveríamos vez ou outra encontrar as duas formas de percepção extrassensorial atuando em relação ao mesmo lance em tentativas adjacentes, pois é possível que o lance direto e o lance seguinte atinjam o mesmo alvo somente se forem idênticos.

Depois de um fracasso no alvo direto, entretanto, a tendência da paciente de marcar um êxito no deslocamento para trás (– 1) na realidade reduziria o número de lances duplos, pois a paciente teria necessariamente que mudar sua reação a fim de fazer um êxito para trás (–1) depois de um fracasso direto.

Para descobrir se uma tendência de deslocamento positivo (–1) geral explicava o efeito de "repetição de lances", analisamos os dados da sra. Stewart quanto a deslocamento (–1) nos pares em que nenhuma tentativa foi coroada de êxito direto. Também omitimos os pares com lances ou cartões duplos, como fizemos na pesquisa precedente. Nessa região de sequência de alvos houve alguma sugestão de marcação positiva no deslocamento (– 1), embora não fosse significativa. Para ver se o deslocamento (– 1) poderia explicar o excesso de lances duplos depois de êxitos, calculamos os valores de qui-quadrado do deslocamento (– 1) para cada uma das amostras cronológicas, comparando-os com os valores correspondentes de mudanças de lances do qui-quadrado. Usamos somente as amostras 1 e 6, pois mostravam um testemunho mais acentuado da influência da percepção extrassensorial sobre a tendência de duplicar. Os resultados mostraram que para essas duas amostras mais importantes não houve deslocamento significativo (–1), pois uma deu valor de qui-quadrado de 0.4 e a outra um valor mais aproximado ainda de zero, havendo um grau de liberdade em cada caso.

Consequentemente a significativa proporção maior de lances duplos depois de êxitos não podia ser explicada como recurso devido a marcação positiva geral no deslocamento (–1).

Concluímos, portanto, que há uma diferença real na sequência de lances depois de êxitos e fracassos nos dados da sra. Stewart, e que a evidência anterior sugestiva relacionada com mudança de lance na série de Martin e Stribic foi confirmada, embora em nosso caso estivéssemos tratando de repetição de lances, depois de um êxito. Qual seria a interpretação psicológica possível a ser dada a essa descoberta?

Nos primeiros estudos de mudança de lances feitos por Pratt e Foster, pensou-se que tais efeitos poderiam dar testemunho experimental de que um paciente de adivinhação de cartões tem uma espécie de conhecimento de seu êxito em percepção extrassensorial, parecendo reagir a ele. Mas em exames posteriores dos resultados reconheceu-se que havia uma interpretação como alternativa que não podia ser completamente eliminada.

A interpretação era que certos alvos da série se tornavam, de certo modo, eficazes para o processo da percepção extrassensorial e que o paciente algumas vezes reagia a um desses alvos singulares, não somente por um só lance, mas para dois ou mais.

Do testemunho anterior parece que a reação característica era mudar o lance imediatamente após um êxito direto.

Desse ponto de vista de que certos alvos afetam mais do que um lance, podemos supor que, nesses casos, a paciente fazia um êxito direto em tal alvo "eficaz" ou "singular", reagindo a ele novamente com o fracasso *psi* no lance seguinte.

Por outro lado, a sra. Stewart tendia a repetir o símbolo do lance que marcasse um êxito. Muito possivelmente esse é um caso de alvo "singular" que se apresenta primeiro como alvo direto e depois como alvo (–1). Se é assim, não devemos esperar prova geral de deslocamento (–1) nas áreas de "fracasso" da sequência de alvos.

Ainda não vemos maneira de distinguir finalmente entre duas possíveis interpretações de efeito de mudança ou repetição de lances: (I) a reação da paciente ao fazer uma adivinhação com êxito talvez refletisse, subconscientemente, uma mudança ou repetição de lances, e (II) uma difusão de influência ao redor de certos alvos "singulares" que de certa maneira se tornavam disponíveis para mais do que um tipo de funcionamento da percepção extrassensorial.

Pode ser, entretanto, que haja menos diferença entre essas duas interpretações do que parece à primeira vista.

Quando dizemos que uma mudança na padronização dos lances da paciente é uma reação ao êxito, tendemos a sugerir que ela está conscientemente certa de ter feito um êxito com percepção extrassensorial. Por outro lado, devemos reconhecer que não há nítida divisão entre consciência e inconsciência, (*) mas que esses conceitos representam os dois extremos de um contínuo. Os parapsicólogos, por não terem descoberto testemunho do contrário nas experiências, foram forçados a atribuir processos *psi* ao lado inconsciente do campo das atividades mentais. Além da memória, os resultados de testes *psi* provavelmente representem a melhor prova que temos de que os processos mentais inconscientes realmente ocorrem. Pesquisadores de PES nunca deixaram de interessar-se pela descoberta de alguma situação especial ou processo que permitisse ao paciente-psi mostrar que, algumas vezes, ele está influenciado, seja de maneira sutil ou momentânea, pelo fato de que está empregando sua percepção extrassensorial. Por exemplo, a sra. Stewart aparentemente estava influenciada por algum aspecto da situação quando marcava um êxito, e essa influência era bastante forte para fazer com que ela repetisse o lance e marcasse, portanto, um segundo êxito (–1) no mesmo alvo.

Esse é um passo, embora pequeno, para nosso objetivo na busca de um método que permita à paciente assinalar quando usou com êxito sua faculdade de percepção extrassensorial.

A análise dos trabalhos da sra. Stewart que mostramos neste capítulo certamente revela que o processo-psi, em seu caso, tem uma rede tremendamente complicada de tendências que operam frequentemente em sentidos cruzados. Notamos primeiro uma tendência consistente de marcar

(*) Cf. um ensaio de Slater em *The Psysical Basis of Mind*, de P. Laslett.

bem acima da chance no cartão ou alvo (O). Quando examinamos os registros mais atentamente descobrimos que ela marcou consistentemente abaixo da expectativa de chance nas primeiras tentativas de alvos duplos, triplos, etc. Uma inspeção mais atenta ainda revela que isso acontece somente com os alvos duplos não associados aos lances duplos, e que os primeiros membros de alvos duplos com lances duplos se comportam exatamente como os primeiros membros de alvos não-duplos. Descobrimos depois que a tendência negativa é ainda mais potente no caso dos primeiros membros de triplos e de sequências mais longas do mesmo símbolo. Em seguida observamos o que parece marcação consistentemente abaixo da chance nos alvos de deslocamento (+1) e (–1), mas com exame mais minucioso descobrimos que essa tendência negativa está, geralmente, confinada às regiões da folha de marcação em que predominam os êxitos diretos, e que nas áreas de "fracasso" aparentemente existe significativa marcação acima da chance no alvo (+1).

CAPÍTULO XX

A Ciência e Pesquisas Relativas à Percepção Extrassensorial

Neste capítulo final examinaremos a atitude dos cientistas ortodoxos em relação a pesquisas experimentais sobre telepatia e consideraremos algumas críticas também. Muitos cientistas gostariam de ver a telepatia desacreditada. Julgam que suas preconcepções materialistas são incompatíveis com as descobertas nas experiências. Preferem o dogma ao empi- rismo e abandonaram o método científico no que diz respeito à percepção extrassensorial.

Sem dúvida, como observou o professor Evelyn Hutchinson(*) num artigo recente, a razão pela qual muitos cientistas não aceitam esses resultados é por não quererem aceitá-los, só isso, e evitam fazê-lo recusando examinar os relatórios detalhados dos pesquisadores. Ele declara que o nível de mau gosto irrelevante em que caíram algumas das críticas publicadas em jornais respeitáveis é quase inacreditável.

Se, como se pode facilmente admitir, os fatos de telepatia e precognição não se enquadram na moldura mecânica sobre a qual se baseiam as ciências físicas, certamente é da maior importância investigar esses fatos alegados com a maior imparcialidade. Enquanto forem ignoradas as descobertas das pesquisas psíquicas e imaginarem que podem dispor de descobertas inconvenientes, estigmatizando-as de "ocultismo", correrão eles o risco de repetir os erros dos fundamentalistas quando foram confrontados com a hipótese de Copérnico.

Que os homens de ciência comuns estão inquietos no tocante à demonstração experimental da percepção extrassensorial, evidencia-se com a

(*) XVIII, 1.

passagem seguinte extraída de um artigo em *Mind* (outubro de 1950), de A. M. Turing (l) sobre *Máquina Computadora e Inteligência.* O professor Turing escreve: "Esses fenômenos perturbadores parecem negarem todas as nossas ideias científicas usuais; como gostaríamos de desacreditá-las! Infelizmente as provas estatísticas, pelo menos no tocante à telepatia, são avassaladoras. A ideia de que nossos corpos se movem simplesmente de acordo com as leis conhecidas da física juntamente com outras ainda não descobertas, mas de certo modo semelhantes, seria uma das primeiras a desaparecer." Nisso o articulista enunciou sucintamente a perspectiva do cientista materialista. De acordo com esse ponto de vista, os seres humanos são simples agregados de matéria que se comportam de conformidade com as leis da teoria do quantum. O cérebro não seria mais que uma central elétrica de incrível complexidade, mas sem um operador. A sequência natural dessa filosofia é que os seres humanos não teriam responsabilidade ética nem moral de suas ações visto que estas seriam determinadas pelas leis da física.

Mas os seres humanos pelo menos parecem estarem agindo com propósito e lutando por metas futuras. Deve parecer ao observador desapaixonado que os homens, longe de serem primorosas peças de mecanismo, estabelecem ideais que tentam realizar e pelos quais frequentemente estão prontos a morrer. Em seu artigo, *The Faith of a Scientist* (A Fé de um Cientista), o professor A. C. Hardy ([2]) salienta que a humanidade poderia, com o tempo, alterar a raça humana se decidisse controlar os casamentos, permitindo sua realização a uns e negando-a a outros. Isto é, a humanidade poderia guiar sua própria evolução para um ideal no futuro. Isso, diz Hardy, é uma dedução lógica da moderna ciência biológica. Mas se for verdade, segue-se que a biologia mecanista não representa toda a verdade sobre a vida.

A espécie de perspectiva delineada no parágrafo que citamos do artigo de Turing é, sem dúvida, pouco mais que uma versão modernizada das ideias de T. H. Huxley que, em uma reunião em 1868, disse aos ouvintes: "Os pensamentos que estou expressando e os seus em relação aos meus são manifestações de mudanças moleculares na matéria da vida." Assim como é, até mesmo os mais ardentes epifenomenalistas de hoje não conseguiram darmos nada que se pareça com um argumento convincente de que deve haver sempre correspondência exata entre estados mentais e moleculares. Em seu livro, *The Organization of Behaviour* (Organização do Comportamento), D. H. Hebb ([8]) salientou algumas das grandes dificuldades que confrontam qualquer teoria isomórfica da relação entre eventos mentais e a atividade cortical, mesmo que a percepção extrassensorial seja deixada fora de consideração. Vamos considerar alguns dos obstáculos.

Existe primeiro o complexo problema da transferência de função. Uma pessoa que aprendeu a escrever com a mão direita pode, sem treinamento, escrever toleravelmente com a mão esquerda ou com os dedos dos pés ou assinar o nome com o lápis preso entre os dentes. No entanto, áreas motoras diferentes estão envolvidas no controle dos músculos das mãos, dos dedos do pé e do pescoço. Como é que um grupo diferente de neurônios pode automaticamente encenar o mesmo padrão?

Reconhecemos uma melodia na primeira vez que a ouvimos transposta para um tom diferente. Que é que muda a atividade dos neurônios de uma rede para outra?

Eis um fato concernente à percepção visual. ([9]) Pela medição de potenciais elétricos no córtice visual foi estabelecido que existe íntima correspondência entre pontos da imagem da retina quando, digamos, se olha para um quadrado branco, e os neurônios da retina na área do córtex visual que sofre a excitação. Mas no córtex o quadrado é representado por um quadrilátero curvilíneo de forma variada. Apesar disso, o objeto é sempre identificado como um quadrado. E dois quadrados de diferentes tamanhos causariam variações ainda maiores na forma da área excitada do córtex.

Experiências nos cérebros de animais tornam difícil supor que as lembranças ficam localizadas em regiões específicas do cérebro. K. S. Lashley ([10]) relata que ensinaram ratos a pular sobre um triângulo branco e a evitar um X branco quando ambas as figuras estavam sobre um fundo preto, mas a que escolhessem o X e evitassem o triângulo se o fundo fosse listrado. Abriam-lhes depois o cérebro e seccionavam completamente as fibras de conexão entre as áreas visuais e motoras do córtex. Depois da convalescença, os ratos aprenderam a fazer esses trabalhos de generalização visual tão depressa quanto os ratos normais.

Lashley informa que "distúrbios da memória em simples hábitos sensoriais nos macacos acontecem unicamente devido a extensiva destruição experimental inclusive quase que o córtex inteiro de associação. Mesmo a destruição combinada das áreas pré-frontal, parietal, occipital e temporal, excluindo o córtex sensorial primário, não impede que o animal forme hábitos, embora hábitos preexistentes estejam perdidos e sua reforma fique grandemente retardada."

Tal evidência exclui a existência de uma região espacial da memória no cérebro e é extremamente difícil acreditar que a memória seja preservada por esquemas como a instalação de correntes nervosas circulatórias permanentes na rede neural, pois, quando o córtex visual de um rato foi removido por *cortes arbitrários* até que somente um sexto dessa área restasse, o animal que, previamente, fora ensinado a fazer coisas como pular para o triângulo, ainda pôde ser treinado para conseguir realizar esse feito. Mesmo que as lembranças fossem restauradas, não em um único circuito, mas em múltiplos circuitos, é difícil supor que os cortes arbitrários, feitos em todas as direções, deixassem qualquer circuito intacto.

Além disso, como salienta McCullolch, ([11]) dificilmente podemos supor que as lembranças sejam representadas por correntes reverberantes e permanentes nos circuitos do cérebro visto que todas as atividades reverberantes cessam durante o sono profundo e são destruídas por ondas de choque epilépticas. Contudo, a lembrança sobrevive a tal deslocamento. Novamente Lashley nos diz que "as mesmas células que levam os traços de lembrança visual também são excitadas e tomam parte em todas as reações visuais do animal." Certamente as correntes da memória receberiam a interferência das que surgem das outras formas de atividade visual. E nenhuma teoria mecânica até o presente foi capaz de sugerir como as velhas lembranças são guardadas. Tão logo uma teoria de rede é elaborada, encontra fatos persistentes com os quais não pode lutar.

Para aqueles que recusam admitir que o funcionamento físico e mental são modalidades de atividades igualmente reais, mas completamente distintas, embora correlacionadas, parece não haver esperança na procura de modelos mecânicos. A correlação entre cérebro e mente não pode ser expressa em termos de equações de espaço e de tempo.

O professor J. C. Eccles, num artigo publicado em *Nature* (julho de 1951) sugeriu que certos neurônios, em estado crítico, podem ser ativados por alguma influência externa que parece ser da natureza da psicocinese. Essa "influência" dispõe que esses neurônios criticamente dispostos sejam ativados no instante correto e na ordem correta. Para ser descarregados, precisam receber sinais de dois ou mais outros neurônios. Assim a ativação dos neurões "críticos" poderia então guiar o padrão de um processo de volição no córtex motor. Vindas de um eminente neuro-fisiologista, essas sugestões poderiam ser o ponto de partida de nova teoria sobre o trabalho do cérebro que poderia sobrepujar as velhas teorias mecânicas.

Se as teorias mecânicas não conseguiram dar nenhuma teoria inteligível sobre os fenômenos mentais, tais como a memória ou o aprendizado, parece improvável que tenham maior êxito no caso da telepatia. O fato fundamental da telepatia é a existência de uma correspondência, parcial ou completa, entre um padrão mental de A e um padrão mental de B, e como vimos, provou ser impossível estabelecer qualquer isoformismo exato entre padrões físicos e mentais. Procurar uma explicação causai de telepatia pode ser simplesmente o caso de uma questão erroneamente proposta. Provavelmente teremos que aceitar uma correspondência não-causal entre estados mentais como um fato irredutível da natureza. Talvez tudo o que podemos esperar seja clarificar as condições físicas e mentais sob as quais se manifesta a telepatia. Também podemos esperar descobrir que processos semelhantes à clarividência e psicocinese operam continuamente nos processos psicológicos de morfogenese e nos processos psicológicos de percepção e de memória. (*)

Os Filósofos e as Pesquisas com Relação à Percepção Extrassensorial

Talvez seja significativo que, com algumas notáveis exceções, os filósofos se interessem pela percepção extrassensorial muito mais que os psicólogos acadêmicos. Os trabalhos do professor C. D. Broad, de Cambridge, e do professor H. H. Price, de Oxford, sobre questões filosóficas ligadas a nosso assunto são bem conhecidos. Esses dois homens preeminentes expressaram sua convicção quanto à solidez das provas de percepção extrassensorial. Dois entusiastas recrutas recentes entre os filósofos são: sr. C. W. K. Mundle, chefe do Departamento de Filosofia do University College, de Dundee, e sr. Antony G. N. Flew, lente de Filosofia Moral da Universidade de Aberdeen.

O sr. Mundle contribuiu com um trabalho muito interessante para um simpósio organizado pela Aristotelian Society, na reunião de julho

(*) O dr. G. D. Wassermann prestou-nos valioso auxílio com os argumentos expostos da seção acima.

de 1950, para discussão da questão: A pesquisa psíquica é relevante para a filosofia?

O sr. Mundle acentuou que o peculiar e comum para os fenômenos paranormais "é que tais fenômenos aparentemente envolvem relações causais entre eventos separados por um intervalo de espaço e tempo e sem intervenção de corrente contínua de acontecimentos", e sugeriu que essa é a raiz da confusão mental que muitos cientistas sentem na presença de tais fenômenos. Observou também que, em certos tipos de fenômenos *psi*, há um agrupamento temporal de certos eventos que deve ser considerado como fonte causai comum, e que alguns dos eventos-efeitos em tais agrupamentos precedem o evento que é a fonte causai.

O professor Broad, que foi o presidente da reunião, observou que as peculiaridades notadas pelo sr. Mundle eram, na realidade, casos especiais de uma característica mais geral que distingue os eventos normais dos paranormais. Existem certos princípios delimitativos que intuitivamente tomamos por exatos em todas as atividades da vida normal e em nossas teorias científicas. Alguns desses princípios parecem evidentes e outros são deduzidos da experiência comum e parecem tão universais que não os contestamos. Broad classifica esses princípios em quatro categorias gerais: "(a) Princípios de causação; (b) Limitações da atuação da mente sobre a matéria; (c) Dependência da mente para com o cérebro; e (d) Limitações dos meios de adquirir conhecimento.

Os fenômenos paranormais são os que aparentemente estão em conflito com um ou mais desses princípios delimitativos.

Os filósofos, disse Broad, sempre estiveram vitalmente interessados nesses princípios, e, visto que, em sua opinião, existe prova concludente de que existem acontecimentos, chamados paranormais, em conflito com esses princípios, segue-se que a parapsicologia é altamente relevante para a filosofia.

I feição do sr. Mundle, o sr. Antony Flew crê que a evidência da adivinhação de cartões é cientificamente sólida. Diz que os trabalhos com Shackleton e a sra. Stewart "confirmaram extraordinariamente, em nosso clima intelectual menos exuberante, muitas descobertas do dr. Rhine e de seus colegas em Carolina do Norte." No entanto, o sr. Flew não se dispõe a aceitar a interpretação dada pelo dr. Rhine aos trabalhos. Afirma que este último está errado ao supor que as experiências demonstram qualquer espécie de dualismo da mente e da matéria. Rhine, queixa-se ele, fala continuamente sobre "o alcance da mente no espaço" ou da "transcendência da mente humana sobre o espaço e o tempo", enquanto as descobertas das experiências podem ser expressas muito simplesmente sem o uso de fraseologia tão enganadora. O sr. Flew pensa que existem tais coisas como processos mentais, sensações, percepções, etc., mas aparentemente não tais entidades como a mente. A "mente" é de fato, segundo a escola de filosofia a que pertence o sr. Flew, um termo desnecessário que leva a ideias confusas.

É, portanto, essencial evitar termos como "mente", o "eu" subconsciente, e assim por diante o que sugere a existência de entidades vagas e de hipóteses mais vagas ainda, e é também essencial confinar nossas discussões aos dados que sejam realmente observados.

Na segunda de suas irradiações, intituladas "Um Novo Nome para Adivinhações?", o sr. Flew (*) é muito convincente ao debater sobre precognição. Salienta, julgamos que corretamente, que não há incompatibilidade necessária entre a possibilidade de prever certas classes de eventos futuros e a liberdade da vontade humana.

Na vida comum estamos constantemente fazendo predições brilhantes sobre o futuro comportamento de outras pessoas, por exemplo: "Tom Jones visitará Comwall no próximo verão a fim de descobrir espécimes geológicos". Se se realizou a predição, isso obviamente não significa que Tom estava sob a compulsão de visitar Comwall; ele tinha a mesma liberdade de ir ou não, que os seres humanos normalmente possuem em relação a tais exercícios de escolha. Nenhum de nós é completamente livre.

A diferença essencial entre uma predição "normal" e uma "pre*dição-psi*" é que na primeira espécie de antecipação conhecemos as razões em que se baseia, ao passo que na segunda somos incapazes de descobrir qualquer método pelo qual o percipiente chega a conhecer o evento futuro. Além disso, parece claro que até mesmo uma predição paranormal pode indicar somente uma probabilidade e não uma certeza. Quando o sr. Dunne sonhou com o acidente ferroviário (Capítulo VI), nada havia que o impedisse de escrever uma carta veemente à companhia L. N. E. R. insistindo para que tomassem precauções especiais naquela seção da linha vista no sonho. Se a companhia daria atenção à carta, é outro assunto, mas na literatura sobre a matéria existem certamente muitas predições que poderiam tornar-se falsas se fossem tomadas as providências necessárias.

(*) XIX, 4.

Uma dificuldade mais séria acerca da predição *psi* é que ela, aparentemente, sugere que a motivação pode operar para trás no tempo. No caso do sr. Dunne e seu sonho seria muito desarrazoado que o sonho fosse a causa do acidente que aconteceu ao *Flying Scotsman* muitos meses depois, porquanto geralmente os sonhos não têm essas violentas consequências psicocinéticas. Se os dois eventos são causalmente ligados, naturalmente suporíamos que, em certo sentido, o sonho foi induzido pelo futuro acidente. (**)

Mas tal suposição seria inconsistente com o uso comum que fazemos dos termos "causa" e "efeito". Pela própria definição dos termos, uma causa deve preceder seu efeito. Mas, como sugere o sr. Flew, pode resultar que u noção de causação, embora seja indispensável para as atividades práticas da vida normal, não possa ser aplicada na esfera do paranormal. Ou, como o diz o sr. Mundle, algumas modificações das definições de causa e efeito talvez tenham que ser elaboradas a fim de incluir causação paranormal bem como causação normal.

Quando, num caso, o agente olha para o símbolo de um cartão e o percipiente anota o mesmo símbolo dois segundos depois, e, em outro caso, o percipiente anota o símbolo dois segundos antes de o agente olhar para cartão daquele símbolo, certamente pareceria que, nos dois casos, há uma relação funcional entre os dois eventos. E em nenhum dos casos parece haver uma corrente de eventos intermediários ligando os membros do par. Pareceria, portanto, muito provável que a dependência funcional fosse essencialmente da mesma natureza no caso do êxito (+1) e no caso do êxito (– 1).

O sr. Flew acha que o desassossego mental experimentado por muitos cientistas quando confrontados com os fatos já estabelecidos dos fenômenos *psi* não é devido tanto à sensação de que esses fatos estão em conflito com um dos princípios delimitativos em particular, tão claramente enunciados pelo professor, mas porque parecem desafiar todos os conceitos básicos explicativos e máximos da ciência moderna.

Em verdade, suspeitamos que o desagrado manifestado pelo cientista comum tem uma explicação mais simples. Ele não se preocupa muito com princípios básicos. Quando se vê frente, digamos, a um caso espontâneo

(**) Podia-se, entretanto, alegar que a mente do homem que sonhara não fora influenciada pelo próprio evento futuro, porém por um padrão mental pré-existente do evento. Cf. Capítulo X.

ou experimental, de precognição, sente não somente ser incapaz de dar uma explicação como também que nenhuma explicação poderia jamais ser dada. Sua irritação é devida a ele se encontrar diante de um beco sem saída. Mas em vez de admitir isso a si mesmo, alega que houve fraude ou registro inexato, ou que a coincidência de chance foi responsável; qualquer hipótese, por mais improvável que seja, servirá, contanto que o devolva ao que é familiar e comum.

Tais reações, entretanto, não são peculiares ao cientista; são partilhadas por homens inteligentes quando confrontados com fatos que não podem explicar. É, no entanto, estranho que, quando um desses homens depara com uma experiência paranormal própria, sua atitude parece mudar como por mágica. Ele já então não manifesta descrença por fatos semelhantes narrados por outros. S. G. S. recorda-se de uma conversa que teve com o falecido *sir* James Jeans, que declarou achar a precognição de espécie paranormal muito difícil de aceitar. No entanto, assim que se mencionou a telepatia a expressão de seu rosto iluminou-se, e ele observou que naturalmente não tinha dúvidas acerca da telepatia, pois ele mesmo tivera experiências dessa natureza!

Não é tanto o fato de que as experiências paranormais são difíceis de repetir com êxito, como a falta de hipótese ou de corpo de doutrina pelos quais esses resultados estranhos possam ser interpretados e classificados, que leva a maioria dos cientistas a ignorá-las. Os cientistas, em geral, não gostam de fazer experiências nas regiões em que não há hipóteses operantes para guiá-los. O hipnotismo, por exemplo, foi aceito como um fato pelos psicólogos há quarenta anos pelo menos. Contudo, a quantidade de experiências de fenômenos hipnóticos feitas em laboratórios de psicologia é extremamente pequena. Isso é grandemente devido às dificuldades que os pesquisadores têm encontrado para a formação de qualquer teoria satisfatória sobre o estado hipnótico. Hoje em dia temos uma compreensão teórica do hipnotismo pouco melhor do que nos dias de Esdaile.

Se isso é verdadeiro sobre o hipnotismo, um fenômeno relativamente fácil de obter, quanto tempo ainda teremos de esperar antes que se desenvolva uma hipótese operante da função *psi!*

No estado atual, existe o perigo de que, em nossa impaciência, construamos teorias duvidosas como as de Dunne a respeito da precognição. Em vez de perder tempo na construção de hipóteses estéreis, será melhor mais experiências na tentativa de descobrir as peças do quebra-cabeça que faltam e sem as quais jamais se poderá construir uma sólida teoria. Quando tivermos um número muito maior de fatos bem provados, poderão começar a aparecer as hipóteses úteis, e elas nos levarão à descoberta de novos outros.

Críticas Recentes às Pesquisas sobre Percepção Extrassensorial

A grande falácia em que se apoia a maior parte da oposição dos cientistas aos fatos da percepção extrassensorial é a suposição tácita, embora arrogante, de que tudo o que vale a pena saber a respeito do universo já foi descoberto e que agora só falta completar os detalhes.

Supõe-se que nada pode ser verdadeiro se não obedece às leis da física como as conhecemos hoje. Um pouco de reflexão mostra o absurdo de tal argumento. O professor Broad (*) acentuou mais de uma vez que se não fosse a circunstância de que certas substâncias, como magnetita e âmbar, são comuns na superfície da terra, a humanidade poderia ter permanecido ignorante dos fenômenos electromagnéticos. Nesse caso qualquer cientista eclético que descobrisse leves traços desses fenômenos provavelmente teria sido ridicularizado. É verdade que foram feitos progressos imensos nas ciências físicas, mas continuamos na mais profunda ignorância a respeito da provável relação entre os fenômenos cerebrais e mentais.

Quando um físico afirma categoricamente que não pode haver percepção extrassensorial, está simplesmente invadindo terreno que não é seu. A questão da existência de fenômenos *psi* deve ser resolvida com suficiente número de testemunhos. Como vimos nas páginas precedentes, muitos filósofos, psicólogos e biologistas eminentes expressaram seu julgamento abalizado de que a prova de telepatia é agora pelo menos adequada no que se refere a qualidade e quantidade. Atualmente há muito poucas críticas à evidência experimental que devam ser tomadas a sério. Frequentemente o crítico trai o fato de que nem se deu ao trabalho de familiarizar-se com os relatórios publicados que ele tem a presunção de criticar. Um caso em foco é o do professor Skinner, um psicólogo da Universidade de Harvard. O professor Evelyn Hutchinson, (**) de Yale, escrevera longo e meticuloso relatório sobre as experiências de Shackleton para o *American Cientist.* Em número posterior do mesmo jornal, Skinner escreveu uma carta atacando as experiências de adivinhação de cartões em geral e as experiências de Shackleton em particular. A carta continha tantas citações falsas e erros de fato que se tornou evidente a Evelyn Hutchinson e a S. G. S. que Skinner não havia lido o relatório de Shackleton em primeira mão. Por exemplo, falou em maços de cartões embaralhados à mão quando tais maços não foram usados em nossas experiências. Sugeriu também que erros de registro poderiam dar uma possível explicação dos resultados, quando foram guardados registros separados das listas preparadas antes das experiências e das próprias adivinhações de Shackleton feitas por ele mesmo, e esses registros independentes poderiam ser verificados novamente em qualquer ocasião futura.

Em livro recente – *The Psychology fo the Occult* (Londres, 1952) – D. H. Rawcliffe (***) tenta mostrar que as experiências com êxito em parapsicologia se baseiam, sem exceção, em erros metodológicos. É essencial que o crítico seja meticuloso na descrição de detalhes e em questões reais. Esse crítico omite detalhes relevantes quando eles não ajudam seu caso e deturpa outros fatos. Concentra-se, na maior parte, em experiências fracas e inconcludentes, deixando de mencionar algumas das mais importantes. Assim apresenta uma versão sobremodo enganadora e fragmentária da situação das experiências. Ao debater sobre a percepção extrassensorial não cita as importantes experiências de Pearce-Pratt, nem as de Martin e Stribic ou as dos trabalhos de Tyrrell e Whately Carington em que todos os indícios sensoriais foram completamente abolidos. Nos capítulos sobre os médiuns não há menção da sra. Piper que convenceu homens do calibre de William James, Richard Hodgson e Sir Oliver Lidge. Embora o autor saliente a importância do registro mecânico, parece não ter conhecimento do registrador elétrico usado por Tyrrell e tampouco das experiências de David Kahn.

No Capítulo XI já repudiamos o ataque do sr. Rawcliffe às experiências de Shackleton, e aqui assinalaremos simplesmente uma séria distorção na página 477, ele observa: "Nas experiências de Shackleton a porta foi propositalmente *deixada uma ou duas polegadas entreaberta para facilitar a audição* de sinais verbais do pesquisador assistente – uma precaução imprudente!"

(*) XV, 2.
(**) IV, 25.
(***) XI, 13.

Mas o que o sr. Rawcliffe deixa de mencionar é que, no relatório de Soal-Goldney, foi declarado claramente que, durante as primeiras nove sessões, as duas portas entre os aposentos ficaram em fechadas. Além disso, Shackleton trabalhando com números preparados ao acaso, marcou média significativamente mais alta de êxitos (+ 1) nas oito primeiras ocasiões do que nas oito (*) seguintes em que uma porta ficou entreaberta. Segundo a teoria de "duplo sussurro" de Rawcliffe, certamente não deveríamos esperar que esse fosse o caso.

Sem dúvida, com o método de números ao acaso em ritmo "normal" de lances, com a srta. Elliott como agente, a média de marcação por 24 tentativas foi de 7.39 nas primeiras oito sessões, enquanto que nas oito seguintes foi somente de 6.56 êxitos. Houve 64 grupos de tentativas (+1) na primeira série e 71.88 grupos na segunda. Usando o desvio-padrão observado de 2.36 por 24 tentativas, descobrimos que a proporção crítica da diferença das duas médias de marcações excede 2. Portanto, as probabilidades a favor da suposição de que Shackleton marcou melhor com a porta fechada são cerca de 20 para 1, e esse resultado dificilmente coincide com qualquer teoria de sussurros.

Pensamos que antes de tentar criticar experiências estatísticas, o sr. Rawcliffe deveria familiarizar-se com os princípios elementares do cálculo estatístico. No entanto, esse autor realmente confunde o tamanho de uma amostra com o valor do resultado porque diz que a série de Shackleton seria base fraca para as conclusões de Soal porque o total é somente de 6.690 adivinhações, um número pequeno comparado com o de adivinhações feitas nas experiências nos Estados Unidos. Em verdade, houve ao todo 11.378 tentativas (+1) que deram probabilidades que excedem 10^{3B} para 1 contra a hipótese de ser o resultado devido à chance. Mas o *número* de tentativas nada tem a ver com o *valor* do resultado.

Novamente, falando (pág. 472) sobre a experiência do telefone em que a sra. Stewart e o agente estavam a 8 ou 10 pés de seus aparelhos, o sr. Rawcliffe expressa surpresa que houvesse tanto quanto 60 êxitos em 200 tentativas. Conclui, porém, que 200 adivinhações são muito poucas para ter certo valor! No entanto, as "probabilidades contra a chance" são da ordem de 2.000 para 1.

(*) A sessão N.° 9 foi de experiência com "fichas", e não foi, portanto, considerada.

Esse engano patético de princípios é mais uma vez ilustrado à página 471 de seu livro, onde acusa Soai de fazer uma "parada facultativa" em conexão com 529 tentativas (+2) e 529 (–2) com Shackleton que deu a proporção crítica de 4.62 e 5.21 respectivamente. Um estatístico teria percebido que com duas proporções críticas de tal nível a parada facultativa – se fosse um fato – não teria importância alguma. Em verdade seria absurdo aplicar o princípio de parada facultativa ao trabalho de pacientes como Shackleton e sra. Stewart, cujas médias de marcações permaneceram em constante nível alto durante anos, com proporções críticas sempre crescentes, e com "probabilidades contra a chance" de 10^{38} e 10^{70} para 1 respectivamente. Sempre que essas séries são interrompidas obtém-se uma marcação total altamente significativa.

Um crítico brilhante precisa mostrar que as melhores experiências são falhas. De nada serve que ele encontre erros, digamos, nos primeiros trabalhos de Rhine e depois conclua que experiências posteriores baseadas em técnica incomparavelmente mais rigorosa são igualmente sem valor. Nesses mesmos termos deveríamos rejeitar a maior parte da física atual porque os pioneiros nem sempre requintaram seus métodos na primeira tentativa. O que o sr. Rawcliffe exige é que todas as experiências deviam logo atingir o nível da perfeição. Tal exigência só poderia ser feita por alguém que tenha muito pouca familiaridade com o progresso

das experiências na ciência. As experiências duvidosas de Riess, Drake, Carpenter e Phalen, que no presente livro não consideramos dignas de menção, de maneira nenhuma desacreditam séries posteriores. Os relatórios fracos na ciência não diminuem o valor dos mais vigorosos e cada revista científica contém uma mistura de trabalhos excelentes e de material mais dúbio.

Além disso, as séries posteriores de experiências brilhantes em percepção extrassensorial confirmam as descobertas de pesquisadores anteriores. Já não estamos tratando de êxitos isolados e ocasionais, porém de uma série completa de experiências bem-feitas e altamente significativas, levadas a efeito sob condições rigorosas.

O livro do sr. Rawcliffe tem seus traços de comédia quando, por exemplo, parece sugerir que os psicólogos profissionais que estudam percepção extrassensorial, como a dra. Gertrude Schmeidler (e podemos acrescentar o dr. R. H. Thouless, o professor Gardner Murphy e o professor C. A. Mace) são unicamente "amadores" cuja incompetência desacredita suas experiências. É difícil descobrir alguma contribuição do sr. Rawcliffe para o campo da psicologia. *The Psychology of the Occult* teria atingido um padrão mais alto de erudição se o autor tivesse tomado lições dos psicólogos que ele pretende desprezar. O dr. Thouless ([5]) enunciou, com habilidade, o âmago do caso contra Rawcliffe em poucas palavras: "A verdadeira diferença entre o sr. Rawcliffe e o pesquisador experimental psíquico (ou parapsicólogo) é a mesma que existe entre a Inquisição e Galileu. Ele sabe antecipadamente o que pode acontecer e o que não pode; o pesquisador psíquico deseja descobrir por meio da experiência." (*Journal* da Sociedade de Pesquisas Psíquicas, maio-junho de 1952, p. 627.)

A Percepção Extrassensorial é Artefato Estatístico?

Nos capítulos precedentes insistimos que as melhores experiências de percepção extrassensorial não podem ser atacadas nos campos metodológicos ou descartadas como casos de eliminação imperfeita de indícios sensoriais normais. Tampouco pode atribuir-se razoavelmente tal série a simples fraude. Demonstrou-se, além disso, que os métodos estatísticos de tratamento dos dados são tão sólidos quanto os empregados nos outros ramos da ciência.

Em recente artigo intitulado "Importância da Estatística em Pesquisas Psíquicas", publicado em *Nature,* em 25 de julho de 1953, o sr. G. Spencer Brown sugeriu que as denominadas distribuições ao acaso encontradas em certas tabelas muito conhecidas de números ao acaso nem sempre funcionam na prática como esperaríamos com a teoria de probabilidades aceita. O sr. Brown não contesta a validade matemática das fórmulas empregadas na adivinhação de cartões, mas ataca o conceito fundamental de acaso em que essas fórmulas se baseiam. Em apoio a sua crítica de que o acaso físico é, na prática, mal definido e impossível de verificar, afirma que, separando duas séries de dígitos ao acaso, de 1 a 5, escolhidos sem exame prévio, digamos, das tabelas de Fisher, obteve significativos desvios da marcação média em uma ou duas instâncias e um aparente efeito de declínio em outra. Esses resultados ainda não foram publicados com detalhes, mas o sr. Brown afirma que as coincidências de percepção extrassensorial nada significam em nenhum sentido, sendo meros exemplos de um colapso na teoria de probabilidades aceita, que a telepatia, por exemplo, não deve ser considerada como implicando qualquer relação causai verdadeira entre os processos mentais de duas pessoas, sendo simplesmente algo da natureza de um artefato estatístico. Até que as descobertas do sr. Brown sejam criticadas por estatísticas e confirmadas por outros pesquisadores, não ó possível predizer se os cientistas comuns e os pesquisadores de percepção extrassensorial serão compelidos a adotar padrões de valor mais elevado em seus trabalhos experimentais ou não.

As objeções incontestáveis à afirmativa do sr. Brown de que os fenômenos de percepção extrassensorial são meros exemplos de uma falha até então não percebida na teoria de probabilidades aceita, são:

1. A persistente marcação acima da expectativa de chance, semana após semana, ano após ano, sob condições experimentais de primeira classe, de pacientes como a srta. Johnson, C. Jencks, Hubert Pearce, Basil Shackleton e Gloria Stewart.

2. O fato de que, em muitas séries, mudanças nas condições experimentais, ou de agentes, produzem mudanças consistentes e altamente características na natureza dos resultados. Precisamos unicamente citar ao leitor as mudanças de deslocamento altamente significativas e consistentes que regularmente acompanharam uma mudança no ritmo de lances de Shackleton e sra. Stewart.

A principal contestação do sr. Brown é que o conceito de acaso se aplica somente a uma série infinita de acontecimentos e que todas as séries finitas são imperfeitamente ao acaso. Além disso, como não existe série completa de testes pelos quais possamos decidir se dada série de duração finita é de acaso, e como as aplicações de fórmulas de probabilidades comuns se baseiam no conceito de acaso físico – o que é uma noção vaga e mal definida – não devemos ficar surpresos se as fórmulas ocasionalmente falham na prática e indicam relações causais que sejam ilusórias.

O sr. Brown revelou que seus dois ou três desvios significativos, obtidos em longa série de experiências simuladas, de percepção extrassensorial, nos grupos de emparelhamento de dígitos ao acaso, foram da ordem de uns três desvios-padrões, resultados assim tão fracos não podem ser comparados com nenhum dos extraordinários trabalhos de percepção extrassensorial descritos neste livro.

Além disso, em seu artigo para *Nature,* o sr. Brown manifestou enorme ignorância do trabalho experimental em percepção extrassensorial declarando que nas demonstrações de telepatia foram usadas séries de controle, e que tal série de controle poderia dar resultados tão curiosos como os próprios resultados de percepção extrassensorial. O controle óbvio e adequado está em verificar séries de adivinhações com os maços de cartões para os quais não foram, a princípio, destinadas. O sr. Brown parecia não saber que, na maioria das grandes experiências, foram feitas verificações extensivas com resultados que estiveram sempre em concordância com a expectativa de chance, isto é, as verificações cruzadas deixaram de produzir algo remotamente semelhante às altas marcações das primeiras experiências.

Quando se assinalou isso ao sr. Brown (*Nature,* 26 de setembro de 1953) ele citou *outras espécies* de experiências de controle que deram desvios significativos. Mas em duas das três experiências citadas (Coover e Forwald) provavelmente condições experimentais defeituosas foram responsáveis, enquanto que no caso de Nigel Richmond não se excluíram no controle a percepção extrassensorial e psicocinese.

Mais importante ainda, as inúmeras pesquisas de G. Schmeidler, Humphrey e os trabalhos mais recentes de Humphrey e Nicol com grupos de pessoas revelaram correlações altamente significativas entre as marcações de percepção extrassensorial e certos traços pessoais dos marcadores. Está se revelando cada vez mais que os desvios acima da chance são, em grande escala, produzidos pelos tipos de pessoas socialmente ajustados e extrovertidos e as marcações abaixo da chance pelos tipos introvertidos, mal- ajustados.

Assim, no ensaio *Pesquisas sobre Percepção Extrassensorial e Personalidade Humana,* J. Fraser e Betty M. Humphrey (*Journal,* da Sociedade Americana de Pesquisas Psíquicas, vol. XLVII, de outubro de 1953) encontraram correlação altamente significativa ($P = 0.0015$) entre o traço de autoconfiança e a marcação acima da chance em cartões PES. De um total de 30 pacientes testados em percepção extrassensorial, 16 foram classificados por meio de questionários de personalidade muito conhecidos como sendo ajustados e 14 como sendo desajustados. Descobriu-se que 81 por cento das pessoas bem ajustadas produziam marcações acima do nível médio e 79 por cento das classificadas como "desajustadas" marcaram no nível médio ou abaixo.

Cada pessoa adivinhou 16 maços de cartões PES e notou-se que as desajustadas *começaram* marcando tão bem quanto as demais, mas esse último grupo continuou marcando em nível constantemente acima da chance, ao passo que o êxito dos mal ajustados foi de pequena duração, declinando rapidamente para médias abaixo da chance.

A marcação acima da chance, ao que se notou também, estava associada muito significativamente à estabilidade emocional.

Ora, esses resultados são significativos e não podem ser explicados como artefatos estatísticos como o sr. Brown o faria.

Através deste livro chamamos a atenção para resultados experimentais que estão em inteiro desacordo com a hipótese do sr. Brown, mas nesta seção reunimos algumas das mais importantes razões por que a contestação do sr. Brown é errônea. Vejamos a questão da persistência de marcação alta mostrada pelos maiores pacientes de percepção extrassensorial.

Vamos considerar, por exemplo, as experiências da sra. Stewart em que blocos de 50 tentativas, nas quais o agente não olhou para os cartões, eram rigidamente ou por acaso intercalados com blocos de 50 em que os cartões eram conhecidos deles. Em cada ocasião, misturaram-se 200 tentativas de "telepatia" com 200 de "clarividência". Para cada sequência de 200 a expectativa é de 40 êxitos.

Os resultados estão expostos abaixo em ordem cronológica:

Êxitos em 200 tentativas
(T = Telepatia; C = Clarividência)

	1945					*1947*		
T	67	58	62	58	60	54	55	65
C	51	42	29	47	38	35	36	31

	1948			*1949*		*Totais*
T	39	56	49	51	33	707
C	38	43	40	37	42	507

Nas 13 sequências de 200 tentativas de telepatia não menos de oito têm desvios que chegam a 15. O efeito extra chance em tão pequeno número de tentativas, como é 200, é mais acentuado que na maioria de experiências biológicas e psicológicas.

De fato, somente a primeira marcação de 67/200 corresponde a probabilidades contra os resultados serem devidos à chance que chegam a cerca de meio milhão para um! Sem dúvida, se as suposições do sr. Brown fossem corretas, essas enormes discrepâncias entre a teoria matemática e o fato observado tornariam a estatística inútil como instrumento científico. Se o sr. Brown está certo, temos que contestar as conclusões de milhares de relatórios publicados todos os anos baseados em probabilidades que não passam de algumas centenas para 1.

Um argumento exatamente igual aplicar-se-ia aos dados das experiências de Pearce-Pratt, às de Martin e Stribic e às de Tyrrell e outros.

Repetimos aqui o que dissemos antes, que a prova de percepção extrassensorial não depende nem pode depender de séries que dão probabilidades da ordem de mil ou mil e quinhentos para um uma vez que não sabemos quantas pessoas, na Inglaterra e na América, estão ocupadas em experiências de adivinhações de cartões. Mas sabemos que se cada pessoa na Inglaterra repetisse as onze mil e tantas tentativas das experiências de Shackleton ou da série de Pearce-Pratt, seria fantasticamente improvável que um único indivíduo produzisse resultados mesmo remotamente parecidos aos resultados observados em qualquer das duas séries. E em ambas as séries as condições das experiências foram muito satisfatórias.

No que se refere à adivinhação comum de cartões não há razão alguma para supor que maços de cartões Zener bem embaralhados deem resultados que não estejam em concordância exata com as fórmulas de probabilidades ortodoxas. A monumental série de meio milhão de pares, feita pelo estatístico Greenwood, de cartões contra adivinhações para as quais não eram destinados mostrou concludentemente que os pesquisadores podem confiar na fórmula binômica. Tudo isso tem que ser confrontado com qualquer descoberta que o sr. Brown possa publicar. Se esse crítico puder – emparelhando duas sequências ordenadas, cada uma de mil números ao acaso 1-5, escolhidos sistematicamente e sem estudo prévio de qualquer das tabelas em uso – obter um desvio da expectativa de chance com probabilidades que excedam mesmo que sejam 10^5 para 1, os autores deste livro abandonarão imediatamente a hipótese de percepção extrassensorial! Eles naturalmente exigiriam todo o material que lhes permitisse verificar a série por si mesmos.

Além disso, antes de confiar nos resultados obtidos, pelo sr. Brown, de tabelas ao acaso, eles deveriam saber quantas experiências artificiais produzem tão somente desvios de chance. Se uma série dá, por exemplo, a proporção crítica de, digamos, 3, e vinte sequências semelhantes produzem nada de notável, o resultado final pode ser insignificante. A parada facultativa é também importante nesse particular.

Se o leitor verificar novamente a lista acima de marcações de telepatia e de clarividência, a diferença de marcação nas primeiras e segundas linhas será óbvia. As marcações de clarividência estão todas próximas da expectativa média de chance e há uma diferença entre o total de êxitos de telepatia e o total de clarividência que é de 198. Onde a primeira série deu probabilidades de 10^{19} para 1 contra a chance, a segunda deu um desvio de apenas −11 êxitos.

Mas o artefato estatístico não respeita as condições experimentais e a diferença talvez seja devida somente ao fato de que, em um caso, o agente olhou para os cartões e, no outro, não.

O Artefato Estatístico Respeita as Pessoas?

É de lembrar-se que S. G. S. submeteu 160 pessoas a testes de percepção extrassensorial com cartões Zener e descobriu que os resultados de mais de 120.000 adivinhações estavam em boa concordância com a teoria de probabilidades quanto às tentativas de (O) e (+1). Um artefato estatístico não podia estabelecer distinção entre pessoas. No entanto, duas pessoas, cada uma das quais declarou possuir faculdades paranormais antes de serem testadas, produziram resultados extra chance bastante acima do normal. Mais inexplicável ainda dentro da teoria do sr. Spencer Brown, quando Shackleton e a sra. Stewart foram testados novamente alguns anos depois, os dois continuaram, durante anos, a produzir marcações altas com proporções críticas sempre crescentes! Isto é certamente incompreensível na teoria de que a percepção extrassensorial seja mero artefato estatístico. Por que um suposto não-acaso respeitaria pessoas?

Se houvesse algo nas ideias do sr. Brown, deveríamos certamente esperar que algumas das outras 158 pessoas exibissem marcações semelhantes extra chance. As mesmas tabelas de números ao acaso foram usadas durante os trabalhos. E por que as verificações cruzadas tanto no caso de Shackleton como no da sra. Stewart sempre produziram marcações em concordância com as que se esperavam pela teoria binômica?

Outrossim, a persistência da marcação de percepção extrassensorial no caso de dois ou três pacientes unicamente foi notada nos trabalhos de Martin e Stribic. Os restantes continuaram a marcar em nível de chance.

Comparação da sra. Stewart com um Adivinhador Contemporâneo

Em 28 de abril, em 5, 12 e 19 de maio de 1947, quando a sra. Stewart permanecia na cozinha fazendo adivinhações sob condições de TTN ou de T2SCTN, o sr. D. A. Stewart, sentado junto à lareira da sala, em posição onde não podia ver os cartões dentro da caixa, anotou suas próprias adivinhações para os mesmos cartões.

Num total de 1.000 tentativas de telepatia, a sra. Stewart marcou 263 êxitos diretos e isso corresponde a PC = 4.98 com probabilidades contra a chance cerca de um milhão para um.

O adivinhador contemporâneo D. A. Stewart obteve somente 194 êxitos diretos, o que dá um desvio do número esperado (200) de apenas –6. Contudo, a mesma série de dígitos-alvos 1-5 foi empregada para ambos os adivinhadores. Perguntamos ainda uma vez: Por que o artefato estatístico respeita pessoas?

Existem, naturalmente, inúmeros outros exemplos dessa importante característica nas séries de Shackleton e da sra. Stewart. Por exemplo, houve mudanças constantes e profundas nas marcações de deslocamento que se seguiram imediatamente à duplicação da rapidez dos lances e um retorno ao normal quando a velocidade voltou ao ritmo normal.

Tais aspectos (*) não são artefatos estatísticos porém testemunho de diferenças psicológicas reais. Como é que o sr. Brown concilia essas observações formidáveis com suas teorias peculiares?

O Aspecto Atual

Neste momento em que estamos escrevendo, inúmeras pesquisas estão em andamento nas universidades e centros de pesquisas. Na sessão acadêmica de 1951-2, a Universidade de Londres deu o grau de bacharel ao sr. Claude Palmer por um ensaio de pesquisas experimentais intitulado "Influência de Fatores Inconscientes Conforme se Revelou nas Experiências de Telepatia e em Testes da Mente no Mesmo Grupo de Indivíduos".

Durante a mesma sessão, o dr. G. D. Wassermann, físico matemático, recebeu um subsídio da Universidade de Durham a fim de fazer um programa intenso de trabalhos experimentais em percepção extrassensorial.

Durante a sessão de 1952-3, os estudantes formados em psicologia, do Birkbeck College, Universidade de Londres, trabalharam, através da cooperação do professor C. A. Mace, em percepção extrassensorial, em colaboração com a Sociedade de Pesquisas Psíquicas.

(*) Também perguntaríamos ao sr. Brown como sua teoria pode explicar a curiosa experiência de Martin e Stribic descrita no Cap. V.

Recentemente, o dr. W. H. C. Tenhaeff foi designado para uma cadeira de parapsicologia da Universidade de Utrecht.

Na Universidade de Rhodes, em Grahamstown, África do Sul, o sr. Maurice C. Marsh, lente de psicologia sob o professor E. H. Wild, está fazendo uma extensa experiência de percepção extrassensoriala longa distância, entre Grahamstown e Cidade do Cabo, uma distância de 500 milhas mais ou menos.

Nessa experiência 371 pacientes tentaram reproduzir desenhos escolhidos pelo pesquisador, como nos trabalhos de Carington, mas pelo uso de uma técnica modificada. Os percipientes, na maioria estudantes da Universidade de Rhodes, deveriam primeiro fazer uma lista de 50 "objetos que se pudessem desenhar facilmente e que fossem inconfundíveis" e mandarem a lista ao pesquisador. Dos 15.842 objetos sugeridos, o sr. Marsh escolheu cem, cada um dos quais fora mencionado só uma vez. Os nomes desses objetos foram escritos em tiras de papel as quais foram colocadas em uma caixa lacrada com uma abertura no topo.

Depois combinou-se que, em cada dia, durante 25 dias, um agente na Cidade do Cabo sacudiria para fora da caixa duas tiras e faria esboços dos objetos nelas mencionados. Ao todo, cinquenta dos cem objetos foram empregados como alvos e os cinquenta restantes serviram de controles. Quando o agente terminava os dois esboços, trancava-os para assegurar que ninguém mais pudesse vê-los nem divulgar informações a respeito. Durante as vinte e quatro horas seguintes os pacientes, em Grahamstown, tentariam reproduzir os dois desenhos-alvo. Os 17.440 desenhos feitos pelos adivinhadores foram misturados e postos em código e despachados depois, com os 50 desenhos-alvo e os 50 desenhos de controle misturados juntos, para três juízes que atuariam independentemente. Os juízes não tinham meios de descobrir se um desenho em particular fora usado como alvo ou controle.

Os pares deram significativamente mais êxitos nos desenhos-alvo do que nos desenhos-controle. Além disso, nos próprios desenhos-alvo houve significativamente mais êxitos do que seria de esperar na base das frequências preliminares de seleção.

O fato mais interessante mostrado pelos resultados foi a observação de que os pacientes tendiam a acertar os cinquenta desenhos-alvo *como um grupo* ao invés dos dois alvos visados por eles em qualquer dia especial.

Em outras palavras, como nas experiências de Carington, houve deslocamento de adivinhações brilhantes para os alvos designados nos dias anteriores ou posteriores.

O relatório final dessa interessante pesquisa ainda não foi publicado, mas quando o dr. Marsh esteve na Inglaterra, na primavera passada, a caminho para a Universidade de Duke, assegurou a

S. G. S. que os resultados eram altamente significativos. Deve ter ficado claro, dada a natureza da experiência e também as precauções tomadas para que os juízes não pudessem distinguir entre alvos e controles, que todas as indicações sensoriais foram abolidas.

Como outro exemplo do interesse crescente das universidades inglesas pela parapsicologia, temos o caso do Comitê de Estudos Avançados da Universidade de Oxford, em que esse Comitê deu recentemente um subsídio ao sr. William G. Roll para a instalação de um pequeno laboratório de parapsicologia em Oxford. O sr. Roll é um estudante formado que trabalha em uma tese que trata das relações filosóficas da percepção extrassensorial. Ele pretende fazer experiências de percepção extrassensorial com o uso da hipnose e trabalhará sob a supervisão do professor H. H. Price, que é também um participante ativo das experiências.

Mesmo nos Estados Unidos, onde a psicologia é muito mais behaviorista e materialista que na Inglaterra, há sinais de que a parapsicologia está penetrando através de livros didáticos. O dr. A. A. Robach, professor de psicologia do Emerson College, em seu novo livro "História da Psicologia Americana", dá no capítulo intitulado "A Fenomenal Expansão da Psicologia Americana" um resumo dos começos históricos da parapsicologia nos Estados Unidos e passa em revista os psicólogos que tomaram parte em pesquisas *psi*. O autor também salienta como o professor William McDougall ajudou a introduzir a parapsicologia nas universidades americanas.

Em conclusão, citaremos algumas passagens do discurso feito pelo dr. R. H. Thouless, ([7]) no Royal Institution, da Grã-Bretanha, em l.° de dezembro de 1950, sob o título "Transmissão de Pensamento e Fenômenos a ela Relacionados". "Em toda ciência um resultado experimental inesperado é um desafio para a base de nossas expectativas tomando-se um possível ponto de partida de adiantamento teórico. O fracasso da experiência de Michelson-Morley para revelar o esperado movimento da terra relativo ao éter tomou necessária a reconstrução da teoria na qual se baseava a expectativa de um éter que se podia perceber. Por sorte essa situação também produziu um gênio na pessoa de Einstein, que

foi capaz de dar o passo essencial na reconstrução da teoria que tomou o resultado de Michelson-Morley explicável.

"A meu ver a descoberta dos fenômenos *psi* nos trouxe a um ponto semelhante no qual devemos contestar teorias básicas porque elas nos levam a expectativas que resultados experimentais contradizem. A história da física deveria encorajar-nos a dar atenção ao resultado experimental inesperado e a considerá-lo como um convite para reconsiderar a teoria que sustenta nossas expectativas. A teoria deve ser mudada até que nos leve a esperar que aconteça o que de fato acontece. No fato de termos resultados experimentais que são inesperados e inexplicáveis, temos na para- psicologia uma situação favorável a um avanço proveitoso em teoria.

"Creio que uma lição que podemos aprender da história da física teórica é a necessidade de flexibilidade da mente ao tratar desses problemas. O obstáculo a novas possibilidades teóricas no passado foi a rigidez da adesão a velhos conceitos. Por terem as concepções pertencentes à ciência do passado possivelmente se enraizado na linguagem que usamos, ficamos muito inclinados a tomá-las como verdades necessárias. Naturalmente não é possível dizer quais de nossas velhas concepções devem ser abandonadas para que possamos começar a entender o *psi*. Se eu o soubesse, estaria em posição de lançar a base para a nova ciência que incluirá o *psi*. Certamente esse não é o caso.

"Somente posso sugerir que devemos estar prontos a duvidar de todas as nossas velhas concepções e a desconfiar de nossos hábitos de pensamento.

"Há uma concepção de pensamento científico corrente, possuidora de um grau de prestígio dificilmente questionável, que, no entanto, julgo seja talvez uma das concepções delimitativas que poderá ser necessário abandonar. Trata-se do sistema de ideias algumas vêzes chamado de "teoria psicossomática" que considera todos os fenômenos mentais como aspectos de acontecimentos físicos no sistema nervoso.

"O dr. Wiesner e eu já sugerimos que talvez o processo *psi* não seja essencialmente paranormal, porém o processo normal pelo qual sou informado de eventos externos pela intervenção de acontecimentos no sistema nervoso, e que os processos paranormais *psi* sejam simplesmente casos em que essa intervenção é abandonada, e eu estou diretamente consciente de um evento externo. Tal ponto de vista forçosamente significa o abandono da teoria psicossomática porquanto o "eu" mencionado deve ser algo diferente do próprio sistema nervoso ou de qualquer aspecto dele."

APÊNDICE A

Termos Não-Matemáticos e Abreviações

(A) Termos gerais usados na parapsicologia.
(B) Termos especiais usados nas experiências de Shackleton.
(C)Termos especiais usados nas experiências de Stewart.
(D) Termos especiais usados nas experiências de 1934-1939.

(A) *Termos Gerais*

1. PSI. Um termo geral imaginado pelos drs. R. H. Thouless e B. P. Wiesner para cobrir processos e fatores na personalidade humana ou na natureza que pareçam transcender ou negar os princípios delimitativos e aceitos da ciência.
2. PARAPSICOLOGIA. Estudo de processos-psi na mentehumana ou animal.
3. PES (Percepção extrassensorial). Termo inventado pelo dr. J. B. Rhine, da Universidade de Duke, Carolina do Norte. É definido como uma correspondência completa ou parcial entre os padrões mentais de duas pessoas A e B que não se pode explicar por percepção normal dos sentidos nem por inferências tiradas da percepção dos sentidos nem por coincidência de chance, *ou (b)* entre os padrões mentais de uma pessoa A e um objeto ou acontecimento no mundo físico que não pode ser explicada por percepção dos sentidos nem por inferências tiradas da percepção de sentidos nem por coincidência de chance. Em *(a)* e *(b)* a correspondência não precisa ser entre padrões contemporâneos nem entre um padrão mental e um objeto físico contemporâneos.
4. TELEPATIA. Uma correspondência extrassensorial entre um padrão mental de A presente e um padrão mental presente, passado ou futuro de B. A possibilidade de clarividência deve ter sido eliminada.

5. TELEPATIA PRECÓGNITA. Uma correspondência extrassensorial entre um padrão mental de A presente e um futuro padrão mental de B.
6. TELEPATIA PÓS-COGNITIVA. Uma correspondência extra-sensorial entre um padrão mental de A presente e um padrão mental de B, do qual B estava consciente no passado mas do qual não está contemporaneamente consciente.
7. CLARIVIDÊNCIA. Correspondência extrassensorial entre um padrão mental de A presente e um objeto ou evento passado, presente ou futuro no mundo físico. Para estabelecer a clarividência ou evento por meio de experiência, é preciso mostrar que não há padrão mental correlacionado ao evento físico que pertença a experiência passada, presente ou futura de qualquer pessoa a não ser A, isto é o evento não deve, em tempo algum, ser o objeto de percepção dos sentidos.
8. CLARIVIDÊNCIA PRECÓGNITA. Correspondência extrassensorial entre um padrão mental de A presente e um futuro objeto ou evento no mundo físico.
9. CLARIVIDÊNCIA RETROCOGNITIVA. Correspondência extrassensorial entre um padrão mental de A e um evento físico que se deu no passado.
10. PQ (Psicocinese). Uma alegada influência direta exercida sobre o sistema físico por uma pessoa sem o uso de nenhum instrumento físico conhecido ou formas intermediárias de energia física. O termo é geralmente empregado para abranger experiências em que certas pessoas, ao que se alega, influenciaram a queda de um lance de dados por meios desconhecidos à ciência.
11. GESP. (*) (Percepção extrassensorial geral ou não-diferenciada). Qualquer técnica para a demonstração de percepção extrassensorial que permita a operação de telepatia ou clarividência ou ambas ao mesmo tempo. Um exemplo é a experiência em que uma pessoa adivinha números em cartões que estão sendo contemplados por uma segunda pessoa. Em tal caso é impossível dizer se o estímulo extrassensorial é o próprio cartão como objeto físico ou a imagem do cartão que está na mente da segunda pessoa.

(*) General or indifferentiated ESP.

12. AGENTE. Em experiência de telepatia a pessoa que olha para o cartão, ou outro objeto de estímulo. Esta pessoa às vezes é chamada de remetente ou transmissor.
13. PERCIPIENTE. Em qualquer experiência de percepção extrassensorial, a pessoa que faz as adivinhações ou "lances" na tentativa de identificar o objeto de estímulo. Mais geralmente a pessoa que recebe uma impressão de percepção extrassensorial, seja em experiência ou espontaneamente. Essa pessoa algumas vezes é chamada de paciente, adivinhador ou receptor.
14. CARTÃO-ALVO. O símbolo ou figura que o pesquisador deseja que seja o objeto de estímulo que o percipiente está tentando identificar. Mais especificamente significa o cartão em que o agente ou o pesquisador se concentram quando o percipiente anota sua adivinhação, e, nesse sentido, é chamado de cartão (O).
15. CARTÕES ZENER. Cartões usados em experiências de percepção extrassensorial que trazem um dos cinco símbolos: círculo, sinal de soma, retângulo, estreia e linhas ondulantes. Os cartões são reunidos em maços de 25 e, conforme os usa o dr. Rhine, cada maço contém exatamente cinco cartões de cada símbolo. Nas experiências de 1934-1939, entretanto, S. G. S. usou maços de 25 que continham distribuições ao acaso dos cinco símbolos Zener de modo que, em geral, não havia números iguais de cada símbolo em um maço. Esse método simplifica grandemente o cálculo estatístico do fenômeno de deslocamento.
16. CARTÕES DE CINCO SÍMBOLOS. Cartões semelhantes aos de Zener em que cinco tipos de símbolos distintos quaisquer são usados, tais como as figuras de cinco animais diferentes ou as letras iniciais de seus nomes, cinco cores diferentes, etc.
17. DT *(Down through)*. Uma técnica de clarividência em que a pessoa adivinha a ordem de todo um maço de cartões de cima para baixo sem que nenhum dos cartões seja tocado ou removido até se completarem as 25 adivinhações.

O perigo desse método é que, a menos que o maço seja colocado dentro de envelope ou caixa, ou atrás de um biombo, o adivinhador pode enxergar o cartão de baixo ou reconhecer o cartão de cima por meio de marcas.

18. BT *(Broken technique)*. Uma técnica de clarividência em que cada cartão é levantado do maço pelo pesquisador enquanto o paciente faz

a adivinhação, sendo o cartão colocado virado em outra pilha. As adivinhações não são verificadas até o final da sequência de 25 cartões. Se for empregado esse método, o pesquisador e o paciente deverão ficar em lados opostos de um biombo opaco, caso contrário o paciente poderá "saber" qual é o cartão por meio de irregularidades nas costas.

19. TENTATIVA. Cada adivinhação individual do cartão ou objeto de estímulo.
20. SEQUÊNCIA. Um grupo de tentativas; mais especificamente os lances sucessivos de um maço de 25 cartões de cinco símbolos. Assim N sequências compreendem $25N$ (O) tentativas, mas 24V (+1) ou (–1) tentativas e $23N$ (+2) ou (–2) tentativas.
21. SESSÃO. Uma unidade de uma experiência de percepção extrassensorial que compreende todas as tentativas feitas em uma única ocasião, isto é, as tentativas feitas numa sessão noturna.
22. MARCAÇÃO. O número de adivinhações certas ou de "êxitos" obtidos em dado número de tentativas. Assim 60/200 significa que 60 adivinhações estavam certas em 200 tentativas. O termo é também usado para o número de êxitos numa sequência de 25 tentativas.
23. LANCE. O símbolo enunciado pelo percipiente em sua tentativa de identificar o cartão-alvo.

(B) *Termos Especiais Usados nas Experiências de Shackleton*

1. (A). Agente.
2. (P). Percipiente.
3. (PA). O pesquisador que controlava o agente. Sua tarefa era apresentar os números ao acaso ou fichas na abertura do biombo, anunciar o número de série que era o sinal para Shackleton anotar suas adivinhações, e registrar o código (i.é, a ordem dos cinco cartões na caixa) na folha de marcações.
4. (AP). O pesquisador que controlava o percipiente. Sentava-se ao lado de Shackleton e vigiava-o quando este fazia as adivinhações. Sua principal tarefa era ver que Shackleton mantinha o ritmo com os números de série enunciados por (PA), ver que Shackleton não deixava seu lugar e registrar qualquer coisa de interesse ligada à adivinhação.

5. (O) (Observador). Sua função era ter certeza de que a experiência estava sendo feita de maneira científica. Podia tomar as providências que quisesse para assegurar-se de que as pessoas ligadas à experiência não estavam cometendo fraude nem deixando de tomar os cuidados necessários na execução de sua tarefa. Devia observar se a decifração e a verificação estavam sendo feitas com exatidão.
6. PRN *(Prepared Random Numbers* – Números preparados ao acaso). Experiências em que os cartões nos quais o agente se concentrava eram determinados por listas ao acaso dos dígitos 1-5, preparados por meio de tabelas matemáticas, antes de iniciada a experiência.
7. FICHAS. Experiências em que o cartão a ser olhado pelo agente era determinado pela ficha retirada por (PA) de uma sacola ou tigela que continha números iguais de fichas semelhantes em cinco cores diferentes.
8. COLUNA (a). A coluna da esquerda na folha de marcação com suas duas divisões de 25 celas-V para cartões-alvo reais e A para adivinhações.
9. COLUNA (*b*). A coluna da direita na folha de marcação que também continha lugar para 25 lances e 25 alvos.
10. CÓDIGO. Um registro em cada folha de marcação da ordem dos cinco cartões como ficavam dentro da caixa na frente do agente. Era escrito assim:

    P E G Z L
    1 2 3 4 5

    Dava a ordem dos cartões conforme era vista pelo agente, da esquerda para a direita. As letras são as iniciais dos nomes de cinco animais e mudava-se a ordem depois de cada folha de 50 tentativas.
11. DECIFRAÇÃO. Tradução das colunas-A de adivinhações de Shackleton das cinco iniciais para os números correspondentes 1-5 por meio do código existente em cada folha, e a cópia desses números na coluna-A da folha correspondente de números ao acaso. Isso geralmente era feito no final de cada sessão.
12. VERIFICAÇÃO. A separação e contagem dos êxitos (O) em cada coluna e também dos êxitos de deslocamento. As marcações para cada coluna eram registradas assim 2/8/5/7/4, em que o número do centro é a marcação (O), os da esquerda (+1) e (+2) e os da direita (–1) e (–2).

13. REGISTROS EM DUPLICATA. Cópias das folhas de marcação originais assinadas feitas no final da experiência e enviadas imediatamente pelo correio ao dr. Broad.
14. TP. Experiências de *telepatia* em que os objetos de estímul eram os *desenhos* de cinco animais.
15. TL. Experiências de *telepatia* em que os objetos de estímulo eram as *letras* iniciais dos nomes dos animais.
16. TA. Experiências de *telepatia* em que os objetos de estímulo eram cinco palavras *associadas* aos cinco animais, isto é, *tromba, pescoço, juba, bico* e *listras.*
17. TPN. Experiências de *telepatia* com desenhos vistos pelo agente em ritmo *normal,* isto é, com intervalo médio de 2.60 segundos entre apresentações sucessivas.
18. TPS. *Experiências* de telepatia com desenhos vistos pelo agente em ritmo *lento,* isto é, com exatamente cinco segundos entre sucessivas apresentações.
19. RITMO RÁPIDO. Média aumentada de apresentações de fichas ou de números ao acaso, na abertura do biombo, o que deu um intervalo médio de 1.42 segundos entre lances sucessivos.
20. CP. Experiências de *clarividência* em que os objetos de estímulo eram desenhos de animais.
21. CC (*Cross-check* – verificação cruzada). Uma verificação cruzada obtida pela comparação de cada adivinhação na coluna *(a),* não com o alvo na coluna (a), porém com o alvo correspondente na coluna *(b)* da folha de marcação e pela contagem de êxitos assim obtidos. Da mesma maneira, cada adivinhação na coluna *(b) é* comparada com o alvo correspondente na coluna *(a.* No caso de Shackleton, a verificação cruzada foi feita somente para as marcações de deslocamento, as únicas significativas.

(C) *Termos Especiais Usados nas Experiências de Stewart*

As abreviações (A), (P), (PA) e (AP) têm o mesmo significado que nas experiências de Shackleton. Além disso, temos:

1. N. Ritmo normal de lances. (O tempo médio para 25 lances foi de 58 segundos.)
2. R. Ritmo rápido de lances. (O tempo médio para 25 lances foi de 35 segundos.)
3. (TK) (*Time-keeper* – marcador de tempo). Sua função era notar e registrar o número de segundos que se levou para cada sequência de 25 tentativas.
4. T. Telepatia.
5. C. Clarividência.
6.. TLN. Experiências de *telepatia* em ritmo *normal* em que o agente *levantava* os cartões da caixa um a um e *olhava* para eles.
7. CTN. Experiências de *clarividência* em ritmo *normal* em que o agente *tocava* nas costas dos cartões sem saber que letras tinham.
8. TTN(x). Experiências de *telepatia* em ritmo *normal* em que o agente olhava para os cinco cartões durante uns *x* segundos no começo de cada folha e depois os virava para baixo. Quando cada número ao acaso era mostrado na abertura do biombo, o agente *tocava* nas costas do cartão certo sem levantá-lo.
9. TTR(x) Experiências de *telepatia* em ritmo *rápido* em que o agente olhava para os cinco cartões durante uns *x* segundos no começo de cada folha e depois os virava para baixo. Quando cada número ao acaso era mostrado na abertura do biombo, o agente tocava nas costas do cartão certo sem levantá-lo.
10. T2SCTN(x). Experiências de *telepatia* em ritmo *normal* com *dois* agentes em aposentos separados. Um deles (chamado agente do biombo) via os números ao acaso, mas não via os cartões, enquanto que o outro (chamado agente dos cartões) embaralhava os cinco cartões e olhava-os durante *x* segundos no início de cada folha. Ele os virava depois para baixo e não mais tomava parte na experiência. Ao fim de cada folha, (PA) registrava em sua folha de marcação o código do agente dos cartões. Quando os números ao acaso eram mostrados na abertura por (PA), o agente do biombo tocava nas costas dos cinco cartões em branco.
11. T2SCLN. Experiências semelhantes a T2SCTN(x) exceto que o agente dos cartões olhava para a fileira de cinco cartões durante a marcação de toda a folha de 50 tentativas. Ele embaralhava depois novamente seus cinco cartões.

12. TTN(x). Experiências de TTN(x) em que (P) e (AP) ficaram dentro da câmara de raios-X do Royal Free Hospital com o agente, (EA) e (O) fora dela.
13. TTN(x)T. Experiências de TTN(x) em que se usou o tele fone, e o agente e paciente ficaram cerca de 100 jardas separados um do outro.
14. TN. Experiências de *telepatia* em ritmo *normal* em que o agente imaginou uma ordem de código para as cinco iniciais, mas tendo somente cinco cartões em branco dentro da caixa em sua frente. Foi experiência de *telepatia pura* que, no entanto, não excluiu a possibilidade de clarividência precógnita.
15. TTN(x)E. Experiências de TTN(x) em que a possibilidade (inclusive clarividência precógnita e retrocognitiva) fora *excluída.* Usaram-se cinco cartões especiais, cada um correspondendo a um dos cartões comuns E, G, L. P. e Z. As letras nos cartões especiais foram as primeiras (em três casos as duas primeiras) dos sobrenomes de pessoas conhecidas de S. G. S. e F. B. (mas não da sra. Stewart), pessoas que, em algum particular, se assemelhavam aos cinco animais representados pelas letras E, G, L, P e Z.
16. TTN(x)L. Experiências de TTN(*x*) em que o agente e o paciente ficaram separados por um biombo de chumbo.
17. T20TN(x). Experiências de *telepatia* em ritmo *normal* com *dois* agentes em *oposição.* Um deles (chamado agente do biombo) ficava junto ao biombo como de costume e o outro (chamado segundo agente) ficava onde pudesse ver os números ao acaso mostrados por (PA) na abertura do biombo. Os agentes, no início de cada folha, escolhiam, cada um, um código de um grupo de quatro, dispunham seus cinco cartões para coincidir com os códigos escolhidos e olhavam para as cinco letras durante *x* segundos. Depois viravam os cartões para baixo e *tocavam* nas costas dos que correspondiam aos números ao acaso mostrados na abertura do biombo. Os códigos haviam sido dispostos de maneira que, fossem quais fossem os dois escolhidos, os agentes estariam concentrando-se em letras diferentes quando o número ao acaso fosse mostrado.
18. T30TN (x). Experiências de telepatia semelhantes às de T20TN(x) mas com três agentes se concentrando em cartões diferentes ao mesmo tempo (isto é, em oposição).

19. T2CTN(x). Experiências de TTN(x) com *dois* agentes em *conjunto,* um chamado agente do biombo na posição usual perto do biombo e o outro, chamado segundo agente, sentado onde pudesse ver os números ao acaso mostrados por (PA). No início de cada folha o agente do biombo embaralhava seus cinco cartões dentro da caixa, e o segundo agente dispunha os seus na mesma ordem sobre uma mesa. Assim, a cada apresentação ambos os agentes se concentravam no mesmo símbolo.
20. T3CTN(x). Experiências de telepatia semelhantes às de T2CTN(x), mas com *três* agentes se concentrando nos mesmos símbolos.
21. TLNA. Experiências de TLN em que o marcador de tempo, o agente e (PA) estavam na Inglaterra enquanto que o paciente e (AP) se encontravam em Merksem, perto de Antuérpia, Bélgica.
22. T20LNA. Experiências de TLNA em que havia *dois* agentes *em* oposição.
23. TLNC. Experiências de TLN em que (A) e (PA) estavam em Cambridge, enquanto que (P) e (AP) estavam em Richmond, Surrey.
24. TTNS(x). Experiências de *telepatia* em ritmo *normal* em que o agente embaralhava os cinco cartões, colocava-os virados, em fileira, e depois rapidamente levantava cada cartão *separadamente,* olhava-o e deixava-o cair virado em seu lugar, na fileira. A operação toda levava *x* segundos. Quando (PA) mostrava os números ao acaso na abertura do biombo, o agente tocava nos cartões correspondentes sem levantá-los.
25. TTNDy(x). Experiências de TTN(x) em que o agente embaralhava os cartões com os olhos fechados e virava-os em fileira. Depois olhava-os rapidamente colocando cada um virado para baixo. A operação levava *x* segundos. (PA) depois mostrava ao agente, em rápida sucessão, *y-1* outras sequências de cinco cartões e removia-os, a operação para cada sequência levando *x* segundos. A experiência prosseguia, o agente tocava nos cartões quando os números ao acaso eram mostrados. Na prática *x* era três e *y* três ou quatro.
26. TTN(x)OT. Experiências de TTN(x) em que (PA) anunciava "um" no início de cada coluna de 25 tentativas, e ficava depois em silêncio até terminar de mostrar os 25 números ao acaso. Depois ele dizia "certo". O paciente começava a anotar suas adivinhações quando (PA) anunciava "um" e continuava no ritmo que desejasse. (AP) anunciava "certo" quando o paciente terminava cada coluna de 25 adivinhações.

Segue-se que o agente e o paciente estavam frequentemente fora de ritmo durante a experiência.

27. TTN(x)D. Experiências de TTN durante as quais (AP) conversava com a paciente e lia para ela enquanto este anotava suas adivinhações para distrair sua atenção.
28. TTN(x)S. Experiências de TTN(x) em que a paciente e (AP) ficavam em silêncio durante a adivinhação exceto quando o paciente anunciava "certo" depois de cada adivinhação.
29. TTN (30)2. Experiências de TTN (30) em que somente *dois* símbolos foram usados ao invés dos cinco.
30. TLP. Experiências de *telepatia* com cartas de baralho em que o agente levantava-as e olhava-as uma a uma.
31. TTN(30)Z. Experiências de TTN(30) em que se usaram cartões *Zener* ao invés dos cartões que traziam as letras iniciais dos nomes de animais.

(D) *Termos Especiais Usados nas Experiências de 1934-1939*

1. PC (Clarividência Pura). Nessas experiências com maços de cartões Zener foi excluída a telepatia contemporânea, mas não a telepatia precógnita.
2. PCA. Experiências de *clarividência pura* em que a verificação era feita depois de cada cinco adivinhações com o percipiente a olhar.
3. PCB. Experiências de *clarividência pura* em que os resulta dos eram verificados somente ao final de 25 tentativas, sem que fosse permitido ao percipiente observar a verificação.
4. PCS. Experiências de *clarividência pura* em que o paciente e a testemunha ficavam em lados opostos da mesa, cerca de quatro pés separados. Entre eles havia um biombo opaco de madeira que media 3 polegadas de largura e 2,6 de altura, sem abertura entre o biombo e a mesa. O pesquisador ficava do lado da testemunha, mas ao lado da mesa e perto do biombo. O maço de cartões ficava virado na mesa perto do biombo e ao mesmo lado dele como a testemunha e o pesquisador. Este levantava os cartões um a um e, sem olhá-los, colocava-os virados em uma pilha sobre a mesa. Ao levantar cada um, anunciava "primeira

adivinhação", "seguinte" conforme o caso. Quando dava esse sinal, o paciente anunciava em voz alta sua adivinhação que era anotada independentemente pelo pesquisador e testemunha. A verificação era feita ao final de 25 tentativas, e o paciente não podia deixar seu lugar no outro lado do biombo durante a verificação que era feita pela testemunha e o pesquisador.

5. PCD. Experiências de *clarividência pura* pelo método DT já descrito ou por uma variação do mesmo.
6. TI. *Telepatia Indiferenciada.* Outro nome para percepção extrassensorial geral, em que os resultados brilhantes poderiam ser atribuídos a telepatia, clarividência ou a ambas.

   Mais especificamente S. G. S. usou as letras TI para indicar certa técnica pela qual grande número de percipientes foram testados. Para descrição completa, vide Capítulo VII.
7. TIM. Percepção extrassensorial indiferenciada por método de emparelhamento. Vide Capítulo VII.

APÊNDICE B

Termos Matemáticos e Explicações

Nota. No que se segue não se procurou dar definições rigorosas de termos como *probabilidade, semelhança igual, valor médio,* etc. Indicamos ao leitor, entre outros compêndios, o *Mathematical Methods of Statistics,* de H. Cramer, para um estudo teórico satisfatório. O objetivo desta seção é fornecer uma descrição útil das aplicações práticas de probabilidade a problemas elementares na adivinhação de cartões.

1. NÚMEROS AO ACASO. Suponhamos que tenhamos uma máquina que, por meio de um dispositivo elétrico ou mecânico, imprima em fileira uma das cinco letras A, B, C, D, E em cada tentativa, e seja possível repetir essa mesma letra. Suponhamos ainda que se imprimam sequências de 100 tentativas. Então o número total de sequências diferentes que poderíamos obter seria evidentemente de 5^{100}. Se a longo termo descobrimos que cada um desses 5^{100} arranjos diferentes aparece aproximadamente um número igual de vezes, dizemos que a máquina é um seletor de acaso. Para decidir se a máquina está trabalhando ao acaso deveríamos fazer um grande múltiplo de 5^{100} tentativas.

   Se, no entanto, considerarmos um único grupo de 100 tentativas não haverá significação muito clara a ser dada à declaração: Esse grupo constitui uma sequência ao acaso de 100 tentativas. A probabilidade de que o grupo consistiria de 100 "As" é, sem dúvida, muito pequena, mas esse arranjo bizarro é tão possível quanto qualquer dos outros $5^{100}-1$.

   Poderíamos, porém, mostrar que a expectativa média de "As" em 100 tentativas é de 20 com a mesma expectativa para cada uma das outras quatro letras. Também poderíamos provar que a expectativa média de *duplas* isoladas (e.g. EBAACEED) é de 12.736, de *triplos* isolados e.g. (DAAACEBBBE) 2.52, e assim por diante para outros padrões como *ABBA,* etc.

A maioria dos autores diria que um grupo de 100, ao acaso, seria um grupo em que cada um dos inúmeros padrões tivesse uma frequência que se aproximasse de sua expectativa média, sempre dando margem para que, em média, em cada 20 padrões selecionados, cerca de um se desviaria de sua média por mais de dois desvios-padrões em cada 370, etc. Testar cada um dos bilhões de padrões possíveis dessa maneira seria praticamente impossível, e os compiladores de tabelas de números ao acaso geralmente empregam algumas provas como a da verificação da frequência dos diferentes símbolos, a de "sequência", interrupção, etc. e admitem, com justificação razoável, que, se essas provas dão resultados, a sequência é aproximadamente ao acaso.

Aplicação Prática

Suponhamos que desejamos obter uma sequência ao acaso das cinco letras iniciais dos nomes dos animais: E, G, L, P e Z. Primeiro consultamos uma tabela "standard" de números ao acaso como *Tables of Random Sampling Numbers,* de M. G. Kendall e Babington Smithe (Cambridge University Press, 1939). Em seguida concordamos que um dos dígitos O, 1 representará E; qualquer dos dígitos 2, 3 G; qualquer dos 4, 5 L; qualquer dos 6, 7 P e qualquer dos 8, 9 Z.

Em seguida preparamos dois maços de cartões. O primeiro numeramos de 1 a *N,* sendo N o número de páginas nas tabelas, e o segundo maço de 1 a X, sendo X o número de colunas em uma página. Embaralhados os dois maços, tiramos um cartão de cada um. Isso decide a página em que deve ser aberta a tabela e a coluna de dígitos a usar. Tomamos os dígitos na ordem em que ocorrem na coluna, traduzindo-os em letras correspondentes por meio de nosso código arranjado antecipadamente.

Assim a sequência 15569833201 ... torna-se ELLPZZGGGEE ... Compilando uma longa lista de tais números podemos fazer maços de 25 cartões para uso em experiências de percepção extrassensorial.

A vantagem de tais maços "ao acaso" sobre os que contêm exatamente cinco cartões de cada símbolo é que com os maços "ao acaso" a probabilidade de haver um "êxito" em qualquer tentativa é sempre de 1/5, o que é verdadeiro se consideramos êxitos (O) ou, digamos, (+1) ou (-2), etc.

2. PROBABILIDADE. Um método *prático* de calcular a probabilidade no caso de material como cartas de baralho, etc., é dado pela regra seguinte. Se existem N eventos e esses n possuem certa característica C, então a proporção n/N dá a probabilidade P de que, quando ocorrer um evento, ele possuirá o caráter C.

   Exemplo: Existem 52 cartas que podem ser tiradas de um maço de baralho comum. Dessas 52, 12 serão de figuras. Portanto, a probabilidade de que uma carta retirada ao acaso seja de figura é dada por P = 12/52, isto é, 3/13, isto é, 1/4.3

   Se a probabilidade P de que certo evento acontecerá é de $1/N$, isso equivale à declaração de que as probabilidades contra o acontecimento do evento são N-1 para 1. Assim, as probabilidades contra uma figura ser retirada de um baralho são de 3.3 para 1.

   Da mesma maneira uma declaração como $P<0.001$ significa que as probabilidades contra a ocorrência de certo evento somente pela chance são de mais de 999 para 1.

   Em problemas ligados a material como cartas de baralho, dados, etc. o cálculo de P depende essencialmente de enumerar (I) o número total de casos e (II) o número de casos favoráveis ao evento particular em que estamos interessados. Tais problemas são essencialmente questões de permutações e combinações, isto é, de pura matemática.

   Mas se precisamos conhecer a probabilidade de que um preparador de ardósia na Inglaterra contrairá silicose dentro de vinte anos em seu trabalho, é claro que o problema será muito mais complicado. Não podemos interrogar todo preparador de ardósia do país. Podemos somente fazer um cálculo de P examinando uma grande amostra da população de preparadores de ardósia. E é importante que escolhamos nossa amostra ao acaso. Não daria certo, por exemplo, escolher a maioria de nossos preparadores em pedreiras de ardósia equipados com maquinaria de último tipo para aspirar o pó ou daqueles que estão quase que completamente destituídos de tais facilidades.

   Deveríamos pensar muito para conseguir um exemplo verdadeiramente representativo dos preparadores de ardósia da Inglaterra.

3. VALOR MÉDIO (ou EXPECTATIVA). Se em uma experiência de adivinhação de cartões a probabilidade de êxito em cada tentativa é constante, descobrimos a "média" ou número "esperado" de êxitos multiplicando a probabilidade de êxito em cada tentativa pelo número total de tentativas. Assim com os cartões de percepção extrassensorial (cinco símbolos), o número "médio" ou "esperado" correto em *N* tentativas é N/5. Com cartas de baralho o número esperado que será completamente correto é IV/52; com as cores, *N/2;* com o naipe, N/4, e com os valores N/13.

   Em uma experiência verdadeira, o número de êxitos obtidos – mesmo que somente a chance esteja operando fica geralmente abaixo ou acima do valor "médio". Mas se a experiência fosse repetida grande número de vezes a média (ou média aritmética) dos vários números de adivinhações corretas obtidas ficaria próxima do valor médio, contanto que somente a chance estivesse operando. Importante notar que, se usarmos maços "ao acaso", um alto grau de êxito na categoria, digamos, (O) (êxitos diretos) não afetará a expectativa média de chance nas outras categorias tais como (+1) (precógnitas).

4. DESVIO. É a quantidade pela qual o número real de êxitos obtidos difere da expectativa média de chance. Quando o número de êxitos é maior do que o número esperado, damos um sinal mais (+) ao desvio e falamos em desvio *positivo;* quando é menor, damos o sinal menos (–) e falamos em desvio *negativo.*

5. MARCAÇÃO MÉDIA. A *média* de um número de marcações nas experiências, cada um obtido no mesmo número de tentativas. Assim se na adivinhação de 10 maços de cartões Zener uma pessoa obtém as marcações: 5, 1, 2, 7, 8, 6, 4, 3, 3, 6, sua marcação média é

$$\frac{1}{10} \text{ X } (5 + 1 + 2 + 7 + 8 + 6 + 4 + 3 + 6),$$

isto é $\frac{1}{10}$ X 45, isto é, 4.5

   Isto é, adicionamos as marcações separadas e dividimos a soma pelo número de marcações.

6. VARIÂNCIA. É uma medida matemática da quantidade de dispersão de um número de marcações entre suas marcações médias ou normais. Consideremos as duas sequências de oito marcações:

(a) 5, 4, 6, 6, *4*, 7, 5, 3.

(b) 1, 10, 0, 12, 5, 2, 1, 9.

Em ambos os casos a marcação média ou normal é exatamente 5. Mas há uma diferença entre as duas sequências que salta à vista. Na primeira sequência *(a)* nenhuma marcação desvia muito de 5, o normal, enquanto que na segunda (b), três marcações estão muito abaixo de 5 e outras três bem acima dessa média. Diríamos que na série (*b*) há uma dispersão muito maior do que na série *(a)*, embora a média seja a mesma em cada caso.

Para obter uma medida média dessa dispersão sobre a marcação média, deveríamos primeiro calcular os *desvios* individuais das diferentes marcações da marcação média, tabulando-os assim:

(a) 0, –1, + 1, + 1, –1, + 2, 0, –2

(b) –4, +5, –5, +7, 0, –3, –4, +4

É claro que alguns desvios são positivos e outros negativos, mas é somente o tamanho numérico dos desvios que conta aqui. Para obter uma medida da dispersão total para cada série, poderíamos ignorar os sinais negativos e simplesmente adicionar os grupos de valores numéricos, mas isso, infelizmente, por muitas razões, tomaria a teoria estatística muito difícil. O que fazemos, portanto, é elevar ao quadrado cada desvio e adicionar os quadrados para obter uma medida para dispersão total. Temos:

(a) Quadrados: 0, 1, 1, 1, 1, 4, 0, 4. Total: 12

(b) Quadrados: 16, 25, 25, 49, 0, 9, 16, 16. Total: 156

Portanto, em *(a)* a "dispersão média" por sequência é 12/8, isto é, 1.5, enquanto que em (*b*) é 156/8, isto é, 19.5.

Contudo, no cálculo dessa "dispersão média" ou *variância* como é chamada, baseamos nossas estimativas em cada caso em somente oito amostras ou marcações. Se as séries (a) e (*b*) foram produzidas por dois adivinhadores de cartões *A e B* respectivamente, que estavam adivinhando maços de 25 cartões Zener, deveríamos deixá-los adivinhar durante centenas de sequências em vez de oito somente a fim de termos uma estimativa mais fidedigna de sua dispersão média, isto é, da variância média por sequência.

Ora, pode-se mostrar por teoria estatística que, quando temos somente um limitado número de marcações a nossa disposição, podemos obter uma aproximação maior da *verdadeira* variância dividindo a soma dos quadrados dos desvios separados, não pelo número de marcações, porém por *uma menor que esse número.*

Em outras palavras, se os desvios das *N* marcações disponíveis são *di*, d_2, (...) d_N, um bom cálculo de variância média da população a que *N* marcações pertencem é dado por ($di^2 + d_2^2 + (...) + d_N^2$) / (N – 1).

Assim, em nossos dois exemplos, devemos tomar 12/7, isto é, 1.71 e 156/7, i.é, 22.3 como nossas estimativas em vez de 12/8 e 156/8.

Quando *N*, número de marcações, é grande (digamos 100) não faz muita diferença se dividimos por *N* ou por N -1.

Na prática, o normal ou a média de um número de marcações raramente dá um número inteiro, e o cálculo de di^2, d_2^2, ... d_N^2 e, portanto, fastidioso, especialmente quando *N*, *o* número de marcações, é grande. Pode-se facilmente mostrar, por cálculo algébrico muito simples, que a expressão ($d^2 + d_2^2 ... + d_N^2$) / (N – 1) para o cálculo de variância, pode ser obtida pela seguinte regra:

Eleve ao quadrado cada uma das *marcações N*. Divida a soma dos *quadrados* por *N*. Subtraia desse resultado o quadrado da marcação normal ou média. Multiplique o resto pela fração *N*/ (*N* – 1).

Assim, em nosso exemplo (*b*) acima, a soma dos quadrados das oito marcações é 356; dividindo-a por 8 obtemos 44.5. A marcação média é 5. Subtraindo o quadrado disto temos 44.5 – 25, isto é, 19.5. A fração *N* (*N*–1) é 8/7, de modo que o cálculo da variância é 19.5 X 8/7 ou 156/7, isto é, 22.3 como pelo primeiro método.

7. DESVIO-PADRÃO. A raiz quadrada da variância de um número de marcações chama-se desvio-padrão da marcação. Assim, para o caso (*a*) acima, o desvio normal é $\sqrt{1.71}$, i.é, 1. 31, e para o caso (*b*) $\sqrt{22.3}$, i.é, 4.72. São, porém, os desvios-padrões observados em um grupo de 25 tentativas pelos dois percipientes respectivamente.

Se nada além da chance está operando e maços "ao acaso" de 25 cartões são empregados, é fácil calcular pela teoria da probabilidade as proporções esperadas de casos em que ocorrerá nenhum êxito, ou em que ocorrerá 1, 2, 3 ... até o número de 25, quando uma pessoa adivinha certo número de maços de 25 cartões.

Portanto, com *N* maços os números de maços sem êxitos têm a expectativa 0.003778 X N, com 1 êxito 0.023612 X N, com 5 êxitos 0.196015 X N, com 12 êxitos 0.001171 X N, com 16 êxitos, 0.000002 X N, etc.

Pelo uso dessas frequências é possível calcular o que se chama *variância teórica* da marcação para um maço de 25 cartões de cinco símbolos. Isso dá exatamente 4, isto é, 25 X 1/5 X 4/5.

Não há diferença em princípio essencial entre variância teórica observada e teórica. No primeiro caso baseamos nossa computação nas marcações *verdadeiras* obtidas em uma experiência, mas no segundo caso substituímos "marcações esperadas" por "marcações verdadeiras".

A variância teórica para a marcação em um maço contendo *N* cartões de cinco símbolos misturados ao acaso é dada pela fórmula compacta:

$$V = N \times \frac{1}{5} \times \frac{4}{5}, \text{ isto é, } 0.16 \times N$$

Portanto, o desvio-padrão teórico é $\sqrt{V}$, isto é, $0.4\sqrt{N}$, em que *N* é o número total de tentativas no grupo. De modo mais geral, se a probabilidade em cada tentativa de haver um êxito é *p*, então a probabilidade de haver um fracasso é 1 -*p*, digamos *q*, e as proporções para 0, 1, 2 ... até *n* êxitos em um grupo de *n* tentativas são dadas pelos sucessivos termos na expansão de $(q + p)^n$ pelo teorema binômico, em que $q + p - 1$. Pode-se deduzir dessas frequências, por método idêntico ao descrito acima, que a variância teórica para a marcação em grupo de *n* tentativas é dada por $V = np\,(1 - p)$, e isso é conhecido como a fórmula binômica para desvio-padrão. A suposição fundamental é que a probabilidade *p* de haver um êxito em qualquer tentativa permanece constante em todo o grupo de tentativas. Isso será estritamente verdadeiro somente com cartões se a distribuição de símbolos a serem adivinhados forma uma distribuição ao acaso.

Mas na prática os desvios moderados do acaso têm somente ligeira influência sobre o valor do desvio-padrão teórico.

Quando há qualquer dúvida sobre o uso da fórmula binômica para o desvio-padrão em experiência de adivinhação de cartões, a variância observada acerca da média teórica 5 deve ser encontrada para 25 tentativas e depois a variância observada para *n* tentativas pode ser encontrada multiplicando o primeiro valor por n/25.

Pode-se empregar o desvio-padrão observado em lugar do que é dado pela fórmula $0.4\sqrt{n}$. Se o percipiente está marcando muito significativamente acima da média de expectativa de chance, o desvio-padrão observado de *n/5* (média teórica) geralmente excederá $0.4\sqrt{n}$.

8. PC (PROPORÇÃO CRITICA). A distribuição binômica para a qual *p*, a probabilidade de haver um êxito, é constante para cada tentativa, e outras distribuições que diferem ligeiramente da binômica, tendem a aproximar-se de uma distribuição particular chamada "distribuição normal", contanto que *p* não seja muito pequeno e que *n*, número de tentativas, seja moderadamente grande. A distribuição normal é representada por certa espécie de curva em forma de sino, e muitos caracteres físicos, tais como altura, peso, acuidade de audição, etc., são distribuídos de conformidade com essa lei. O formato preciso dessa curva normal depende do desvio-padrão da distribuição dada, mas em qualquer caso é possível calcular pela curva que fração da população total se desviará da média por quantidades que excedam *x* desvios-padrões, em que *x* é qualquer número que escolhamos. Como a curva é perfeitamente simétrica em cada lado do ordenado médio, segue-se que desvios positivos e negativos da média que excedam *x* desvios-padrões constituirão frações iguais da população total. O desvio verdadeiro (positivo ou negativo) de uma marcação de adivinhação de cartões dividido pelo desvio-padrão teórico é conhecido como proporção crítica (PC).

   A proporção crítica é precedida por um sinal *mais* ou *menos* quando a marcação é maior ou menor que a expectativa média de chance. De fato, PC é o *x* mencionado acima. Foram compiladas tabelas baseadas na curva normal que dão as probabilidades contra a ocorrência pela chance em qualquer experiência de PC (quer positiva *ou* negativa) tão grande quanto a que foi, em verdade, observada. Com $p = 1/5$ e *n o* número de tentativas não menos que 200, o erro devido ao uso da distribuição normal em lugar da binômica será bastante pequeno. As tabelas para o uso dos que desejam fazer experiências de adivinhação de cartões são dadas no Apêndice C.

9. VALOR DA DIFERENÇA DE DUAS MÉDIAS. Frequentemente nas experiências de adivinhação de cartões desejamos saber se a mudança em uma das condições do teste tem significativa influência na média de marcações do percipiente. Quando fazemos tais pesquisas devemos tentar, tanto quanto possível, conservar constantes todas as outras condições, exceto aquela cujo efeito queremos calcular.

   Além disso, como a marcação de um paciente tende a declinar no final da sessão de experiência, convém alternar as duas condições em blocos de, digamos, 50 tentativas.

Tendo realizado a experiência, primeiro tomamos a marcação média de 25 tentativas sob cada condição. Suponhamos que essas marcações médias sejam Xi e X_2. O que precisamos saber é se $X_x - X_2$, diferença entre as duas marcações, é tão grande a ponto de ser difícil ter sido o resultado da coincidência de chance. Devemos, portanto, encontrar o desvio-padrão teórico dessa diferença.

Pelo método descrito no Apêndice B, 6, estimamos a *variância* observada para 25 tentativas sobre a marcação média sob cada condição. Se marcamos essas duas variâncias por Vj e V_2 e se *N%* e N_2 são os números de grupos de 25 tentativas feitas sob cada condição, pode-se então mostrar que a variância da diferença $X_x - X_2$ é V = = Vi/Nj + V_2/N_2 e o desvio-padrão de *Xi* – X_2 é yV. Depois encontramos a proporção crítica (xj – x_2) / $\sqrt{V}$, e verificamos o Quadro 11, apêndice C para descobrir as probabilidades contra a ocorrência pela chance de tal proporção crítica. Esse método geralmente dará resultados bastante exatos se os números *Nt* e N_2 não forem menores que 30.

Para valores *Ni* e N_2, menores que 30, deve-se usar o método de Fisher no tocante a pequenos exemplos.

Se o percipiente que está sendo testado sob as duas condições está marcando significativamente acima da expectativa de chance, as variações observadas para 25 tentativas podem ser consideravelmente acima de 4, a variância teórica. Se o valor 4 é usado para Vi e V_2, o da diferença *Xi* – x_2 pode ser grandemente sobrestimado. Em regra, não surgem erros sérios se substituímos Vi e V_2 pela variância média observada por 25 tentativas para o total *Ni* + N_2 grupos.

Exemplo. Perguntamos: Quando trabalhava com o agente, srta. Elliott, no ritmo normal de lances, Shackleton marcava em média mais alta com números preparados ao acaso (PRN) do que quando eram empregadas as fichas? Como estamos tratando aqui somente de tentativas (+1) e existem apenas 24 (+1) tentativas em uma coluna, naturalmente calculamos nossas marcações e variâncias médias de 24 e não de 25 tentativas. *Ni* e N_2 serão os números de grupos de 24 tentativas para PRN e fichas respectivamente, de sorte que *Ni* é 157.875 e N_2 65.75. Agora temos

x_1 = a marcação média em 24 tentativas (+1) com PREN = 6.974
x_2 = a marcação média em 24 tentativas (+1) com fichas = 6.677

Diferença $x_1 — x_2$ = + 0.297

V_1 = a variância para um grupo de 24 tentativas (+1) com PRN = 5.5689

V_2 = a variância para um grupo de 24 tentativas (+1) com fichas = 8.0278

Portanto V_1 /N = 5.5689/157.875 = 0.0353

e V_2/N_2 = 8.028/65.75 = 0.1221

E a variância da diferença das médias

= 0.0353 + 0.1221 = 0.1574

O desvio-padrão da diferença = $\sqrt{0\text{-}1574}$ = 0.396. Portanto, a proporção crítica = 0.297/0.396 = 0.75. Como a proporção crítica é menos de 1 não há diferença significativa entre as médias de marcações nas experiências feitas com números preparados ao acaso e as feitas com fichas

10. DIFERENÇA DE MÉDIAS DE PEQUENOS EXEMPLOS. Quando os números de marcações existentes para a comparação de duas médias são pequenos (digamos quando N_1 ou N_2 é menos de 30), o método acima não é muito exato. Empregamos a técnica seguinte devida a R. A. Fisher. Suponhamos que os dois grupos de marcações são $x_1, x_2 \ldots x_m$ *e* $y_1, y_2 \ldots y_n$. Procuremos as duas marcações médias *x e y.* Procuremos o desvio de cada *x* em i e de cada *y* em *y.* Elevemos ao quadrado cada um dos desvios *de m n e* dividamos a soma dos quadrados por *m* + *n* – 2. Extraiamos a raiz quadrada do quociente e obtenhamos assim a quantidade *s.* Computemos agora a estatística *t,* dada por

$$t = \frac{x - y}{s}\sqrt{\frac{n\,m}{m + n}}$$

Devemos em seguida consultar a tabela Student de valores *t* e ler o valor de P que corresponde ao valor *t* com *N* graus de liberdade em que N = m + n – 2. O valor de *P* encontrado na tabela dá a probabilidade de que um valor *t* tão grande quanto o computado surgiria através da coincidência de chance sozinho. *Exemplo*: Doze folhas de adivinhações sob condições TLN foram alternadas com doze folhas de adivinhações feitas sob condições de TTN(30). A média de marcações da sra. Stewart seria maior sob condições de TLN do que sob condições de TTN(30)?

As marcações de TLN em cada grupo de 50 tentativas foram: 9, 13, 15, 8, 15, 11, 15, 15, 12, 13, 18 e 13.

As marcações de TTN(30) foram: 13, 15, 11, 12, 10, 15, 13, 9, 12, 17, 15 e 12.

Portanto, a soma dos quadrados dos 24 desvios é TTN(30) a marcação média y é 154/12. A soma dos quadrados dos desvios das marcações de TLN de x é dada pela soma dos quadrados das marcações menos $12x^2$, isto é, 2141 - 157^2/12, isto é, 86.917.

Igualmente, a soma dos quadrados dos desvios de y das marcações de TTN(30) é dada por 2036 – 154-/12, i.é, 59.667.

Portanto, a soma dos quadrados dos 24 desvios é 86.917 + 59.667, isto é, 146.584.

E s^2 é 146.584/22, *lé,* 6.663.

Portanto s é $\sqrt{6.663}$, isto é, 2.581

E x – y é 3/12, i.é, 0.25

Por conseguinte t é $\frac{0.25}{2.581}\sqrt{\frac{12 \times 12}{24}}$, isto é, 0.237.

Verificando a tabela t oposta a N = 12 -j- 12 – 2, isto é, 22, descobrimos que P fica entre 0.8 e 0.9. Isso significa que um valor de t tão alto ou mais alto que 0.237 ocorreria pela chance cerca de 8 ou 9 vezes entre 10. Assim não há razão para atribuirmos qualquer importância à diferença entre as médias de marcações nas experiências de TLN e TTN(30).

11. DESLOCAMENTO. Respostas a alvos que não são aquelesaos quais os lances se destinam. Respostas a alvos que *precedem* aqueles aos quais os lances se destinam são descritas como “pós-cognitivas” e designadas como (–1), (–2), (–3), etc. Igualmente, respostas a alvos que *se seguem* aos alvos a que os lances se destinam são descritas como “precógnitas” e designadas como (+1). (+2), (+3), etc.

Quando se empregam cartões em maços de 25, deve-se lembrar que para tentativas (+1) ou (–1) existem 24 lances e não 25, e para as tentativas (+2) ou (–2) somente 23 lances a serem considerados.

Assim, a expectativa média de chance de êxitos para tentativas (+1) ou (–1) é 4.8 para 24 tentativas e as de (+2) ou (–2) 4.6 para 23 tentativas.

Ao investigar-se o deslocamento é altamente desejável empregar uma sequência ao acaso, de cinco símbolos, e não maços de 25 que contenham números iguais de cartões gravados com cada um dos cinco símbolos. De outra maneira os processos estatísticos para se estimarem a expectativa de chance e o desvio-padrão ficam um tanto complicados.

12. MÉDIA DE MARCAÇÃO INTRÍNSECA. Segundo uma teoria da operação de percepção extrassensorial, o adivinhador conhece completamente certo número de cartões por meio de PES e os êxitos corretos que ele obtém nos restantes são resultado da chance. Como já mencionamos no Capítulo XVII, essa não é a única teoria possível embora pareça ser a mais provável.

Para aplicarmos a teoria a cartões de cinco símbolos, suponhamos que o número total de adivinhações seja n, e o número total de êxitos, *s*. Ora, se *x* cartões são conhecidos completamente por meio de percepção extrassensorial, a expectativa de êxitos nos restantes $n - x$ cartões é $(n-x)/5$.

Temos, por conseguinte, a simples relação

$$x + \frac{1}{5}(n - x) = s$$

e disto obtemos $x - (5s - n)/4$ para o provável número de cartões conhecido por meio de percepção extrassensorial.

A média de marcações é então x/n, *e* a *porcentagem de média intrínseca de marcação* é $100x/n$, igual a $125s/n - 2.5$ Assim, a sra. Stewart obteve 9.410 (O) ou êxitos diretos em 37.100 tentativas. Aqui n = 37.100; $s - 9.410$; s/n = - 0.25364. E 125 s/n *-25* = 6.7.

Isso significa que, em média, ela conhecia por meio de percepção quase sete cartões em cem.

13. CORREÇÃO PARA PARADA FACULTATIVA. O dr. J. A. Greenwood sugere a correção seguinte para permitir o efeito de interromper uma experiência em um ponto favorável. O experimentador concorda em fazer o teste em blocos de adivinhações de tamanho conveniente, devendo os blocos conterem números de tentativas já pré--determinados. Ele fixa antecipadamente um limite superior N para o número de blocos e planeja parar no *final* de um bloco. Depois, se -j- *x é* a proporção crítica que se alcançou no ponto de parada e P a probabilidade correspondente lida nas tabelas normais, a verdadeira probabilidade de obter *x* ou uma proporção crítica mais alta, em qualquer dos blocos terminais, não pode exceder *NP.*

APÊNDICE C

QUADRO 11

Esse quadro dá, para uma distribuição normal, os valores correspondentes de *x* e n, em que *x* é a proporção crítica (isto é, a proporção do desvio observado para o desvio-padrão) e n para 1 são as probabilidades contra ocorrência, pela chance, de uma proporção crítica tão grande quanto *x*, quer positiva quer negativa.

x	*n*	*x*	*n*
0.674	1.00	3.2	727
1.000	2.15	3.3	1.033
1.5	6.48	3.4	1.483
1.8	12.92	3.5	2.149
2.0	20.98	3.6	3.142
2.1	27	3.7	4.633
2.2	35	3.8	6.915
2.3	46	3.9	10.390
2.4	60	4.0	15.770
2.5	80	4.5	147.190
2.6	106	5.0	1.744.000
2.7	143	5.5	26.000.000
2.8	195	6.0	500.000.000
2.9	267	7.0	4.0×10^{11}
3.0	369	8.0	8.3×10^{14}
3.1	516		

APÊNDICE D

Sequências de Êxitos e Grupos de Êxitos para 37.100 tentativas com a sra. Stewart

Notamos no Capítulo XVIII que a sra. Stewart tendia a acumular seus êxitos nos três primeiros segmentos da sequência de 25 tentativas. Interessante, portanto, comparar os números de êxitos isolados (ou "únicos"), "duplos" (isto é, pares de êxitos consecutivos), "triplos" (sequências de três êxitos), etc. com os números que seriam esperados pela chance.

As expectativas de "únicos", "duplos", "triplos", etc., são computadas pela fórmula seguinte:

$Ei = np(1-p)^2 - 2p^2(1-p)$

$En = np^{2(1-}p)^2 - p^{2(1-}p)(1-3p)$

$E_s = np^2(1-p)^2 - 2p^3(1-p)(1-2p)$

$E_4 = np^*(1-p)^2$ aprox.

$Es = np^5(1-p)^2$ aprox.

etc.

em que *p* é a probabilidade "observada" de um êxito brilhante e n o número de tentativas. Como 37.100 tentativas deram 9.410 (O) êxitos, o valor de *p* é 9.410/37.100, isto é, 0.2536388; $n = 37.100$.

Obtemos assim o Quadro 12.

As contagens foram levadas do final de uma coluna de 25 para o início da seguinte sem interrupções na sequência.

Um exame do quadro seguinte mostra uma acentuada deficiência de êxitos isolados ou "únicos" e mais sequências de 3, 4, 5, etc. do que seria predito pela chance. Esse efeito parece devido em grande parte a um acúmulo de êxitos nos primeiros três quintos da sequência.

QUADRO 12

Números esperados e observados de sequências ininterruptas de 1, 2, 3 ... êxitos numa série de 37.100 (O) tentativas da sra. Stewart.

Números de êxitos na sequência	Números esperados de sequências	Números observados de sequências
1	5,241.984	4.932
2	1,329.535	1.220
3	337.213	394
4	85.533	127
5	21.695	38
6	5.503	8
7	1.396	12
8	0.354	1
9	0.090	2
10	0.023	0
11	0.006	0
12	0.001	0

O Método dos Grupos de "Êxitos"

Em uma sequência como *fsffsssffssssfsffssfsffff*, em que *s* marca
1 2 3 4 5 6
um êxito e *f* um fracasso, há seis "êxitos" grupos de "*s*" por sete "*f*" ou grupos de fracassos. Se os 9.410 êxitos fossem distribuídos ao acaso entre as 37.100 tentativas, seria possível calcular a expectativa teórica do número de "êxitos" ou de grupos de "*s*" por uma fórmula devida ao sr. W. L. Stevens. Se *a* marca o total verdadeiro de êxitos e *b* o total verdadeiro de fracassos, então o número esperado dos grupos de "êxitos" é dado por E =

a (b l)/(a -)- b), e a variância teórica dessa expressão demonstrou-se ser dada por

$V = EB\ (a- 1)/(a + b)\ (a + b - 1).$

Escrevendo a = 9.410 e b = 27.690, encontramos para o número esperado de grupos de êxitos E = 7.023.51.

O número realmente contado é de somente 6.734 e, portanto, há um déficit de 289.51. A variância dá 1.329.49. Portanto, o desvio-padrão é V 1.329.49, isto é, 36.41.

Assim temos um déficit que chega a 7.94 desvios-padrões, com probabilidades contra a chance da ordem de 10^{14} para 1. Este resultado confirma o acúmulo de êxitos, um efeito que esteve ausente nas experiências de Shackleton.

APÊNDICE E

Referente a Listas de Alvos

Em conexão com as experiências de cinco símbolos da sra. Stewart, aplicaram-se testes de acaso à distribuição de alvos. Descobriu-se que foram quase iguais os números das cinco letras iniciais de nomes de animais – E, G, L, P e Z – empregados nas primeiras 42 sessões. Além disso, os números das iniciais C, F, H, K e T, que foram usados em todas as sessões restantes, menos em três, chegaram bem próximo da igualdade.

Relativamente às 33.500 tentativas consideradas no Capítulo XIX, contou-se o número de duplas (três símbolos-alvo idênticos em êxito sendo estimados como duas duplas, quatro semelhantes num grupo como três duplas, etc.) e constatou-se como estando em satisfatória concordância com o número esperado por uma quantidade dentro dos limites da escolha ao acaso.

Descobrimos, no entanto, uma deficiência muito significativa em padrões do tipo ABA, em que dois símbolos iguais ficam separados por um símbolo diferente. O assistente que preparou o estoque de trinta mil dígitos que determinaram a sequência de alvos-animais fez o trabalho no ano de 1943, antes de começarem as experiências com a srta. Stewart. Parece bem possível que esse cavalheiro deixou de executar as instruções cuidadosamente porque as listas de alvos da série de 1934-1939, selecionadas pessoalmente por S. G. S. de tábuas de logaritmos de sete números, pelo método descrito no Capítulo VII, não mostraram o déficit de padrões ABA. Possivelmente os dígitos foram selecionados com intervalos muito pequenos. Contudo, o compilador não conhecia a sra. Stewart e jamais vira seus registros e não teve outras conexões com as experiências. Impossível agora descobrir precisamente o que fez, pois S. G. S. teve notícias, faz pouco tempo, de que falecera.

Era, pois, importante que tivéssemos certeza de que nosso tratamento estatístico dos dados fosse válido e que não fôssemos levados a conclusões errôneas.

Felizmente é fácil demonstrar pelos registros que a deficiência no padrão ABA não exerceu influência sobre a expectativa de êxitos diretos no cartão-alvo. É de lembrar-se que cada folha de marcações contém duas colunas de 25 tentativas cada, conhecidas como coluna *(a)* e coluna *(b)*. Para as 670 folhas consideradas fizemos uma completa verificação cruzada marcando para êxitos diretos os alvos da primeira coluna na folha, coluna (a), contra os alvos da segunda, ou coluna (*b*), e os lances da coluna *(a)* contra os alvos da coluna *(b)*. Temos assim, ao todo, 33.500 tentativas, e a verificação cruzada registra 6.711 adivinhações corretas contra a expectativa binômica de 6.700. Isso dá um desvio positivo de somente 11. O desvio-padrão, com $p = 1/5$, é 73.2. Além disso, o desvio-padrão observado para 25 tentativas que se encontrou na verificação cruzada é de 1.962, quase em concordância com 2, o desvio-padrão binômico.

Ora, a sra. Stewart marcou realmente 8.694 êxitos nas 670 folhas, o que dá um excesso equivalente a 27 desvios-padrões. Se seus hábitos de adivinhação estivessem correlacionados de alguma maneira a aspectos não ao acaso da distribuição de alvos, a verificação cruzada teria seguramente revelado um êxito significativo ou um déficit de êxitos diretos; e esse não foi o caso.

Além disso, os totais para a verificação cruzada foram feitos depois de cada dez sessões, e, em nenhuma fase da contagem, o desvio acumulado do total observado da expectativa binômica chegou ao desvio-padrão 1.5.

Fomos além ainda e encaixamos a distribuição de marcações produzidas pela verificação cruzada numa distribuição binômica com $p = 1/5$, isto é, comparamos os números esperados das marcações de (0,1), 2, 3, 4, ... 9 (10, 11, ... 25) com os números obtidos na verificação cruzada, e encontramos um valor qui do quadrado de 14.23 com 9 graus de liberdade. Isso dá um valor de probabilidade *P* que fica entre 0.1 e 0.2, o que não é normal. De fato, a distribuição da verificação cruzada comparou satisfatoriamente com a distribuição binômica teórica.

Embora a análise acima justificasse amplamente o uso de fórmulas binômicas no cálculo da expectativa e valor dos êxitos diretos, executamos uma prova adicional.

Verificamos a distribuição dos 670 *primeiros alvos* em cada folha, quanto ao acaso, da seguinte maneira. Os dígitos-alvo para essas tentativas foram decifrados para as letras iniciais dos nomes de animais por meio do código no alto da folha. Na série total de 120 sessões havia três sequências de iniciais: E, G, L, P, Z, para as sessões 1-42; C, F, H, R, T, para a sessão 43; e C, F, II, K, T, para as sessões 44-120. Para reduzi-las a uma sequência uniforme de alvos para os fins do presente estudo, tomaram-se as letras A, B, C, D, E para representar cada uma das três sequências de iniciais de animais, em ordem alfabética conforme mostrada. Para essa sequência uniforme de 670 "alvos" foram feitos os seguintes ao acaso. As frequências observadas de A, B, C, D, E foram 140, 128, 142, 124 e 136 respectivamente, e 134, isto é 1/5 de 670, é o número esperado em cada caso. Essa distribuição dá um valor qui-quadrado de 1.8, com 4 graus de liberdade, e *P* o valor de probabilidade fica entre 0.7 e 0.8, o que é normal.

Houve 426 alvos únicos (esperavam-se 429.12), 85 duplos isolados (esperavam-se 85.70), 22 triplos isolados (17.11 é que se esperavam), 2 quádruplos isolados (esperavam-se 3.42) e nenhuma sequência maior do mesmo símbolo (esperava-se 0.85).

Além disso, houve 110 casos do tipo ABA de padrões quando o número esperado é de 106.88. Todas as cifras observadas estão, portanto, em excelente concordância com as que se esperavam na hipótese de uma distribuição ao acaso. Sem dúvida, como os cinco cartões na caixa eram embaralhados depois de cada folha de 50 tentativas, devíamos naturalmente esperar que os primeiros dígitos decifrados de cada página constituíssem uma série ao acaso.

Nessas 670 tentativas a sra. Stewart marcou 172 êxitos diretos (O) quando o número esperado é 1/5 X 670, isto é, 134. Temos, pois, um desvio positivo de 38 que equivale a 3.67 desvios-padrões. Portanto, mesmo para esse grupo de 670 experiências ao acaso, as probabilidades contra os resultados serem devidos à chance são cerca de 4.000 para 1.

Existem também outras considerações que podem ser mencionadas. Por exemplo, nas 2.600 tentativas de "clarividência" em que o agente não olhou para os cartões, houve 509 êxitos diretos, um desvio negativo de 11, ao passo que as 2.600 tentativas de "telepatia", em que o agente olhou para os cartões e que foram rigidamente alternadas ou misturadas ao acaso com tentativas de "clarividência", deram não menos de 707 êxitos diretos, isto é, um desvio positivo de 187. Essa extraordinária diferença não pode ser explicada em termos de qualquer artefato estatístico; é bem claramente um efeito psicológico.

Outrossim, nas experiências de Londres-Antuérpia, os números ao acaso foram compilados por S. G. S., F. Bateman e membros do quadro de professores de matemática do Queen Mary College sob supervisão direta. Essas seis sessões mostram a mesma média alta de marcações do restante do trabalho com a sra. Stewart.

Além disso, nas 2.000 experiências com cartas de baralho, os números ao acaso foram selecionados das tabelas Fisher pelo próprio S. G. S. Essas 2.000 tentativas deram 78 adivinhações exatas, com probabilidades contra a chance de 10^9 para 1.

Mas enquanto ficou muito claro que o déficit de padrões ABA na sequência de alvos não pode ter afetado a expectativa teórica e a variância de êxitos diretos, ainda precisávamos verificar se poderia possivelmente explicar a baixa marcação na primeira tentativa de uma dupla de alvos que se discutiu no Capítulo XIX. Para investigarmos essa questão, escolhemos os primeiros *pares de alvos* em cada uma das 670 folhas. Desses pares, 151 eram duplos e 519 não-duplos. Para verificar se os duplos eram distribuídos ao acaso entre os não-duplos, aplicamos um método igual ao descrito no Apêndice D para "grupos de êxitos" e "grupos de fracassos". Nessa aplicação, um "duplo" fez o papel de um "êxito" e um "não-duplo" o de "fracasso". Encontramos 111 grupos de "duplos" separados por "não--duplos", ao passo que 118.2 grupos eram esperados segundo a fórmula de Stevens. Isso deu uma proporção crítica de –1.6, que é sem valor. Por conseguinte, não há prova de qualquer acúmulo indevido ou dispersão de duplos. Os 151 duplos deram somente 22 êxitos nas primeiras tentativas, ao passo que 519 não-duplos deram 150 em suas primeiras tentativas. Uma simples tabela de contingência deu um valor qui ao quadrado de 12.59 com um grau de liberdade.

As probabilidades correspondentes contra a ocorrência pela chance, de tal diferença entre as proporções de êxitos nas primeiras tentativas de duplos e não-duplos são cerca de 2.000 para 1.

Vemos, portanto, que o efeito de "duplos", que é tão marcante nos dados em geral, é igualmente aparente nos 670 primeiros pares que indubitavelmente formam uma série ao acaso.

Outro teste engenhoso devido à sra. Esther Bond Foster, confirma nossa conclusão de que o efeito é genuíno e não um artefato estatístico, mas quanto a detalhes indicamos ao leitor o *Journal of Parapsijchology* (setembro de 1951, págs. 200, 201).

Embora tenhamos encontrado uma característica não de acaso na sequência de alvos *verticais*, há boas razões para acreditar que as 25 sequências horizontais, cada uma de 670 iniciais, que foram obtidas tomando a n letra do alvo em cada coluna *(a) n* sendo qualquer número de 1 a 25, satisfarão todos os testes comuns para uma distribuição ao acaso. Da mesma maneira, dar-se-á para as 25 sequências horizontais cada uma consistindo de uma letra na mesma posição em todas as colunas (*b*). Algumas dessas séries horizontais foram testadas por S. G. S. e até agora os resultados foram satisfatórios como o foram nos primeiros alvos das colunas *(a)*.

A maior parte do que escrevemos sobre o trabalho da sra. Stewart se refere a êxitos diretos no cartão (O) ou cartão-alvo e a importância dos resultados está fora de qualquer contestação. O efeito de declínio e de "duplos" sem dúvida é genuíno. Mas o elemento de não-acaso da série de alvos "verticais" tornaria arriscado qualquer pronunciamento sobre efeitos de deslocamento, mais especialmente aqueles em ligação com deslocamentos (+2) ou (–2). A alta marcação obtida no cartão (O) produziria automaticamente um déficit significativo de êxitos (+2) e (–2), devido ao fato de haver muito poucos padrões de alvos do tipo ABA. Por segurança, deixamos de discutir detalhadamente sobre os deslocamentos (+1) e (+2).

APENDICE F

Confirmação Parcial de Certos Efeitos das Experiências com Shackleton

No ano de 1950, o sr. G. W. Fisk, membro da Sociedade de Pesquisas Psíquicas, iniciou um projeto de adivinhação de cartões em grande escala, cujo objetivo principal era descobrir pacientes de marcações altas. Expediu-se um folheto a certo número de pesquisadores, em várias localidades, dando instruções sobre como realizar experiências de percepção extrassensorial geral ou indiferenciada, com maços de cartões Zener formados de conformidade com as recomendações do dr. Rhine. O agente que olhasse para os cartões sentar-se-ia atrás de um biombo de três pés quadrados, e os maços, fornecidos pela Sociedade, seriam cuidadosamente embaralhados pelos pesquisadores. As folhas de marcações, fornecidas também pela Sociedade, depois de terminadas e assinadas, seriam devolvidas ao sr. Fisk. Ao todo, 236 pessoas tomaram parte, como adivinhadoras, e, entre elas, uma apresentou excelentes resultados durante um curto período. Estamos interessados aqui no trabalho das 235 restantes.

Dessas, 17 completaram 48 ou mais sequências de 25 tentativas cada, 28 completaram 17 em 47 sequências, outras 51 fizeram 16 cada e as restantes 139 fizeram, cada uma, menos de 16. Excluíram-se as marcações dos pacientes bons.

Ao todo, obteve-se dos 235 pacientes um total geral de 3.859 sequências ou 96.475 tentativas. No tocante aos êxitos diretos no cartão-alvo, houve 19.447 êxitos, resultado que não é significativamente diferente do número esperado ou seja 19.295. De fato, o desvio (+152) importa apenas em 1.23 desvios-padrões, o que não tem nenhuma importância.

Nas 92.616 experiências (+1) houve apenas 17.980 êxitos, isto é, um *déficit* de 543.2 do número esperado (18.523.2). Esse déficit corresponde a uma proporção crítica de –4.45 com probabilidades de mais de 100.000 para 1 contra a hipótese de chance.

Mais ainda, nas 92.616 tentativas (–1) (pós-cognitivas) houve apenas 17.866 êxitos, isto é, um déficit de 657.2 da expectativa de chance. Esse déficit equivale apenas a –5.40 desvios-padrões com probabilidades correspondentes de mais de dez milhões para 1 contra a hipótese de chance.

Os desvios negativos das marcações (+1) e (–1) achavam-se distribuídos por todos os dados e não foram devidos aos resultados de poucos indivíduos.

A primeira ideia que ocorreu ao sr. Fisk e ao dr. West, este funcionário encarregado de pesquisas na Sociedade, foi que possivelmente o déficit fora devido a algum fator de não-acaso sobre a distribuição de cartões. A conselho de S. G. S., fez-se, portanto, uma verificação cruzada num total de 17.157 tentativas (607 sequências) comparando-se os lances dos pacientes com os cartões-alvo da sequência seguinte. Os resultados dessa verificação aproximavam-se de maneira notável da expectativa de chance. Para os cartões (–1), (O) e (+1), os desvios foram apenas –12, + 2, e –6 respectivamente. Isso toma muito improvável a hipótese de um artefato estatístico. Outrossim, o fato de o efeito não se ter confinado ao trabalho de um ou dois pesquisadores parece tornar completamente fora de dúvida a hipótese de que houvera embuste. Além disso, se não houvessem sido tomadas medidas contra pistas sensórias, o resultado certamente teria mostrado um significativo excesso de êxitos e não uma deficiência nos êxitos de deslocamentos, e não há tal ocorrência no cartão (O).

É satisfatório notar que, quando os lances dessas 607 sequências que se verificaram foram comparados com os alvos aos quais se destinavam, as proporções críticas para as tentativas (–1) e (+1) foram de –4.20 e –4.12 respectivamente, ao passo que no cartão (O) houve um excesso de apenas 6 acima da expectativa. Assim, a quantidade usada na verificação cruzada confirma as descobertas gerais para o conjunto dos dados.

Perguntar-se-á, naturalmente, como tão grande número de pessoas em diferentes localidades e que trabalhavam com diferentes pesquisadores contribuíram com esse mesmo tipo de efeito dentro de extraordinária consonância.

A explicação talvez esteja no fato de os testes terem sido todos organizados por uma única pessoa, o sr. Fisk. Realmente, o sr. Fisk constitui o único elo com as 235 pessoas que participaram nas experiências e é interessante meditar se não teria sido seu subconsciente que determinara a espécie de fenômenos que deviam acontecer. Como pessoa no supremo controle dos pesquisadores assistentes e dos inúmeros detalhes das provas, não só teria organizado as experiências como teria sido, além disso, o fator de decisão ao ditar inconscientemente a tendência geral do resultado. Subconscientemente o sr. Fisk talvez tivesse desejado reproduzir algumas características dos resultados obtidos com Shackleton. Se esse é o caso, temos aí um fascinante campo para pesquisas. Por exemplo, não teria sido o subconsciente de S. G. S. que determinara que nem Basil Shackleton nem a sra. Stewart deviam ser coroados de êxito em testes de clarividência? Mais ainda, em testes em que grandes números de percipientes participaram pode ser que seja o espírito do principal pesquisador que, em grande parte, decide se haverá ou não significativos resultados de qualquer espécie. Parece que o sr. Fisk é coroado de brilhante êxito quando no controle de uma experiência de grupos, como se deu com Whately Carington, ao passo que com o sr. Denys Parsons e o dr. West já isso não acontece. O próprio S. G. S. não teve êxito com experiências realizadas com grupos, mas tão somente com pacientes como a sra. Cooper, Basil Shackleton e a sra. Stewart, que eram altamente dotados de dons paranormais.

O que parece emergir é que a pessoa do principal pesquisador, esteja presente ou não nos testes, exerce vital influência nos resultados. (*)

(*) A esse respeito é interessante citar novamente a experiência de Hutchinson-MacFarland mencionada ao pé da página 287 Cap. XIV. A notável diferença nos resultados das experiências de percepção extrassensorial geral obtidas pelos dois pesquisadores quando trabalhavam simultaneamente com os mesmos adivinhadores poderia, à primeira vista, ser atribuída ao fato que um experimentador era um bom agente telepático e o outro um agente fraco. Mas o problema não é tão simples assim, pois numa segunda série de experiências DT (clarividência) em que aparentemente a telepatia comum estava eliminada, MacFarland, em 7.650 tentativas, novamente obteve de seus pacientes um desvio de + 173 (PC = 4.84), ao passo que esses mesmos pacientes obtiveram com Dale Hutchinson, como pesquisador, um desvio insignificante, de apenas –15. Em outros aspectos, as condições das experiências foram as mesmas mencionadas na pág. 287. Parecia que a pessoa do pesquisador constitui importante fator até mesmo quando a telepatia está excluída.

APÊNDICE G

As Experiências de Kahn e Neisser

Os srs. David Kahn e Ulric Neisser, da Universidade de Harvard, levaram a efeito uma série de experiências de percepção extrassensorial geral, cuidadosamente controladas, nas quais 177 universitários atuaram como adivinhadores. Nelas, o percipiente registrava sua escolha escurecendo com um lápis especial um retângulo de uma fileira horizontal de cinco em branco, impressos numa folha de marcações, e, ao fazê-lo, procurava localizar a posição de um retângulo sombreado numa folha de alvos que fora colocada num armário fechado a chave ou dentro de um envelope lacrado. Ambas as folhas de alvos e as folhas nas quais os pacientes faziam suas adivinhações eram formas idênticas para usar em conexão com a International Business Machine (IBM). As folhas eram (exceto no caso de uma série) impressas em cada lado com 150 fileiras de cinco retângulos em branco e, assim, cada uma fornecia espaço para 300 lances. Tabelas de números ao acaso foram empregadas para decidir qual o retângulo de cada fileira de cinco devia ser escurecido como sendo o alvo. Houve cinco séries de experiências (N.° 1–5) e, em geral, diferentes grupos de percipientes tomaram parte em cada série; além disso, as condições das experiências variaram de uma série para outra. Via de regra, a mesma folha de alvos de 300 lances era adivinhada por todos os pacientes de determinada série. Cada um deles recebia uma folha de resposta e era informado da localização geral da folha de alvos ou lhe mostravam. O número de pacientes nos cinco grupos variava de dezenove a sessenta e três.

Nas séries 1, 2 e 5 a distância entre a folha de alvos e os adivinhadores ia de menos de uma milha até mais de 500 milhas, ao passo que nas séries 3 e 4 as folhas de alvos ficavam na mesma sala em que se encontravam os pacientes, sendo colocadas entre duas pesadas folhas de papelão, dentro de grossos envelopes, e sob a constante vigilância de dois pesquisadores.

Ao fim de cada série, as folhas eram recolhidas pelos pesquisadores e depositadas quer no Departamento de Testes da Universidade de Harvard quer no Departamento de Registros Educacionais, na Cidade de Nova York. O número de êxitos exatos de cada paciente foi contado automaticamente pela máquina IBM que trabalha registrando os fechamentos de circuitos elétricos que são feitos quando o percipiente faz o sombreamento com o lápis no retângulo certo. Além da contagem da máquina, foi feita contagem pela sra. L. A. Dale, da Sociedade Americana de Pesquisas Psíquicas para fins de verificação.

Como grande número de pacientes estava adivinhando os mesmos alvos, não se aplicou rigorosamente a fórmula binômica para o desvio-padrão. De fato, se eles mostravam, em conjunto, preferência por certas posições na fileira, o método binômico exageraria o significado dos resultados. Em realidade, os percipientes tendiam a evitar o primeiro e o último retângulos na fileira. O método apropriado de avaliação era o de Greville. Parece lamentável, portanto, que tivesse sido aplicado tão somente nas duas primeiras séries que abrangiam 15.677 de um total geral de 43.278 lances. As séries 1 e 2 deram probabilidades contra a chance de 300 para 1 pela fórmula binômica comum, mas probabilidades de apenas 160 para 1 quando pelo método Greville.

No grande total (43.278 lances) para as séries 1-5, a fórmula binômica deu uma proporção crítica de + 3.26 com probabilidades correspondentes contra o resultado ser devido a chance de uns 2.000 para 1. Parece provável que as verdadeiras probabilidades sejam menos do que essa cifra se bem que ela seja ainda significativa.

Como os pesquisadores que supervisionavam e recolhiam os registros dos pacientes desconheciam a compilação das folhas de alvos e a contagem era feita por pessoas com nenhum interesse nos resultados, parece eliminada a questão de fraude ou de influência dos pesquisadores.

Descobertas Secundárias

(A) EFEITO DE DECLÍNIO

Em todas as séries, exceto a de N.º 2, o adivinhador, depois de completar as 150 tentativas em sua folha de marcações, era solicitado para que a virasse e fizesse as 150 outras constantes do verso. O declínio na média de marcações para essas 150 adivinhações do verso é muito extraordinário.

Num grande total de 26.427 tentativas para lances de 1 a 150 há um desvio positivo de 273.6 que corresponde a uma proporção crítica (binômica) de 4.21 enquanto que nas 16.851 tentativas para lances de 151 a 300 há um desvio *negativo* de somente 2.2 que é puramente um resultado de chance.

A proporção crítica da diferença entre as marcações para os dois lados da folha é 2.66 e as probabilidades contra essa diferença ser devido à chance são de 250 para 1.

Parece que a marcação significativa ocorreu somente nas primeiras 150 tentativas e que, dali por diante, houvera somente resultados de chance.

Na série 2, porém, os 63 pacientes participantes foram solicitados para que adivinhassem somente nas 150 primeiras tentativas, ficando em branco o verso da folha. Nesse caso não houve declínio desde as primeiras 75 tentativas até às últimas 75. De fato, houve um leve aumento na média de marcações durante a última metade da folha, mas isto não foi de valor apreciável.

(B) EFEITO DE DISTÂNCIA

Nas séries 1, 2 e 5, nas quais os 103 adivinhadores ficaram a considerável distância do alvo oculto (de menos de uma milha até mais de 500 milhas), um total de 21.364 tentativas deu um desvio positivo de 217.2 (método binômico) com probabilidades correspondentes de 10.000 para 1 contra o resultado ser devido a chance. Parece razoavelmente certo que as experiências a distância teriam sido ainda bem significativas se tivesse sido usado o método Greville.

(C) COMPARAÇÃO DE CONDIÇÕES LIVRES E RIGOROSAS

Vários pesquisadores em experiências de telepatia alegaram que os resultados são mais brilhantes quando se permite ao paciente fazer as adivinhações quando se acha com boa disposição, sendo menos brilhantes quando ele procura adivinhar os cartões a uma ordem do pesquisador.

Scherer demonstrou que os pacientes faziam extraordinárias marcações quando lhes era permitido fazer os testes na ocasião que escolhessem e como lhes aprouvesse, mas obtinham apenas resultados de chance quando trabalhavam obedecendo à ordem de outra pessoa. Kahn e Neisser permitiram que os pacientes das séries 1, 2 e 5 fizessem as adivinhações sob condições "livres" traçadas como se segue: O experimentador explicou a natureza do teste ao paciente e deu-lhe uma folha de respostas. Foi dito ao paciente que procurasse duplicar a folha de "alvos" a distância em qualquer ocasião dali a uns dias e escolhesse uma hora em que estivesse descansado e livre de qualquer perturbação. Não precisava encher toda a folha numa única sessão; podia fazer algumas adivinhações sempre que sentisse disposição para isso.

A série 4, por outro lado, foi feita sob condições extremamente rigorosas. Os pacientes apresentaram-se em resposta a um anúncio. A prova foi feita em dois dias diferentes com uma nova folha de alvos para cada dia. Os pacientes foram reunidos numa sala de aula e receberam minuciosas instruções impressas. Tinham que preencher um longo questionário relativo à sua pessoa, e todo o processo revestiu-se de grande formalidade e era muito cansativo. Não se permitiam gracejos.

Os 103 pacientes que trabalharam em condições "livres" marcaram um desvio positivo de 217.2 num total de 21.364 tentativas que deram uma proporção crítica de 3.71. Os 52 pacientes que trabalharam sob condições "rigorosas" obtiveram um desvio de apenas + 10.0 num total de 15.360 tentativas, puramente uma marcação de chance. A proporção crítica das diferenças das duas marcações foi de 2.24 com probabilidades de uns 80 para 1 contra a diferença ser devida a chance. A experiência está longe de ser concludente, porquanto os mesmos pacientes não foram empregados nos dois testes. Os autores não julgam o método satisfatório por vários motivos.

(D) DESCOBERTAS NEGATIVAS

Por outro lado, os pesquisadores não encontraram significativa dicotomia numa tentativa para repetir a experiência de "carneiros" e "cabras" do dr. Schmeidler. De fato, nem os "carneiros" nem as "cabras" mostraram o mais leve sinal de capacidade de percepção extrassensorial no teste de Kahn-Neisser. Como os pacientes eram voluntários, houve nesse caso somente 12 "cabras" contra 62 "carneiros". Os autores consideram que o trabalho de Schmeidler, embora valioso, é difícil de ser repetido com rigor devido à larga significação que pode ser dada aos termos "carneiro" e "cabra".

Os autores não encontram prova em apoio da hipótese de que, quanto maior o grau de aceitação da ocorrência de percepção extrassensorial, tanto mais alto será o nível de marcações.

Não encontram correlação entre a confiança dos pacientes na percepção extrassensorial e seu nível de marcações. Isso é completamente contrário às descobertas de Humphrey e Nicol (Capítulo XX).

Uma comparação do feito de percepção extrassensorial de 50 pacientes "expansivos" com o de 23 "concisos" não mostrou nenhuma diferença significativa. Os autores admitem, porém, que a experiência deles não foi realmente comparável àquelas realizadas pelo dr. Humphrey, pois no caso presente as médias dos expansivos e concisos basearam-se no uso de um único desenho encerrado num envelope fechado que os pacientes da série 3 e 4 foram solicitados para que reproduzissem. Além disso, o material de transmissão (mera identificação de posições espaciais de cinco objetos numa fileira) talvez tivesse sido desfavorável para uma demonstração das descobertas do dr. Humphrey.

Ajustamento Pessoal e Social e Marcações em Percepção Extrassensorial. É de lembrar-se que Humphrey encontrara sugestivas correlações entre o ajustamento da pessoa do paciente e suas marcações em percepção extrassensorial, e que Schmeidler descobrira correlações altamente significativas entre resultados em percepção extrassensorial e Rorschach com o uso da técnica de inspeção de Munroe. Nessas experiências de Kahn e Neisser, ambos empregaram uma escala mais recente que se conhece pelo nome de Inventário de Ajustamento Pessoal Heston. Consiste de 270 perguntas destinadas a testar estas seis características: (1) Pensamento analítico; (2) sociabilidade; (3) estabilidade emocional; (4) confiança; (5) boas relações pessoais com outras pessoas, e (6) satisfação em casa. Marcações baixas nessas áreas da escala indicam fraco ajustamento.

O inventário foi aplicado a 47 pacientes da série 4 e, destes, 27 obtiveram uma marcação "abaixo da média" na escala Heston e o restante uma marcação "acima da média".

Uma simples tabela de contingência mostrou que havia probabilidades de uns 25 para 1 a favor de uma correlação positiva entre bom ajustamento pessoal e resultados de percepção extrassensorial acima da chance. Isso, naturalmente, é meramente sugestivo. Em verdade, dos 27 pacientes fracamente ajustados, 19 marcaram *abaixo* da expectativa de chance e somente 7 acima, ao passo que dos 20 bem ajustados 13 marcaram acima do nível de chance 7 abaixo.

APÊNDICE H

Mais uma Análise dos Efeitos de Declínio nos Dados de Stewart

Na primavera de 1951, o dr. J. G. Pratt, da Universidade de Duke, independentemente examinou os dados de Stewart à procura de efeitos de declínio nas sequências. Para o fim desse exame, o dr. Pratt deixou, porém, de considerar todos os dados das últimas dez sessões (N.os 121-130) durante cujo período as marcações da sra. Stewart haviam declinado até o nível de chance. A análise do dr. Pratt, portanto, baseia-se numa série cronológica de 32.500 tentativas (O) contra o total de 37.100 que nós mesmos consideramos e constam do Capítulo XVIII. Mas enquanto que em nosso próprio trabalho não se fez distinção entre as colunas (a) e (*b*) de cada folha, o dr. Pratt fez análises separadas para as duas colunas e isso levou à descoberta de que havia interessantes diferenças nos padrões de declínios seguidos pelas colunas *(a) e (b)*. Os números de êxitos observados nos cinco segmentos da coluna *(a)* são mostrados no Quadro 13 e parece que há um declínio regular na média de marcações a partir das primeiras cinco tentativas até o último segmento da sequência.

QUADRO 13

Distribuição de 4.234 êxitos (o) na coluna (a)

Tentativas	(1-5)	(6-10)	(11-15)	(16-20)	(21-25)
Êxitos	996	983	806	743	706
Média de marcação por 25	7.66	7.56	6.20	5.7	5.43

Na coluna (b), por outro lado, a média de marcações mostra um rápido aumento durante o segundo segmento seguido de uma elevação muito leve no terceiro segmento. Depois disso há um acentuado declínio durante o quarto segmento seguido de ligeira recuperação durante as últimas cinco tentativas. Isto é mostrado no quadro 14.

QUADRO 14

Distribuição de 4.130 êxitos (o) na coluna (b)

Tentativas	(1-5)	(6-10)	(11-15)	(16-20)	(21-25)
Êxitos	747	879	890	788	826
Média de marcação por 25	5.75	6.76	6.85	6.06	6.35

É claro que na segunda coluna (b), a sra. Stewart é mais lenta em alcançar sua máxima marcação do que na primeira coluna ou coluna (a). Além disso, nesta o declínio principia mais cedo. Isso evidencia-se segundo os dois gráficos abaixo.

O Quadro 15 mostra a distribuição para as colunas *(a)* e *(b)* consideradas em conjunto. O padrão concorda com o que é dado no Quadro 10, Capítulo XVIII.

QUADRO 15

Distribuição de 8.364 êxitos (o) na coluna (a) e (b)

Tentativas	(1-5)	(6-10)	(11-15)	(16-20)	(21-25)
Êxitos	1.743	1.862	1.696	1.531	1.532
Média de marcação por 25	6.70	7.16	6.25	5.89	5.89

Há realmente uma queda acentuada na média de marcações das tentativas 16-25.

A diferença em padrão nas duas colunas é notável e possivelmente devida a algum fator psicológico oriundo da interrupção de uns segundos ao fim da primeira coluna.

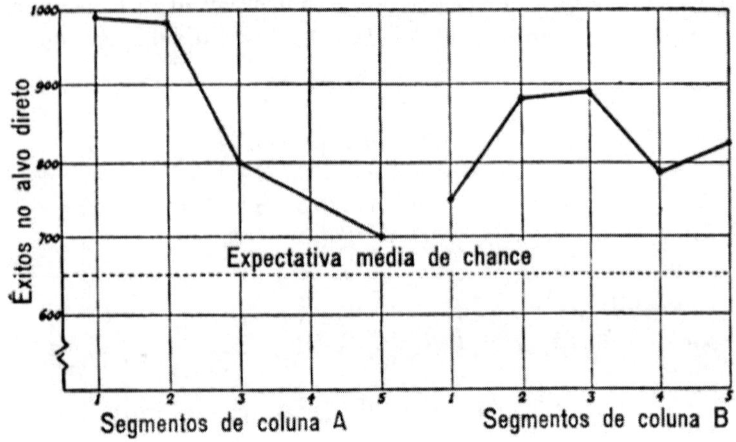

Distribuição de êxitos no alvo direto, em relação à ordem das tentativas na folha de registro – 1.300 sequências de dados de Stewart colhidos durante um período de quatro anos.

APÊNDICE J

Método de Avaliação de W. L. Stevens

Suponhamos que um maço de *N* cartões contenha *k* diferentes espécies de símbolos que citaremos com 1, 2, 3, ... *k*. Que haja *ai* cartões do primeiro símbolo, a_2 do segundo, etc. até a_k cartões do último ou *k*° símbolo. Suponhamos também que os *k* símbolos são adivinhados gi, g_2, etc. até g_k vezes, de modo que, evidentemente,

$N = a_1 + a_2 .... + a_k = g_1 + g_2 + g_k$

Então, contanto que os *N* cartões estejam adequadamente embaralhados, o número esperado de êxitos nas *N adivinhações,* se apenas a chance estiver atuando, será dado por

$$E = \frac{1}{N} \sum_{r=1}^{k} a,\ g.$$

$$\text{Ora, se } E_1 = \sum_{r=1}^{k} a,\ g.$$

$$\text{e } E_2 = \sum_{r=1}^{k} a_r,\ g_r\ (a_r + g_r),$$

S. Stevens mostrou que a variância teórica é dada por

$$V = \frac{1}{N^2\ (N-1)}\ [E^2{}_1 - N.E_2 + N^2.E_1].$$

Os valores de E e V são computados para cada maço de N cartões trabalhados e somados juntos para encontrar a expectativa total e variância total. O desvio-padrão é então a raiz quadrada da variância total.

Exemplo: Com os maços de cartões de Rhine, $k = 5$ e $N = 25$.

Também $a_1 = a_2 - a_3 = a_4 = a_5 = 5$.

Portanto, o número esperado de êxitos E é 5 e a variância V

reduz-se a $\frac{1}{120}(625 - g_4^2 - g_2^2 - g_3^2 - g_4^2 - g_5^2)$.

Isso é o máximo quando $g_1 = g_2 = g_3 r = g_4 = g_5$ de sorte que a máxima variância para um único maço é 25/6. Portanto, para n tentativas, isto é, n/25 maços, o desvio-padrão não pode exceder – $\sqrt{(n/6)}$, isto é, 0.407 $\sqrt{n}$.

Referências

CAPÍTULO I

1. "Telepathy and Clairvoyance in Classical Antiquity", do Professor E. R. Dodds. Ensaio extraído de *Greek Poetry and Life,* Oxford University Press. Reimpresso em *J. of Parapsychol.,* Vol. 10 (Dezembro de 1946, páginas 290-309).
2. *Phantasms of the Living,* de E. Gurney, F. W H. Myers e F. Podmore, 2 vols. Londres, 1886. (Edição condensada 1918).
3. *The New York Times Magazine.* Vide exemplares de 11 de junho e 2 de julho de 1950.
4. Record of experiments in thought-transference at Liverpool", de Malcoln Guthrie e James Bircball. *Proc. S.P.R.,* Vol. I (1883), páginas 263-83.
5. "Further report on experiments in thought-transference at Liverpool", de Maecolm Guthrie. *Proc.* S. *P. R.,* Vol. III (1885), páginas 424-452.
6. "An account of some experiments in thought-transference", de Oliver J. Lodge. *Proc. S.P.R.,* Vol. II (1884), páginas 189-216.
7. "Note on thought-reading", de A. M. Creery. *Proc.* S. P. R., Vol. I (1882) 43-46.

CAPÍTULO II

1. *Experiments in Psychical Research,* de John E. Coover. Pelo Alto: Stanford University Press, 1917.
2. "Dr. Rhine's recent experiments in telepathy and clairvoyance and a reconsideration of J. E. Coover's conclusions on telepathy", de R. H. Thouless. *Proc. S.P.R.,* Vol. 48 (9355), páginas 24-37.
3. "Rhine or Reason: A critique of ESP", de John McLeish. *The Modem Çuarterly,* Vol. 5, N.° 4, Outono de 1950. Lawrence em Wishart.
4. "New Evidence (?) for Extra-sensory perception", de Chester E. Kellogg. *The Scientific Monthly.* Outubro de 1937. Vol. XLV, páginas 331-341.
5. "A technique or the experimental study of telepathy and other alleged clairvoyant processes", do Professor L. T. Troland. (Albany; sem data).
6. A report on telepathic experiments done in the psychology laboratory at Groningen", de H. J. F. W. Brugmans. *Compte-Rendu du Premier Congrès des Recherches Psychiques.* Copenhagen, 1921.
7. *Preliminary studies of a vaudeville telepathist,* de S. G. Soal. Boletim 3 do Conselho para Pesquisas Psíquicas de Universidade de Londres, 1937.

8. "A method of scoring coincidences in tests with playing-cards", de R. A. Fisher, Sc., D., F. R.S. *Proc.* S. *P.* R., Vol. 34, páginas 181-185 (1924).
9. "Evidence for clairvoyance in card-guessing" de Ina Jephson. *Proc. S. P.R.*, Vol. 38, páginas 223-268 (1929).
10. "A behaviourist experiment in clairvoyance", de Ina Jephson. *Proc S.P.R.* Parte 128, págs. 99-114.
11. "Report of a series of experiments in clairvoyance conducted at a distance under approximately fraud-proof conditions", de Th. Besterman S. G. Soal e Ina Jephson. *Proc.* S. *P. R.*, Vol. 39, págs. 375-414 (1931).
12. *A* contribution to experimental telepathy, *de G. H. Estabrooks,* Boston *S.P.R.* Boletim 5 (1927).
13. "Thought Transference", de F. L. Usher e F. P. Burt. *Annals of Pstychical Science* (Londres), Vol. VIII, págs. 561-600 (1909).
14. "Quelque expériences de transmission de la pensée à grande distance", de F. L. Usher e F. P. Burt. *Annales de Science Psychique,* Vol. XX, págs. 14-21 e págs. 40-54 (1910).
15. "Some early experiments providing apparently positive evidence for extra-sensory perception", de W. Whately Carington. *Jour. S. P. R.,* Vol. 29 (1935) (1935), págs. 295-305.
16. "The broadcasting experiment in mass-telepathy", de V. J. Woolley, M. D. *Proc. S. P. R.,* Vol. 38 (1928), págs. 1-9.
17. "Experiments in supernormal perception at a distance", de S. G. *Soal. Proc. S.P.R.,* Part 123 (1932), págs. *165-362.*

CAPÍTULO III

1. "Extra-Sensory Perception", de Joseph Banks Rhine. Boston. Bruce Humphries (1934).
2. "Some selected experiments in extra-sensory perception", de J. B. Rhine. *Journ. of Abnormal and Social Psychology,* setembro de 1939, Vol. XXI, págs. 216-228. (Vide também *J. of Parapsychol.* Vol. 1 (1937), págs. 70-80).
3. "The visual cues from the backs of tlie ESP cards", de J. L. Kennedy. *J. of Psychol.*, Vol. VI (1938), págs. 149-153.
4. "Studies in extra-sensory perception I." Análise de 25.000 tentativas por Dorothy R. Martin e Francês P. Stribic. *J. of Parapsychol.*, Vol. 2 N.° 1, (março de 1938), págs. 23-30.
5. "Studies in extra-sensory perception II." Exame de tôdas as experiências na Universidade de Colorado, por D. R. Martin e F. P. Stribic, *J. of Parapsychol.*, Vol. 4 (dezembro de 1940), págs. 159-248.

CAPÍTULO IV

1. "Variance of the ESP Call Series" de J. A. Greenwood. *J. of Parapsychol.,* Vol. 2 (1938), págs. 60-64.
2. Variance of a general matching problem", de **J.** A. Greenwood, *Annals of Math. Statistics,* Vol. IX (1938), págs. 56-59.
3. "Exact probabilities for the matching hypothesis", de T. N. E. Greville. *J. of Parapsychol.,* Vol. 2 (1938), págs. 55-9.
4. "The solution of a problem in probability", de T. E. Sterne, *Science,* Vol. 86 (1937), págs. 500-1.
5. "Statistical aspects of ESP", de Willy K. Feller, da Brown University. *J. of Parapsychol.,* Vol. 4 (1940), págs. 271-298.
6. "A review of Dr. Fellers Critique", de J. A. Greenwood e C. E. Stuart. *J. of Parapsychol.,* Vol. 4 (1940), págs. 299-319.
7. "Analysis of a large chance control series of ESP data", de J. A. Greenwood. *J. of Parapsychol.,* Vol. 2 (1938), págs. 138-146.
8. "An experiment to test the rôle of chance in ESP research" de Cla- rence Leuba. *J. of Parapsychol.,* Vol. 2 (1938), págs. 217-221
9. "A summary of mathematical advances bearing no ESP research", de T. N. E. Grenville. *J. Parapsichol.* Vol. 3 (1939), págs. 86-92.
10. "Uber Unwillkurliches Flustern", de F. C. C. Hansen e A. Lebmann. *Phil. Stud.,* Vol. XVII (1895), págs. 471-530.
11. "Involuntary whispering considered in relation to experiments in thought-transference", de Henry Sidgwick. *Proc.* S. P. *R.,* Vol. 12 (1897), págs. 298-316.
12. "Experiments in *unconscious whispering",* de J. L. Kennedy, *Psychol. Bull.,* Vol. XXXV (1938), pág. 526.
13. "Wissen um Fremdes Wisser", de F. von Neureiter. Gotha: Leopold Klotz (1935).
14.. "The case of liga K: Reporte of a phenomenon of unusual perception", de Hans Bender. *J. of Parapsychol.,* Vol. 2, março de 1938, págs. 5-22.
15. "On limits of recording erros", de Gardner Murphy, *J. of Parapsychol.,* Vol. 2 (1938), págs, 262-6.
16. "The rôle of selection in ESP data" de V. W. Lemmon. *J. of Parapsychol.,* Vol., 2 (1939), págs. 104-106.
17. "A Critique of Rhine's *Extrasensory Perception",* de Raymond R. Wil- loughby, *Jour. of Abn. and Soc. Psychol.,* Vol. XXX (1935), págs. 199-207.
18. "Size of stimulus symbols in extrasensory perception", de J. G. Pratt e J. L. Woodruff. *J. of Parapsychol.,* Vol. 3 (1939), 121-158.
19. "A case of high scores in card-guessing at a distance", de Bernard F. Riess. *J. of Parapsychol.,* Vol. I (1937), págs. 260-263.
20. "Further data from a case of high scores in card-guessing", de B. F. Riess. *J. of Parapsychol.,* Vol 3 (1939), 79-84.
21. "A Summary of some negative experiments", de E T, Adams. *J. of Parapsychol.,* Vol. 2 (1938), págs. 232-236.

22. "An experimental study of extra-sensory perception", de James C. Cumbaugh, Tese (1938). Biblioteca da Universidade Metodista do Sul
23. "Critique of the premisses and statistical methodology of parapsy- chology", de G. P. Heinlein e J. H. Heinlein, *Jour. of Psychology.* Vol- V. (1938), págs. 135-148.
24. "Further card-guessing experiments", de Raymond R. Willoughby. *Journ. of General Psychol.,* Vol., XVII (1937), págs. 3-13.
25. "Margininalia", de G. Evelyn Hutchinson (Universidade de Yale). *American Scientist,* Vol. 36, N.° 2 (1948),
26. "Theoretical Implications of Telepathy", de Margaret Knight. *Science News,* N.° 18, Penguin Books.
27. "An Evaluation of Extra-sensory Perception", de H. Rogosin. *Journ. of General Psychol.,* (1939), 21, págs. 200-17.
28. "Telepathy in tbe Psychophysical Laboratory", de Lucien Warner e Milred Raible. J. *of Parapsychol.,* Vol. 1 (março de 1937), págs. 44-51.

CAPÍTULO V

1. "Clairvoyant blind matching", de J. G. Pratt. *J. of Paraphychol.,* Vol. 1 (1937), págs. 10-17.
2. "ESP tests with American Indian children", de A. A. Foster. *J. of Parapsychol.,* Vol. 7 (junho de 1943), págs. 94-103.
3. "A Study of card-guessing in psychotic subjets", de Robert Shulman. *J. of Parapsychol.,* Vol. 2 (1938), págs. 96-107.
4. "ESP and Intelligence", de Betty M. Humphrey. *J. of Parapsychol.,* Vol. 9 (março de 1945), págs. 7-16.
5. "General extra-sensory perception with e group of fourth grade retarded children", de Esther May Bond. *J. of Parapsychol.,* Vol. I (1937), págs. 114-122.
6. "An usual case of extra-sensory perception", de Raleigh M. Drake. *J. of Parapsychol.,* Vol. 2 (1938), págs. 184-198.
7. "Telepathy and Medicai Psychology", de Jan Ehrenwald, M. D. W. W. Norton & Co., Nova York, 1948.
8. "Children's Drawings in a Projective Technique", de Paula Elkisch, *Psychological Monographs,* Vol. 58 (1945), págs, 1-31,
9. "An ESP Test with Drawings", de C. E. Stuart, *J. of Parapsychology,* Vol. 6 (1942), págs. 20-43.
10. "An ESP Experiment with Enclosed Drawings", de C. E. Stuart *J. of Parapsychology,* Vol. 9 (1945), págs. 278-295; mostra deslocamento para trás.
11. "GESP Experiments with the Free Responce Method", de C. E. Stuart. *J. of Parapsychol.,* Vol. 10 (março de 1949), págs. 21-35.
12. "A Second Classroom ESP Experiment with tbe Free Response Method", de C. E. Stuart. *J. of Parapsychol.,* Vol. II (março 1947), págs. 14-25; mostra deslocamento para a frente.

13. "Success in ESP as Related to Form of Response Drawings I. Clairvoyance Experiments", de Retty M. Humphxey. *J. of Parapsychol.,* Vol. 10 (junho de 1946), págs. 78-106.
14. "GESP Experiments II", de B. M. Humphrey. *J. of Parapsychol.* Vol. 10 (setembro de 1946), págs. 181-196.
15. "Some Personality Characterístics Related to ESP Performance", de Burke M. Smith e B. Humphrey *J. of Parapsychol.,* Vol. 10 (dezembro de 1946) págs. 269-289.
16. "Personality Measurements and ESP Test with Cards and Drawings", de C. E. Stuart, B. M. Humphrey, Burke M. Smith e Elizabeth Mc-Mahan. *J. of Parapsychol.,* Vol. II (junho de 1947), págs. 118-146.
17. "An interest inventory relation to ESP scores", de C. E. Stuart. *J. of Parapsychol.,* Vol. 10 (1946), págs. 154-161.
18. "ESP Performance and the Expansion-Compression Rating", de D. J. West. *Jour. S. P. R.,* Setembro-Outubro 1950, Vol. XXXV, N.° 660, págs. 295-308.
19. "A New Scale for Separating High and Low-Seorring Subjets in ESP Tests", de B. M. Humphrey. *J. of Parapsychol.,* Vol., 14 (1950), págs. 9-23.
20. "ESP Subjects Rated by Two Measures of Personality". de B. M. Humphrey. *I. of Parapsychol.,* Vol. 13 (1949), págs. 274-291.
21. "Separating the Sheep from the Goats", de G. R. Schmeidler, *J. Amer. Soc. Psychic. Res.,* (1945), Vol. 39, págs. 47-50.
22. "Progress Report on Further Sheep-Goat Studies", de G. R. Schmeidler. *J. Amer. Soc. Psychic. Res.,* (1946), Vol. 40, págs. 34-36.
23. "Personality Correlates of ESP as shown by Rorschach Studies". *J. of Parapsychol.,* Vol. 13 (1949), págs. 23-31.
24. "ESP Performance and the Rorschach Test", de Gertrude R. Schmeidler. *Jour. S. P. R.,* Vol. XXXV, Novembro-Dezembro de 1950.
25. "Rorschach Variables in relation to ESP Scores", de G. R. Schmeidler *J. Amer. Soc. Psychic. Res.* (1947), Vol. 41, págs. 35-65.
26. "The Relation of ESP to Mode of Drawing", de Betty M. Humphrey *J. of Parapsychol.,* Vol. 13 (1949), págs. 31-46.

CAPÍTULO VI

1. "Report on Cases of Apparent Precognition", de H. F. Saltmarsh. *Proc. S. P. R.,* Vol. 42, Part 134.
2. "Supernormal Faculties in Man", de E. Osty, Londres, 1923.
3. "An Experiment with Time", de J. W. Dume, Londres, 1927.
4. "A Report of Some Communication Received Through Mrs. Blanche Cooper", de S. G. Soal. *Proc. S. P.* R., Vol. XXXV, Parte 96, dezembro de 1925, págs. 417-594. Seção 4 (págs. 560-589) contém o caso "Gordon Davis".
5. "Experiments Bearing on the Precognition Hypothesis: I. Pre-Shuffling Card--Calling", de J. B. Rhine. *J. of Parapsychol.,* Vol. 2, N.° 1 (março de 1938), págs. 38-54.

6. "The Rôle of ESP in the Shuffling of Cards: II", de J. B. Rhine, Burke M. Smith e J. L. Woodruff. *J. of Parapsychol.,* Vol. 2 (junho de 1938), págs. 119-131.
7. Mechanically Selected Cards: III", de J. B. Rhine *J. of Parapsychol.,* Vol. 5 (1941), págs. 1-57.
8. "Precognition Reconsidered", de J. B. Rhine. *J. of Parapsychol.,* Vol. 9, N.° 4 (dezembro de 1945), págs. 264-277.
9. "Variation of Time Intervals in Pre-Shuffle Card-Calling Test", de Lois Hutchinson. *J. of Parapsychol.,* Vol. 4 (dezembro de 1940) págs. 249-270.
10. "Evidence of Precognition in the Covariation of Salience Ratios", de J B. Rhine. *J. of Parapsychol.,* Vol. 6, N.° 2 (junho de 1942).
11. "The Personality of Man", de G. N. M. Tyrrell (Pelican Books). (Penguin Books, Inglaterra, 1946).
12. "Some Experiments in Undifferentiated Extra-Sensory Perceptions", de G. N. M. Tyrrell. *Jour. S. P. R.* (abril de 1935), págs. 52-71.
13. "Further Reserch in Extra-Sensory Perception", de G. N. M. Tyrrell. *Proc. S. P. R.,* Vol. 44 (1936), págs. 99-168.
14. "A Preliminary Communication Concerning the *Electronic Reactions,* de Abrams com referência especial à técnica "emanométrica" de Boyd, de Sir Thomas Horder e outros. Londres: John Bale and Danielsson Ltd., 1952.
15. "The Measurement of Emotion", de W. Whately Carington. Nova York, Harcourt, Brace and Co., 1922.
16. "A quantitative study of trance personalities", de W. Whately Carington (l.ª Parte), *Proc.* S. *P. R.* (1934), Vol. 42, págs. 173-240.
17. "Ditto 2.ª Parte", de W. Whately Carington. *Proc.* S. *P. R.* (1935), Vol. 43, págs. 319-361.
18. "Preliminary experiments in precognitive guessing: I", de W. Whately Carington. *Journ.* S. *P. R.* (1935), Vol. 29, págs. 86-104.
19. "Precognitive guessing: II". Revista e análise de W. Whately Carington. *Jour.* S. P. *R.* (1936), Vol. 29, págs. 158-167.
20. "The quantitative study of trance personalities (3.ª Parte)", de W. Whately Carington. *Proc.* S. *P.* R., Vol. 44 (1936-1937), págs. 189-222.
21. "The quantitative study of trance personalities (New Series I)", de W. Whately Carington. *Proc. S. P. R.,* (1938-1939), Vol. 45, págs. 223-251.
22. "Experiments on the paranormal cognition of drawings (Part 1)", de W. Whately Carington. *Proc. S. P. R.* (1940), Vol. 46, págs. 34-151.
23. "Ditto (Part II)", de Whately Carington. *Proc.* S. P. R. (1940), Vol. 46, págs. 277-334.
24. "Experiments on the paranormal cognition of drawings", de W. Whately Carington. *J. of Parapsychol.,* Vol. 4 (1940), págs. 1-129.
25. "Some Observations on the experiments with drawings", de W. Whately Carington. *J. of Parapsychol.,* Vol. 4 (1940), págs. 130-134.
26. "Experiments on the paranormal cognition of drawings (Part III). Fases no desenvolvimento de uma técnica de repetição, de W. Whately Carington. *Proc. Amer. Soc. Psychic. Res.* (1944), Vol. 24, págs. 3-107.

27. "Experiments on the paranormal cognition of drawings (Part IV)", de W. Whately Carington. *Proc. S. P. R.* (1944), Vol. 47, págs. 155-228.
28. "American Experiments on the Paranormal Cognition of Drawings", de Ernest Taves, Gardner Murphy e L. A. Dale. *Jour. Amer. Soc. Psychic. Res.*, Vol. 39, julho de 1945, págs. 144-150.
29. "A Repetion of Carington's Experiments with Free Drawings", de Gertrude R. Schmeidler e Lydia W. Allison. *Jour Amer. Soc. Psychic. Res.*, Vol. 42, N.° 3, junho de 1948, págs. 97-107.
30. "The Carington Free-Drawing Approach to the ESP Problem", de C. E. Stuart. *J. of Parapsychol.*, Vol. 8 (junho de 1944), págs. 127-138.

CAPÍTULO VII

1. "Fresh light on card-guessing – some new effects", de S. G. Soal. *Proc. S. P. R.*, Vol. 46 (1940), 152-198.
2. "Telepathy and clairvoyance in the normal and trance States of a médium", de J. B. Rhine. *Character and Personality* (1934), vol. 3, págs. 91-111.
3. "Report on a series of experiments with Mrs. Eillen Garrett", de K. M. Goldney e S. G. Soal. *Proc. S. P. R.* (1938), Vol. 45, págs. 43-87.

CAPÍTULO VIII

1. "The Statistical Significance of Dispersed Hits in Card-Guessing Expe- riments", do Prof. M. S. Bartlett. *Proc.* S. P. R., Vol. 48, Parte 176, abril 1949.
2. "Reply to Professor Bartlett", de S. G. Soal, *Proc.* S. P. R., Vol. 48 Part 176, abril de 1949.
3. "A Scientist Test His Own ESP Ability", de C. G. Abbot. *J. of Parapsychol.*, Vol. 2 (1938), págs. 65-70.
4. "Further Evidence of Displacement in ESP Tests", de G. G. Abbott. *J. of Parapsychol.*, Vol. 13 (junho de 1949), págs. 101-6.

CAPÍTULO IX

1. "Experiments in Precognitive Telepathy", de S. G. Soal eKM, Goldney, *Proc.* S. *P.* R,, Vol. 47 (1943), págs. 21-150.
2. "Distribution of Entries in a Contingency Table", de W. L. Stevens. *Annals of Eugenics,* Vol. VIII (1938), págs. 238-244.

CAPÍTULO X

1. "An Introduction to the Theory of Statistics", de G. Udney Yule e M. G. Kendall.
2. "The Experimental Evidence for PK and Precognition", de C. W. K. Mundle *Proc. S. P.* R., Vol. 49, julho de 1950, págs. 61-78.
3. "Essai d'interprétation des Expériences de Soal et Goldney", de Raphael Kherumian. *La Revue Métapsychique,* N.° 8, de outubro, novembro e dezembro de 1949.
4. "The Time Machine", de H. G. Wells. Thomas Nelson and Sons.
5. "The Fourth Dimension", de C. H. Hinton. George Allen e Unwin (1904).
6. The Philosophical Implications of Foreknowledge", de C. D. Broad. *Proc. Aristotelian Society,* Supplemento XVI (1937), págs. 177-209.
7. "Time as Minkowski's Fourth Dimension", de C. T. K. Chari, M. A. (Departamento de Filosofia e Psicologia, Madras Christian College). *The Astrological Magazine,* Vol. 41 N.° 1 (janeiro de 1952), págs. 1-10.
8. "Is Time Metrisable", de C. T. K. Chari. *The Indian Philosophical Congress,* 1951, págs. 129-41.
9. "Time", de M. F. Cleugh. Methuen 1937. (Contém críticas à teoria de Dunne.)
10. "Mr. Dunne's Theory of Time", de C. D. Broad, *Philosophy,* Vol. X. N.° 38.

CAPÍTULO XI

1. "A Method of Evaluating the Reinforcement Effect", de T. N. E. Greville. *J. of Parapsychol.,* Vol. 15 (junho de 1951), págs. 118-121.
2. "The Reinforcement Effect", in ESP Displacement", J. G. Pratt. *J. of Parapsychol.,* Vol. 15 (junho de 1951), págs. 103-117.
3. "Examination of ESP Records for Displacement Effects", de William Russell. *J. of Parapsychol.,* Vol. 7 (junho de 1943), págs. 104-17.
4. "Position Effects in the Soal Goldney Experiment", de Betty M. Humphrey e J. B. Rhine. *J. of Parapsychol.,* Vol. 8 (setembro de 1944), págs, 187-213.
5. "Soal and Coldney's, precognitive telepathy experiments", de Betty M. Humphrey. *J. Amer. Soc. Psych. Res.,* Vol. 38 (1944), págs. 139-159.
6. "Correspondence on the Shackleton Experiments", do J. M. Harrison and S. G. Soal. *Jour. S. P. R.* (maio-junho de 1944).
7. "A Note on Negative Deviation", de S. G. Soal *J. of Parapsychol.,* Vol. 8 (1944), págs. 311-315.
8. "A new Displacement Effect in ESP", de Edward Bindrim. *J. of Parapsychol.,* Vol. II (setembro de 1947), págs. 208-21.
9. "Experiment on paranormal guessing", de R. H. Thouless. *Brit. J. Psychol.* (1942), Vol. 33, págs. 15-27.
10. "The Problem of Psi-Missing", de J. B. *Rhine. J. of Parapsychol.,* Vol. 16 (junho de 1952), págs. 90-129.

11. "The Shackleton Experiments: A comment by S. G. Soal on an investigation by R. C. Read", de S. G. Soal. *Jour.* S. *P. R.* Vol. XXXV (setembro-outubro de 1950),
12. "Paranormal cognition: Some observed results in Mr. Soal's further experiments", de Kenneth, Richmond. *Jour.* S. *P. R.,* Vol. XXXII (junho-julho de 1941).
13. "The Psychology of the Occult", de D. H. Rawcliffe, Londres, Derricke Ridgway, 1952.

CAPÍTULO XII

1. "Discussion: The Experimental Establishment of Telepathic Precognition", do Professor C. D. Broad. *Philosophy,* Vol. XIX (novembro de 1944), págs. 261-275.

CAPITULO XIV

1. "Telepathy. An Outline of its Facts, Theory and Implication", de Whalety Carington. Methuen and Co. Ltd., Londres (1945).
2. "Agents in Opposition and Conjunction", de S. G. Soal e F. Bateman. *J. of Parapsychol.,* Vol. 14 (setembro de 1950), págs. 168-92.

CAPÍTULO XV

1. "Matter and Memory", de Henri Bergson. Tradução autorizada por Nancy Margaret Paul e W. Scott Palmer. Londres, George Allen and Unwin Ltd. 4.ª Edição.
2. "The Relevance of Psychical Research to Philosophy", do Professor C. D. Broad. *Philosophy,* Vol. XXIV, N.° 91, outubro de 1949, págs. 291-309.
3. "The Isolation of the percipient in tests for extra-sensory perception", de G. Redmayne. *Proc.* S. *P.* S., Vol. 46 (1941), págs. 245-55.
4. "A Comparison of Five ESP Test Procedures", de Betty M. Humphrey e J. G. Pratt. *J. of Parapsychol.,* Vol. 5 (dezembro de 1941), págs. 267-293.
5. "Telepathy and Clairvoyance Reconsidered", de J. B. Rhine. *J. of Parapsychol.,* Vol. 9 (setembro de 1945), págs. 176-193.
6. "A Digest and Discussion of Some Comments on *Telepathy and Clairvoyance Reconsidered",* de J. B. Rhine *J. of Parapsychol.,* Vol. 10 (março de 1946), págs. 36-50.
7. "A Digest of Comments on Dr. Rhine's *Telepathy and Clairvoyance Reconsidered",* de W. Whately Carington, Dr. Hettinger, dr. R. H. Thouless, G. N. M. Tyrell, Prof. C. D. Broad and Denys Parsons. *Proc. S. P. R.* Vol. XLVIII (1946) págs. 8-27.
8. "An Experiment in Pure Telepathy", de Elizabeth A. McMahan. *J. of Parapsychol.,* Vol. 10 (dezembro de 1946), págs. 224-242.
9. "A new method and an experiment in pure telepathy", de William R. Birge. *J. of Parapsychol,* Vol. 12 (1948), págs. 273-288.

10. "The Experimental Situation in Psychical Research", de S. G. Soal. (Society for Psychical Research 1947). Nona Conferência de Myers Memorial.
11. "On the nature of psi phenomena", de Robert H. Thouless e B. P. Wiesner. *J. of Parapsychol.*, Vol. 10 (1946) págs. 107-119.
12. "Telepathy and Human Personality", de J. B. Rhine com prefácio de S. G. Soal. The Society for Psychical Research. Décima Conferência de Myers Memorial (1950).
13. "Human Personality and its Survival of Bodily Death", de Frederick W. H. Myers. Londres, Longman, Green, 1903.

CAPITULO XVI

1. "Extra-Sensory Perception after Sixty Years", de J. G. Pratt, J. Rhine, Burke M. Smith, Charles E. Stuart e Joseph A. Greenwood. (1940). Nova York. Henry Holt and Company.
2. "A Further Report on the Midas Touch", do Professor Gardner Mur- phy. *Journal Amer. Soc. Psychic. Res.*, Vol. 37 (1943), págs. 111-118.
3. "Psychical Research and Personality", do Professor Gardner Murphy. *Troe.* S. P. fl., Vol. XLIX, Parte 177 (novembro de 1949). Discurso do presidente por ocasião da assembléia geral da Sociedade em 8 de junho de 1949.
4. "À Trans-oceani ESP Experiment", de J. B. Rhine e Betty M. Hum- phrey. *J. of Parapsychol.*, Vol. 6 (março de 1942), págs. 52-74.
5. "The Statistics of Salience Ratios", de J. A. Greenwood. *J. of Parapsychol.*, Vol. 5 (1941), págs. 245-249.
6. "Terminal Salience in ESP Performance", de J. B. Rhine. *J. of Parapsychol.*, Vol. 5 (1941), págs. 183-242.
7. "A Check on Salience Relations in ESP Data", de J. G. Pratt, Betty M. Humphrey e J. B. Rhine. *J. of Parapsychol.*, Vol. 6 (março de 1942).
8. "A Second Zagreb-Durham ESP Experiment", de Elizabeth A. Mc- Mahan e J. B. Rhine. *J. of Parapsychol.*, Vol. 11 (dezembro de 1947), págs. 244-253.
9. "A Reciprocai Distance GESP Test with Drawings", de J. H. Rush e Ann Jensen. *J. of Parapsychol.*, Vol. 13 (junho de 1949), pàgs. 122-134.
10. "Long Distance Experiments in Telepathy", de F. Bateman e S. G. Soal. *Jour. S.P.R.* Vol. XXXV (junho-agosto 1950), págs. 257-272.
11. "Extra-Sensory Perception of Cards in an Unknown Location", de Elizabeth A. McMahan e Joan Laur. *J. of Parapsychol.*, Vol. 12 12 (março de 1948), págs. 47-57. (Os resultados dessa experiência foram inconcludentes e não houve prova satisfatória de percepção extrassensorial em qualquer dos testes.)

CAPÍTULO XVII

1. "Telepathy and Electromagnetic Waves", de A. J. B. Robertson, D. Sc. *Jour. S.P.R*, Vol. XXXVI (janeiro-fevereiro 1947), págs. 7-10.

2. "Some Considerations as to a Physical Basis of ESP", de J. H. Rush, Departamento de Física, Universidade de Denison. *J. of Parapsychol.,* Vol. 7 (março de 1943), págs. 44-49.
3. "Multiple Aspect Targets in Tests of ESP", de Esther Bond Foster, *J. of Parapsychol.,* Vol. 16 (março de 1952), págs. 11-22.
4. "The Living Brain", de W. Grey Walter. Duckworth 1953.

CAPÍTULO XVIII

1. "Methodology and Value in the Nature Sciences in Relation to Certain Religious Concepts", de G. E. Hutchinson, professor de biologia na Universidade de Yale. *The Journal of Relation,* Vol. XXXII (julho de 1952) págs. 175-187.
2. "Change of Call in ESP Tests", de J. G. Pratt. *J. of Parapsychol.,* Vol. 13 (dezembro de 1949), págs. 225-36.
3. "Displacement in ESP Card Tests in Relation to Hits and Misses", de J. G. Pratt e Esther Bond Foster. *J. of Parapsychol.,* Vol. 14 (março 1950), págs. 37-52.
4. "A Further Study of ESP Displacement in Relation to Hist and Misses", de J. G. Pratt e Esther Bond Foster. *J. of Parapsychol.,* Vol. 14 (junho de 1950), págs. 95-115.

CAPÍTULO XIX

1. "ESP Performance and Target Sequence", de S. G. Soal e J. G. Pratt. *J. of Parapsychol.,* Vol. 15 (setembro de 1951), págs. 192-215.
2. "Some Relations Between Call Sequence and ESP Performance", de J. G. Pratt e S. G. Soal. *J. of Parapsychol.,* Vol. 16 (setembro de 1952), págs. 165-186.
3. "Minds and Mystifications", de Antony G. N. Flew. A primeira das duas palestras sobre a importância da parapsicologia. *The Listener,* 27 de setembro de 1951, pág. 501.
4. "A New Name for Guesswork?", de Antony G. N. Flew. A segunda das duas palestras sobre a importância da parapsicologia. *The Listener, 4* de outubro de 1951, pág. 549.

CAPÍTULO XX E APÊNDICES

1 "Computing Machinery and Intelligence", de A. M. Turing. *Mind* (outubro de 1950).
2. "The Faith of a Scientist", de A. G. Hardy, M. A., D. Sc., F. R. S., Membro do Merton College. Professor de Zoologia e de Anatomia Comparada, Oxford. The Lindsey Press, 14 Gordon Square, Londres, W. C. L. Extraído de *Faith and Freedon,* Vol. 2, 2.ª parte (1949).

3. "On multiple matching with one variable deck", de T. N. E. Greville. *Annais of Math. Statist.,* 1944. Vol. 15, págs. 432-434.
4. "The Heston Manual and Personal Adjustment Inventory", de J. C. Heston World Book Co., Yonkers-on-Hudson, 1949.
5. "Review of the Psychology of the Occult" (D. H. Rawcliff), de R. Thauless. *Jour.* S. P. *R.,* maio-junho (1952).
6. "Studies in Extra-Sensory Perception. Experiments utilizing an elec- tronic scoring device", de S. David Kahn. *Proc. Amer. Soc. for Psych. Res.,* Vol. XXV, outubro de 1952.
7. "Thought Transference and Related Phenomena", de R. H. Thouless. Exposição feita perante o Instituto Real (1950).
8. "The Organization of Behaviour", D. O. Hebb, Londres, Chapman & Hall (1949).
9. "The Retina", de S. L. Plyack, Chicago, Univ. Chie. Press (1941).
10. "In Search of the Engram", de K. S. Lashley. Simpósio da Sociedade de Biologia Experimental, Número IV. Mecanismos fisiológicos no comportamento dos animais. Cambridge, Univ. Press (1950).
11. "Cerebral Mechanisms in Behaviour", de L. Jefres. Simpósio de Hixon. Wiley, Nova York (1951).
12. "The Exploration of ESP and Human Personality", de J. Fraser Nicol e Betty M. Humphrey. *Jour, Amer. Soc. for Psych. Res.* Vol. XLVII, outubro de 1953.
13. "Statistical Significance in Psychical Research", de G. Spencer Brown. *Nature.* 25 de julho de 1953.
14. Resposta ao N.° 13, de S. G. Soal, F. J. M. Stratton e R. H. Thouless. Também carta de G. Spencer Brown. *Nature.* 26 de setembro de 1953.
15. "New World of the Mind", de J. B. Rhine. William Sloane Associates Inc. Nova York (1953).